Wissenschaftliche Untersuchungen
zum Neuen Testament

Herausgegeben von
Martin Hengel und Otfried Hofius

126

Hans-Christian Kammler

# Christologie und Eschatologie

Joh 5,17–30
als Schlüsseltext johanneischer Theologie

Mohr Siebeck

HANS-CHRISTIAN KAMMLER, geboren 1965; 1986–1992 Studium der evangelischen Theologie in Göttingen und Tübingen; seit 1994 Assistent für Neues Testament an der Universität Tübingen; 1999 Promotion.

Gedruckt mit Unterstützung der Deutschen Forschungsgemeinschaft.
D 21

*Die Deutsche Bibliothek – CIP-Einheitsaufnahme*

*Kammler, Hans-Christian:*
Christologie und Eschatologie : Joh. 5,17–30 als Schlüsseltext johanneischer
Theologie / Hans-Christian Kammler. - Tübingen : Mohr Siebeck, 2000
   (Wissenschaftliche Untersuchungen zum Neuen Testament ; 126)
   ISBN 3-16-147295-0

Das Buch wurde von Martin Fischer in Reutlingen belichtet, von Gulde-Druck in Tübingen auf alterungsbeständiges Werkdruckpapier der Papierfabrik Niefern gedruckt und von der Großbuchbinderei Heinr. Koch in Tübingen gebunden.

ISSN 0512-1604

*Meiner Frau*

# Vorwort

Die vorliegende Arbeit ist im Sommersemester 1999 von der Evangelisch-theologischen Fakultät der Eberhard-Karls-Universität Tübingen als Dissertation angenommen worden. Für die Veröffentlichung wurde sie lediglich an einigen Stellen geringfügig überarbeitet und außerdem um Hinweise auf zuletzt erschienene Literatur ergänzt.

Mein Dank gilt vor allem meinem neutestamentlichen Lehrer, Herrn Professor Dr. Otfried Hofius. Ihm habe ich in persönlicher wie in wissenschaftlicher Hinsicht sehr viel zu verdanken. Er hat die Dissertation nicht nur angeregt und ihre Entstehung stets mit ungewöhnlich großem Interesse und freundschaftlicher Anteilnahme begleitet, sondern er hat mir als seinem Assistenten darüber hinaus auch immer wieder jene Zeit und Freiheit zu konzentrierter Forschung gewährt, ohne die ich diese Arbeit nicht hätte schreiben können.

Zu danken habe ich ferner Herrn Professor Dr. Gert Jeremias, der das Zweitgutachten erstellt und mir im Blick auf die Veröffentlichung wertvolle Hinweise gegeben hat. Für die Aufnahme der Arbeit in die erste Reihe der „Wissenschaftlichen Untersuchungen zum Neuen Testament" danke ich den Herausgebern, Herrn Professor Dr. Drs. h.c. Martin Hengel und Herrn Professor Dr. Otfried Hofius, sowie dem Verleger, Herrn Georg Siebeck. Der Deutschen Forschungsgemeinschaft bin ich für die Gewährung einer namhaften Druckbeihilfe, der Studienstiftung des deutschen Volkes für alle Förderung während meines Studiums zu Dank verpflichtet. Danken möchte ich schließlich den Mitarbeitern des Verlags Mohr Siebeck, insbesondere Frau Ilse König, für die sorgfältige Betreuung der Drucklegung des Bandes, Herrn Martin Fischer für die vorbildliche Gestaltung des Satzes sowie den Herren stud. theol. Dirk Kellner und Mathias Kürschner für ihre Unterstützung beim Lesen der Korrekturen.

Ich widme das Buch meiner Frau Meike, die mich in den zurückliegenden Jahren von vielem entlastet und mich bei meiner wissenschaftlichen Arbeit immer wieder ermutigt hat.

Tübingen, im April 2000                         Hans-Christian Kammler

# Inhalt

# Einleitung

## A. Die Fragestellung

Das Johannesevangelium stellt die Exegese vor eine Reihe schwerwiegender und nach wie vor lebhaft umstrittener Probleme. Zu ihnen gehören nicht zuletzt zentrale Fragen der Christologie und der Eschatologie und damit zwei Themenbereiche, die für das Verständnis des gesamten Evangeliums von grundlegender Bedeutung sind.

Was die *Christologie* anlangt, so wird vor allem das Folgende diskutiert: Liegt den verschiedenen christologischen Aussagen des Evangeliums eine einheitliche und in sich klar strukturierte Sicht von Jesu Person zugrunde, oder ist das johanneische Christuszeugnis in sich disparat und widersprüchlich, so daß man von mehreren christologischen Konzeptionen sprechen muß, die dann als der Reflex einer spannungsvollen theologiegeschichtlichen Entwicklung innerhalb des johanneischen Gemeindeverbandes zu beurteilen sind[1]? Wie ist das Verhältnis zwischen Jesus und Gott genau gedacht? Das heißt insbesondere: Wird die Behauptung der im Offenbarungshandeln gegebenen Einheit von Vater und Sohn mit dem Gedanken der wesenhaften Einheit beider begründet, oder erblickt der Evangelist den Grund für die Offenbarungseinheit in der schlechthinnigen Abhängigkeit des Sohnes vom Vater bzw. in seiner gehorsamen Unterordnung unter den Vater? Mit der zuletzt genannten Frage hängt eine weitere aufs engste zusammen: Wie wird der von synagogaler Seite erhobene Vorwurf, daß der Christusglaube und das Christusbekenntnis der johanneischen Gemeinde in einem fundamentalen Widerspruch zum Ersten Gebot und damit zum Zeugnis des Alten Testament von der Einzigkeit des Gottes Israels stehen, im vierten Evangelium aufgenommen und theologisch verarbeitet? Stellt das Evangelium diesem Vorwurf eine konsequent subordinatianisch gefaßte

---

[1] Einige profilierte Vertreter der zuletzt genannten Position sollen bereits hier ausdrücklich genannt sein: BECKER, Wunder und Christologie, bes. 136–143. 143–148; DERS., Das Evangelium nach Johannes I, bes. 60. 134–142; Das Evangelium nach Johannes II, bes. 484–494. 745–752; MÜLLER, Die Geschichte der Christologie, bes. 69–73; RICHTER, Der Vater und Gott Jesu, bes. 267–270; DERS., Zur sogenannten Semeia-Quelle 284–287; DERS., Tradition und Redaktion 288f. 293f. 313f.; DERS., Präsentische und futurische Eschatologie 354–360; DERS., Zum gemeindebildenden Element 401–412; LANGBRANDTNER, Weltferner Gott, bes. 89–99. 108–111; HAENCHEN 103–109. 287–291; SCHMITHALS, Johannesevangelium und Johannesbriefe, bes. 292–299. 302f. 427–432.

Christologie entgegen, durch die der Gedanke einer gottgleichen Stellung und
Würde Jesu gerade als ein Mißverständnis gekennzeichnet wird, oder argu-
mentiert der Evangelist im Gegenteil damit, daß der Vorwurf der Blasphemie
deshalb von vornherein ins Leere geht, weil Jesus von Ewigkeit her und also
seinem Wesen nach die wahre Gottheit eignet?

Hinsichtlich der *Eschatologie* sind in erster Linie die folgenden Fragen kontrovers: Dokumentieren die eschatologischen Aussagen des Evangeliums eine
konsistente und in sich geschlossene Konzeption, so daß sie insgesamt dem
Evangelisten selbst zugeschrieben werden können, oder sind zwischen einzelnen
Aussagekomplexen so erhebliche Spannungen bzw. sogar Gegensätze wahrzunehmen, daß diese als sachlich miteinander unvereinbar zu beurteilen und dementsprechend literarkritisch verschiedenen Autoren zuzuweisen sind? Vertritt
der vierte Evangelist eine streng präsentische Eschatologie, die keinen Raum
für traditionelle futurisch-eschatologische Erwartungen läßt, oder ist auch für
seine Sicht das in anderen Schriften des Neuen Testaments zu beobachtende
Nebeneinander von Gegenwartseschatologie und Zukunftseschatologie kennzeichnend? In diesem Zusammenhang stellt sich dann auch die Frage nach dem
inneren Verhältnis von Christologie und Eschatologie: Verleiht die Eschatologie der Christologie ihr spezifisches Gepräge, oder ist die Christologie als
das sachliche Fundament der Eschatologie zu begreifen?

Die vorliegende Untersuchung möchte einen Beitrag zur Klärung der angesprochenen Fragen leisten. Dies soll durch die detaillierte Exegese eines Textes geschehen, in dem sich die Probleme der Christologie und der Eschatologie
in besonderer Weise bündeln, da hier gewichtige Aussagen zu beiden Themen-
bereichen nicht nur unmittelbar nebeneinander erscheinen, sondern zugleich
auch argumentativ zueinander in Beziehung gesetzt werden. Es handelt sich
um den Abschnitt Joh 5,17–30, der zweifellos zu den „gedankentiefsten Parti-
en" des Johannesevangeliums überhaupt gehört[2]. In den *christologischen* Aussagen des Abschnitts wird die Vater-Sohn-Relation in einer Intensität bedacht
und in einer begrifflichen Präzision entfaltet, wie das im vierten Evangelium
sonst nur noch im Prolog Joh 1,1–18 und in dem Gebet Jesu Joh 17 der Fall ist.
Die Verse 5,17–30 sind deshalb sowohl für die Frage nach der Einheit der johanneischen Christologie wie auch für die Frage, wie der Evangelist das Verhältnis
Jesu zu Gott faßt, von höchster Relevanz. Dieses Verhältnis wird in unserem
Text ausdrücklich unter Bezugnahme auf den von jüdischer Seite erhobenen
Blasphemievorwurf thematisiert. Daher verspricht gerade die Exegese dieses

---

[2] Schnackenburg II 125. – Der exegetisch ebenso schwierige wie für das Verständnis
der johanneischen Theologie sachlich gewichtige Textzusammenhang Joh 5,17–30 ist m.W.
bisher noch nicht monographisch behandelt worden. An umfangreicheren Darlegungen
zu unserem Text sind zu nennen: Blank, Krisis 109–182; Riedl, Heilswerk 189–229;
Schnackenburg II 124–150; Stimpfle, Blinde sehen 74–107; Hammes, Der Ruf ins Leben
176–244; Frey, Eschatologie II 469–532.

Textes Aufschluß darüber, wie die Zurückweisung des Blasphemievorwurfs durch den Evangelisten verstanden sein will. Im Hinblick auf die Fragen der johanneischen *Eschatologie* kann unser Abschnitt geradezu als der „locus classicus" bezeichnet werden, entscheidet sich doch an der Interpretation der Verse 5,24.25 und 5,28.29 sowie an der Bestimmung ihres sachlichen Verhältnisses zueinander nicht weniger als das Gesamtverständnis der Eschatologie des vierten Evangeliums. Bei der Auslegung der genannten Verse muß sich zeigen, ob der Evangelist an traditionellen futurisch-eschatologischen Erwartungen festhält und diese somit einen integralen Bestandteil seiner Eschatologiekonzeption bilden, oder ob er solche Erwartungen radikal preisgibt, indem er sie präsentisch-eschatologisch uminterpretiert. Weil sowohl das unmittelbare Nebeneinander von christologischen und eschatologischen Aussagen wie auch das sachliche Bezogensein beider aufeinander für unseren Abschnitt kennzeichnend sind, darf darüber hinaus erwartet werden, daß seine Auslegung zugleich den Begründungszusammenhang zwischen Christologie und Eschatologie zu erhellen vermag.

## B. Vorüberlegungen

Der Interpretation des Textes Joh 5,17–30 selbst sind einige Vorüberlegungen vorauszuschicken. Zunächst soll darüber Auskunft gegeben werden, in welchem Sinne bestimmte für unsere Argumentation wesentliche Begriffe in der vorliegenden Arbeit verwendet werden. Im Anschluß daran sind sodann einige exegetische Grundentscheidungen offenzulegen, die in der Untersuchung vorausgesetzt werden.

Die erforderlichen Begriffsbestimmungen betreffen zum einen die Christologie, zum andern die Eschatologie.

1. Zur Beschreibung des zwischen Jesus und Gott bestehenden Verhältnisses bedient sich unsere Untersuchung präziser begrifflicher Distinktionen: Einerseits wird von „Seins-" bzw. „Wesenseinheit" u.ä., andererseits von „Handlungs-", „Offenbarungs-" bzw. „Willenseinheit" u.ä. gesprochen. Dabei bin ich mir selbstverständlich dessen bewußt, daß diese Distinktionen im Johannesevangelium selbst expressis verbis nicht begegnen, sondern erst in den christologischen bzw. trinitätstheologischen Auseinandersetzungen und Entscheidungen der nachneutestamentlichen Zeit ausgebildet worden sind. Dieser Sachverhalt spricht jedoch keineswegs dagegen, jene Distinktionen zur Interpretation der johanneischen Vater-Sohn-Relation heranzuziehen. Das Postulat, daß die Auslegung neutestamentlicher Texte sich auf die Verwendung der im Neuen Testament vorgegebenen Terminologie zu beschränken und systematisch-theologische bzw. dogmatische Begriffe zu vermeiden habe, würde ja im Grunde der Aufforderung gleichkommen, auf eine theologisch reflektierte und hermeneu-

tisch verantwortbare Textinterpretation grundsätzlich Verzicht zu leisten. Da
es sich bei einer Schrift wie dem vierten Evangelium zweifellos um das literarische Dokument höchst überlegter und dezidiert dogmatisch ausgerichteter
Theologie handelt, kann eine den Anspruch auf Wissenschaftlichkeit erheben-
de Exegese, die als solche entschieden mehr als eine bloße Textparaphrase sein
will, auf die im Laufe der Theologiegeschichte erarbeiteten dogmatischen Ter-
mini nicht verzichten. Bedacht werden muß freilich, ob eine bestimmte Terminologie dem zu interpretierenden Text gerecht wird und seine Aussageabsicht
zutreffend zu erfassen vermag. Als unangemessen müßten die oben erwähnten
Distinktionen deshalb einzig dann bezeichnet werden, wenn sie das im Text
Gesagte verstellten und wenn dem Evangelisten durch ihre Verwendung An-
schauungen zugeschrieben würden, die ihm selbst fremd sind.

2. Für die Interpretation der johanneischen Eschatologie erweist sich die
begriffliche Unterscheidung von „präsentischer Eschatologie" bzw. „Gegenwartseschatologie" und „futurischer Eschatologie" bzw. „Zukunftseschatologie" als notwendig. Die genannten Begriffe werden dabei stets in folgendem
Sinne gebraucht: Als *präsentisch-eschatologisch* bezeichne ich solche Aussagen, in denen Sachverhalte, die nach traditionellem Verständnis streng und ausschließlich der Endzeit zugehören, als eine bereits gegenwärtig gegebene
Wirklichkeit begriffen sind, die ihrem eschatologischen Charakter gemäß qualitativ unüberbietbar und also von ewiger Relevanz und Gültigkeit ist. Als *futurisch-eschatologisch* bezeichne ich solche Aussagen, in denen dem traditionellen Verständnis entsprechend von Sachverhalten die Rede ist, die ihren Ort
allererst in der Endzeit haben und im Verhältnis zu dem in der Gegenwart Gegebenen etwas qualitativ Neues darstellen.

Die Arbeit setzt, wie bereits angedeutet wurde, einige exegetische Grundentscheidungen voraus, die jetzt nicht im einzelnen begründet und entfaltet
werden sollen, sondern lediglich mit wenigen Strichen zu skizzieren sind.

1. Was die Frage nach der literarischen Einheit des Johannesevangeliums
anlangt, so sei das Folgende bemerkt: Schon der Umstand, daß die unterschiedlichen, dazu noch in sich recht komplizierten literarkritischen Thesen der Forschung[3] stark voneinander abweichen und einander zum Teil sogar ausschließen,
darf als ein Indiz dafür gewertet werden, in wie hohem Maße sie das Produkt
des vermeintlich bloß *rekonstruierenden*, in Wahrheit jedoch freihändig *kon-
struierenden* Auslegers sind. Bei der Rekonstruktion dominieren nur allzu leicht
in methodisch problematischer Weise „das subjektive Empfinden des Exegeten,
seine Rekonstruktions- und Kombinationsfreude, seine theologische Gesamt-

---

[3] S. dazu die Darstellung und Kritik bei HAENCHEN 48–57; SCHNACKENBURG I 32–46;
SCHNELLE, Antidoketische Christologie 12–36; KOHLER, Kreuz und Menschwerdung 85–
124; WELCK, Erzählte Zeichen 12–41; FREY, Eschatologie I 51–71. 119–150. 266–297. 429–
445.

einschätzung"[4]. „Die Kritiker nehmen als Maßstab zu oft ihre Logik, ihre Aufmerksamkeit auf das Einzelne, ihr Bedürfnis nach Korrektheit im Zusammenhang, kurz ein Ev[an]g[e]l[ium], wie sie selber es schreiben würden."[5] Der Aufweis von Spannungen in der Argumentationsfolge eines Textes und die Behauptung, daß sich bei literarkritischen Eingriffen ein besserer Textsinn ergebe, liefern als solche jedenfalls noch keine hinreichenden Argumente für den Versuch, durch Textumstellungen oder durch das Ausscheiden angeblich sekundärer Passagen die ursprüngliche Gestalt des Johannesevangeliums wiederzugewinnen. Gegenstand der Exegese können nicht bestimmte, lediglich hypothetisch rekonstruierte Vorstufen des Johannesevangeliums sein, sondern einzig das Evangelium selbst in seiner literarischen Endgestalt. Dabei ist bis zum Erweis des Gegenteils von der Prämisse auszugehen, daß das vierte Evangelium als Ganzes – von dem Nachtragskapitel Joh 21 abgesehen[6] – einen in formaler wie sachlicher Hinsicht kohärenten Text bildet. Das heißt: Das Johannesevangelium ist „nicht als eine archäologische Grabungsstätte zu betrachten, aus der je nach methodischem Ansatz ‚Quellen', literarische Schichten oder historisch fixierbare Entwicklungsstadien geborgen werden können. Es muß vielmehr als das bewußte schriftstellerische und theologische Werk eines hervorragenden Theologen des Urchristentums begriffen werden."[7] Literarkritische Operationen sind nur dann erlaubt bzw. sogar geboten, wenn ein Text des vierten Evangeliums in seinem jetzigen Kontext nicht sinnvoll interpretiert werden kann oder wenn gewichtige sprachlich-formale bzw. sachlich-inhaltliche Signale zu der Annahme zwingen, daß sich in einem Textzusammenhang eine andere Stimme als die des Evangelisten selbst zu Wort meldet[8]. Literarkritik im Sinne der Quellenscheidung hat somit bei der Auslegung des Johannesevangeliums stets als „ultima ratio" zu gelten[9].

2. Die Texte des vierten Evangeliums werden in der vorliegenden Arbeit primär von ihrer internen Argumentationsstruktur her interpretiert und im Lichte ihres unmittelbaren literarischen Kontextes bedacht. Damit soll selbstverständlich keineswegs in Abrede gestellt sein, daß es durchaus notwendig und sinnvoll ist, bei der Exegese des Johannesevangeliums auch historische, insbeson-

---

[4] SCHNELLE, Einleitung 495. Ähnlich WELCK, Erzählte Zeichen 27: Die johanneische Literarkritik ist „stets auch eine Frage des persönlichen Geschmacks des Exegeten ... Mangels eindeutiger Anhaltspunkte beruht sie in der Hauptsache auf dem jeweiligen *Empfinden* für inhaltliche und literarische Spannungen im vorliegenden Text, dann aber vor allem auch auf dem *Bewerten* solcher Spannungen (als Indiz einer literarischen ‚Naht'?; als bewußtes darstellerisches Mittel?)."

[5] JÜLICHER, Einleitung 354.

[6] S. dazu KÜMMEL, Einleitung 173f. 201; SCHNACKENBURG III 406–417; SCHNELLE, Antidoketische Christologie 24–32.

[7] SCHNELLE, Antidoketische Christologie 49.

[8] Vgl. THYEN, Literatur: ThR NF 39 (1974) 52.

[9] BERGER, Exegese des Neuen Testaments 31.

dere traditionsgeschichtliche und religionsgeschichtliche Fragen zu erörtern. Der textimmanenten Interpretation gebührt jedoch deshalb der sachliche Vorrang, weil der präzise semantische Gehalt von Worten, sprachlichen Wendungen und Sätzen auf jeden Fall immer nur unter strenger Berücksichtigung des jeweiligen Textzusammenhangs ermittelt werden kann. Dieser allgemeinen hermeneutischen Einsicht kommt gerade bei der Auslegung des Johannesevangeliums ein ganz besonderes Gewicht zu, weil „die johanneische Sprache … ein Ganzes" ist, „innerhalb dessen der einzelne Terminus erst seine feste Bestimmung erhält"[10]. Nur eine Exegese, die das Kontextprinzip streng wahrt, kann der Gefahr entgehen, daß der spezifische Gehalt der johanneischen Aussagen durch die Heranziehung fremder Textwelten überlagert oder gar verdeckt wird.

3. Für die Darstellungsweise des vierten Evangelisten ist ein doppelter Sachverhalt kennzeichnend: Er schildert das Wirken und die Verkündigung Jesu nicht nur konsequent aus nachösterlicher Perspektive[11], sondern er verfährt dabei zugleich so, daß die Schilderung der Zeit des irdischen Jesus immer wieder für die nachösterliche Situation der johanneischen Gemeinde transparent wird. Die beiden Ebenen der vorösterlichen und der nachösterlichen Zeit überlagern und durchdringen sich in der Darstellung des Johannesevangeliums unauflöslich[12]. Was speziell den in Joh 5,17ff. geschilderten Konflikt zwischen Jesus und seinen jüdischen Gegnern anlangt, so spiegelt sich in ihm die allererst in nachösterlicher Zeit und hier insbesondere seit dem Jahre 70 n. Chr. virulente theologische Kontroverse zwischen der johanneischen Gemeinde und dem pharisäisch geprägten Judentum wider, in deren Zentrum die Frage nach der theologischen Legitimität des Glaubens an Jesus Christus und des Bekenntnisses zu seiner Person stand. Diese sich über einen längeren Zeitraum erstreckende Auseinandersetzung führte schließlich zu der definitiven Ausstoßung der judenchristlichen Glieder der johanneischen Gemeinde aus dem Synagogenverband und damit zu ihrem Ausschluß aus der jüdischen Volks- und Religionsgemeinschaft überhaupt[13]. Der Evangelist setzt bei seiner Darstellung den endgültigen Bruch zwischen johanneischer Gemeinde und jüdischer Synagoge als bereits vollzogen voraus. Die auf diesen Bruch bezogenen Partien seines Evangeliums

---

[10] BULTMANN, Johanneische Schriften und Gnosis 233.
[11] S. dazu HOEGEN-ROHLS, Der nachösterliche Johannes.
[12] Vgl. ONUKI, Gemeinde und Welt 12–14; FREY, Eschatologie I 340. 456f.
[13] Das wird durch die beiden einzig im Johannesevangelium erscheinenden Wendungen ἀποσυνάγωγος γίνεσθαι (9,22; 12,42) bzw. ἀποσυνάγωγος ποιεῖν (16,2) ausdrücklich angezeigt. S. dazu des näheren SCHRAGE, Art. ἀποσυνάγωγος: ThWNT VII 845–850; vgl. ferner GRÄSSER, Antijüdische Polemik 148 mit Anm. 68; ONUKI, Gemeinde und Welt 31–33; WENGST, Bedrängte Gemeinde 75–104; HENGEL, Die johanneische Frage 288–294. Zu dem Problem der mit den genannten johanneischen Texten verbundenen Frage nach der sog. Synode von Jabne s. die Ausführungen von SCHÄFER, Die sogenannte Synode von Jabne 45–64 und STEMBERGER, Die sogenannte „Synode von Jabne" und das frühe Christentum 14–21.

verfolgen nicht zuletzt das Ziel, den beschriebenen Konflikt in seiner inneren Notwendigkeit zu begreifen und auf diese Weise theologisch zu verarbeiten. Der den Ἰουδαῖοι in 5,18 in den Mund gelegte Vorwurf, daß Jesus sich in blasphemischer Weise göttliche Macht und Würde anmaße[14], bringt demnach in Wahrheit jenen Haupteinwand zur Sprache, den das pharisäische Judentum gegen Ende des 1. Jahrhunderts gegenüber dem Christusglauben und dem Christusbekenntnis der johanneischen Gemeinde erhoben hat. Ganz entsprechend handelt es sich in dem als Rede des irdischen Jesus gestalteten Text Joh 5,19 ff. um die theologische Antwort des vierten Evangelisten auf eben diesen Einwand.

4. In unserer Untersuchung wird nicht selten auf den 1. Johannesbrief verwiesen; zuweilen werden einige seiner Aussagen sogar ganz unmittelbar in die Betrachtung mit einbezogen[15]. Hinsichtlich der in der Forschung kontrovers diskutierten Frage nach dem historischen und sachlichen Verhältnis zwischen dem Johannesevangelium und dem 1. Johannesbrief liegt dabei die folgende Sicht zugrunde: Vergleicht man den 1. Johannesbrief mit dem vierten Evangelium, so zeigt sich, daß zwischen beiden Schriften einerseits außerordentlich große sprachliche wie sachliche Übereinstimmungen, andererseits aber auch nicht unerhebliche stilistische wie inhaltliche Differenzen wahrzunehmen sind[16]. Vor allem die sachlich-inhaltlichen Unterschiede zwingen m.E. zu dem Schluß, daß der 1. Johannesbrief keinesfalls vom Autor des vierten Evangeliums selbst stammen kann[17]. Was die zeitliche Reihenfolge der beiden Schriften betrifft, so

---

[14] Derselbe Vorwurf begegnet im vierten Evangelium ferner – wiederum jeweils im Munde der Ἰουδαῖοι – in 8,53; 10,33 (vgl. 10,36) und 19,7.

[15] Stellen aus der Johannesapokalypse werden in der vorliegenden Arbeit dagegen nicht herangezogen, weil nach meinem Urteil zwischen dieser Schrift und dem Johannesevangelium selbst weder ein direkter noch auch nur ein mittelbarer literarischer und theologischer Zusammenhang gegeben ist. S. dazu des näheren KAMMLER, Jesus Christus und der Geistparaklet 144–148.

[16] S. dazu die Darlegungen bei BROWN, The Epistles of John 19–29; STRECKER, Die Johannesbriefe 51–53; KLAUCK, Die Johannesbriefe 89–99; VOGLER, Die Briefe des Johannes 6–10.

[17] So z.B. auch DODD, The Johannine Epistles XLVII–LVI; BULTMANN, Art. Johannesbriefe: RGG³ III 838; DERS., Die drei Johannesbriefe 9; CONZELMANN, „Was von Anfang an war" 211; SCHNACKENBURG, Die Johannesbriefe 335; HAENCHEN, Neuere Literatur zu den Johannesbriefen 282; WENGST, Der erste, zweite und dritte Brief des Johannes 24f.; SCHUNACK, Die Briefe des Johannes 13f.; BROWN, The Epistles of John 30; SCHNELLE, Antidoketische Christologie 63f.; DERS., Einleitung 467f.; STRECKER, Die Johannesbriefe 52f.; KLAUCK, Der erste Johannesbrief 45; DERS., Die Johannesbriefe 104; BALZ, Die Johannesbriefe 160f.; VOGLER, Die Briefe des Johannes 6–10; BROER, Einleitung I 233f. – Anders dagegen z.B. OVERBECK, Das Johannesevangelium 465–475; WEISS, Die drei Briefe des Apostels Johannes 7; JÜLICHER, Einleitung 213–215; BAUER, Johannesevangelium und Johannesbriefe 138; BÜCHSEL, Die Johannesbriefe 7; GAUGLER, Die Johannesbriefe 5; WIKENHAUSER / SCHMID, Einleitung 621–623; KÜMMEL, Einleitung 392; RUCKSTUHL / DSCHULNIGG, Stilkritik und Verfasserfrage 46–54; AUGENSTEIN, Das Liebesgebot 150f. mit Anm. 9; HENGEL, Die johanneische Frage 123. 156f.; FREY, Eschatologie I 453f.; DERS., Eschatologie II 263; STUHLMACHER, Biblische Theologie des Neuen Testaments II 202f.

sprechen meiner Ansicht nach die besseren Argumente für die von der Mehrheit der Ausleger angenommene Priorität des Johannesevangeliums[18]. Bei dem
Verfasser des 1. Johannesbriefs handelt es sich um einen Schüler des vierten
Evangelisten, der dessen theologisches Erbe in veränderter Situation aufs neue
zur Geltung zu bringen sucht. Auf ihn dürften auch der 2. und der 3. Johannesbrief zurückgehen[19].

---

[18] So z.B. auch JÜLICHER, Einleitung 215; KÜMMEL, Einleitung 392f.; WENGST, Der erste,
zweite und dritte Brief des Johannes 24f.; SCHUNACK, Die Briefe des Johannes 14; KLAUCK,
Der erste Johannesbrief 46f.; DERS., Die Johannesbriefe 106–109; BALZ, Die Johannesbriefe
159; BROER, Einleitung I 234f. 240. – Für die zeitliche Priorität des 1. Johannesbriefes
plädieren u.a. WEISS, Die drei Briefe des Apostels Johannes 8f.; BÜCHSEL, Die Johannesbriefe 7; SCHNELLE, Antidoketische Christologie 65–75; DERS., Einleitung 451f. 468–470;
STRECKER, Die Johannesbriefe 51–53; FREY, Eschatologie II 262f.; STUHLMACHER, Biblische Theologie des Neuen Testaments II 209.

[19] So z.B. auch DODD, The Johannine Epistles LXVI; SCHNACKENBURG, Die Johannesbriefe 298; KÜMMEL, Einleitung 397; BROWN, The Epistles of John 16–19; RUCKSTUHL /
DSCHULNIGG, Stilkritik und Verfasserfrage 45f.; KLAUCK, Der zweite und dritte Johannesbrief 21; DERS., Die Johannesbriefe 124; VOGLER, Die Briefe des Johannes 4–6; HENGEL,
Die johanneische Frage 151; FREY, Eschatologie I 452. – Anders z.B. BULTMANN, Art. Johannesbriefe: RGG[3] III 839; BERGMEIER, Verfasserproblem 93–100; WENGST, Der erste,
zweite und dritte Brief des Johannes 230f.; SCHUNACK, Die Briefe des Johannes 108;
SCHNELLE, Antidoketische Christologie 62f.; DERS., Einleitung 466f.; STRECKER, Die Johannesbriefe 26. 50f.; BALZ, Die Johannesbriefe 159; BROER, Einleitung I 235f. 243.

# I. Kontext- und Strukturanalyse von Joh 5,17–30

## A. Kontext

Der in unserer Studie zu untersuchende Text Joh 5,17–30 hat, was den *weiteren* Kontext betrifft, seinen Ort innerhalb des ersten großen Hauptteils des Johannesevangeliums, der die Verse 1,19–12,50 umfaßt und dessen Thema die Selbstoffenbarung Jesu vor der Welt ist[1]. Genauerhin gehört unser Text in den Zusammenhang der Kapitel 5–10. In ihnen geht es um die Selbstoffenbarung Jesu gegenüber den Ἰουδαῖοι, wobei der Akzent der Darstellung auf der Reaktion des Unglaubens liegt, mit dem diese den Hoheits- und Offenbarungsanspruch Jesu zurückweisen[2]. Die Auseinandersetzung zwischen Jesus und seinen jüdischen Kontrahenten wird vom Evangelisten in den genannten Kapiteln vor allem in Gestalt von Streitgesprächen geschildert. Um das erste dieser Streitgespräche handelt es sich in den Versen 5,17–47, die durch den die Vater-Sohn-Relation entfaltenden und den Zusammenhang von Christologie und Eschatologie bedenkenden Abschnitt 5,17–30 eröffnet werden.

Was den *engeren* Kontextbezug anlangt, so schließen sich die Verse 5,17–30 ganz unmittelbar an die Erzählung von der Heilung des Gelähmten am Teich Bethesda V. 1–16 an[3]. Diese Erzählung kann ihrerseits in zwei Teilabschnitte

---

[1] Vgl. BULTMANN 77; SCHNACKENBURG I 270; BECKER I 105; ROLOFF, Einführung in das Neue Testament 237; SCHNELLE, Einleitung 492f.; DERS., Das Evangelium nach Johannes 10.

[2] Der im Johannesevangelium insgesamt 67mal erscheinende Ausdruck οἱ Ἰουδαῖοι ist ganz überwiegend stereotyp verwendet und dabei streng negativ qualifiziert. Er bezeichnet zunächst auf der Erzählebene die jüdischen Gegner des irdischen Jesus bzw. auf der Ebene des im Evangelium vorausgesetzten und in ihm theologisch verarbeiteten Konflikts das der johanneischen Gemeinde zeitgenössische und der nachösterlichen Christusverkündigung widersprechende Judentum. Darüber hinaus fungiert der Begriff als eine typisierende Chiffre für die gottlose und christusfeindliche Menschheit überhaupt und damit als Parallelbegriff zu dem an den meisten Stellen ebenfalls negativ gebrauchten Terminus ὁ κόσμος. Zur Sache wie auch zur wirkungsgeschichtlichen Problematik s. GRÄSSER, Antijüdische Polemik, bes. 144f. 150–153; DERS., Die Juden als Teufelssöhne, bes. 165–167; MUSSNER, Traktat über die Juden 281–293; HAHN, „Die Juden" im Johannesevangelium, bes. 436–438; PORSCH, „Ihr habt den Teufel zum Vater" 50–57; WENGST, Bedrängte Gemeinde 55–74; HENGEL, Die johanneische Frage 296–298; ROLOFF, Die Kirche im Neuen Testament 302–304.

[3] S. dazu zuletzt LABAHN, Spurensuche 159–179; DERS., Jesus als Lebensspender 213–264.

untergliedert werden: in die eigentliche Heilungsgeschichte V. 1–9a und in die damit aufs engste verknüpfte Nachgeschichte V. 9b–16. Die Nachgeschichte beginnt mit der Bemerkung, daß der Tag, an dem Jesus die Heilung vollbrachte, ein Sabbat war (V. 9b), und sie erklärt von daher, daß die Feindschaft der Ἰουδαῖοι in dem von ihnen unterstellten Sabbatbruch Jesu begründet ist (V. 16). Der darauf folgende Teil 5,17–47 setzt mit zwei Versen ein, denen eine Scharnierfunktion zwischen V. 1–16 und V. 19–47 zukommt. V. 17 enthält zunächst Jesu Antwort auf den Vorwurf der Übertretung des Sabbatgebotes: ὁ πατήρ μου ἕως ἄρτι ἐργάζεται κἀγὼ ἐργάζομαι (V. 17b), und V. 18 berichtet sodann von der gegenüber V. 16 noch gesteigerten Reaktion der Gegner Jesu: διὰ τοῦτο οὖν μᾶλλον ἐζήτουν αὐτὸν οἱ Ἰουδαῖοι ἀποκτεῖναι, ὅτι οὐ μόνον ἔλυεν τὸ σάββατον, ἀλλὰ καὶ πατέρα ἴδιον ἔλεγεν τὸν θεὸν ἴσον ἑαυτὸν ποιῶν τῷ θεῷ. Jesu Widersacher erkennen diesen Worten zufolge in der Aussage von V. 17b ein todeswürdiges Vergehen, und zwar deshalb, weil er in ihr „Gott seinen eigenen Vater nannte und sich damit Gott gleichstellte". Alles auf V. 17.18 Folgende – d.h. der gesamte Textkomplex V. 19b–47 – ist, wie die Redeeinleitung V. 19a ἀπεκρίνατο οὖν ὁ Ἰησοῦς καὶ ἔλεγεν αὐτοῖς signalisiert, streng als Antwort auf den Vorwurf von V. 18 zu lesen. Die Verse 19b–47 richten sich somit durchgängig an die jüdischen Gegner, die sich selbst dezidiert als Anwälte der Ehre Gottes verstehen, wenn sie Jesus der blasphemischen Usurpation göttlicher Macht und Würde bezichtigen.

Der auf den sogleich zu analysierenden ersten Redegang 5,19b–30 folgende zweite Teil der Antwort Jesu, der die Verse 31–47 umgreift, läßt sich des näheren in die beiden Abschnitte V. 31–40 und V. 41–47 unterteilen[4]. Dafür können vor allem zwei Gründe angeführt werden: 1. Der Abschnitt V. 31–40 ist inhaltlich durch die Worte μαρτυρία / μαρτυρεῖν bestimmt[5], für den Abschnitt V. 41–47 dagegen ist der Begriff δόξα = „Ehre" (V. 41.44) zentral. 2. Beide Abschnitte schließen jeweils mit einem Hinweis auf das Christuszeugnis der „Schriften" (V. 39.40) bzw. des „Mose" (V. 45–47), wobei die Schlußverse, wie die folgende Gegenüberstellung deutlich zu machen sucht, einander sowohl formal wie inhaltlich korrespondieren:

V. 39.40

³⁹ἐραυνᾶτε τὰς γραφάς,
ὅτι ὑμεῖς δοκεῖτε ἐν αὐταῖς
ζωὴν αἰώνιον ἔχειν·

V. 45b–47

⁴⁵ᵇἔστιν ὁ κατηγορῶν ὑμῶν Μωϋσῆς,
εἰς ὃν ὑμεῖς ἠλπίκατε.

---

⁴ Ebenso z.B. BULTMANN 197f. 202; SCHNACKENBURG II 169. 178. Die Textdarbietung bei NESTLE / ALAND²⁶·²⁷ ist irreführend, weil hier hinter V. 35 und V. 44 jeweils eine Zäsur gesetzt wird und die Verse 36 und 45 mit einem Großbuchstaben beginnen. Das Richtige findet sich im Greek New Testament⁴.
⁵ In Joh 5 erscheint μαρτυρία ausschließlich in den Versen 31f.34.36, μαρτυρεῖν einzig in den Versen 31–33.36f.39.

καὶ ἐκεῖναί εἰσιν        [46]εἰ γὰρ ἐπιστεύετε Μωϋσεῖ,
                                  ἐπιστεύετε ἂν ἐμοί·
αἱ μαρτυροῦσαι περὶ ἐμοῦ·     περὶ γὰρ ἐμοῦ ἐκεῖνος ἔγραψεν.
[40]καὶ οὐ θέλετε ἐλθεῖν πρός με    [47]εἰ δὲ τοῖς ἐκείνου γράμμασιν
                                   οὐ πιστεύετε,
ἵνα ζωὴν ἔχητε.                      πῶς τοῖς ἐμοῖς ῥήμασιν πιστεύσετε;

Die beiden Abschnitte V. 31–40 und V. 41–47 sind insofern eng mit dem voraufgehenden Teil der Antwort Jesu (V. 19b–30) verzahnt, als sie jeweils Gedanken aufnehmen und sachlich vertiefen, die bereits dort anklingen. So entfaltet der erste Abschnitt (V. 31–40) mit seiner Rede von der μαρτυρία, durch die
der Vater von seinem Sohn Zeugnis ablegt, die Aussage von V. 24, wonach derjenige, der das Wort Jesu im Glauben vernimmt, eben damit dem Vater Glauben
schenkt, der den Sohn gesandt hat. Der zweite Abschnitt (V. 41–47) läßt eine
Beziehung zu der Aussage von V. 23b (ὁ μὴ τιμῶν τὸν υἱὸν οὐ τιμᾷ τὸν πατέρα
τὸν πέμψαντα αὐτόν) erkennen, wenn er in V. 44 herausstellt, daß sich im Nein
der jüdischen Gegner zu Jesus enthüllt, daß sie in Wahrheit gar nicht jene „Ehre"
suchen, die von dem „einen und einzigen Gott" (ὁ μόνος θεός) kommt.

# B. Struktur

Der sich an die Verse 5,17.18 unmittelbar anschließende und durch ἀπεκρίνατο
οὖν ὁ Ἰησοῦς καὶ ἔλεγεν αὐτοῖς V. 19a eingeleitete Abschnitt V. 19b–30 wird
durch eine Inklusion gerahmt und so deutlich als eine in sich geschlossene
Einheit gekennzeichnet: Der Aussage von V. 19b (οὐ δύναται ὁ υἱὸς ποιεῖν
ἀφ᾽ ἑαυτοῦ οὐδὲν ἐὰν μή τι[6] βλέπῃ τὸν πατέρα ποιοῦντα) entspricht diejenige von V. 30a.b (οὐ δύναμαι ἐγὼ ποιεῖν ἀπ᾽ ἐμαυτοῦ οὐδέν· καθὼς ἀκούω[7]
κρίνω)[8]. Der Abschnitt V. 19b–30 selbst weist eine sehr klare und wohldurch-
dachte Struktur auf[9]. Am Anfang steht – durch ἀμὴν ἀμὴν λέγω ὑμῖν feierlich

---

[6] So die Textdarbietung bei NESTLE / ALAND[26.27] und im Greek New Testament[4]. Zu lesen
ist m.E. jedoch ἐὰν μὴ τί = „sondern nur, was"; zur Begründung s.u. S. 21 Anm. 2.

[7] Die Asyndese hat hier adversativen Sinn: „vielmehr: wie ich höre ..."; sie entspricht
sachlich dem ἐὰν μή (= „sondern nur") in V. 19bβ.

[8] Ebenso urteilen u.a. THOLUCK 172; WEISS 179; HOLTZMANN 96; BAUER 87; BULT-
MANN 197; WIKENHAUSER 146; MOLONEY, The Johannine Son of Man 71; BLANK I/b 40;
SCHULZ 91; BEASLEY-MURRAY 77; CARSON 259; KNÖPPLER, Die theologia crucis 108; OBER-
MANN, Erfüllung 372; FREY, Eschatologie II 475. 477f.; HAMMES, Der Ruf ins Leben 181.
199; L. SCHENKE 104. 110; SCHNELLE 105 Anm. 20. Anders dagegen z.B. ZAHN 307; BER-
NARD I 246; LINDARS 227; WILCKENS 112. 122: Diese Autoren verbinden V. 30 mit dem
Abschnitt 5,31–47. – Bilden die Verse 19b und 30a.b eine Inklusion, dann ist es nicht kor-
rekt, wenn bei NESTLE / ALAND[26.27] hinter V. 29 ein Absatz gesetzt ist und V. 30 mit einem
Großbuchstaben beginnt.

[9] Zu der im folgenden dargebotenen Strukturanalyse der Verse 5,19b–30, die an dieser
Stelle selbstverständlich nur vorläufigen Charakter haben kann und durch die Ergebnisse

eröffnet – ein viergliedriges und in sich chiastisch gestaltetes Satzgefüge (V. 19b.c):

19b  A   οὐ δύναται ὁ υἱὸς ποιεῖν ἀφ' ἑαυτοῦ οὐδὲν
     B   ἐὰν μὴ τί βλέπῃ τὸν πατέρα ποιοῦντα·
19c  B   ἃ γὰρ ἂν ἐκεῖνος ποιῇ,
     A   ταῦτα καὶ ὁ υἱὸς ὁμοίως ποιεῖ.

Innerhalb dieses Satzgefüges dient die zweite Vater-Sohn-Aussage V. 19c sowohl der Explikation wie der Präzisierung des in V. 19b über das Verhältnis von Vater und Sohn Gesagten[10]. Der in V. 19c ausgesprochene Gedanke, daß zwischen dem Handeln des Sohnes und dem Handeln des Vaters immer und überall eine strenge Einheit gegeben ist, wird zunächst in V. 20a (ὁ γὰρ πατὴρ φιλεῖ τὸν υἱὸν καὶ πάντα δείκνυσιν αὐτῷ ἃ αὐτὸς ποιεῖ) mit dem Hinweis auf die Liebe des Vaters zum Sohn begründet und im Anschluß daran in V. 20b (καὶ μείζονα τούτων δείξει αὐτῷ ἔργα, ἵνα ὑμεῖς θαυμάζητε) durch die Rede von den „größeren Werken", die der Vater dem Sohn zeigen wird, weitergeführt. Dem zuletzt zitierten Satz V. 20b kommt dabei innerhalb unseres Textzusammenhangs ein ganz besonderes Gewicht zu. Mit ihm fällt die entscheidende Aussage, die sodann in den Versen 21–29 in zwei Schritten argumentativ entfaltet und begründet wird. Der erste Schritt umfaßt die Verse 21–25, der zweite die Verse 26–29[11]. Beide Argumentationsschritte sind in sich parallel aufgebaut: Sie setzen jeweils mit einer Aussage über die Vater-Sohn-Relation ein, die durch die vergleichenden Konjunktionen ὥσπερ / οὕτως καί strukturiert ist und in der Jesus das eine Mal (V. 21) als Lebens*geber*, das andere Mal (V. 26)

---

der Einzelexegese weiter präzisiert und abgesichert werden muß, vgl. die ähnlich lautenden Vorschläge bei KNÖPPLER, Die theologia crucis 108; OBERMANN, Erfüllung 372; FREY, Eschatologie II 477f. Eine Übersicht über andere Versuche der Strukturierung bietet FREY, Eschatologie II 472f.

[10] Zur genauen Bedeutung des γάρ in V. 19c s.u. S. 22f. Anm. 6.

[11] Die Textausgabe NESTLE / ALAND[26.27] setzt zu Unrecht eine Zäsur zwischen V. 23 und V. 24, indem sie mit V. 24 einen neuen Absatz beginnen läßt. Die Verse 24f. sind jedoch nach meinem Urteil mit den unmittelbar voraufgehenden Versen 21–23 zu verbinden. Denn in V. 21 ist nur das *Faktum* erwähnt, *daß* der Sohn lebendig macht; das *Wann* des ζωοποιεῖν (nach Ostern) und das *Wie* desselben (durch Jesu Wort) bringen allererst die Verse 24f. zur Sprache. Gegen die Verbindung von V. 24f. mit V. 21–23 spricht keineswegs, daß in der Selbstaussage Jesu V. 24 die 1. Person Singular begegnet, während zuvor in den Versen 19b–23 die „objektivierende" Redeweise (ὁ υἱός + Verbform in der 3. Person Singular) erschien. Im Blick darauf ist nämlich zweierlei zu beachten: 1. Schon der Vers 17b weist die Rede in der 1. Person Singular auf. 2. Der Wechsel zwischen „Ich"-Aussagen und „objektivierender" Redeweise findet sich im Johannesevangelium bei Worten Jesu des öfteren, und zwar sehr wohl auch in zusammengehörigen Abschnitten. Zu solchem Wechsel „ich / objektivierende Rede" s. neben 5,24 / 5,19b–23.25–29 etwa die folgenden Texte: 3,12 / 3,13–18; 6,26b / 6,27; 6,36–39 / 6,40; 6,44f. / 6,46; 6,54–57 / 6,53b; 6,63 / 6,62; 12,26 / 12,23; 13,33–35 / 13,31f.; 14,12.13a.14 / 14,13b; 17,4ff. / 17,1b–3. Bei den Fällen 6,26b / 6,27 bzw. 6,54–57 / 6,53b liegt jeweils auch ein ἀμὴν ἀμὴν λέγω ὑμῖν-Wort vor (6,26b bzw. 6,53b).

als Lebens*träger* prädiziert wird[12]. In beiden Fällen schließt sich eine Aussage über das „richterliche" Wirken Jesu an, mit dem er als der Sohn vom Vater beauftragt ist (V. 22 bzw. V. 27)[13]. Die beiden Argumentationsschritte enden jeweils mit eschatologischen Aussagen (V. 24.25 bzw. V. 28.29), wobei zwischen den Versen 25 und 28 enge sprachliche Berührungen zu verzeichnen sind:

| V. 25 | V. 28 |
|---|---|
| ἀμὴν ἀμὴν λέγω ὑμῖν ὅτι | μὴ θαυμάζετε τοῦτο, ὅτι |
| ἔρχεται ὥρα καὶ νῦν ἐστιν | ἔρχεται ὥρα |
| ὅτε οἱ νεκροὶ | ἐν ᾗ πάντες οἱ ἐν τοῖς μνημείοις |
| ἀκούσουσιν τῆς φωνῆς τοῦ υἱοῦ | ἀκούσουσιν τῆς φωνῆς αὐτοῦ. |
| τοῦ θεοῦ. | |

Der Abschnitt 5,19b–30 insgesamt wird mit einer Aussage abgeschlossen, die den bereits in V. 22, 24, 27 und 29b greifbaren „Gerichts"-Gedanken nochmals ausdrücklich aufnimmt und vertieft (V. 30). Was die gedankliche Struktur des Verses anlangt, so setzt er in V. 30a (οὐ δύναμαι ἐγὼ ποιεῖν ἀπ᾽ ἐμαυτοῦ οὐδέν) – in genauer Entsprechung zu V. 19bα – mit einer ganz grundsätzlichen Aussage über das Handeln des Sohnes ein. Diese christologische Grundsatzaussage wird in V. 30b (καθὼς ἀκούω κρίνω) speziell auf sein „richterliches" Wirken bezogen. Darauf folgt in V. 30c (καὶ ἡ κρίσις ἡ ἐμὴ δικαία ἐστίν) eine nähere Kennzeichnung des vom Sohn ausgeübten „Gerichts", die dann in V. 30d (ὅτι οὐ ζητῶ τὸ θέλημα τὸ ἐμὸν ἀλλὰ τὸ θέλημα τοῦ πέμψαντός με) in Gestalt eines antithetisch strukturierten Kausalsatzes, der die vollkommene Willenseinheit des Sohnes mit dem Vater hervorhebt, ihre theologische Begründung erfährt.

---

[12] Für die Strukturanalyse ist es von großem Gewicht, daß die Korrelation ὥσπερ / οὕτως καί im Johannesevangelium ausschließlich an den beiden einander parallelen Stellen 5,21 und 5,26 erscheint.

[13] Der genaue gedankliche Ort von V. 23 kann erst in der Einzelexegese bestimmt werden; s. dazu u. S. 72–74. – Zur Notierung der Worte „richterlich", „Richter" und „Gericht" in Anführungszeichen s. den Hinweis u. S. 44.

## II. Joh 5,17.18

Jesus weist den Vorwurf der Übertretung des Sabbatgebotes in V. 17b mit den Worten zurück:

> ὁ πατήρ μου ἕως ἄρτι ἐργάζεται
> κἀγὼ ἐργάζομαι.

In der Forschung ist zuweilen der Versuch unternommen worden, über das hebräische Wort עוֹד für ἕως ἄρτι die Bedeutung „fortwährend", „immer" zu gewinnen[1]. Dieser Versuch ist jedoch schon angesichts der wenigen, dazu noch zweifelhaften Belege für עוֹד = „fortwährend", „immer" problematisch[2]; hinzu kommt, daß die Septuaginta עוֹד an keiner Stelle mit ἕως ἄρτι wiedergibt. Die Annahme eines Hebraismus ist aber auch gar nicht erforderlich. Denn der genaue semantische Gehalt, den ἕως ἄρτι an unserer Stelle hat, läßt sich auch bei der lexikalischen Grundbedeutung „bis jetzt" bzw. „bis zu diesem Augenblick"[3] unschwer aus dem Zusammenhang bestimmen. Die Aussage „Mein Vater wirkt bis zu diesem Augenblick" will ja besagen, daß Gott von Anbeginn der Schöpfung bis zur Gegenwart unaufhörlich tätig ist[4]. Von daher gewinnt ἕως ἄρτι die – zweifellos auch in 1Joh 2,9 vorliegende – Bedeutung „noch immer"[5]. Die Aussage ὁ πατήρ μου ἕως ἄρτι ἐργάζεται hat mithin das *ununterbrochene* Wirken des Vaters im Blick[6]. Wirkt der Vater aber ununterbrochen, so heißt das: er wirkt gerade auch am Sabbat. Auf diesem Hintergrund wird deutlich, was die Worte Jesu ὁ πατήρ μου ἕως ἄρτι ἐργάζεται κἀγὼ ἐργάζομαι mei-

---

[1] Besonders zu nennen ist MAURER, Übersetzungsfehler 133–140.

[2] MAURER, Übersetzungsfehler 134 nennt als Belege Gen 46,29 und Ps 84,5, GESENIUS / BUHL 569 s.v. 2.a darüber hinaus noch Ruth 1,14.

[3] So im Johannesevangelium noch in 2,10 und 16,24.

[4] Zum traditionsgeschichtlichen Hintergrund sind jene frühjüdischen Texte zu vergleichen, die betonen, daß Gott trotz des Gen 2,2f. bezeugten „Ruhens" am siebten Schöpfungstage (vgl. Ex 20,11; 31,17) nicht aufgehört hat, ständig wirksam zu sein. S. dazu etwa Philo, All I 5; Cher 87.90; Prov I 6 sowie das rabbinische Material bei BILLERBECK II 461f. und ODEBERG 201f.

[5] Vgl. etwa ZAHN 291 Anm. 35; BAUER 82. Th. Zahn und W. Bauer nennen neben 1Joh 2,9 noch Mt 11,12; 1Kor 4,13; 8,7; 15,6 – die beiden Stellen 1Kor 8,7; 15,6 mit Grund.

[6] Reflexionen, die in V. 17bα auch den Gedanken an ein *Ende* des Wirkens Gottes ausgesprochen oder angedeutet finden, gehen am Text und seiner Aussageintention vorbei. So ist hier durchaus nicht an den eschatologischen Weltensabbat gedacht; gegen STÄHLIN, Eschatologie 244f.; CULLMANN, Sabbat 187–191; RICCA, Eschatologie 69 mit Anm. 175; RIEDL, Heilswerk 191–193.

nen: „Wie mein Vater ununterbrochen und also auch am Sabbat wirkt, so wirke auch ich zu jeder Zeit und somit eben auch am Sabbat."[7]

Jesus rechtfertigt mithin das von ihm am Sabbat vollbrachte Heilungswunder dadurch, daß er eine volle Entsprechung, ja Gleichheit zwischen dem Wirken Gottes und seinem eigenen Wirken behauptet. Damit ist der Sache nach auf jeden Fall die *Handlungs*einheit zwischen Jesus und Gott ausgesagt. Es stellt sich die Frage, ob eine solche Handlungseinheit überhaupt gedacht werden kann, ohne daß als ihre Grundlage zugleich die *Seins*einheit beider vorausgesetzt ist. Nicht wenige Ausleger sehen diesen Zusammenhang gegeben[8]. Die Frage, ob bereits der Aussage von V. 17b der Gedanke der *wesenhaften* Einheit zwischen dem Vater und dem Sohn und damit der *Gottheit* Jesu[9] zugrunde liegt, drängt sich auch aus zwei noch nicht genannten Gründen auf: 1. Der Satz ὁ πατήρ μου ἕως ἄρτι ἐργάζεται κἀγὼ ἐργάζομαι impliziert, daß Jesus ebensowenig wie Gott selbst in seinem Wirken durch das Sabbatgebot eingeschränkt ist. Damit behauptet Jesus, daß sein Verhältnis zum Sabbatgebot dem des Vaters zu diesem Gebot entspricht, daß also auch er Herr über den Sabbat ist[10]. Das aber heißt: Er nimmt für seine Person eine göttliche Prärogative in Anspruch[11]. Fordert dieser Sachverhalt aber nicht notwendig, daß Jesus an der Gottheit des Vaters teilhat?[12] – 2. In V. 17b redet Jesus von Gott als ὁ πατήρ μου. Diese Gottesbezeichnung hat hier wie im gesamten Johannesevangelium insofern „exzeptionellen Sinn"[13], als mit ihr zum Ausdruck gebracht wird, daß Gott in einzigartiger Weise der Vater Jesu Christi ist. Ihr entspricht als Korrelat der ebenfalls exklusiv gemeinte christologische Hoheitstitel ὁ υἱός bzw. ὁ υἱὸς τοῦ θεοῦ[14]. Treffend bemerkt J.A. Bengel: „Solus unigenitus potest dicere *Pater meus:* de solo unigenito dicit Pater *Filius meus.*"[15] Ein anderes im Johannesevangelium wahrzunehmendes Phänomen unterstützt dieses Urteil: Während Gott ursprunghaft der Vater Jesu und Jesus wesenhaft der eine und einzige

---

[7] Hinter κἀγὼ ἐργάζομαι V. 17bβ sind die Worte ἕως ἄρτι aus dem Vordersatz zu ergänzen; sie sind durch Brachylogie weggefallen. Auch hier ist nicht ein mögliches *Ende* des Wirkens Jesu mit im Blick; s. zu entsprechenden Überlegungen, die zu Unrecht in Joh 9,4 eine gewisse Sachparallele erkennen wollen, vor allem BULTMANN 183 f. mit Anm. 8 sowie ferner SCHLATTER 146 f.

[8] So u.a. KEIL 221 f.; SCHICK 58; STRATHMANN 102. 104; SCHULZ 85.

[9] So dezidiert MELANCHTHON 122, der in V. 17b ein „testimonium de divinitate filii" erblickt.

[10] Als synoptische Parallele zu Joh 5,17b ist Mk 2,28parr zu vergleichen: ὥστε κύριός ἐστιν ὁ υἱὸς τοῦ ἀνθρώπου καὶ τοῦ σαββάτου.

[11] Ebenso BROWN I 217: „Jesus was claiming a divine prerogative." Ähnlich LINDARS 219.

[12] In diesem Sinne HENGSTENBERG I 307, der zu V. 17b erklärt: „Nur auf die Theilnahme an der Gottheit konnte die Exemtion von dem gesammten Sabbathsgebote basirt werden, welche Christus in Anspruch nimmt." Vgl. SCHULZ 85.

[13] BULTMANN 183.

[14] S. zu diesem Hoheitstitel die Ausführungen u. S. 30 f.

[15] BENGEL, Gnomon 346 (zu Joh 5,18).

Sohn – der μονογενὴς υἱός[16] – des Vaters ist, haben die Glaubenden Gott einzig und allein aufgrund der Heilstat Christi zum Vater (vgl. 20,17b) und werden sie demgemäß sehr bewußt nicht als „Söhne Gottes", sondern ausschließlich als „Kinder Gottes" – als τέκνα θεοῦ[17] bzw. τὰ τέκνα τοῦ θεοῦ[18] – bezeichnet; sie sind also vom Sohn bleibend unterschieden[19].

Blicken wir auf die dargelegten Erwägungen zurück, so spricht alles dafür, daß bereits die Aussage von V. 17b den Gedanken der wesenhaft bestimmten Einheit zwischen Jesus und Gott zur Grundlage hat. In eben diesem Sinne verstehen ja auch die Gegner diese Aussage Jesu. Ihre Antwort weist dabei, wie im Spiegel der parallelen Struktur der Verse 16 und 18 sichtbar wird, gegenüber V. 16 eine noch erheblich gesteigerte Reaktion auf:

| V. 16 | V. 18 |
|---|---|
| καὶ διὰ τοῦτο ἐδίωκον<br>οἱ Ἰουδαῖοι τὸν Ἰησοῦν, | διὰ τοῦτο οὖν μᾶλλον ἐζήτουν<br>αὐτὸν οἱ Ἰουδαῖοι ἀποκτεῖναι, |
| ὅτι ταῦτα ἐποίει ἐν σαββάτῳ. | ὅτι οὐ μόνον ἔλυεν τὸ σάββατον,<br>ἀλλὰ καὶ πατέρα ἴδιον ἔλεγεν<br>τὸν θεὸν ἴσον ἑαυτὸν ποιῶν τῷ θεῷ. |

Der Vorwurf des Sabbatbruchs wird jetzt noch weit überboten durch das Urteil, daß Jesus in einem einzigartigen, „das gleiche Verhältnis zu anderen ausschließenden"[20] Sinne Gott als *seinen* „Vater" (πατὴρ ἴδιος) bezeichnet und damit sich selbst Gott gleichgemacht und also göttliches Sein für seine Person beansprucht habe. Fragt man, worin die Gegner eine solche einzigartige Redeweise vernommen haben, so ist die Antwort von V. 17b her deutlich: Jesus hat nicht nur die Worte ὁ πατήρ μου gebraucht, sondern zugleich und in einem das ἐργάζεσθαι Gottes und sein eigenes ἐργάζεσθαι parallelisiert, ja letztlich *identifiziert* und so eben jenes Tun gerechtfertigt und begründet, das seine Widersacher für eine

---

[16] S. 3,16.18; 1Joh 4,9; vgl. Joh 1,14.18.

[17] S. 1,12; vgl. 1Joh 3,1f.

[18] S. 11,52; vgl. 1Joh 3,10; 5,2.

[19] Zu Joh 20,17b s. des näheren KAMMLER, Jesus Christus und der Geistparaklet 107 Anm. 88. – Der Sinn von 20,17b wird von HAENCHEN 571 in sein Gegenteil verkehrt, wenn er diesem Vers den Gedanken entnimmt, daß „der Unterschied im Gottesverhältnis Jesu und der Jünger ... nun ... aufgehoben" sei. Jesus hebt seine Jünger mit dem Satz ἀναβαίνω πρὸς τὸν πατέρα μου καὶ πατέρα ὑμῶν καὶ θεόν μου καὶ θεὸν ὑμῶν keineswegs – wie HAENCHEN, Das Johannesevangelium und sein Kommentar 232 annimmt – „zu seiner eigenen Stellung empor". Ebensowenig soll durch den im vierten Evangelium hier im Munde Jesu begegnenden Ausdruck ὁ θεός μου „die Subordination Jesu" unter Gott zur Sprache gebracht werden (ebd.). Was der Vers 20,17b in Wahrheit besagt, hat bereits THOMAS VON AQUIN, Nr. 741, der dabei AUGUSTIN, Traktat XXI 3 verpflichtet ist, im Zusammenhang seiner Ausführungen zu Joh 5,18 präzise formuliert: „Deum Patrem suum dicit, ut det intelligere quod Pater eius est per naturam, aliorum autem per adoptionem: secundum quem modum loquitur infra xx.17: *Vado ad Patrem meum,* scilicet per naturam, *et Patrem vestrum,* scilicet per gratiam."

[20] BÜCHSEL, Art. μονογενής: ThWNT IV 748,12f.

eklatante Übertretung des Sabbatgebotes halten. In dem Urteil von V. 18b, das die Tötungsabsicht von V. 18a begründet, liegt nicht weniger als der Vorwurf der bewußt vollzogenen Blasphemie. Die damit geschilderte Reaktion der Ἰουδαῖοι ist auf dem Hintergrund bestimmter alttestamentlicher Texte und der ihnen entsprechenden frühjüdischen Halacha zu verstehen[21]. Das antike Judentum sieht in jenen Worten und Taten eine Gotteslästerung, mit denen Gottes Ehre angetastet und seine Heiligkeit verletzt wird. Entsprechend liegt nach Sifre Dtn 221 zu 21,22 überall da Blasphemie vor, wo ein Mensch „seine Hand gegen Gott ausstreckt". So wird Gott gelästert, wenn ein Mensch ihn schmäht, seinen Namen verflucht, sich selbst göttliche Kräfte zuschreibt oder sich gar eine gottgleiche Stellung und Würde anmaßt[22]. Den Torabestimmungen Lev 24,10–16 und Num 15,30f. zufolge ist jede Gotteslästerung ein todeswürdiges Vergehen. Die Tötung hat gemäß Lev 24,16 bzw. San 7,4; Sifra Lev zu 24,11ff. durch Steinigung und gemäß Dtn 21,22f. bzw. San 6,4; Sifre Dtn z.St. zusätzlich durch Aufhängen des Leichnams am Kreuz zu erfolgen[23]. Stellt Jesus in Joh 5,17b eine ganz unmittelbare Beziehung zwischen seinem eigenen Wirken und dem Wirken Gottes her und spricht er in diesem Zusammenhang betont von Gott als *seinem* Vater, begründet er mithin die Entsprechung zwischen dem jeweiligen ἐργάζεσθαι mit der Behauptung einer einzigartigen Vater-Sohn-Relation, so kann das im Kontext des religiösen Denkens des antiken Judentums nur als eine blasphemische Anmaßung göttlichen Seins angesehen werden, die mit dem Tode zu ahnden ist.

An dieser Stelle muß jedoch die Frage aufgeworfen werden, ob die Gegner den johanneischen Christus *richtig* verstanden haben, ob also die Aussage von V. 17b nach der Auffassung des vierten Evangelisten wirklich so gemeint ist, daß Jesus für seine Person die gleiche Stellung und Würde beansprucht, wie sie einzig und allein dem Gott Israels gebührt. Diese Frage ist zumal deshalb zu stellen, weil einige Ausleger des vierten Evangeliums das Urteil der Ἰουδαῖοι dezidiert als ein *Mißverständnis* begreifen.

Mit besonderem Nachdruck wird diese Sicht von J.P. Miranda vertreten. Seiner Meinung nach ist aus 5,18f. wie aus 10,33–36 zu schließen, daß die Gottessohnschaft Jesu nur im Munde seiner Gegner „im metaphysischen Sinn", d.h. als „wesenhafte Gleichheit mit Gott" aufgefaßt ist. In diesem Verständnis sehe der Evangelist selbst aber gerade „eine Unterstellung seiner rabbinischen Gegner", die er durch die Aussagen 5,19 und 10,36 bewußt „demaskiert" und

---

[21] S. zum Folgenden Hofius, Art. βλασφημία κτλ.: EWNT I 530f. und ferner die bei Billerbeck I 1008–1019 dargebotenen rabbinischen Zeugnisse.

[22] Ein Gotteslästerer ist nach jüdischer Auffassung ferner derjenige, der freche Reden gegen die Tora führt (Sifre Num 112 zu 15,30; vgl. CD 5,11f.).

[23] Angemerkt sei: Das Strafrecht der Mischna sieht nach San 7,5 die Vollstreckung der Todesstrafe nur für den Fall vor, daß der Lästerer Gott unter deutlichem Aussprechen des Jahwe-Namens verflucht hat. Diese enge Bestimmung stand aber zur Zeit Jesu noch nicht in Geltung.

so ausdrücklich als ein „Mißverständnis" zurückweist. Nach Mirandas Urteil
zeigt sowohl 5,19 wie 10,36, daß der Evangelist die Gottessohnschaft Jesu
lediglich „in funktionaler Bedeutung" interpretiert wissen will[24]. Der Sohnestitel bringe „nicht das Verhältnis einer Verwandtschaft, sondern das der Zugehörigkeit auf Grund der Gehorsamstat zur Sprache"; mit ihm werde „keine
Wesensaussage" gemacht. „Es geht dem Evangelisten … um die Wirk- und
Willenseinheit …; die Wesenseinheit wird dagegen als Mißverständnis der
Gegner Jesu herausgestellt."[25]

Ganz ähnlich wie Miranda urteilt E. Haenchen, wenn er in seinem Kommentar zum Johannesevangelium im Blick auf 5,18 f. bemerkt: „Jesus beansprucht
zwar – das haben die Juden richtig verstanden – den Sohnestitel und die Soh-
nesstellung, aber er gibt ihnen hier einen ganz neuen und unerwarteten Sinn.
Die Juden hatten aus dem Anspruch auf den Sohnesnamen herausgehört, daß
sich Jesus Gott gleichstelle. Aber gerade das meint ‚der Sohn' in Jesu Mund
eben nicht. Er will damit nicht seine eigene Macht und Autorität ausdrücken.
Er fordert für sich selbst nicht die Stellung, die Mt 11,22 und 28,19 ff. beschreiben."[26] „Jesus denkt nicht daran, sich Gott gleich zu machen, wie die Juden
wähnen (5,18)", vielmehr steht er „für uns an der Stelle des Souveräns, des
Vaters, als der Gesandte, der sich ganz seinem Souverän hingegeben hat" und
also „nur der Ausdruck, der Mund und die Hand seines Souveräns ist"[27]. Anders formuliert: „Daß sich Jesus ebenso verhält wie sein Vater, Gott, können
die Juden nur als Lästerung verstehen: Jesus maßt sich an, was Gott allein
zukommt. Er scheint sich die Gottheit rauben zu wollen. Aber das Gegenteil ist
richtig. Er kann von sich aus nichts tun. Er ist kein ‚zweiter Gott' oder gar der
eine wahrhaftige Gott. Er ist nur für Gott da."[28] Haenchen bringt seine Sicht am
Ende der Auslegung von Joh 5,1–30 nochmals pointiert so zur Sprache: „Was …
der Evangelist eigentlich sagen will, kommt in der auf V. 19 zurückgreifenden
Versicherung [sc. von V. 30] zum Ausdruck, daß er von sich aus nichts tun
kann. Darin liegt freilich auch die eine große Schwierigkeit der johanneischen
Christologie: Wir lassen uns (ebenso wie die Juden im J[ohannes-]E[vange-

---

[24] Alle Zitate MIRANDA, Sendung 78 (Hervorhebungen aufgehoben).

[25] Alle Zitate ebd. 44 (Hervorhebungen aufgehoben). Vgl. ebd. 90: „Nicht die Wesensidentität zwischen Sendendem und Gesandtem, sondern die Deckungsgleichheit in der Aktion wird betont: Jesus ist der treue und gehorsame Gesandte, der an Gottes Statt handelt."

[26] HAENCHEN 275. Statt Mt 11,22 muß es Mt 11,27, statt 28,19 ff. korrekt 28,18 ff. heißen!

[27] Ebd. 108.

[28] Ebd. 287. Vgl. DERS., Johanneische Probleme 109: „Die Juden verstehen überraschend
gut, was Jesus [sc. in Joh 5,17b] sagt, und dennoch zugleich völlig falsch: Jesus – so meinen
sie – macht sich Gott gleich. Demgegenüber kann der Evangelist nun zeigen, wie sich der
Sohn in Wahrheit zum Vater verhält; anders ausgedrückt, wie er den Monotheismus (den die
Juden auf ihre Weise vertreten) mit der Zweiheit von Vater und Sohn vereint: Der Sohn kann
nichts von selbst tun; er tut nur, was er den Vater tun sieht. Er ist gleichsam das sichtbare
Spiegelbild des unsichtbaren Vaters in der ‚Welt', das der kleinsten Bewegung exakt folgt
und nichts für sich ist."

lium]) so leicht dazu verführen, in Jesus den zu sehen, der das Seine sucht und der eigentlich ein über die Erde schreitender Gott ist. Für den Evangelisten wäre das eine Gotteslästerung: Nur weil Jesus lediglich für Gott da ist, keinen eigenen Anspruch erhebt, wird er ganz zum unverzerrten Bild des Vaters. Die Juden meinten: Jesus macht sich Gott gleich. Er stellt sich ebenbürtig neben ihn, und da es nur einen Gott gibt, verdrängt er ihn. Ein solches Mißverständnis ist auch in mancherlei Formen christlicher Frömmigkeit vorgekommen. Aber der Evangelist denkt anders. Indem Jesus das, und nur das, tut, was er ‚den Vater tun sieht‘, kann der Glaubende in ihm ‚den Vater sehen‘. So gilt: ‚Ich und der Vater sind eins‘ (10,30) und ‚der Vater ist größer als ich‘ (14,28). Das ist die Dialektik der johanneischen Christologie.“[29] Die zitierten Sätze zeigen, daß Haenchen die in 5,18 geschilderte Reaktion der Ἰουδαῖοι streng von seiner Gesamtsicht der johanneischen Christologie her interpretiert, derzufolge der vierte Evangelist „eine ausgesprochen subordinatianische Christologie“ vertritt[30].

In diesem Zusammenhang ist schließlich auf M. Theobalds Deutung von 5,18 hinzuweisen. Theobald bemerkt, daß der in 5,18; 10,33 und 19,7 greifbare „Vorwurf der ‚Usurpation (ποιεῖν ἑαυτόν) einer gottgleichen Stellung und Würde‘ … jeweils die Sicht der Außenstehenden (‚der Juden‘) wieder[gibt], die nicht die des Evangelisten ist“[31]. Das gelte nicht allein für den Vorwurf der Eigenmächtigkeit. Vielmehr werde der Evangelist „auch die mit ihm verbundene und in 5,18 auf den Begriff gebrachte Kategorie der ‚Gleichheit mit Gott‘, des ἴσον (εἶναι) τῷ θεῷ, … nur unter Vorbehalt für eine Bestimmung des Gottesverhältnisses Jesu akzeptiert haben“[32], wie aus der in 5,19ff. artikulierten „diesbezügliche[n] Reserve“ zu schließen sei[33]. Aus 5,19ff. folge nämlich, „daß alle Vollmacht Jesu von Gott *abgeleitete* Vollmacht ist“[34]; darin sei „die mutmaßliche Reserve des Evangelisten gegenüber dem Gedanken der ἰσότης τῷ θεῷ“ begründet[35]. Dieser Zurückhaltung entspreche es, wenn der Evangelist in 5,19ff. betont von Jesus als dem „Sohn“ bzw. dem „Sohn Gottes“ rede; denn durch diesen Hoheitstitel könne er „die Willens- und Aktionseinheit Jesu mit dem Vater, aber auch seine radikale Unterordnung unter ihn, die gerade die Bedin-

---

[29] HAENCHEN 281f.
[30] Ebd. 392 (zu Joh 10,30); DERS., Das Johannesevangelium und sein Kommentar 219. S. ferner in Haenchens Johanneskommentar die Seiten 116. 118 (zu Joh 1,1); 571 (zu Joh 20,17) und in dem genannten Aufsatz die Seite 232 (ebenfalls zu Joh 20,17).
[31] THEOBALD, Gott, Logos und Pneuma 43.
[32] Ebd.
[33] Ebd. 43f. Vgl. DERS., Fleischwerdung 302 Anm. 16: „Nicht nur das ἑαυτὸν ποιεῖν … ist für den Evangelisten nicht nachvollziehbar, auch dem ἴσον τῷ θεῷ bringt er Reserve entgegen. Für ihn (vgl. V. 19) gilt: ‚Weil Jesus sozusagen sich ganz leer gemacht hat für Gott, ist Gott in seiner ganzen Fülle hier zur Stelle‘ (Haenchen, Joh 288). Daß er sich Gott gleichmache, wird aus V. 17 ‚irrtümlich‘ gefolgert (ebd. 289).“
[34] THEOBALD, Gott, Logos und Pneuma 63 Anm. 97.
[35] Ebd.

gung dafür ist, daß in ihm der souveräne und einzige Gott *selbst ganz* zu Wort gekommen ist, am besten verdeutlichen"[36]. Das alles zeige: „Gegen den Vorwurf des ‚Ditheismus‘ von jüdischer Seite setzt das Evangelium ein ‚subordinatianisches‘ Modell, das an der Einzigkeit Gottes betont festhält, indem es vom ‚Sohn‘ bekennt, daß dieser ohne den Vater nichts ist (5,19)."[37] Theobald zeichnet die Aussage von V. 18 damit – ebenso wie Haenchen – in seine Gesamtsicht der johanneischen Christologie ein, deren Eigentümlichkeit er seinerseits mit dem Stichwort der „Theozentrik" besonders treffend charakterisiert sieht[38].

Jene Ausleger, die in der Reaktion der Ἰουδαῖοι auf die christologische Aussage von 5,17b ein Mißverständnis erblicken, das der Evangelist durch eine bewußt *subordinatianisch* konzipierte Christologie als verfehlt zurückweise, berufen sich für ihre Sicht vor allem auf die dem folgenden Abschnitt 5,19–30 angehörenden Verse 19 bzw. 30. Ob die skizzierte Sicht zutreffend ist, kann deshalb allererst die auch V. 30 mit ins Auge fassende Exegese von V. 19 erweisen, der wir uns nunmehr zuwenden.

---

[36] THEOBALD, Fleischwerdung 303.

[37] THEOBALD, Gott, Logos und Pneuma 62.

[38] S. ebd. 60. 73. 75 f. 78. – Anzumerken bleibt, daß sich die bei J.P. Miranda, E. Haenchen und M. Theobald zu verzeichnende Interpretation des von jüdischer Seite gegen den johanneischen Jesus erhobenen Blasphemievorwurfs in ähnlicher Form bereits bei W. BEYSCHLAG, Neutestamentliche Theologie I 238 f. findet. Im Zusammenhang seiner Ausführungen zur „Lehre Jesu nach dem Johannesevangelium" (ebd. 212–293) erörtert Beyschlag den johanneischen „Sohn Gottes"-Begriff und stellt fest: Die Selbstbezeichnung Jesu als Gottessohn „ist den feindseligen Juden so fremdartig und greift ihnen in seiner Vertraulichkeit mit Gott zuweilen so sehr zu hoch, daß sie ihn wiederholt blasphemisch finden, und den Vorwurf daran knüpfen, Jesus mache sich ‚Gotte gleich‘, oder ‚zu einem Gott‘ (5,18; 10,33). Aber diese Auffassung der Juden zu Gunsten der orthodoxen oder kritischen Fassung des Sohnesnamens zu verwerthen [und also im „metaphysisch-göttlichen Sinn" aufzufassen], bleibt doch sehr seltsam: als ob die Juden im vierten Evangelium Jesum nicht regelmäßig mißverständen, und als ob Jesus nicht in beiden Fällen den Vorwurf, er stelle sich Gott gleich ausdrücklich zurückwiese! Wenn Jesus von sich als dem Sohne Gottes sagt, der Vater habe ihn gesandt oder der Welt gegeben (3,16.17), habe ihm dies oder jenes große Amt und Werk verliehen (5,22.26), habe ihn lieb, zeige ihm alles, lasse ihn nicht allein, werde ihn verherrlichen (5,20; 8,29; 17,1 f.), so geht das alles nicht über die Idee des Lieblings und Auserwählten unter den Menschenkindern hinaus, den Gott mit seiner höchsten Sendung betraut hat, – um so weniger, als es ausdrücklich durch des Sohnes menschlich-sittlichen Gehorsam begründet wird (8,29; 10,17)" (ebd. 238). Das aber zeige, „daß auch im vierten Evangelium die Begriffe ‚Gott‘ und ‚Vater‘ in ihrem Umfange sich decken, daß also in ihm von einem ‚Gott-Sohn‘ im Sinne der späteren kirchlichen Trinitätslehre keine Rede sein kann, sondern der ‚Sohn Gottes‘ nach allen Gesetzen der Sprache als ein von Gott selbst verschiedenes, also menschliches Wesen gedacht sein muß" (ebd. 238 f.). Hingewiesen sei ferner auf DELLING, Wort und Werk Jesu 103 f.; GRUNDMANN, Der Zeuge der Wahrheit 43; MÜLLER, Eigentümlichkeit 35.

# III. Joh 5,19.20

## A. Joh 5,19

### 1. Joh 5,19 – eine christologische Hoheitsaussage

Am Anfang der auf den Vorwurf der blasphemischen Usurpation göttlicher
Macht und Würde antwortenden Rede Jesu steht – durch ἀμὴν ἀμὴν λέγω ὑμῖν
V. 19aβ feierlich eingeleitet – ein klar strukturiertes Satzgefüge (V. 19b.c):

| | | |
|---|---|---|
| 19b | A | οὐ δύναται ὁ υἱὸς ποιεῖν ἀφ' ἑαυτοῦ οὐδὲν |
| | B | ἐὰν μὴ τί[1] βλέπῃ τὸν πατέρα ποιοῦντα· |
| 19c | B | ἃ γὰρ ἂν ἐκεῖνος ποιῇ, |
| | A | ταῦτα καὶ ὁ υἱὸς ὁμοίως ποιεῖ. |
| 19b | A | „Der Sohn vermag von sich selbst aus nichts zu tun, |
| | B | sondern [er vermag] nur [zu tun], was er den Vater tun sieht[2]. |

---

[1] Zur Abweichung von der Textdarbietung bei NESTLE / ALAND[26.27] und im Greek New
Testament[4] (dort jeweils: μή τι) s. die folgende Anmerkung.

[2] Für die sprachliche Analyse von V. 19bβ sind zwei Beobachtungen wichtig (vgl. ZER-
WICK, Analysis philologica 220 [z.St.]): 1. Das τι ist als τί zu lesen (also: ἐὰν μὴ τί βλέπῃ
κτλ.), und dieses τί steht für das Relativum ὅ (vgl. BDR § 298,4; BAUER / ALAND, WbNT
1633 s.v. τίς, τί 1.b.ζ). 2. Das auf die Verneinung οὐ ... οὐδέν folgende ἐὰν μή hat hier nicht
exzeptive („außer"), sondern adversative Bedeutung: „sondern", „sondern nur"; vgl. dazu
Gal 2,16a (οὐ ... ἐὰν μή ... = „nicht ..., sondern ausschließlich ...") sowie Joh 15,4, wo das
zweimalige ἐὰν μή mit „sondern nur, wenn" wiederzugeben ist: „Wie die Rebe nicht von
sich selbst aus Frucht bringen kann, sondern nur, wenn sie am Weinstock bleibt, so [könnt]
auch ihr nicht [von euch selbst aus Frucht bringen], sondern nur, wenn ihr in mir bleibt." Zu
adversativem Gebrauch der Ausnahmepartikel ἐὰν μή bzw. εἰ μή (im Johannesevangelium:
3,13; 6,46; 17,12) s. im einzelnen BEYER, Semitische Syntax I 138ff. – Aufgrund dieses
philologischen Befundes sind die folgenden, sachlich irreführenden Übersetzungen von
V. 19b als inkorrekt zu bezeichnen (Hervorhebungen jeweils von mir): „Der Sohn kann nichts
von sich aus tun, *wenn* er *nicht* den Vater etwas tun sieht" (HAENCHEN 264; s. auch HEIT-
MÜLLER 90; SCHLATTER, Das Neue Testament 214; WIKENHAUSER 142; BLANK I/b 21;
SCHNEIDER 129; SCHMIDT, Das Ende der Zeit 289; SCHNELLE 106) / „Der Sohn kann von
sich aus nichts tun, *außer* er sieht den Vater etwas tun" (SCHNACKENBURG II 124; s. auch
WEIZSÄCKER, Das Neue Testament 161; BECKER I 281) / „Der Sohn kann nichts von sich aus
tun, *außer dem*, was er den Vater tun sieht" (L. SCHENKE 103) / „Der Sohn vermag von sich
aus nichts zu tun, *sofern* er *nicht* sieht, daß der Vater es tut" (STRATHMANN 99) / „Nicht
vermag der Sohn von sich aus etwas zu tun, *er sehe denn* den Vater etwas tun" (BAUER 84;
s. auch die Zürcher Bibelübersetzung) / „Der Sohn kann von sich aus nichts tun, *es sei denn*,
er sehe den Vater etwas tun" (SCHULZ 85) / „Der Sohn vermag von sich selber aus nichts zu
tun, *als was* er den Vater tun sieht" (MENGE, Das Neue Testament 149). Richtig übersetzen

19c   B    Alles nämlich, was jener [= der Vater] tut[3],
      A    eben das tut in gleicher Weise[4] auch der Sohn."

Das Satzgefüge V. 19b.c ist in sich chiastisch gestaltet, was sich rein formal darin zeigt, daß in den Außengliedern (A) das Substantiv ὁ υἱός, in den Innengliedern (B) dagegen das Nomen ὁ πατήρ bzw. das darauf verweisende Demonstrativum ἐκεῖνος erscheint. Der erste – das Gefüge eröffnende – Satz V. 19b verbindet mit der apodiktischen Verneinung eines eigenmächtigen Tuns des Sohnes eine exklusive Bestimmung seines Handelns: Der Sohn „vermag nur zu tun, was er den Vater tun sieht". Das heißt: Es kann prinzipiell kein vom Vater unabhängiges und also eigenmächtiges Tun des Sohnes geben. Die damit getroffene Feststellung hat vom Kontext her zunächst konkret Jesu heilendes Wirken am Sabbat im Blick, von dem zuvor die Rede war. Über den konkreten Bezug hinaus ist V. 19b aber zugleich – analog zu der Aussage von V. 17b – ganz grundsätzlich gemeint: *Alles* Tun des Sohnes ist ein Tun dessen, was der Sohn „den Vater tun sieht", d.h. ein Tun, das an demjenigen des Vaters orientiert ist und ihm voll entspricht[5]. Der durch γάρ angeschlossene zweite Satz V. 19c führt die Aussage von V. 19b weiter, und zwar so, daß er sie zugleich begründet, erläutert und präzisiert[6]. Hatte V. 19b in Gestalt einer zunächst ne-

dagegen die revidierte Luther-Bibel von 1984 („Der Sohn kann nichts von sich aus tun, sondern nur, was er den Vater tun sieht"), ALBRECHT, Das Neue Testament 252 („Der Sohn kann nichts aus eigner Vollmacht tun; er tut nur das, was er den Vater tun sieht") und WILCKENS, Das Neue Testament 327 („Der Sohn vermag nichts von sich aus zu tun, sondern tut nur, was er den Vater tun sieht").

[3] ἃ ἄν = „was auch immer", „alles, was"; vgl. ὅς ἄν = „jeder, der" 4,14 und ὅ τι ἄν = „was auch immer", „alles, was" 2,5; 14,13; 15,16. S. ferner auch ὃ ἐάν = „was auch immer", „alles, was" 15,7.

[4] Nach BAUER / ALAND, WbNT 1151 s.v. hat das Adverb ὁμοίως an unserer Stelle die Bedeutung „ebenfalls"; im gleichen Sinn urteilen bzw. übersetzen z.B. ZAHN 295 Anm. 42; BULTMANN 186 Anm. 1; SCHNACKENBURG II 130 mit Anm. 2; BECKER I 281. Diese Deutung des ὁμοίως trifft m.E. jedoch nicht zu, weil die dafür angeführten Belege nicht zu überzeugen vermögen: 1. An den beiden anderen johanneischen Stellen (6,11; 21,13) heißt ὁμοίως ohne Frage „ebenso". 2. Gleiches gilt für TestHi 47,6; grBar 9,3; Athenagoras, Suppl 9,2. 3. Auch in den bei BAUER / ALAND genannten Papyrus-Texten ist ὁμοίως mit „ebenso" zu übersetzen; auch gegen MOULTON / MILLIGAN, Vocabulary 449a s.v. ὁμοίως. Zutreffend gibt dagegen ZERWICK, Analysis philologica 220 als Übersetzung für ὁμοίως an: „similiter, pariter". – Anzumerken ist, daß in den Ausführungen von ZAHN 295 Anm. 42, bei dem m.W. erstmals die Fehlbestimmung erscheint, das dogmatische Interesse unübersehbar deutlich wird, wenn er erklärt: „ὁμοίως ... bedeutet schwerlich ‚in gleicher Art und Weise' (*similiter* die Lat); denn diese ist beim Sohn eine sehr verschiedene, nämlich von Gott abhängige, menschliche; sondern wie Jo 6,11; 21,13 ‚ebenfalls, auch'."

[5] Die präsentische Aussage von V. 19bβ, daß der Sohn tut, was er *sieht*, hat ihre Parallele in der ebenfalls präsentischen Formulierung von V. 30b, daß er „richtet", wie er *hört*. Diese präsentischen Wendungen sind gegen BULTMANN 190 und SCHRENK, Art. πατήρ: ThWNT V 1001 Anm. 330 sehr wohl zu unterscheiden von jenen präteritalen Aussagen, die vom Sehen bzw. Hören Jesu in der Präexistenz reden (3,11.32; 6,46; 8,26.38.40; 15,15).

[6] Während γάρ in dem dann folgenden Satz V. 20a streng kausalen Sinn hat, sind in ihm in V. 19c verschiedene Nuancen miteinander verbunden: Es hat hier begründenden bzw.

gativen und dann erst positiven Aussage betont, daß Jesus überhaupt nur das zu tun vermag, was er den Vater tun sieht, so fügt V. 19c nunmehr eine Erklärung an, die nicht nur durchweg positiv formuliert ist, sondern zugleich auch über das zuvor Gesagte noch entschieden hinausgeht: „*Alles*, was (ἃ ... ἄν[7]) der Vater tut, eben das (ταῦτα) tut in gleicher Weise (ὁμοίως) auch der Sohn." Damit wird grundsätzlich und ohne jede Einschränkung gesagt, daß zwischen dem Tun des Vaters und dem Tun des Sohnes immer und überall eine vollkommene Parallelität und Konformität besteht. Ja, man wird sogar von einer *Einheit und Identität* des Handelns beider sprechen dürfen. Wird hier nämlich die Gleichheit des Handelns von Vater und Sohn betont (ὁμοίως) und diese ganz umfassend auf ein und denselben „Gegenstand" bezogen (ταῦτα), so kann das nur bedeuten: Das Handeln des Vaters ist als solches das Handeln des Sohnes, und umgekehrt: Das Handeln des Sohnes ist selbst das Handeln des Vaters. J. Blank erklärt daher zu Recht: „Zwischen dem Wirken des Vaters und dem des Sohnes herrscht eine durchgängige Parallelität, nicht aber im Sinne eines platonischen Urbild-Abbild-Verhältnisses, vielmehr impliziert die Parallelität eine Identität: das Wirken des Sohnes ist selbst das Wirken des Vaters, der durch den Sohn sein Werk vollbringt, oder auch: der Sohn vollbringt das Werk des Vaters."[8] Wichtig zum rechten Verständnis des Verses 19c ist nun noch eine

---

bestätigenden, zugleich aber auch erläuternden und präzisierenden Sinn. Dem damit zu verzeichnenden semantischen Unterschied kann die deutsche Übersetzung dadurch entsprechen, daß sie die Konjunktion in V. 19c mit „nämlich", in V. 20a hingegen mit „denn" wiedergibt.

[7] Die Worte ἃ ἄν V. 19c (vgl. o. Anm. 3) entsprechen dem πάντα von V. 20aβ.

[8] BLANK, Krisis 110 Anm. 7. – Daß die Aussage V. 19c den Gedanken enthält, daß das Wirken des Sohnes mit dem Wirken des Vaters *identisch* ist, betonen auch SCHICK 58; WIKENHAUSER 143 und IBUKI, Wahrheit 167f. AUGUSTIN, Traktat XX 9 bringt diesen Sachverhalt prägnant auf den Begriff, wenn er bemerkt: „Non facit Pater alia, et alia Filius similia, sed eadem similiter." Ein Verständnis, welches in V. 19c lediglich ausgesagt findet, daß das Handeln des Sohnes als die in genauer Entsprechung sich vollziehende *Nachahmung* des Handelns des Vaters zu begreifen ist, geht dagegen am Text vorbei; so aber WEISS 171; ZAHN 295; MACGREGOR 174f.; BÜHNER, Der Gesandte 242; HEILIGENTHAL, Werke 90; HAENCHEN 275f. – Faßt V. 19c das Verhältnis zwischen dem Tun des Sohnes und dem Tun des Vaters nicht als abbildhafte Nachahmung, sondern als strenge Identität, so ist die – u.a. von GAECHTER, Form 67f.; DODD, Parable 31ff.; BROWN I 218; LINDARS 221; RIEDL, Heilswerk 198f.; BÜHNER, Der Gesandte 242; HAENCHEN 276 vertretene – These als unhaltbar zurückzuweisen, hinter Joh 5,19f. stehe ein vom Evangelisten aufgenommenes und formgeschichtlich als sog. „Lehrlingsspruch" zu bestimmendes Bildwort. Gegen diese These spricht zudem, daß die Aussage V. 19f. von einer höchst besonderen, ja *analogielosen* Relation handelt, die mittels einer Allgemeinstruktur keineswegs angemessen veranschaulicht werden kann. Zu bedenken ist schließlich, daß die einander korrespondierenden Begriffe ὁ υἱός und ὁ πατήρ an dieser Stelle – wie im gesamten Johannesevangelium – *exklusive*, nicht jedoch generische Bedeutung haben; so bereits mit Recht KEIL 223: „Der bestimte Artikel kann in diesem Zusammenhange nicht im Sinne der Kategorie gefaßt werden, sondern Jesus meint damit nur sich selbst, sagt aber nicht *ich*, um sein Verhältnis zum Vater objectiv nach seinem Wesensbestande zu charakterisiren." Kritisch äußern sich zu der genannten These auch SCHNACKENBURG II 129; BEASLEY-MURRAY 75; CARSON 250; RIDDERBOS 192.

präzise Bestimmung des Demonstrativpronomens ταῦτα. Seinen vollen Sinn
hat J.A. Bengel treffend erfaßt, wenn er interpretiert: „*haec* omnia et sola"[9].
Wie Bengel richtig gesehen hat, impliziert das die Wendung ἃ ἄν aufnehmende
ταῦτα = „haec omnia" ein „haec sola". Insofern V. 19c diese Implikation enthält, begründet er die Aussage von V. 19b: Weil der Sohn *nur* das tut, was der
Vater tut, kann er prinzipiell nichts ἀφ' ἑαυτοῦ tun. Insofern V. 19c als Voraussetzung für das „haec sola" das „haec omnia" formuliert, stellt er zugleich mit
Nachdruck die Identität zwischen dem Tun des Vaters und dem Tun des Sohnes
heraus. Daß wir es in V. 19 insgesamt und also auch in V. 19b mit einer christologischen *Hoheitsaussage* zu tun haben, dürfte von daher evident sein.

## 2. Joh 5,19b – eine Demutsaussage?

Die vorgetragene Interpretation ist nun allerdings gegen eine anderslautende
Deutung abzusichern, die nicht zuletzt von jenen Exegeten vertreten wird, die –
wie etwa J.P. Miranda, E. Haenchen und M. Theobald[10] – in V. 18 ein Mißverständnis der Ἰουδαῖοι beschrieben sehen. Sie begreifen die Eingangsformu-
lierung οὐ δύναται ὁ υἱὸς ποιεῖν ἀφ' ἑαυτοῦ οὐδὲν ἐὰν μὴ τί βλέπῃ τὸν
πατέρα ποιοῦντα (V. 19b) und ganz entsprechend dann auch die Worte οὐ
δύναμαι ἐγὼ ποιεῖν ἀπ' ἐμαυτοῦ οὐδέν (V. 30a) dezidiert als eine Demutsaussage, mit der der johanneische Christus seine schlechthinnige Abhängigkeit
von Gott und seine gehorsame Unterordnung unter seinen himmlischen Vater
zur Sprache bringt[11]. Dieser Sicht stehen jedoch schwerwiegende Gründe entgegen:
1. Die Eingangsaussage V. 19b hat neben der Parallelformulierung in V. 30a.b
eine weitere Entsprechung in 8,28b:

5,19b:    οὐ δύναται ὁ υἱὸς ποιεῖν ἀφ' ἑαυτοῦ οὐδὲν
          ἐὰν μὴ τί βλέπῃ τὸν πατέρα ποιοῦντα.

5,30a.b:  οὐ δύναμαι ἐγὼ ποιεῖν ἀπ' ἐμαυτοῦ οὐδέν·
          καθὼς ἀκούω κρίνω.

8,28b:    καὶ ἀπ' ἐμαυτοῦ ποιῶ οὐδέν,
          ἀλλὰ καθὼς ἐδίδαξέν με ὁ πατὴρ ταῦτα λαλῶ.

An den zitierten drei Stellen betont Jesus jeweils in einer antithetisch strukturierten Aussage, daß er von sich aus (ἀφ' ἑαυτοῦ bzw. ἀπ' ἐμαυτοῦ) nichts tut
bzw. zu tun vermag, sondern ausschließlich das vollbringt, was er den Vater tun
sieht bzw. vom Vater vernimmt. Dieser Aussagenreihe können weitere formale

---

[9] BENGEL, Gnomon 346 (z.St.).
[10] S.o. S. 17–20.
[11] So ferner z.B. auch WEISS 171 Anm. 1. 179; GODET II 222–226. 236–238; ZAHN 294f.
307; SCHLATTER, Erläuterungen I 93; HIRSCH, Das vierte Evangelium 161–163; BÜCHSEL
75f., vgl. 13–17; GRUNDMANN, Sohn Gottes 129.

wie inhaltliche Parallelen an die Seite gestellt werden, die in ebenfalls antithetisch geformten Sätzen entweder davon sprechen, daß der Sohn nicht von sich selbst her *redet* (λαλεῖν) – so 12,49 bzw. 14,10b –, oder aber besagen, daß Jesus nicht von sich selbst her *gekommen* ist (ἔρχεσθαι) – so 7,28b bzw. 8,42b. Die Belege seien notiert:

12,49:   ὅτι ἐγὼ ἐξ ἐμαυτοῦ οὐκ ἐλάλησα,
         ἀλλ' ὁ πέμψας με πατὴρ αὐτός μοι ἐντολὴν δέδωκεν
                                     τί εἴπω καὶ τί λαλήσω.

14,10b:  τὰ ῥήματα ἃ ἐγὼ λέγω ὑμῖν ἀπ' ἐμαυτοῦ οὐ λαλῶ,
         ὁ δὲ πατὴρ ἐν ἐμοὶ μένων ποιεῖ τὰ ἔργα αὐτοῦ[12].

7,28b:   καὶ ἀπ' ἐμαυτοῦ οὐκ ἐλήλυθα,
         ἀλλ' ἔστιν ἀληθινὸς ὁ πέμψας με, ὃν ὑμεῖς οὐκ οἴδατε.

8,42b:   οὐδὲ γὰρ ἀπ' ἐμαυτοῦ ἐλήλυθα,
         ἀλλ' ἐκεῖνός με ἀπέστειλεν.

Die Aussageabsicht der angeführten Antithesen ist unschwer zu ermitteln. Mit ihnen soll der für die Offenbarungstheologie des vierten Evangeliums fundamentale Gedanke zum Ausdruck gebracht werden, daß Jesu Handeln im strengen Sinn *Gottes* Handeln bzw. Jesu Reden wahrhaft und uneingeschränkt *Gottes* Reden ist, so daß sich im Kommen Jesu in die Welt das Kommen *Gottes selbst* ereignet. Nur deshalb, weil Jesus nicht von sich selbst her redet bzw. handelt und also nicht in einer bloß angemaßten Autorität gekommen ist, vermag er in jedem Moment seines geschichtlichen Daseins als Offenbarer des Vaters wirksam zu sein, so daß von ihm gilt: ἐγὼ τὰ ἀρεστὰ αὐτῷ ποιῶ *πάντοτε* (8,29c). In den erwähnten Aussagen geht es demzufolge ausnahmslos um die Betonung der Handlungs- und Offenbarungseinheit, die zwischen Jesus und Gott in vollkommener Weise gegeben ist. Den angesprochenen Sachverhalt beschreibt A. Wikenhauser völlig zutreffend, wenn er im Zusammenhang seiner Auslegung von 5,19 im Blick auf die oben zitierten Verse bemerkt: „Alle diese Sätze sollen nur den einen Gedanken zum Ausdruck bringen, daß Gott durch Jesus redet und handelt. Es ist also im Grunde nur ein anderer Ausdruck für die johanneische Lehre von der einzigartigen, absoluten Gemeinschaft zwischen dem Vater und dem Sohn, die in 10,30 ihre klassische Formulierung gefunden hat."[13] Genau

---

[12] Zu vergleichen sind ferner die Aussagen 7,16b und 14,24b:
      7,16b:   ἡ ἐμὴ διδαχὴ οὐκ ἔστιν ἐμὴ
               ἀλλὰ τοῦ πέμψαντός με.
      14,24b:  καὶ ὁ λόγος ὃν ἀκούετε οὐκ ἔστιν ἐμὸς
               ἀλλὰ τοῦ πέμψαντός με πατρός.
Zu 7,16b ist dabei anzumerken: Den Worten ἡ ἐμὴ διδαχὴ οὐκ ἔστιν ἐμή entspricht, wie von 7,17f. her deutlich wird, sachlich ein ἐγὼ ἀπ' ἐμαυτοῦ οὐκ λαλῶ.

[13] WIKENHAUSER 143. Im gleichen Sinn urteilt SCHULZ 87: Das „Thema der einzigartigen, metaphysischen Gemeinschaft und Einheit von Vater und Sohn wird von Johannes immer wieder variiert: Der Sohn wirkt nichts von sich aus (8,28), spricht nicht von sich aus (7,17f.; 14,10), er ist auch nicht von sich aus gekommen (7,28; 8,42)."

das, was die christologischen Einheits- und Immanenzformeln des Johannesevangeliums in *positiven* Sätzen artikulieren, stellen die οὐκ ἀφ' ἑαυτοῦ- bzw.
οὐκ ἀπ' / ἐξ ἐμαυτοῦ-Aussagen in Gestalt von *Negationen* heraus: „die ständige Gottverbundenheit Jesu, nicht nur gesinnungs- und willensmäßig, sondern
ontologisch-seinshaft"[14]. Die Aussageabsicht jener Negationen wird deshalb
nicht angemessen bestimmt, wenn M. Theobald erklärt, Jesus unterscheide an
diesen Stellen „scharf zwischen sich als dem Boten und dem Wort und Willen
seines Auftraggebers ...", damit ihn nur ja niemand wichtiger nehme als Gott
selbst", „der ‚semper maior' ist (vgl. 14,28)"[15]. Weil die οὐκ ἀφ' ἑαυτοῦ- bzw.
οὐκ ἀπ' / ἐξ ἐμαυτοῦ-Aussagen die notwendige Bedingung für den streng
christologisch gefaßten Offenbarungsgedanken benennen, fügen sie sich im
Gegenteil aufs beste in die *hohe* Christologie des vierten Evangeliums ein.
Wäre Jesus nämlich von sich selbst her gekommen, und handelte bzw. redete er
in einer von Gott unabhängigen Autorität, so begegnete die Menschenwelt in
seinem Wort und Wirken in Wahrheit nicht *Gottes* Wort und Wirken; sie hätte
es dann in Jesus gerade nicht mit dem gottgleichen Offenbarer des Vaters zu
tun, sondern – so wie die „Juden" wähnen – mit einem bloßen Menschen, der
selbstherrlich und blasphemisch göttliche Prärogativen usurpiert.

2. In Joh 7,18, wo ebenfalls eine ἀφ' ἑαυτοῦ-Wendung begegnet, werden
zwei Aussagen einander antithetisch gegenübergestellt:

ὁ ἀφ' ἑαυτοῦ λαλῶν τὴν δόξαν τὴν ἰδίαν ζητεῖ·
ὁ δὲ ζητῶν τὴν δόξαν τοῦ πέμψαντος αὐτὸν
οὗτος ἀληθής ἐστιν καὶ ἀδικία ἐν αὐτῷ οὐκ ἔστιν.

Die Worte ὁ ἀφ' ἑαυτοῦ λαλῶν τὴν δόξαν τὴν ἰδίαν ζητεῖ (7,18a) charakterisieren das Trachten der gegnerischen Ἰουδαῖοι und damit zugleich das Trachten
der gesamten gottfeindlichen Menschenwelt, als deren Repräsentanten die „Juden" im vierten Evangelium erscheinen[16]. Das wird durch 5,44 (πῶς δύνασθε
ὑμεῖς πιστεῦσαι δόξαν παρὰ ἀλλήλων λαμβάνοντες, καὶ τὴν δόξαν τὴν παρὰ
τοῦ μόνου θεοῦ οὐ ζητεῖτε;), aber auch durch 12,43 (ἠγάπησαν γὰρ τὴν δόξαν
τῶν ἀνθρώπων μᾶλλον ἤπερ τὴν δόξαν τοῦ θεοῦ) bestätigt. Die positive Gegenaussage ὁ δὲ ζητῶν τὴν δόξαν τοῦ πέμψαντος αὐτὸν οὗτος ἀληθής ἐστιν
καὶ ἀδικία ἐν αὐτῷ οὐκ ἔστιν (7,18b) bezieht sich demgegenüber einzig und
allein auf Jesus selbst[17]; nur er kann von sich sagen: δόξαν παρὰ ἀνθρώπων
οὐ λαμβάνω (5,41). Im Unterschied zu Jesus reden die „Juden" ἀφ' ἑαυτοῦ,

---

[14] BLANK, Krisis 113.

[15] THEOBALD, Gott, Logos und Pneuma 61. S. auch DERS., Fleischwerdung 376.

[16] Der Singular ὁ ἀφ' ἑαυτοῦ λαλῶν ist deshalb *generisch* aufzufassen. Zu dem Ausdruck οἱ Ἰουδαῖοι s. die Bemerkungen o. S. 9 Anm. 2.

[17] Der Singular ὁ δὲ ζητῶν τὴν δόξαν τοῦ πέμψαντος αὐτόν hat entsprechend *individuelle* Bedeutung. – Auch in 3,31 begegnen wie in 7,18 – allerdings in umgekehrter Reihenfolge – unmittelbar nebeneinander der individuelle bzw. spezielle Singular und der kollektive
bzw. generische Singular.

d.h. selbst- und eigenmächtig. Sie bekunden damit, daß sie ausschließlich ihre „eigene Ehre", nicht dagegen „Gottes Ehre" suchen. Darin zeigt sich, daß sie in Wahrheit „Knechte der Sünde" (8,34) und als solche ihrem *Wesen* nach dadurch bestimmt sind, daß sie „von sich selbst her" reden (7,18a), so wie ihr Vater, der Teufel, ἐκ τῶν ἰδίων redet (8,44). Im Spiegel dieser Aussage wird noch einmal deutlich: Redet und handelt Jesus *nicht* „von sich aus", so kommt darin gerade seine *wesens- und ursprungsmäßige* Zugehörigkeit zu Gott zum Ausdruck[18].

3. Zu den beiden *christologischen* οὐκ ἀπ᾽ / ἐξ ἐμαυτοῦ-Aussagen von 12,49 (ὅτι ἐγὼ ἐξ ἐμαυτοῦ οὐκ ἐλάλησα, ἀλλ᾽ ὁ πέμψας με πατὴρ αὐτός μοι ἐντολὴν δέδωκεν τί εἴπω καὶ τί λαλήσω) und 14,10b (τὰ ῥήματα ἃ ἐγὼ λέγω ὑμῖν ἀπ᾽ ἐμαυτοῦ οὐ λαλῶ, ὁ δὲ πατὴρ ἐν ἐμοὶ μένων ποιεῖ τὰ ἔργα αὐτοῦ) findet sich eine aufschlußreiche Parallelformulierung in 16,13, mit der das nachösterliche Wirken des *Geistparakleten* gekennzeichnet wird:

ὅταν δὲ ἔλθῃ ἐκεῖνος, τὸ πνεῦμα τῆς ἀληθείας,
ὁδηγήσει ὑμᾶς ἐν τῇ ἀληθείᾳ πάσῃ·
οὐ γὰρ λαλήσει ἀφ᾽ ἑαυτοῦ,
ἀλλ᾽ ὅσα ἀκούσει λαλήσει
καὶ τὰ ἐρχόμενα ἀναγγελεῖ ὑμῖν.

Wie Jesus nicht „von sich selbst her" redet, sondern einzig und allein das verkündigt, was ihm vom Vater aufgetragen ist, so wird 16,13 zufolge auch der Geistparaklet nicht „von sich selbst her" reden, sondern ausschließlich das kundtun, was er aus dem Munde des verherrlichten Christus vernimmt. Der Sinn dieser Bestimmung, in der sich die Christozentrik der johanneischen Pneumatologie ausspricht, liegt auf der Hand: Nur dann, wenn der Geistparaklet seine Stimme nicht eigenmächtig erhebt und so über das Offenbarungswirken Jesu hinausstrebt, sondern sich vielmehr im Gegenteil streng an das Wort des Erhöhten[19] gebunden weiß, ist sein Reden wirklich mit dem Reden Jesu identisch. Das heißt: Wie mit der Feststellung, daß der Sohn nicht „von sich selbst her" redet bzw. handelt, betont wird, daß Gott, der Vater, sich in der Person und dem Werk Jesu Christi geoffenbart hat, so unterstreicht die Formulierung, daß der Geist nicht „von sich selbst her" redet, den entsprechenden Gedanken, daß die nachösterliche Gemeinde im Reden des Geistes niemand anderen als den „guten Hirten" Jesus Christus vernimmt. Sowenig die pneumatologische Aus-

---

[18] Vgl. HENGSTENBERG I 310: „Daß der Sohn nichts aus ihm selber thun kann, ist ein hohes Privilegium. Es geht hervor aus seinem unzertrennlichen Wesenszusammenhange mit dem Vater."
[19] Wenn in der vorliegenden Arbeit von Jesus als dem *Erhöhten* bzw. von dem *erhöhten* Christus gesprochen wird, so ist der Begriff stets in dem auf Phil 2,9 bzw. Apg 2,33; 5,31 zurückgehenden spezifisch dogmatischen Sinn der *sessio ad dexteram Patris* verwendet. Es wird damit also nicht auf den spezifisch johanneischen, streng die Erhöhung Jesu an das Kreuz bezeichnenden Sinn des ὑψοῦν / ὑψοῦσθαι (3,14; 8,28; 12,32.34) Bezug genommen.

sage οὐ γὰρ λαλήσει ἀφ᾽ ἑαυτοῦ, ἀλλ᾽ ὅσα ἀκούσει λαλήσει (16,13) die wesenhafte Unterschiedenheit des Geistes vom Sohn ausdrücken will, sowenig
behaupten die analogen christologischen Bestimmungen (12,49; 14,10b) die
wesenhafte Unterschiedenheit des Sohnes vom Vater. Vielmehr sichern diese
Formulierungen den johanneischen Offenbarungsgedanken, indem sie die
Selbigkeit des Redens von Vater, Sohn und Geist und damit zugleich die Einheit ihres Offenbarungshandelns zur Sprache bringen. Dabei ist die wesenhafte
Einheit von Vater, Sohn und Geist sachlich gerade notwendig vorausgesetzt.
Denn einzig unter dieser Voraussetzung gilt, daß das Reden des Sohnes mit
dem des Vaters und das Reden des Geistes mit dem des Sohnes identisch ist.

4. Jene Deutung, die die Worte οὐ δύναται ὁ υἱὸς ποιεῖν ἀφ᾽ ἑαυτοῦ οὐδὲν
ἐὰν μὴ τί βλέπῃ τὸν πατέρα ποιοῦντα (V. 19b) als eine Demutsaussage begreift, mit der Jesus seine gehorsame Unterordnung unter Gott bekundet, steht
– wie des weiteren zu bedenken ist – in einem elementaren Widerspruch zum
Wortlaut dieses Satzes selbst. Es heißt hier ja nicht: „der Sohn *will* nichts von
sich selbst her tun" (οὐ θέλει κτλ.), sondern vielmehr: „der Sohn *kann* nichts
von sich selbst her tun" (οὐ δύναται κτλ.). Hier ist also nicht von einem Nicht-
anders-tun-*Wollen*, sondern von einem Nicht-anders-tun-*Können* die Rede. Die
Worte οὐ δύναται ὁ υἱὸς ποιεῖν ἀφ᾽ ἑαυτοῦ οὐδέν bezeichnen demnach keineswegs – wie etwa F. Godet erklärt – „ein sittliches, d.h. durchaus freies Un-
vermögen"[20], sondern sie bringen im Gegenteil „eine metaphysische, im Wesen begründete Unmöglichkeit" zur Sprache[21]. Sie erklären, daß es Jesus als
dem Sohn *wesensmäßig* und also ganz prinzipiell unmöglich ist, ἀφ᾽ ἑαυτοῦ –
d.h. in selbstherrlich angemaßter Eigenmächtigkeit – zu handeln. Sowenig der
Sohn Gottes aufhören kann, der Sohn seines himmlischen Vaters zu sein, sowenig kann sein Handeln im Gegensatz zum Willen dieses seines Vaters stehen[22].
Insofern impliziert die Formulierung den Gedanken, daß von Jesus aufgrund
seiner wesenhaften Gottessohnschaft – mit der Begrifflichkeit der späteren
dogmatischen Tradition gesprochen – das *non posse peccare* gilt[23]. Die – wie-

---

[20] GODET II 222.

[21] So der von GODET ebd. zurückgewiesene tatsächliche Sachverhalt.

[22] Vgl. BLANK, Krisis 113: „Wenn … Jesus ohne Rücksicht auf den göttlichen Willen
‚von sich aus‘ handeln könnte, dann wäre er … nicht der Sohn."

[23] In diesem Sinne interpretiert THOMAS VON AQUIN, Nr. 751: „Quicumque ergo existens
ab alio, a semetipso operatur, peccat; Filius autem est a Patre: ergo si operatur a semetipso,
peccat; quod est impossibile. Per hoc ergo dicit Dominus, *Filius non potest a se facere
quidquam* etc., nihil aliud insinuat, quam quod Filius non potest peccare." Ähnlich bereits
JOHANNES CHRYSOSTOMUS, Homilia XXXVIII (XXXVII) 4, PG 59, 216f. (z.St.): Οὐδὲν
οὖν ἄλλο ἐστὶ τό, Ἀφ᾽ ἑαυτοῦ οὐ δύναται ποιεῖν οὐδέν, ἢ ὅτι οὐδὲν ἐναντίον τῷ Πατρί,
οὐδὲν ἀλλότριον, οὐδὲν ξένον, ὃ μάλιστα τὴν ἰσότητα ἐνδεικνυμένου καὶ τὴν πολλὴν
συμφωνίαν ἐστί. Καὶ τίνος ἕνεκεν οὐκ εἶπεν, ὅτι οὐδὲν ἐναντίον ποιεῖ, ἀλλ᾽ ὅτι Οὐ
δύναται; Ἵνα κἀντεῦθεν δείξῃ πάλιν τὸ ἀπαράλλακτον καὶ τὴν ἀκρίβειαν τῆς ἰσότητος.
Οὐ γὰρ ἀσθένειαν αὐτοῦ κατηγορεῖ τὸ ῥῆμα, ἀλλὰ καὶ πολλὴν αὐτοῦ τὴν δύναμιν
μαρτυρεῖ […] Καὶ οὐ δήπου τοῦτο τό, Ἀδύνατον, δηλωτικὸν ἀσθενείας, ἀλλὰ δυνάμεώς

derum von F. Godet im Blick auf die Aussage V. 19b getroffene – Feststellung, Jesus „hätte wohl die Macht gehabt, anders zu handeln, wenn er gewollt hätte"[24], hat deshalb keinerlei Anhalt am Text.

5. Daß die vorgetragene Interpretation, die das οὐ δύναται im *absoluten* bzw. *prinzipiellen* Sinn versteht, durchaus zutreffend ist, kann durch die Betrachtung der übrigen theologisch gewichtigen Aussagen des vierten Evangeliums, in denen das Verbum δύνασθαι negiert wird, bestätigt werden: In 3,3.5 (ἐὰν μή τις γεννηθῇ ἄνωθεν, οὐ δύναται ἰδεῖν τὴν βασιλείαν τοῦ θεοῦ bzw. ἐὰν μή τις γεννηθῇ ἐξ ὕδατος καὶ πνεύματος, οὐ δύναται εἰσελθεῖν εἰς τὴν βασιλείαν τοῦ θεοῦ) bezieht sich das οὐ δύναται auf die vom Menschen her prinzipiell gegebene Unmöglichkeit jener Neugeburt, die allein die Teilhabe an Gottes Heil erschließt. Die Wendung οὐδεὶς δύναται betont in 6,44.65 (οὐδεὶς δύναται ἐλθεῖν πρός με ἐὰν μὴ ὁ πατὴρ ὁ πέμψας με ἑλκύσῃ αὐτόν bzw. οὐδεὶς δύναται ἐλθεῖν πρός με ἐὰν μὴ ᾖ δεδομένον αὐτῷ ἐκ τοῦ πατρός), daß es für den Menschen prinzipiell unmöglich ist, aufgrund eines selbstgewählten Entschlusses an Jesus Christus zu glauben. In 8,43 (διὰ τί τὴν λαλιὰν τὴν ἐμὴν οὐ γινώσκετε; ὅτι οὐ δύνασθε ἀκούειν τὸν λόγον τὸν ἐμόν) und 12,39f. (διὰ τοῦτο οὐκ ἠδύναντο πιστεύειν, ὅτι πάλιν εἶπεν Ἠσαΐας· τετύφλωκεν κτλ. [Jes 6,10]) bringen die Wendungen οὐ δύνασθε bzw. οὐκ ἠδύναντο den für das prädestinatianische Denken des vierten Evangeliums ebenfalls gewichtigen Gedanken zur Sprache, daß den Ἰουδαῖοι die Selbstoffenbarung Gottes in Jesus Christus aufgrund einer von Gott selbst gewirkten Verstockung grundsätzlich verschlossen ist (8,43–47; 12,37–40). In 10,29 (ὁ πατήρ μου ὃς δέδωκέν μοι μείζων πάντων ἐστιν, καὶ οὐδεὶς δύναται ἁρπάζειν ἐκ τῆς χειρὸς τοῦ πατρός[25]) streicht das οὐ δύναται heraus, daß es prinzipiell niemandem möglich ist, die zum Heil Erwählten der Gottesgemeinschaft zu entreißen. In dem an die Ἰουδαῖοι gerichteten Wort: ζητήσετέ με καὶ οὐχ εὑρήσετέ [με], καὶ ὅπου εἰμὶ ἐγὼ ὑμεῖς οὐ δύνασθε ἐλθεῖν (7,34.36) bzw. ὅπου ἐγὼ ὑπάγω ὑμεῖς οὐ δύνασθε ἐλθεῖν (8,21b.22b) drückt das οὐ δύνασθε jeweils aus, daß ihnen die im Kreuzestod Christi begründete Heilsgemeinschaft, die der Erhöhte den Seinen gewährt[26], absolut verwehrt ist. In dem ersten Parakletspruch 14,16f. (κἀγὼ ἐρωτήσω τὸν πατέρα καὶ ἄλλον παράκλητον

---

ἐστι, καὶ δυνάμεως ἀφάτου [...] Ὥσπερ γὰρ ὅταν λέγωμεν καὶ ἡμεῖς, ἀδύνατον τὸν Θεὸν ἁμαρτεῖν, οὐκ ἀσθένειαν αὐτοῦ κατηγοροῦμεν, ἀλλὰ ἄρρητόν τινα δύναμιν αὐτοῦ μαρτυροῦμεν· οὕτω δὴ καὶ αὐτὸς ὅταν εἴπῃ, Οὐ δύναμαι ἀπ᾽ ἐμαυτοῦ ποιεῖν οὐδέν, τοῦτο λέγει, ὅτι Ἀδύνατον καὶ ἀνεγχώρητόν ἐστιν ἐμὲ ποιῆσαί τι ἐναντίον τῷ Πατρί. – Sachlich zu vergleichen ist das für die johanneische Soteriologie gewichtige Motiv der Unschuld bzw. der Sündlosigkeit Jesu: 8,46; 14,30; 18,23.38b; 19,4.6.

[24] GODET II 222.

[25] Zu der von mir gegen die Textdarbietung bei NESTLE / ALAND[26.27] und im Greek New Testament[4] bevorzugten Lesung von 10,29 s. BERNARD II 347f.; BULTMANN 294f. Anm. 4; WHITTAKER, Hellenistic Context 241–245, bes. 244f.; CARSON 393f. Anm. 2; THYEN, Joh 10 im Kontext des vierten Evangeliums 133.

[26] Vgl. das ὅπου εἰμὶ ἐγώ in 12,26; 14,2f.; 17,24.

δώσει ὑμῖν, ἵνα μεθ' ὑμῶν εἰς τὸν αἰῶνα ᾖ, τὸ πνεῦμα τῆς ἀληθείας, ὃ ὁ κόσμος οὐ δύναται λαβεῖν, ὅτι οὐ θεωρεῖ αὐτὸ οὐδὲ γινώσκει· ὑμεῖς γινώσκετε αὐτό, ὅτι παρ' ὑμῖν μένει καὶ ἐν ὑμῖν ἔσται) betonen die Worte ὃ ὁ κόσμος οὐ δύναται λαβεῖν die unendliche Kluft zwischen der göttlichen Sphäre und der Sphäre des Kosmos, dem die Wirklichkeit Gottes radikal verschlossen ist. In 16,12 (ἔτι πολλὰ ἔχω ὑμῖν λέγειν, ἀλλ' οὐ δύνασθε βαστάζειν ἄρτι) bezeichnet das οὐ δύνασθε das absolute Unverständnis der Jünger gegenüber der Selbstoffenbarung Jesu und seinem Weg an das Kreuz. Hinzuweisen ist schließlich auf 15,5 (ἐγώ εἰμι ἡ ἄμπελος, ὑμεῖς τὰ κλήματα·[27] ὁ μένων ἐν ἐμοὶ κἀγὼ ἐν αὐτῷ οὗτος φέρει καρπὸν πολύν, ὅτι χωρὶς ἐμοῦ οὐ δύνασθε ποιεῖν οὐδέν): Hier stellen die Worte χωρὶς ἐμοῦ οὐ δύνασθε ποιεῖν οὐδέν mit Nachdruck heraus, daß die Jünger losgelöst von Jesus, dem Weinstock, prinzipiell nichts zu tun vermögen.

6. In V. 19b erscheint erstmals in Joh 5 das dann auch in den Versen 20–23 und 26 begegnende absolute ὁ υἱός. Mit diesem Ausdruck nimmt Jesus Bezug auf den korrelierenden Begriff ὁ πατήρ μου aus V. 17b. Indem er sich als „*der* Sohn" bezeichnet, bekräftigt er, daß er Gott in der Tat – so wie es die „Juden" verstanden haben – als *seinen* Vater im ausgezeichneten Sinne (= πατὴρ ἴδιος [V. 18]) begreift. Denn der Hoheitstitel ὁ υἱός[28] hat im Johannesevangelium ebenso wie die wenige Verse später in 5,25 gebrauchte Selbstbezeichnung Jesu als ὁ υἱὸς τοῦ θεοῦ[29] dezidiert „eine aller etwaigen jüdischen Messianologie fremde, metaphysische Bedeutung"[30], weshalb für den vierten Evangelisten „die Begriffe Gottessohnschaft und Gottheit auf das engste zusammen[rükken]"[31]. Das bedeutet: „Indem Jesus sich als Gottessohn bezeichnet, erhebt er den Anspruch, die gleiche Wesenheit wie Gott zu besitzen."[32] Den angesprochenen Sachverhalt bringt R. Schnackenburg auf den Punkt, wenn er bemerkt: „Für Johannes ist Jesus als … der Sohn Gottes niemand anders als der wesensgleiche Sohn Gottes des Vaters, und die absolute Redeweise von ‚dem Sohn' erklärt sich eben aus seiner Relation zum Vater. Hier finden wir das Herzstück der joh[anneischen] Christologie; in dieser Selbstprädikation des joh[anneischen] Jesus … spricht sich … das tiefste Wesen und Geheimnis Christi aus."[33]

---

[27] Gegen die Textdarbietung bei NESTLE / ALAND[26.27] ist hier in Entsprechung zur Struktur der anderen „Ich bin"-Worte kein Punkt, sondern ein Kolon zu setzen.
[28] S. neben 5,19–23.26 ferner 3,17.35f.; 6,40; 8,36; 14,13; 17,1.
[29] S. neben 5,25 noch 1,34.49; 10,36; 11,4.27; 19,7; 20,31.
[30] BOUSSET, Kyrios Christos 156.
[31] Ebd. 158.
[32] WIKENHAUSER 206.
[33] SCHNACKENBURG, Christologie des Neuen Testaments 341. Vgl. auch ebd. 343: „Das Verhältnis des in die Welt gesandten Sohnes zu seinem Vater ist … ein so nah-persönliches, so engverbundenes, daß sich die Aussagen der späteren trinitarischen Theologie über die gleiche Wesenheit des Sohnes mit dem Vater aufdrängen." Angeführt sei sodann G. SEVENSTER, Art. Christologie: RGG³ I 1756: Der „Sohn Gottes"-Titel „schließt nicht nur Gehorsam gegen den Vater und Einheit im Offenbarungshandeln ein, sondern auch eine

Impliziert das absolut gebrauchte ὁ υἱός aber, wie dargelegt, gerade die wesensmäßige Zugehörigkeit Jesu zu Gott und eben damit seine Gottgleichheit, so kann definitiv ausgeschlossen werden, daß der johanneische Christus – wie M. Theobald annimmt[34] – mit der Sohnestitulatur „seine radikale Unterordnung" unter Gott zum Ausdruck bringen will. Es kann dann auch keine Rede davon sein, daß die Gottessohnschaft Jesu – wie J.P. Miranda erklärt[35] – einzig im Munde der Gegner „*metaphysischen* Sinn" habe, dagegen vom Evangelisten selbst lediglich „in *funktionaler* Bedeutung" verstanden sei. Vielmehr fordert Jesus mit dem Sohnestitel für sich selbst – entgegen dem oben angeführten Urteil E. Haenchens[36] – durchaus jene göttliche Stellung und Würde, die im Matthäusevangelium besonders klar und eindrücklich in den beiden christologischen Spitzenaussagen Mt 11,27 und Mt 28,18–20 laut wird.

7. Zu beachten ist ferner, daß der Evangelist den Worten οὐ δύναται ὁ υἱὸς ποιεῖν ἀφ' ἑαυτοῦ οὐδὲν ἐὰν μὴ τί βλέπῃ τὸν πατέρα ποιοῦντα (V. 19b) kaum zufällig die feierliche Einleitungsformel ἀμὴν ἀμὴν λέγω ὑμῖν voranstellt, die sich im Johannesevangelium insgesamt 25mal findet[37]. Sie entspricht dem ἀμὴν λέγω ὑμῖν, das in der synoptischen Jesusüberlieferung im Munde Jesu relativ häufig bezeugt ist und seinen Logien ebenfalls jeweils voransteht[38]. Da das Wort ἀμήν sonst in der gesamten Literatur des antiken Judentums – ebenso wie in der Septuaginta und sonst im übrigen Neuen Testament – durchgehend responsorisch gebraucht ist[39], spricht alles dafür, daß seine nicht-responsorische Verwendung „eine sprachliche Neuschöpfung Jesu" darstellt[40]. Ihr einziges Analogon ist die prophetische Botenformel „so spricht Jahwe". Zwischen beiden Formeln besteht aber zugleich ein gewichtiger sachlicher Unterschied: Die Verwendung der dritten Person in der Botenformel wahrt unmißverständlich die zwischen dem menschlichen Ich des Propheten und dem göttlichen Ich Jahwes

---

Wesenseinheit mit dem Vater". Hingewiesen sei ferner auf J. Behm, Die johanneische Christologie 581, der im Blick auf 5,18f. vollkommen zu Recht festhält: „Die Juden haben erkannt, daß in seiner Selbstbezeichnung als ‚Sohn Gottes' mehr liegt als messianischer Anspruch, und der Evangelist gibt zu verstehen, daß sie damit richtig gesehen haben. Vor allem der Ausdruck ‚der Sohn' schlechthin, dem ‚der Vater' schlechthin entspricht, kennzeichnet das einzigartige Verhältnis Jesu zu Gott ... Von einer solchen Gottessohnschaft aber ist nur ein Schritt zur Gottheit Christi." Zu vergleichen ist schließlich das Urteil von F.Chr. Baur, Neutestamentliche Theologie 357, daß im johanneischen Sohnes-Begriff „das Verhältniss des Sohns zum Vater als die vollkommenste Wesensidentität gedacht" sei.

[34] Theobald, Fleischwerdung 303; s. den Kontext des Zitats o. S. 19f.

[35] Miranda, Sendung 78; s. ebenfalls den weiteren Zitatzusammenhang o. S. 17f.

[36] Haenchen 275; s.o. S. 18f.

[37] 1,51; 3,3.5.11; 5,19.24.25; 6,26.32.47.53; 8,34.51.58; 10,1.7; 12,24; 13,16.20.21.38; 14,12; 16,20.23; 21,18.

[38] S. die bei Jeremias, Neutestamentliche Theologie I 44 Anm. 32–35 notierten Belegstellen.

[39] S. Billerbeck I 242–244; Dalman, Worte Jesu I 185–187; Schlatter, Matthäus 155; Jeremias, Kennzeichen 148f.

[40] Jeremias, Neutestamentliche Theologie I 45.

bestehende fundamentale Differenz; Jesus dagegen beansprucht mit der in der ersten Person formulierten Wendung ἀμὴν λέγω ὑμῖν für seine *eigene* Person *göttliche* Vollmacht. Das ἀμὴν λέγω ὑμῖν ist deshalb ein besonders deutlicher sprachlicher Reflex für das „göttliche Vollmacht beanspruchende Hoheitsbewußtsein" des irdischen Jesus[41]. Wenn der vierte Evangelist nun diese aus der synoptischen Jesusüberlieferung stammende und von ihm – vermutlich in Aufnahme liturgisch geprägten Sprachgebrauchs[42] – durch die Verdopplung des ἀμήν stilistisch leicht variierte Redeeinleitung an den Anfang von Worten Jesu setzt, so soll damit zweifellos jeweils auf die göttliche Würde und Hoheit des Redenden hingewiesen werden. Geschieht das auch am Anfang der Entgegnung Jesu auf den Vorwurf der blasphemischen Usurpation göttlicher Macht und gottgleichen Wesens, so dürfte das Anliegen des Evangelisten gerade darin liegen, die Korrespondenz anzuzeigen, die zwischen der Selbstaussage Jesu 5,19b und seinem in der ἀμήν-Wendung zum Ausdruck kommenden Hoheitsanspruch besteht.

8. Die auf V. 19b folgenden und das dort Gesagte begründenden und näher entfaltenden Ausführungen stellen im übrigen gerade aufs nachdrücklichste die wesensmäßige Zugehörigkeit Jesu zu Gott heraus. Sie sprechen dagegen mit keiner Silbe von einer seinshaften Unterschiedenheit Jesu von Gott. Ein subordinatianisches Verständnis von V. 19b gerät somit in einen unaufhebbaren Widerspruch zu den Anschlußversen; es ist mit dem weiteren Gedankengang schlechterdings unvereinbar.

## 3. Fazit

Blicken wir nunmehr auf die vorgetragenen Überlegungen zurück, so kann mit guten Gründen geurteilt werden, daß die Worte οὐ δύναται ὁ υἱὸς ποιεῖν ἀφ' ἑαυτοῦ οὐδὲν ἐὰν μὴ τί βλέπῃ τὸν πατέρα ποιοῦντα (V. 19b) ebensowenig wie die Worte οὐ δύναμαι ἐγὼ ποιεῖν ἀπ' ἐμαυτοῦ οὐδέν (V. 30a) die wesenhafte Unterschiedenheit des Sohnes vom Vater bzw. die gehorsame Unterordnung des Sohnes unter Gott zur Sprache bringen wollen. Sie stellen nicht das „rückhaltlose Bekenntnis schlechthinniger Abhängigkeit von Gott seitens eines frommen Menschen" dar[43], und mit ihnen beruft Jesus sich auch keineswegs „den Vertretern der höchsten geistlichen Autorität in Israel gegenüber ...

---

[41] JEREMIAS, Kennzeichen 151.
[42] So SCHNACKENBURG I 318 (zu Joh 1,51).
[43] Gegen ZAHN 294 Anm. 39. Aus Zahns Ausführungen seien noch die folgenden Sätze zitiert: „Jesus ... ist sich dieser Abhängigkeit aller seiner Betätigung von Gott bewußt, und indem er sie ohne jede Einschränkung bekennt, gibt er sich für den ganzen Umfang seines Lebens und Wirkens auf Erden die Stellung des vom Schöpfer und Erhalter abhängigen Geschöpfes. Er stellt sich also in bezug auf sein Wirken nicht mit Gott gleich" (294); er ist „ein von Gott abhängiger Mensch" (296; ebenso 303; s. ferner 307).

auf die religiöse Autonomie seines einzigartigen Gottesbewusstseins"⁴⁴. Das genaue Gegenteil trifft vielmehr den tatsächlichen Sachverhalt: Mit den Worten οὐ δύναται ὁ υἱὸς ποιεῖν ἀφ' ἑαυτοῦ οὐδὲν ἐὰν μὴ τί βλέπῃ τὸν πατέρα ποιοῦντα (V. 19b) ist – wie wir sahen – die notwendige Bedingung dafür benannt, daß sich im Handeln des Sohnes wirklich die Offenbarung des der Welt schlechthin transzendenten Vaters ereignen kann. Auf diese Weise wird der in unmittelbarem Anschluß in V. 19c direkt ausgesprochene und die wesenhafte Einheit von Vater und Sohn gerade notwendig voraussetzende Gedanke der Handlungs- und Offenbarungseinheit beider argumentativ vorbereitet. Deshalb bedeutet die Negation des ἀφ' ἑαυτοῦ durch Jesus – wie jetzt mit K. Barth formuliert werden kann – „keine Einschränkung, sondern die Verkündigung seiner Gewalt, beruht sie doch auf dem ὁμοίως ποιεῖν, ἃ [ἂν] ἐκεῖνος ποιῇ"⁴⁵. Mit der Aussage V. 19b relativiert der johanneische Christus seinen Hoheitsanspruch und seine Würde mithin in gar keiner Weise, er bringt beides vielmehr bereits mit diesem Eröffnungssatz kräftig zur Geltung⁴⁶. Impliziert die Aussage, daß Jesus nichts „von sich aus" zu tun vermag, doch, daß er gerade aus *dem* Grunde von dem gegen ihn erhobenen Vorwurf der Usurpation einer gottgleichen Stellung nicht getroffen wird, weil er als „der Sohn" *wesensmäßig* auf die Seite Gottes gehört und sich demnach „nicht erst zu etwas zu *machen* braucht, was er von Ewigkeit her *ist*: der μονογενὴς θεός"⁴⁷ (1,18). Deshalb ist J.A. Bengel vollauf zuzustimmen, wenn er die Wendung ἀφ' ἑαυτοῦ οὐδέν in der ihm eigenen Kürze und Prägnanz mit der Bemerkung kommentiert: „Hoc gloriae est, non imperfectionis."⁴⁸

---

⁴⁴ Gegen WEISS 180.
⁴⁵ BARTH 278. Nicht unproblematisch ist allerdings der dem Zitat vorangehende Satz, der thematisiert, was in Joh 5,19 in Wirklichkeit *nicht* im Blick ist: „Nicht die Demut, nicht die Unterordnung, nicht der Gehorsam Jesu an sich ist es, was hier gezeigt werden soll, sondern die Überlegenheit, die ihm kraft dieser Unterordnung eigen ist, weil sie die Unterordnung des Sohnes unter Gott den Vater ist." S. auch ebd. 287: V. 30 „nimmt den allgemeinen Gedanken von V. 19 wieder auf: der Sohn handelt gerade darin souverän, daß er nicht ἀφ' ἑαυτοῦ handelt, sondern in Unterordnung unter seinen Vater. Diese Unterordnung ist das Geheimnis seiner Überlegenheit."
⁴⁶ Ebenso urteilt BULTMANN 187: „Nicht seine Demut, sondern sein Anspruch soll durch das μὴ ἀφ' ἑαυτοῦ zum Ausdruck gebracht werden." Ist das richtig, so kann nicht zugleich gelten, daß der V. 19, wie BULTMANN 186 selbst gleichwohl meint, „Jesu schlechthinnige Abhängigkeit vom Vater beschreibt". Bultmanns Versuch (ebd. 186f.), die angeblich mythologische – weil: metaphysische – christologische Aussage von V. 19 existential zu interpretieren, vermag dem Text ebenfalls schwerlich gerecht zu werden.
⁴⁷ So treffend THYEN, Art. Johannesevangelium: TRE 17, 221,35f. (Hervorhebungen von mir); zu den Worten μονογενὴς θεός (1,18) s. die Bemerkungen u. S. 113–115. Vgl. RIDDERBOS 192: „Jesus does not reject equality with God, however, but the idea that he *made* himself equal with God."
⁴⁸ BENGEL, Gnomon 346. Vgl. auch die bei A. THOLUCK 165 zitierte Erklärung des οὐ δύναται durch ISIDOR VON PELUSIUM (360/70 – ca. 435), der dabei Johannes Chrysostomus verpflichtet ist (s.o. S. 28f. Anm. 23): [Τοῦτο] οὐκ ἀσθένειαν αὐτοῦ κατηγορεῖ ἀλλὰ δύναμιν τὴν μεγίστην. Im gleichen Sinn interpretiert P. SCHANZ 241: Mit dem οὐ δύναται ist

Aus dem Dargelegten ergibt sich, daß die ʼΙουδαῖοι den Sinn der christologischen Aussage von V. 17b nicht etwa *darin* verfehlen, daß sie ihr fälschlich den
Anspruch der wesenhaften Gottgleichheit entnehmen; den Anspruch einer gottgleichen Stellung und Hoheit erhebt der johanneische Christus tatsächlich[49].
Das Nicht-Verstehen der „Juden" ist ganz anderer Art und liegt auf einer gänzlich anderen Ebene: Es besteht darin, daß sie die Worte ὁ πατήρ μου ἕως ἄρτι
ἐργάζεται κἀγὼ ἐργάζομαι als eine blasphemische Usurpation göttlichen Seins
begreifen und damit verkennen, daß Jesus in Wahrheit der ursprunghaft auf die
Seite Gottes gehörende Sohn ist, dem als solchem wesensmäßig göttliches Sein
zukommt[50]. Sein Auftreten, Reden und Handeln ist gerade nicht, wie die „Juden"
meinen, Ausdruck seiner Auflehnung gegen Gott, sondern im Gegenteil die
geschichtliche Darstellung seiner von Ewigkeit her konstituierten personalen
Gemeinschaft und wesenhaften Einheit mit Gott, seinem Vater.

---

„nicht eine Beschränkung, sondern eine Verstärkung der gleichen Wesenheit und Macht ausgesprochen". – Der Akzent der Aussage 5,19b bzw. 5,30a wird dagegen m.E. auch da falsch
gesetzt, wo man – ähnlich wie K. BARTH (s.o. Anm. 45) – zwar die Seins- und Handlungseinheit des Sohnes mit dem Vater voraussetzt, dabei aber urteilt, daß der johanneische Christus
an unserer Stelle gleichwohl seine „völlige Unterordnung unter Gott" (SCHNACKENBURG II
130) bzw. „seine uneingeschränkte Abhängigkeit von Gott dem Vater" (BLANK I/b 22) zur
Sprache bringe. Die These, daß der Evangelist in den Versen 19 und 30 sowohl die Gleichheit
des Sohnes mit dem Vater wie dessen gehorsame Unterordnung unter Gott zum Ausdruck
bringe, findet sich ferner u.a. bei MACGREGOR 174. 180f.; LIGHTFOOT 139. 141. 144. 149;
BROWN I 218; MORRIS 312f. 323f.; BARRETT 272f.; DERS., „The Father is greater than I"
149f.; BEASLEY-MURRAY 75. 77; CARSON 250f. 259; LOADER, The Christology of the Fourth
Gospel 161. 165. Wenn auch der Gedanke einer *funktionalen* Unterordnung des Sohnes unter
den Vater im vierten Evangelium insofern gegeben ist, als unumkehrbar gilt, daß der Vater
der Sendende und der Sohn der Gesandte ist, so liegt darauf doch in V. 19 bzw. V. 30 in gar
keiner Weise der Ton.

[49] Ebenso BAUER 82: „Die Juden verstehen richtig, was der jo[hanneische] Christus meint,
daß nämlich der Anspruch, Gottes Sohn zu sein, in seinem Munde nichts anderes als die
Anerkennung seiner Wesensgleichheit mit Gott (1,1) fordert." S. ferner WESTCOTT 84; BULT-
MANN 182f.; SCHICK 58; WIKENHAUSER 142.

[50] Daß die Reaktion der jüdischen Gegner gleichermaßen durch die Erkenntnis des *Anspruchs* Jesu wie durch die Nichterkenntnis des *Seins* Jesu gekennzeichnet ist, hat bereits
AUGUSTIN, Traktat XVII 16 genau erfaßt: „Ecce intelligunt judaei quod non intelligunt ariani.
Ariani quippe inaequalem Patri Filium dicunt, et inde haeresis pulsat Ecclesiam. Ecce ipsi
caeci, ipsi interfectores Christi, intellexerunt tamen verba Christi. Non eum intellexerunt
esse Christum, nec eum intellexerunt Filium Dei; sed tamen intellexerunt in illis verbis, quia
talis commendaretur Filius Dei, qui aequalis esset Deo. Quis erat nesciebant: talem tamen
praedicari agnoscebant, quia *Patrem suum Deum, aequalem se faciens Deo.* Non erat ergo
aequalis Deo? Non ipse se faciebat aequalem, sed ille illum genuerat aequalem … Non
usurpavit aequalitatem Dei: sed erat in illa, in qua natus erat." Vgl. ferner BENGEL, Gnomon
346: „Quo sensu Jesus dixerit *Pater meus,* melius intellexerunt vel ipsi Judaei, v. 18., quam
Photiniani."

# B. Joh 5,20

Der in V. 19c (ἃ γὰρ ἂν ἐκεῖνος ποιῇ, ταῦτα καὶ ὁ υἱὸς ὁμοίως ποιεῖ) greifbare Gedanke einer strengen Einheit zwischen dem Wirken des Vaters und dem Wirken des Sohnes wird in V. 20 sowohl begründet (V. 20a) wie auch weitergeführt (V. 20b):

| | |
|---|---|
| 20aα | ὁ γὰρ πατὴρ φιλεῖ τὸν υἱὸν |
| β | καὶ πάντα δείκνυσιν αὐτῷ ἃ αὐτὸς ποιεῖ, |
| 20bα | καὶ μείζονα τούτων δείξει αὐτῷ ἔργα, |
| β | ἵνα ὑμεῖς θαυμάζητε. |

| | |
|---|---|
| 20aα | „Denn[51] der Vater liebt den Sohn |
| β | und zeigt ihm deshalb[52] alles, was er selbst tut; |
| 20bα | und so[53] wird er ihm [noch] größere Werke als diese zeigen, |
| β | auf daß[54] ihr euch [erst recht und bleibend][55] verwundert." |

## 1. Joh 5,20a

Fassen wir zunächst V. 20a in den Blick, so läßt sich das Verhältnis der Worte ὁ γὰρ πατὴρ φιλεῖ τὸν υἱὸν καὶ πάντα δείκνυσιν αὐτῷ ἃ αὐτὸς ποιεῖ zu dem in V. 19b.c Gesagten unschwer bestimmen. V. 19b hatte betont, daß der Sohn überhaupt nur das zu tun vermag, „was er den Vater tun sieht", und V. 19c hatte sodann – diesen Gedanken begründend und zugleich eine entschieden weitergehende Aussage treffend – hinzugefügt: „*Alles*, was der Vater tut, eben das tut in gleicher Weise auch der Sohn." Der Satz V. 20a gibt nun die Begründung für V. 19c, wobei er zugleich mit der Rede vom δεικνύναι des Vaters auf die Worte ἐὰν μή τι βλέπῃ τὸν πατέρα ποιοῦντα V. 19bβ Bezug nimmt: Der Sohn tut deshalb alles, was der Vater tut, weil der Vater ihn aus Liebe alles „sehen läßt", was er selber tut[56]. Daß der Vater den Sohn alles „sehen läßt", was er selber tut,

---

[51] γάρ hat in V. 20a nicht etwa, wie BLANK, Krisis 116 annimmt, explikative bzw. konsekutive Bedeutung, sondern streng kausalen Sinn; s.o. S. 22 Anm. 6.

[52] καί consecutivum.

[53] καί consecutivum; möglich ist auch die Wiedergabe mit „und deshalb".

[54] ἵνα hat hier m.E. sowohl finale wie konsekutive Bedeutung: „mit dem Ziel und der Wirkung, daß" / „mit der von Gott beabsichtigten Wirkung, daß"; vgl. BAUER / ALAND, WbNT 766f. s.v. II.2: „In vielen Fällen ist Absicht und Folge nicht streng geschieden und daher mit ἵνα d[ie] Folge als der Absicht des Subj[ekts] od[er] Gottes entsprechend bez[eichnet]. Bes[onders] bei göttl[ichen] Willensentscheidungen ist ... Absicht und Erfolg identisch."

[55] Der Konjunktiv Präsens θαυμάζητε hat durativen Sinn.

[56] Den Begriffen für „sehen" (βλέπειν, ὁρᾶν, θεωρεῖν, ἰδεῖν) korrespondiert im Johannesevangelium der Begriff δεικνύναι / δεικνύειν in der Bedeutung „sehen lassen". Als Objekte erscheinen: a) die σημεῖα Jesu (δεικνύειν: 2,18 [vgl. auch 10,32]; θεωρεῖν: 2,23 [vgl. auch 6,2 sowie ἰδεῖν: 4,48; 6,14.26.30]); b) das Tun des Vaters (δεικνύναι: 5,20; βλέπειν: 5,19); c) der Vater (δεικνύναι: 14,8f.; ὁρᾶν: 14,7.9). Vgl. schließlich auch δεικνύναι / ἰδεῖν: 20,20.

meint selbstverständlich nicht ein im zeitlichen Nacheinander je und je erfol-
gendes „Zeigen", das dem Sohn dann jeweils zum Vorbild dient, sondern jene
Aussage beschreibt metaphorisch ein permanentes Geschehen und also einen
grundsätzlichen Sachverhalt[57]. J.A. Bengel bemerkt deshalb treffend: „Haec
ostensio est intimae unitatis."[58]

In sich selbst weist der Satz V. 20a noch einmal insofern ein Begründungs-
gefälle auf, als die Worte ὁ πατὴρ φιλεῖ τὸν υἱόν V. 20aα den letzten, seinerseits nicht mehr durch einen weiteren Argumentationsschritt zu untermauern-
den Grund für die zwischen dem Vater und dem Sohn bestehende Wirkeinheit
V. 20aβ benennen: Er liegt in der *ewigen* Liebe des Vaters zum Sohn und damit
in der von Ewigkeit her konstituierten Person- und Wesensgemeinschaft beider[59]. Die Liebe des Vaters zum Sohn ist, wie H.J. Holtzmann mit Recht bemerkt, nach dem Zeugnis des Johannesevangeliums in besonderer Weise das
Kennzeichen des zwischen beiden bestehenden „ewige[n], metaphysische[n]
Verhältniss[es]"[60]. Entsprechend urteilt M. Dibelius: „Es ist eine übermensch-
liche Beziehung, die hier geschildert wird ... Ins Metaphysische, nicht ins
Ethische weist ... der Gebrauch von ‚lieben'. Liebe bezeichnet hier nicht die
Einheit im Willen vermöge einer affektvollen Beziehung, sondern die Einheit
des Wesens vermöge göttlicher Qualität."[61] Das von Holtzmann und Dibelius

---

[57] Vgl. KEIL 223: „δείκνυσι ... ist dem βλέπῃ V. 19 entsprechend zu fassen, also nicht
auf einzelne Visionen, wie sie den Propheten zuteil wurden ... oder ... auf vorübergehende
Höhepunkte des Lebens zu beziehen, sondern als aus der Wesensgemeinschaft folgend con-
tinuirlich zu denken." Ebenso interpretiert BLANK, Krisis 118 Anm. 23: „Sowohl jeder mythologische Bezug ist bei Johannes abgetan, wie auch die prophetische Vision überboten ist.
Denn im Hintergrund steht bei Johannes der Gedanke der personalen Gemeinschaft zwischen Vater und Sohn, hinter der die äußeren Beschreibungsmöglichkeiten zurückbleiben."

[58] BENGEL, Gnomon 347 (z.St.).

[59] Die in 5,20a angesprochene Liebe des Vaters richtet sich also nicht allein auf den
Inkarnierten (so aber WIKENHAUSER 144), sondern gleichermaßen auf den Präexistenten,
Menschgewordenen und Verherrlichten. Vgl. IBUKI, Wahrheit 59.

[60] HOLTZMANN 91 (zu 5,20aα); ebenso IBUKI, Wahrheit 152 (zu 3,35a).

[61] DIBELIUS, Joh 15,13, 209. BULTMANN hebt an der von Dibelius vorgetragenen Interpretation positiv hervor, daß hier „das Verhältnis Gottes zum Sohne nicht als ein ‚sittliches'
Verhältnis gedacht ist", kritisiert aber zugleich, daß Dibelius' Deutung noch „in der Sphäre
der Mythologie" bleibe, „die Joh[annes] im Sinne des Offenbarungsgedankens umdeutet: in
Jesus begegnet Gott selbst, seine Worte sind Gottes Worte" (120 Anm. 3 [zu 3,35a]; im
gleichen Sinn 187 Anm. 3 [zu 5,20aα]). Bultmanns Kritik an Dibelius ist aber schwerlich
zutreffend: Der in der Rede von der Liebe des Vaters zum Sohn implizierte Präexistenz-
gedanke ist nämlich keineswegs bloß, wie Bultmann behauptet, eine vom Evangelisten aufgenommene und von ihm im Sinne des Offenbarungsgedankens interpretierte mythologische Aussageform. Die Worte ὁ πατὴρ φιλεῖ τὸν υἱόν 5,20aα bzw. ὁ πατὴρ ἀγαπᾷ τὸν υἱόν
3,35a sind vielmehr – nicht anders als die direkten Präexistenzaussagen des Johannesevangeliums – *eigentliche* Aussagen, die genau das *meinen*, was sie *sagen*. Sie sind deshalb
inhaltlich nicht einfach mit den christologischen Sendungs- und Offenbarungsaussagen identisch, sondern von diesen streng unterschieden. Sie benennen den Realgrund bzw. die Bedingung der Möglichkeit dafür, daß Jesus der vom Vater in die Welt gesandte göttliche Offenbarer sein kann und ist.

vertretene Verständnis legt sich zum einen von jenen Stellen her nahe, die im *Aorist* von der Liebe des Vaters zum Sohn sprechen. Hier ist neben 15,9; 17,23 und 17,26 vor allem auf das an den Vater gerichtete Wort Jesu 17,24 hinzuweisen: πάτερ, ὃ δέδωκάς μοι, θέλω ἵνα ὅπου εἰμὶ ἐγὼ κἀκεῖνοι ὦσιν μετ᾽ ἐμοῦ, ἵνα θεωρῶσιν τὴν δόξαν τὴν ἐμήν, ἣν δέδωκάς μοι – ὅτι ἠγάπησάς με – πρὸ καταβολῆς κόσμου[62]. Diesem Vers zufolge ist die Liebe des Vaters zum präexistenten Sohn der Grund dafür, daß der Sohn die δόξα, d.h. die ausschließlich Gott selbst eignende göttliche „Herrlichkeit", und damit die wahre Gottheit besitzt; weil der Vater den Sohn von Ewigkeit her liebt, ist er der Hoheit und des Wesens des Vaters uneingeschränkt teilhaftig. Die skizzierte, bei Holtzmann und Dibelius zu verzeichnende Sicht drängt sich zum andern aber auch auf, wenn man die – fast wörtlich gleichlautenden und semantisch gänzlich synonymen[63] – *präsentisch* formulierten Aussagen 3,35a (ὁ πατὴρ ἀγαπᾷ τὸν υἱόν) und 5,20aα (ὁ πατὴρ φιλεῖ τὸν υἱόν) nebeneinander stellt. Die Worte ὁ πατὴρ ἀγαπᾷ τὸν υἱόν 3,35a haben in ihrem Kontext eine mehrfache Begründungsfunktion: Sie fundieren einerseits die beiden voranstehenden Feststellungen, daß der von Gott gesandte Sohn die Worte Gottes in umfassender und autoritativer Weise verkündigt (3,34a) und den Geist in unerschöpflicher Fülle spendet (3,34b)[64], und sie begründen andererseits die nachstehende Aussage 3,35b, daß der Vater dem präexistenten Sohn „alles", d.h. das gesamte Heils- und Offenbarungswerk (vgl. 13,3; 17,7), anvertraut hat[65]. Die Liebe des Vaters zum Sohn ist also in 3,35 als die letzte sachliche Grundlage für die Möglichkeit und Wirklichkeit des Offenbarungshandelns des Sohnes begriffen[66]. Entsprechendes gilt für die Aussage 5,20aα: Die Worte ὁ πατὴρ φιλεῖ τὸν υἱόν begründen nicht nur die unmittelbar zuvor formulierte These der vollkommenen Handlungseinheit zwischen Vater und Sohn (5,19c), sondern sie benennen zugleich auch den Grund für die sogleich folgende Aussage καὶ πάντα δείκνυσιν αὐτῷ

---

[62] Die Worte ὅτι ἠγάπησάς με fasse ich im Unterschied zu dem gängigen Textverständnis, wie es die Kommentare und Übersetzungen widerspiegeln, als eine Parenthese auf. Denn aus dem Vers 17,5, der mit 17,24 eine das sog. „hohepriesterliche Gebet" umspannende Inklusion bildet und davon spricht, daß der Sohn die δόξα bereits vor der Weltschöpfung (πρὸ τοῦ τὸν κόσμον εἶναι) innehat, folgt zwingend, daß die Wendung πρὸ καταβολῆς κόσμου zu dem Relativsatz ἣν δέδωκάς μοι gehört. Eingeschobene kausale ὅτι-Sätze finden sich im Johannesevangelium auch in 18,18 und 19,42.
[63] Die Verben ἀγαπᾶν und φιλεῖν werden im Johannesevangelium synonym gebraucht; das beweist ein Vergleich von 11,3.36 mit 11,5, von 13,23; 19,26 (21,7.20) mit 20,2 und von 17,23 mit 16,27 (vgl. auch 21,15–17).
[64] Der asyndetische Anschluß hat in 3,35a kausalen Sinn; er entspricht damit dem γάρ causale in 5,20a. – Das grammatische Subjekt des Satzes οὐ γὰρ ἐκ μέτρου δίδωσιν τὸ πνεῦμα (3,34b) ist *Jesus* und nicht etwa Gott, der Vater; zur Begründung s. KAMMLER, Jesus Christus und der Geistparaklet 170–181.
[65] Die Konjunktion καί hat in 3,35b – wie in 5,20aβ (s.o. S. 35 mit Anm. 52) – eine konsekutive Nuance.
[66] Vgl. BARTH 233 (z.St.): „Aus der Liebe, mit der der Vater den Sohn liebte und liebt von *Ewigkeit* her, geht hervor das *Ereignis* seiner Liebe zur Welt."

ἃ αὐτὸς ποιεῖ (5,20αβ), die – ebenso wie 5,19b.c – die zwischen dem Handeln des Vaters und dem Handeln des Sohnes bestehende Relation in den Blick nimmt. Auch an dieser Stelle thematisiert die Rede von der Liebe des Vaters zum Sohn mithin die ewige Wesensgemeinschaft beider, die ihrerseits das Fundament dafür bildet, daß beide auch im geschichtlichen Offenbarungswirken des Sohnes eins sind[67]. In diesem Sinne hat bereits Bonaventura den Vers 5,20aα interpretiert, wenn er erklärt[68]: „Dilectio enim accipitur essentialiter et dicit unitatem summam Patris ad Filium; et quia summa est unitas in essentia, ideo omnimoda indivisio in operatione.“[69] Das Präsens ἀγαπᾷ (3,35a) bzw. φιλεῖ (5,20aα) hat also zeitlosen Sinn, d.h. es ist als Praesens aeternum zu bestimmen.

## 2. Joh 5,20b und das Problem der μείζονα τούτων ἔργα

Die Aussage von V. 20a wird durch die Worte καὶ μείζονα τούτων δείξει αὐτῷ ἔργα, ἵνα ὑμεῖς θαυμάζητε (V. 20b) weitergeführt. Dieser Satz bereitet der Exegese erhebliche Schwierigkeiten, und er ist in der Forschung entsprechend lebhaft umstritten. Strittig ist vor allem die – im folgenden eingehend zu erörternde – Frage, was unter den μείζονα τούτων ἔργα zu verstehen ist. Ehe wir uns dieser Frage zuwenden, sind jedoch vorab zwei Einzelprobleme zu klären – nämlich der genaue Sinn des den Satz V. 20b einleitenden καί und die Bedeutung des Futurs δείξει. Was zunächst das καί betrifft, so wird man ausschließen dürfen, daß die Konjunktion an unserer Stelle additiv verwendet ist; denn die ganz umfassend und prinzipiell gemeinte Aussage καὶ πάντα δείκνυσιν αὐτῷ ἃ αὐτὸς ποιεῖ (V. 20aβ) kann schlechterdings nicht noch einmal ergänzt oder überboten werden. Die μείζονα τούτων ἔργα von V. 20b stellen dem πάντα von V. 20a nicht noch eine weitere Größe an die Seite, sondern sie sind in ihm mit enthalten. Das καί ist somit als ein καί consecutivum aufzufassen: Der Vater zeigt dem Sohn „alles, was er selbst tut; und so wird er ihm [noch] größere Werke als diese zeigen …“ Neben der Konjunktion καί bedarf sodann auch die Verbform δείξει der Klärung. Es stellt sich ja die Frage, warum anstelle des in V. 20a begegnenden Präsens δείκνυσιν nunmehr in V. 20b das Futur δείξει er-

---

[67] Treffend bemerkt BLANK I/b 25: „Die Liebe des Vaters zum Sohn erscheint … als der umfassende, tragende Hintergrund des gesamten Offenbarungs- und Heilsgeschehens … Aus der umfassenden Liebe ergibt sich folgerichtig auch die umfassende Gemeinschaft im Offenbarungs- und Heilshandeln des Sohnes.“ Ähnlich RIEDL, Heilswerk 211.

[68] BONAVENTURA 311 Nr. 46.

[69] Dezidiert anders urteilt GRUNDMANN, Matth. XI. 27, 43–45: Er entnimmt den Worten ὁ πατὴρ ἀγαπᾷ τὸν υἱόν (3,35a) bzw. ὁ πατὴρ φιλεῖ τὸν υἱόν (5,20aα) den Gedanken, daß das Verhältnis von Vater und Sohn „in dem liebenden Erwählen des Sohnes durch den Vater“ (44) bzw. „in der erwählenden Liebe des Vaters“ (45) seinen Grund hat (Hervorhebungen von mir). Diese mit dem Gesamtgefüge der johanneischen Christologie unvereinbare Interpretation findet sich auch bei MICHEL, Art. υἱὸς τοῦ θεοῦ: TBLNT II 1173.

scheint. Diese Frage läßt sich so beantworten: Während in V. 20a eine grund-sätzliche, allezeit gültige Feststellung über die Vater-Sohn-Relation getroffen wird, blickt V. 20b sehr konkret aus der *vorösterlichen* Perspektive, wie sie auf der Erzähllebene des Evangeliums für die Rede 5,19ff. gegeben ist, auf die *nachösterliche* Situation der johanneischen Gemeinde. Wir haben es also bei δείξει V. 20b mit einem für das vierte Evangelium charakteristischen Gebrauch des Futurs zu tun, der sich auch an anderen Stellen nachweisen läßt[70]. Daß der Sinn des Futurs damit angemessen bestimmt ist, bestätigt die wenig später ste-hende Aussage von V. 25. Dort beziehen sich die Wendung ἔρχεται ὥρα καὶ νῦν ἐστιν wie auch die Futura ἀκούσουσιν und ζήσουσιν streng auf die Zeit nach Ostern[71]. Die vorgeschlagene Deutung des Futurs δείξει hat – so ist be-reits hier anzumerken – eine äußerst gewichtige Konsequenz für das Verständ-nis der μείζονα τούτων ἔργα: Verweist der Evangelist in V. 20b dezidiert auf die mit Ostern anhebende Zeit, dann kann er mit jenen ἔργα nicht solche „Wer-ke" bezeichnen wollen, die der *irdische* Jesus vollbringt, sondern er muß streng und ausschließlich die „Werke" des *Erhöhten* meinen[72].

Richten wir unser Augenmerk nunmehr auf die Wendung μείζονα τούτων ἔργα selbst, so ist zunächst zu klären, worauf das Demonstrativum τούτων verweist. Eine Bezugnahme auf πάντα V. 20a kann definitiv ausgeschlossen werden, weil die μείζονα ἔργα selbst mit zu dem hinzugehören, was durch den Begriff πάντα bezeichnet wird. Der Genitiv τούτων kann auch nicht das ταῦτα V. 19c aufnehmen, da dieses auf die Worte ἃ … ἄν bezogen ist, die ihrerseits dem πάντα von V. 20a entsprechen. Somit bleiben für die Deutung von τούτων nur zwei Möglichkeiten: Entweder meint der Ausdruck μείζονα τούτων ἔργα einfach „größere Werke als die bisherigen"[73], oder aber das τούτων korrespon-diert dem ταῦτα von V. 16b, so daß sich der Sinn „größere Werke als die zuvor [nämlich in V. 16b] erwähnten" ergibt. In beiden Fällen bezieht sich τούτων nicht allein auf die in 5,1–9a erzählte Heilung des Gelähmten, sondern darüber hinaus auch auf analoge Wundertaten, wie sie in V. 16b (ὅτι ταῦτα ἐποίει ἐν σαββάτῳ) ausdrücklich angesprochen sind[74]. Zu beachten ist ja, daß das *eine* Wunder, von dem in 5,1–9a berichtet war, sowohl durch das Demonstrativum ταῦτα (= „solche Werke") wie auch durch das Imperfekt ἐποίει (= „er pflegte

[70] S. dazu etwa 4,14.21.23; 5,25; 7,38 (s. 7,39!); 10,16; 12,32; 14,3.12–14.16f.18.20f. 23.26.29; 15,20f.26; 16,2f.7f.13–15.16f.19f.22.23f.25f.; 17,26.
[71] Zum genauen Gehalt des Ausdrucks ἔρχεται ὥρα καὶ νῦν ἐστιν s.u. S. 158–164.
[72] Ebenso urteilen THÜSING, Erhöhung 60f.; THEOBALD, Gott, Logos und Pneuma 50 Anm. 37; DIETZFELBINGER, Werke 31. Ähnlich BARTH 278f.
[73] So die Übersetzung von MENGE, Das Neue Testament 149: „und er wird ihn noch größere Werke als diese (= die bisherigen) sehen lassen".
[74] Ebenso versteht THÜSING, Erhöhung 60: „Es können nur die Wunder nach Art der Heilung des 38 Jahre Kranken gemeint sein." MENGE, Das Neue Testament 149 gibt die Worte ὅτι ταῦτα ἐποίει ἐν σαββάτῳ V. 16b zutreffend so wieder: „weil er solche Werke (auch) am Sabbat tat".

zu tun") in eine Reihe mit weiteren Wundertaten hineingestellt und so als ein
typisches bzw. exemplarisches Geschehen gekennzeichnet wird.

Was nun die Frage nach der präzisen inhaltlichen Bestimmung der μείζονα
τούτων ἔργα anlangt, so läßt sich vom Kontext her mit Sicherheit sagen, daß
der Evangelist hier an das in V. 21 erwähnte lebendigmachende Wirken Jesu
denkt. Das kann in einem relativ knapp gehaltenen ersten Gedankenschritt (a)
aufgezeigt werden. Im Anschluß daran ist dann ausführlich zu erörtern, ob zu
den μείζονα τούτων ἔργα über das ζῳοποιεῖν hinaus *auch* bestimmte Wundertaten des irdischen Jesus (b) oder *auch* das in V. 22, 24, 27, 29 und 30 mit
κρίνειν / κρίσις bezeichnete Wirken des Sohnes Gottes (c) hinzugehören.

a) Die μείζονα τούτων ἔργα als das lebendigmachende Wirken
   des erhöhten Christus

Daß es sich bei den μείζονα τούτων ἔργα auf jeden Fall um das in V. 21 erwähnte und dann auch in den weiteren Versen thematische „Lebendigmachen"
handelt, ergibt sich zwingend aus der Argumentationsstruktur des Textes. V. 20
war zu entnehmen, daß der Vater dem Sohn „alles" zeigt, was er selbst tut, und
daß er ihm in der Konsequenz dieses grundsätzlich geltenden Sachverhaltes
auch die μείζονα τούτων ἔργα zeigen wird. In unmittelbarem Anschluß an
diese Aussage folgt dann – durch ein zugleich begründendes wie explizieren-
des γάρ eingeleitet – der Satz V. 21: ὥσπερ γὰρ ὁ πατὴρ ἐγείρει τοὺς νεκροὺς
καὶ ζῳοποιεῖ, οὕτως καὶ ὁ υἱὸς οὓς θέλει ζῳοποιεῖ. Der damit gegebene sprachliche wie gedankliche Zusammenhang kann nur besagen: Was der Vater dem
Sohn „zeigen wird", ist eben jenes ἐγείρειν καὶ ζῳοποιεῖν, das er selbst vollzieht. Was sachlich mit dem ἐγείρειν καὶ ζῳοποιεῖν gemeint ist, geben dann
die Verse 24.25 zu erkennen: Es handelt sich um die seit Ostern erfolgende –
und also für den Evangelisten schon gegenwärtig geschehende – eschatologisch gültige Mitteilung des ewigen Lebens, durch die Menschen aus der Sphäre der Gottesferne in die Sphäre des Heils versetzt werden[75]. Damit bestätigt
sich, was bereits aus dem Futur δείξει V. 20b zu erschließen war: Wenn das
vierte Evangelium von den μείζονα τούτων ἔργα spricht, so geht es dezidiert
um das Wirken des zum Vater *erhöhten* Sohnes in der *nachösterlichen* Zeit.

b) Die μείζονα τούτων ἔργα und die Wundertaten des irdischen Jesus

Die Deutung der μείζονα τούτων ἔργα auf das lebendigmachende Wirken des
Erhöhten kann nach dem im vorigen Abschnitt Gesagten nicht zweifelhaft sein.
Zu fragen bleibt allerdings, ob der Begriff der μείζονα τούτων ἔργα damit
bereits hinreichend bestimmt ist. Hier muß zunächst die von manchen Exegeten

---

[75] Vgl. die Aussage τὸ πνεῦμά ἐστιν τὸ ζῳοποιοῦν 6,63aα; auch hier hat das Verbum
ζῳοποιεῖν den für 5,21 charakteristischen soteriologisch gefüllten Sinn.

vertretene These bedacht werden, daß der Evangelist bei den μείζονα τούτων
ἔργα über das ζῳοποιεῖν von V. 21 hinaus *auch* an solche Wundertaten des
irdischen Jesus denkt, die noch „größer", d.h. noch gewaltiger sind als das in
5,1–9a geschilderte Wunder und die mit ταῦτα 5,16b angesprochenen analogen Phänomene. Ausleger, die in diesem Sinne deuten, denken dabei etwa an
die Heilung des Blindgeborenen (Joh 9), vor allem aber an die Auferweckung
des Lazarus (Joh 11)[76]. Der bereits herausgearbeitete Befund, daß in der Wendung μείζονα τούτων ἔργα das Demonstrativum τούτων auf das Wunder von
5,1–9a sowie wohl auch auf ihm entsprechende weitere am Sabbat vollzogene
Wundertaten Jesu verweist, könnte eine solche Deutung auf den ersten Blick
nahelegen. Sie ist gleichwohl als gänzlich ausgeschlossen zu beurteilen – und
zwar aus den folgenden drei Gründen:

1. Das Futur δείξει verweist, wie wir bereits sahen, deutlich auf die *nachösterliche* Zeit. Deshalb können die μείζονα τούτων ἔργα einzig die Wirksamkeit des *erhöhten* Christus kennzeichnen. Von Wundertaten (= σημεῖα) spricht
der vierte Evangelist aber ausschließlich im Blick auf das Wirken des *irdischen*
Jesus.

2. Betrachtet man die im vierten Evangelium berichteten Wundertaten Jesu
auf der bloßen Geschehensebene, so kann zwar durchaus von einer gewissen
*quantitativen* Steigerung gesprochen werden, da die Erzählung von der Auferweckung des Lazarus zugleich den Abschluß wie auch den Höhepunkt des
Gesamtkomplexes der johanneischen Wundergeschichten bildet. Im Hinblick
darauf ist nun aber zu bedenken, daß dem komparativischen Attribut μείζων in
5,20b – wie etwa auch in 1,50; 5,36; 10,29 – gerade nicht eine quantitative,

---

[76] So z.B. SCHNACKENBURG II 132: „Nach dem Fortgang der Ev[angeliums]-Darstellung
denkt man sogleich an die Heilung des Blindgeborenen und die Auferweckung des Lazarus …
Dennoch darf man den Satz von den ‚größeren Werken' nicht nur in diesem vordergründigen
Sinn verstehen, weil die folgenden Sätze vom Toten-Erwecken und Richten offensichtlich
die ‚größeren Werke' explizieren sollen … So ergibt sich für die Interpretation der ‚größeren
Werke': Äußerlich sind noch weitere, noch größeres Staunen hervorrufende Werke gemeint,
die aber ihren inneren und eigentlichen Sinn darin haben, daß sie Jesu wahre Lebensmacht
manifestieren oder auch – im Falle des Unglaubens – Jesus als den erweisen, durch den
Gottes Gericht geschieht." Ähnlich BEASLEY-MURRAY 76: „The ‚greater works' … must
denote the greater signs that Jesus will perform in his ministry; naturally they will also point
to the greater realities of the kingdom of God"; WILCKENS 116: „Gemeint sind damit zweifellos zunächst die nächstfolgenden Wunder der Blindenheilung in Joh 9 und vor allem der
Totenauferweckung Joh 11. Doch auch sie sind Zeichen, die wie die Krankenheilung jetzt
auf die göttliche Wirklichkeit und Kraft hinweisen, die in Jesu Taten eigentlich offenbar
wird: die endzeitliche Auferweckung der Toten und das Endgericht, das Gott an allen Menschen vollziehen wird"; SCHNELLE 106f.: „Was aber meint Johannes mit den größeren Werken, die der Vater dem Sohn zeigen wird? Es sind zunächst die Wunder, die Heilung am
Teich Bethesda und die beiden großen Zeichen in Kap. 9 und Kap. 11 … Zugleich leitet
V. 20b aber zu den großen eschatologischen Themen des Abschnittes über". – *Ausschließlich* auf die vom irdischen Jesus vollbrachten Totenerweckungen deutet ZAHN 297. 302f. die
μείζονα τούτων ἔργα; ebenso bereits BENGEL, Gnomon 347.

sondern vielmehr eine streng *qualitative* Bedeutung zukommt[77]. Es geht demnach um solche „Werke", mit denen die Wundertaten des irdischen Jesus nicht
bloß quantitativ, sondern vielmehr qualitativ und also *fundamental* überboten
werden. Diese Deutung des Komparativs μείζων kann durch die ergänzende
Betrachtung von 1,50 einerseits und 5,36 andererseits noch weiter abgesichert
werden: a) In 1,50b sagt Jesus zu Nathanael: ὅτι εἶπόν σοι ὅτι εἶδόν σε ὑποκάτω
τῆς συκῆς, πιστεύεις; μείζω τούτων ὄψῃ. Hier bezieht sich das Demonstrativum τούτων auf Jesu wunderbaren Blick über Raum und Zeit. Worauf der
Komparativ μείζων abhebt, ergibt sich dann – analog zu 5,20b.21 – direkt aus
dem Anschlußvers, in dem Jesus über sich selbst sagt: ἀμὴν ἀμὴν λέγω ὑμῖν,
ὄψεσθε τὸν οὐρανὸν ἀνεῳγότα καὶ τοὺς ἀγγέλους τοῦ θεοῦ ἀναβαίνοντας
καὶ καταβαίνοντας ἐπὶ τὸν υἱὸν τοῦ ἀνθρώπου (1,51). „Größer" – und zwar
*unendlich* viel größer – als Jesu Fähigkeit, über Zeit und Raum zu schauen, ist
diesen Worten zufolge der christologische Sachverhalt, den die Rede vom Hin-
auf- und Herabsteigen der Engel[78] anzeigt: Jesus ist als der „Menschensohn" in
Person der Ort der heilvollen Gegenwart Gottes. Auf diesen „größeren" Sachverhalt weist Jesu Blick über Raum und Zeit lediglich hin. – b) Innerhalb der
christologischen Rede 5,19b–47 erscheint noch einmal in V. 36a (ἐγὼ δὲ ἔχω
τὴν μαρτυρίαν μείζω τοῦ Ἰωάννου) der Komparativ von μέγας. Auch hier hat
μείζων eindeutig qualitativen Sinn, wird doch das Christuszeugnis des Täufers,
das bloß das Zeugnis eines Menschen ist (V. 34a), durch das Zeugnis, das Gott,
der Vater, von seinem Sohn in den „Werken" ablegt (V. 36b), *radikal* überboten.

3. Zwischen dem Wort ἴδε ὑγιὴς γέγονας, μηκέτι ἁμάρτανε, ἵνα μὴ χεῖρόν
σοί τι γένηται (5,14b), das Jesus nach der Heilung im Tempel an den Geheilten
richtet, und der Aussage καὶ μείζονα τούτων δείξει αὐτῷ ἔργα (5,20ba) läßt
sich eine antithetische Entsprechung wahrnehmen: Die Worte ἴδε ὑγιὴς γέγονας
verweisen ebenso wie das – allerdings zugleich noch umfassender gemeinte –
Demonstrativum τούτων auf die Heilung des Gelähmten, und der in dem Finalsatz ἵνα μὴ χεῖρόν σοί τι γένηται enthaltenen negativen Steigerung χεῖρόν τι
korrespondiert der positive komparativische Ausdruck μείζονα τούτων ἔργα.
Diese formale Beobachtung führt uns zu der Erkenntnis einer zwischen beiden
Versen bestehenden inhaltlichen Korrespondenz: Der qualitative Komparativ
χεῖρον 5,14b hebt nicht auf ein schlimmeres körperliches Leiden als die 38 Jahre
während Krankheit ab, sondern auf den im Verhältnis zu jener Krankheit unendlich viel furchtbareren Zustand des ewigen Todes als der Folge des „Sündigens",
d.h. des Unglaubens Jesus gegenüber (16,9). Ganz entsprechend blickt der
semantisch ebenfalls qualitativ gefüllte Komparativ μείζων 5,20b nicht auf
gewaltigere bzw. eindrücklichere Heilungen von körperlichen Gebrechen, son-

---

[77] Ebenso Barth 278f.
[78] Vgl. Gen 28,12f.

dern auf das qualitativ unendlich größere Geschehen der Befreiung aus der Macht der Sünde und des Todes, das sich in der Mitteilung des ewigen Lebens ereignet.

Muß die Deutung, daß der Evangelist bestimmte gewaltige Wundertaten des irdischen Jesus mit zu den μείζονα τούτων ἔργα von 5,20b rechne, auch abgewiesen werden, so ist doch zugleich festzuhalten, daß zwischen den Wundern Jesu und den μείζονα τούτων ἔργα durchaus ein theologischer Verweisungszusammenhang und also ein innerer Konnex besteht. Besonders deutlich läßt sich das an dem Wunder der Auferweckung des Lazarus aufweisen. Die μείζονα τούτων ἔργα sind, wie wir erkannten, V. 21ff. zufolge die nach und seit Ostern geschehende und eschatologisch gültige Gewährung des ewigen Lebens. Das Leben, das dem Lazarus durch die leibliche Auferweckung geschenkt wird, ist jenes dem Tode definitiv entrissene Leben noch nicht. Lazarus kehrt vielmehr in den alten, unter der Signatur des Todes stehenden Lebenszusammenhang zurück; er erfährt durch das ihm widerfahrene Wunder keine geistliche Neugeburt. Gehört das Lazaruswunder demnach nicht selbst zu den μείζονα τούτων ἔργα hinzu[79], so ist es doch ein zeichenhafter Hinweis auf das qualitativ ungleich größere Geschehen der geistlichen Totenauferstehung und also auf die μείζονα τούτων ἔργα. Anders gesagt: Das Lazaruswunder ist eine raum-zeitliche Darstellung bzw. eine symbolische Veranschaulichung jenes theologischen Sachverhaltes, der in der ganz grundsätzlich gemeinten und den Begriff der μείζονα τούτων ἔργα begrifflich entfaltenden Vater-Sohn-Aussage von 5,21 ausgesprochen wird: ὥσπερ γὰρ ὁ πατὴρ ἐγείρει τοὺς νεκροὺς καὶ ζῳοποιεῖ, οὕτως καὶ ὁ υἱὸς οὓς θέλει ζῳοποιεῖ.

Der für das Lazaruswunder bezeichnende Verweischarakter läßt sich nun auch für den Wunderbericht 5,1–9a wahrscheinlich machen. In dem wirkmächtigen Heilungsbefehl Jesu 5,8b (ἔγειρε ἆρον τὸν κράβαττόν σου καὶ περιπάτει) und in der die μείζονα τούτων ἔργα kennzeichnenden Aussage 5,21 (ὥσπερ γὰρ ὁ πατὴρ ἐγείρει τοὺς νεκροὺς κτλ.) erscheint jeweils eine Form des Verbums ἐγείρειν. Dieser Tatbestand legt die Vermutung nahe, daß der Evangelist zwischen dem „formelhaft geworden[en]"[80] intransitiven Imperativ ἔγειρε „steh auf!" und dem transitiven ἐγείρειν „auferwecken" einen Zusammenhang sieht und sprachlich artikuliert. Ein solcher Zusammenhang ist insofern gegeben, als sich auch das als eschatologisch qualifizierte Geschehen des ἐγείρειν bzw. ζῳοποιεῖν 5,21 durch den *Ruf* Jesu vollzieht, den die geistlich Toten vernehmen (5,25). Auf diese Weise dürfte der Evangelist unterstreichen wollen, daß das durch den wirkmächtigen Befehl des irdischen Jesus hervorgerufene

---

[79] Ebenso THÜSING, Erhöhung 61 Anm. 35: „Es ist nicht anzunehmen, daß das Lazaruswunder gegenüber der Krankenheilung von Kap. 5 zu den größeren Werken gehört; vielmehr steht es grundsätzlich in einer Linie mit den anderen σημεῖα, wenn es auch ihren Höhepunkt bildet."

[80] BAUER / ALAND, WbNT 433 s.v. ἐγείρω 1.b.

*leibliche* ἐγείρεσθαι des Gelähmten (5,8 f.) auf das qualitativ unendlich viel größere Geschehen der *geistlichen* Totenauferstehung verweist, die in der Begegnung mit dem Wort des erhöhten Jesus Ereignis wird (5,21)[81].

## c) Die μείζονα τούτων ἔργα und das „richterliche" Wirken des erhöhten Christus

### α) Das Problem

Daß mit den μείζονα τούτων ἔργα 5,20b in gar keiner Weise Wundertaten Jesu gemeint sein können, die noch „größer" sind als die bisher im vierten Evangelium berichteten, – das kann, wie die voranstehenden Überlegungen gezeigt haben, im Ernst nicht fraglich sein. Sehr viel schwieriger ist dagegen die Frage zu entscheiden, ob neben dem ζῳοποιεῖν von V. 21 zugleich auch das in V. 22 mit den Worten κρίνειν / κρίσις bezeichnete Wirken Jesu zu den μείζονα τούτων ἔργα des Erhöhten zu rechnen ist. Diese Frage, die von der ganz überwiegenden Mehrzahl der Ausleger positiv beantwortet wird[82], ist aufs engste mit einer anderen Frage verbunden, die uns in äußerst komplexe Problemzusammenhänge hineinführt und unbedingt zuvor erörtert und geklärt werden muß. Es ist dies die Frage, wie das sachliche Verhältnis zwischen dem ζῳοποιεῖν Jesu einerseits (V. 21) und seinem κρίνειν bzw. der ihm zugeschriebenen κρίσις andererseits (V. 22) genau zu bestimmen ist. Im Blick auf das Verständnis von V. 22 ergibt sich dabei noch die zusätzliche Schwierigkeit, daß – anders als bei ζῳοποιεῖν V. 21 – der Wortsinn der Begriffe κρίνειν und κρίσις keineswegs ohne weiteres klar ist. Jede einfach mit Hilfe des Wörterbuchs gewählte Übersetzung kann die Exegese sogar in höchst problematischer Weise präjudizieren. So legt etwa die Übersetzung mit „richten" bzw. „Gericht" von vornherein den Gedanken nahe, daß von einem mit einem doppelten Ausgang verbundenen Geschehen die Rede sei. Der damit angesprochenen Problematik und dem Umstand, daß die Begriffe κρίνειν / κρίσις allererst der genauen Begriffsbestimmung bedürfen, soll im folgenden dadurch Rechnung getragen werden, daß die Worte „richten", „Gericht", „richterlich", „Richter" stets in Anführungszeichen erscheinen.

---

[81] Ähnlich urteilt DIETZFELBINGER, Werke 29; s. ferner HAENCHEN 276 f.

[82] So u.a. BENGEL, Gnomon 347; LÜCKE II 35 f. 38. 43; KEIL 224; GODET II 226; WEISS 172; ZAHN 296 f.; SCHLATTER, Erläuterungen I 93; BERNARD I 240 f.; TILLMANN 126; WIKENHAUSER 144; SCHICK 59; BROWN I 218 f.; THÜSING, Erhöhung 60; SCHULZ 88; BERGMEIER, Glaube als Gabe 243 Anm. 120; SCHNACKENBURG II 132 f.; SCHNEIDER 130; GNILKA 42; DIETZFELBINGER, Werke 29. 31; STIMPFLE, Blinde sehen 95; CARSON 252; KNÖPPLER, Die theologia crucis 108. 176; DETTWILER, Gegenwart 174 (anders: ebd. 172 Anm. 238!); FREY, Eschatologie II 474. 492. 494; SCHMIDT, Das Ende der Zeit 290; WILCKENS 117 f.; RIDDERBOS 195 f.

*β) Das Verhältnis von* ζωοποιεῖν *und* κρίνειν

*αα) Die These der sachlichen Überordnung des* κρίνειν *über das* ζωοποιεῖν

Wie ist nun – so fragen wir – das sachliche Verhältnis zwischen dem lebendig-machenden Wirken Jesu und seinem „richterlichen" Wirken präzise zu fassen? Studiert man die einschlägigen Kommentarwerke des 19. und 20. Jahrhunderts zum Johannesevangelium unter dieser Fragestellung, so zeigt sich, daß die meisten Exegeten den Versen 21.22 das folgende Relationsgefüge entnehmen: Das durch κρίνειν / κρίσις bezeichnete Handeln Jesu V. 22 ist seinem Wirken als „Lebendigmacher" V. 21 sachlich *übergeordnet*, und zwar deshalb, weil das von Jesus vollzogene „Gericht" sowohl das mit dem Verbum ζωοποιεῖν zur Sprache gebrachte *positiv* qualifizierte Geschehen der Lebensmitteilung wie auch das dazu komplementäre *negativ* qualifizierte Geschehen der Lebens-verweigerung umfaßt. Das Lebendigmachen ist bei dieser Deutung somit als *ein* Moment des umfassenderen, weil *zweiseitigen* „richterlichen" Wirkens Jesu verstanden, und der Vers 22 wird dementsprechend als *Begründungssatz* für die Aussage von V. 21 begriffen.

So stellt etwa R. Bultmann die Verse 21–23 insgesamt unter das Thema „Jesus der eschatologische Richter"[83], wobei die Prädikation „der eschatologische Richter" besagen soll, daß Jesus „über Tod und Leben entscheidet"[84]. „Gottes und des Offenbarers Wirken ist als das Wirken des eschatologischen Richters gedacht, der die eschatologische ζωή spenden oder versagen kann."[85] Folge-richtig gelangt Bultmann dann zu der These, daß nicht erst in V. 22, sondern bereits in V. 21 „das Amt des Richters" beschrieben sei, allerdings „nur nach der einen Seite, der des ζωοποιεῖν"[86]. Das zwischen Glaubenden und Nicht-Glaubenden scheidende „Gericht" selbst ereignet sich überall dort, wo ein Mensch mit dem im Wort ergehenden Offenbarungsanspruch Jesu konfrontiert wird: „Die Situation der Begegnung des *Wortes* ist … die Situation des Gerich-tes … Jeder, der das Wort Jesu hört – wann und wo es sei – steht in der Ent-scheidung über Tod und Leben. Und die durch das Wort an den Hörer gerichte-te Frage des Glaubens ist es also, an der sich das Gericht – die Scheidung von 3,18–21 – vollzieht."[87] Wie für Bultmann, so ist auch für S. Schulz „die escha-tologische Totenerweckung des Sohnes [V. 21] nur ein Ausfluß seines eschato-logischen Richtens [V. 22]", weshalb gilt: „Jesus macht lebendig gerade in seiner Eigenschaft als der eschatologische Richter."[88] Besonders klar und kon-

---

[83] BULTMANN 192 (im Original sind die zitierten Worte durch Sperrung hervorgehoben); vgl. ebd. 185.
[84] Ebd. 192.
[85] Ebd. 184 (zu 5,17).
[86] Ebd. 192 Anm. 2.
[87] Ebd. 193 (zu 5,24).
[88] SCHULZ 88.

sequent vertritt A. Wikenhauser die sachliche Vorordnung des „richterlichen"
Wirkens Jesu vor seinem Lebendigmachen[89]: „Da ... das Lebendigmachen nur
eine Funktion des Richtens ist, muß man genau sagen: Jesus ist der Lebendigmacher in seiner Eigenschaft als (der eschatologische) Richter oder: die
Gleichheit des Wirkens Jesu vollzieht sich hauptsächlich dadurch, daß er das
Richteramt ausübt." Deshalb kann der Vers 22 „nur besagen wollen, daß die
Macht des Sohnes, lebendig zu machen, ihren Grund in dem Richteramt hat,
das ihm der Vater im vollen Umfang übertragen hat. Der V[ers] erkennt also
dem Sohn nicht ein neues Recht zu, sondern erläutert V. 21 dahin, daß der Vater
durch den Sohn sein göttliches Hoheitsrecht, Leben zu spenden oder zu versa-
gen, ausübt. Das eschatologische Gericht besteht ja in der Zuerkennung oder
Versagung des ewigen Lebens. Die Lebendigmachung V. 21 ist nur die eine
Seite des Gerichts, die andere ist in ‚welche er will' angedeutet." Im gleichen
Sinn urteilt E. Schick: „Die Macht, Leben zu spenden, und die Macht, vom
Leben auszuschließen, sind letztlich ein und dasselbe, nämlich die Macht, Gericht zu halten, gesehen nach den zwei Seiten ihrer Auswirkung."[90] Von den
neueren Kommentatoren sei schließlich noch D.A. Carson ausdrücklich angeführt, der erklärt: „The authority to give resurrection life is the entailment of
the authority to judge on the last day."[91]

Die an einigen Beispielen aus neuerer Zeit verdeutlichte Sicht findet sich
auch bereits bei der Mehrzahl der Johannesausleger des 19. Jahrhunderts. So
ist etwa im Kommentar von C.F. Keil zu 5,21–23 zu lesen: „Der Sohn hat die
Machtvollkommenheit, das Leben zu geben, weil der Vater ihm das Gericht
insgesamt verliehen und damit die Entscheidung über Leben und Tod, Seligkeit und Verdammnis in seine Hand gegeben hat. In der Macht zu richten ist die
Macht, das Leben zu geben, inbegriffen."[92] Zu dem gleichen Urteil gelangt
Chr.E. Luthardt, wenn er die Verse 21–23 mit den Worten paraphrasiert, daß
Jesus „zukommt, das Leben zu geben [V. 21], weil ihm das Gericht verliehen
ist [V. 22], damit er gottgleicher Ehre theilhaftig werde [V. 23]"[93], und wenn er
im Hinblick auf das zwischen V. 21 und V. 22 bestehende Begründungsverhältnis feststellt: „Das *Leben* zu verleihen, ist des Sohnes Beruf darum, weil
auch die *Scheidung* der Menschen zu vollziehen ihm übertragen ist."[94] Ebenso
interpretiert auch F. Godet: „Die Macht lebendig zu machen, welche man will,
ruht ... auf der richterlichen Befugnis."[95] Genannt sei schließlich noch eine
exegetische Stimme des 18. Jahrhunderts. Auch J.A. Bengel ordnet das κρίνειν

---

[89] WIKENHAUSER 144.
[90] SCHICK 59.
[91] CARSON 254.
[92] KEIL 225.
[93] LUTHARDT I 448.
[94] Ebd. 450.
[95] GODET II 229.

V. 22 dem ζῳοποιεῖν V. 21 vor, wenn er bemerkt: „Ex potestate *judiciaria* fluit *arbitrium vivificandi* quosvis quovis tempore."[96] Die von den zitierten Autoren vorgeschlagene Verhältnisbestimmung zwischen dem ζῳοποιεῖν V. 21 und dem κρίνειν V. 22 und die mit ihr verbundene Deutung des „richterlichen" Wirkens Jesu ruht jedoch, wie sich bei näherem Hinsehen zeigt, auf einem wenig tragfähigen Fundament. Denn diesem Interpretationsvorschlag stehen sowohl gewichtige sprachlich-philologische wie auch schwerwiegende sachlich-inhaltliche Einwände entgegen.

*ββ) Sprachlich-philologische Einwände*

Zunächst seien jene Bedenken benannt, die bereits vom johanneischen Sprachgebrauch her geltend zu machen sind:

1. Die skizzierte Verhältnisbestimmung von ζῳοποιεῖν und κρίνειν / κρίσις ist nur unter einer Prämisse möglich, die den Vertretern jener Deutung gar nicht immer bewußt zu sein scheint, die jedenfalls nur äußerst selten ausdrücklich benannt und kaum je problematisiert, geschweige denn näher erörtert wird. Es ist die Prämisse, daß innerhalb des Abschnitts 5,19b–30 ein *äquivoker* Gebrauch der Worte κρίνειν / κρίσις vorliegt. Was das Nomen κρίσις in V. 24 (ὁ τὸν λόγον μου ἀκούων καὶ πιστεύων τῷ πέμψαντί με ... εἰς κρίσιν οὐκ ἔρχεται) und in V. 29 (καὶ ἐκπορεύσονται ... οἱ δὲ τὰ φαῦλα πράξαντες εἰς ἀνάστασιν κρίσεως) anlangt, so ergibt sich zwingend aus den Antonymen εἰς κρίσιν ἔρχεσθαι / ἐκ τοῦ θανάτου εἰς τὴν ζωὴν μεταβεβηκέναι (V. 24) und εἰς ἀνάστασιν ζωῆς / εἰς ἀνάστασιν κρίσεως (V. 29), daß hier in ausschließlich *negativem* Sinn von dem göttlichen „Strafgericht" die Rede ist[97] – was für den vierten Evangelisten heißt: von der Verewigung des Preisgegebenseins an die Sphäre der Finsternis und des Todes. Die These der sachlichen Überordnung des κρίνειν über das ζῳοποιεῖν muß für κρίνειν / κρίσις in V. 22 (οὐδὲ γὰρ ὁ πατὴρ κρίνει οὐδένα, ἀλλὰ τὴν κρίσιν πᾶσαν δέδωκεν τῷ υἱῷ), V. 27 (καὶ ἐξουσίαν ἔδωκεν αὐτῷ κρίσιν ποιεῖν, ὅτι υἱὸς ἀνθρώπου ἐστίν) und V. 30b.c (καθὼς ἀκούω κρίνω, καὶ ἡ κρίσις ἡ ἐμὴ δικαία ἐστίν) dagegen eine *andere* Bedeutung annehmen. Die Worte sollen an diesen Stellen ein *polares*, d.h. ein für einen doppelten und gegensätzlichen Ausgang offenes Geschehen meinen: das Gerichtsverfahren, in dem allererst über Leben oder Tod, Heil oder Unheil entschieden wird[98]. So erklärt etwa D.A. Carson ausdrücklich: Die Worte κρίνειν / κρίσις bezeichnen in 5,19b–30 das eine Mal – nämlich in den

---

[96] BENGEL, Gnomon 347. – Die These der Überordnung des als zweiseitiges Geschehen begriffenen „richterlichen" Wirkens Jesu findet sich ferner u.a. bei den folgenden Kommentatoren: THOLUCK 168; SCHANZ 244; HOLTZMANN 91; WEISS, Das Neue Testament I 492; HEITMÜLLER 91; TILLMANN 126f.; BAUER 85; STRATHMANN 105; BROWN I 219.

[97] Vgl. BAUER / ALAND, WbNT 919 s.v. κρίσις 1.a.β.

[98] In diesem Sinn z.B. auch BAUER / ALAND, WbNT 917 s.v. κρίνω 4.b.α, erster Absatz; ebd. 918f. s.v. κρίσις 1.a.α.

Versen 22, 27 und 30 – „a (usually judicial) principle of discrimination"[99], das
andere Mal – in V. 24 und V. 29 – dagegen die „outright condemnation"[100]. Nun
kann der vierte Evangelist zwar ein und denselben Begriff durchaus in diffe-
rentem Sinn verwenden[101]; gleichwohl ist die Annahme eines äquivoken Ge-
brauchs von κρίνειν / κρίσις in 5,19b–30 mehr als unwahrscheinlich. Denn an
allen übrigen Stellen des Evangeliums, an denen die Worte κρίνειν / κρίσις im
theologisch gefüllten Sinn erscheinen, haben sie durchgängig die *gleiche*, und
zwar eindeutig eine rein *negative* Bedeutung: So heißt κρίσις in 3,19; 12,31;
16,8.11 „das Strafgericht", und entsprechend bedeutet κρίνειν in 3,17; 12,47.48
„das Strafgericht vollziehen" und das Passiv κρίνεσθαι in 3,18; 16,11 „das
Strafgericht erleiden"[102]. Ein Weiteres kommt hinzu: In methodischer Hinsicht
ist zu bedenken, daß die Vermutung, es liege eine Äquivokation vor, nur dann
zulässig oder gar geboten ist, wenn ein Text unter der Prämisse, daß ein in ihm
mehrfach begegnender Begriff univok gebraucht sei, nicht sinnvoll interpretiert werden kann. Im vorliegenden Fall wird sich jedoch zeigen, daß eine im
Kontext der johanneischen Theologie stimmige Deutung des Textes sogar einzig und allein dann gelingt, wenn die Begriffe κρίνειν / κρίσις in 5,22.27.30 im
gleichen Sinne wie in 5,24.29 und an den übrigen theologisch relevanten Stellen des Evangeliums verstanden werden: also nicht in polarer, sondern in dezidiert negativer Bedeutung. Mit R. Schnackenburg ist somit im Blick auf den
theologisch profilierten Gebrauch von κρίνειν / κρίσις im Johannesevangelium zu sagen: „‚Gericht' wird … nur negativ als Straf-, Verdammungs-, Todesgericht verstanden."[103]

2. Im Hintergrund jener Sicht, die in den Versen 22, 27 und 30 mit den Worten κρίνειν / κρίσις ein zwischen Glaubenden und Nicht-Glaubenden *schei-
dendes* Gerichtsverfahren beschrieben sieht, steht die Auffassung, daß κρίσις
und κρίνειν für Johannes „doppelsinnige Ausdrücke" sind: κρίσις soll im vierten
Evangelium nicht nur „Gericht" bzw. „Verurteilung", sondern zugleich auch
„Scheidung" bzw. „Sonderung" bedeuten[104]. Diese philologische Auskunft ist
aber schwerlich haltbar. Denn sie gründet auf einer Fehlinterpretation von
Joh 3,19:

---

[99] CARSON 254; vgl. 257. 259.
[100] Ebd. 254; vgl. 256. 258.
[101] So z.B. das Substantiv ὁ κόσμος; s. dazu HOFIUS, Wiedergeburt 66–68.
[102] Für 3,17–19 und 12,47.48 zeigt das die strenge Antithese von κρίνειν und σῴζειν, für
12,31 und 16,8.11 ergibt es sich jeweils aus dem Kontext (es geht um das Verdammungsgericht über den ἄρχων τοῦ κόσμου τούτου und über den ihm zugehörigen κόσμος). Vgl.
BAUER / ALAND, WbNT 919 s.v. κρίσις 1.a.β; auch ebd. 917f. s.v. κρίνω 4.b.α, zweiter und
dritter Absatz. – Zu 3,19 s. auch das sogleich unter 2. Gesagte.
[103] SCHNACKENBURG I 426 (zu 3,18).
[104] BAUER 59. Im gleichen Sinn urteilen u.a. HEITMÜLLER 69; BULTMANN 113; DERS.,
Theologie des Neuen Testaments 390; DERS., Geschichte und Eschatologie 54; SCHICK 59;
GNILKA 29; STRECKER, Theologie des Neuen Testaments 522.

αὕτη δέ ἐστιν ἡ κρίσις
ὅτι τὸ φῶς ἐλήλυθεν εἰς τὸν κόσμον
καὶ ἠγάπησαν οἱ ἄνθρωποι μᾶλλον τὸ σκότος ἢ τὸ φῶς·
ἦν γὰρ αὐτῶν πονηρὰ τὰ ἔργα.

Diese Fehlinterpretation ist ihrerseits zum einen durch eine unzutreffende gram-
matisch-syntaktische Analyse des Verses bedingt: Die Worte αὕτη δέ ἐστιν ἡ
κρίσις sind nicht, wie die meisten Ausleger annehmen, auf τὸ φῶς ἐλήλυθεν
εἰς τὸν κόσμον zu beziehen, sondern auf ἠγάπησαν οἱ ἄνθρωποι μᾶλλον τὸ
σκότος ἢ τὸ φῶς, da hier – ähnlich wie in 5,43a; 7,28c; 9,30b; 10,25a – eine
logische Hypotaxe bei grammatischer Parataxe vorliegt[105]. Jene Interpretation
übersieht zum andern einen für das angemessene Verständnis des Verses 3,19
gewichtigen rhetorischen Sachverhalt: Der zu der Wendung αὕτη δέ ἐστιν ἡ
κρίσις ὅτι gehörende Ausdruck ἡ κρίσις fungiert an dieser Stelle, wie E.W.
Bullinger beobachtet hat, als eine die Wirkung anstelle der Ursache nennende
Metonymie[106]. Der Vers ist demnach folgendermaßen wiederzugeben[107]: „Das
aber ist die Ursache für das Strafgericht: Obwohl das Licht in die Welt gekommen ist, liebten die Menschen die Finsternis und nicht[108] das Licht; denn ihre
Werke waren böse." Nur wo die beiden genannten Tatbestände verkannt bzw.
übersehen werden, kann man 3,19 dahingehend deuten, daß das „Kommen"
des Sohnes in die Welt selbst die κρίσις, d.h. „das Gericht als die große Scheidung" ist[109]. Der Vers 3,19 spricht nun aber weder von einer die Menschenwelt

---

[105] S. den Nachweis bei Hofius, Wiedergeburt 69.

[106] Bullinger, Figures of Speech 565: „‚And this is the judgment': i.e., the cause of
which judgment or condemnation was the effect: viz., ‚that light …'." Eine analoge Metonymie erkennt Bullinger ebd. zu Recht in 17,3 (αὕτη δέ ἐστιν ἡ αἰώνιος ζωὴ ἵνα
γινώσκωσιν σὲ τὸν μόνον ἀληθινὸν θεὸν καὶ ὃν ἀπέστειλας Ἰησοῦν Χριστόν): „i.e., the
effect of it is life eternal".

[107] Der logischen Hypotaxe entsprechend bleibt das καί adversativum vor ἠγάπησαν
κτλ. unübersetzt.

[108] Die Worte μᾶλλον … ἢ … markieren hier – genauso wie die Wendung μᾶλλον ἤπερ
in 12,43 – keinen relativen, sondern einen absoluten Gegensatz; s. des näheren Hofius,
Wiedergeburt 69 Anm. 160.

[109] So Bultmann 113; s. ferner ebd. 193 (zu 5,24). 330 (zu 12,31f.) u.ö.; ferner Ders.,
Theologie des Neuen Testaments 390: „Eben darin ereignet sich das Gericht, daß sich an der
Begegnung mit Jesus die Scheidung zwischen Glauben und Unglauben, zwischen Sehenden
und Blinden vollzieht (3,19; 9,39)." Im gleichen Sinn urteilen u.a. Bauer 59 (zu 3,18): „Es
wird hier klar ausgesprochen, daß das Gericht für Jo[hannes] in der Scheidung besteht, die
der Menschensohn herbeiführt" (s. ferner ebd. 85 [zu 5,22]); Ders., WbNT 895 s.v. κρίσις
1.a.β: „3,19 hat κρ[ίσις] neb[en] ‚Gericht' u[nd] ‚Verurteilung' deutl[ich] auch noch d[en]
Sinn von ‚Scheidung' … Das bereits in d[er] Gegenwart wirksame ‚Gericht' besteht darin,
daß sich die Menschen scheiden in solche, die sich an Christus anschließen, u[nd] solche,
die ihn verwerfen" (= Bauer / Aland, WbNT 919 s.v. κρίσις 1.a.β); Strecker, Theologie
des Neuen Testaments 522 f.: „Indem Jesus dadurch, daß er als der inkarnierte Logos auftritt,
Gericht hält, vollzieht sich die Scheidung zwischen Glaube und Unglaube, zwischen Wahrheit und Lüge, zwischen Leben und Tod … Die Scheidung, die durch das Auftreten Jesu
bewirkt wird, führt die einen in das Leben, die anderen beläßt sie im Tod"; Synofzik, Art.
κρίμα κτλ.: TBLNT I, 1997, 751: „Jesu Kommen als Offenbarer bringt die Scheidung (krisis)

in zwei verschiedene Gruppen einteilenden *„Scheidung"*, noch überhaupt von
dem *Vollzug* bzw. *Ereigniswerden* der κρίσις selbst. Er benennt vielmehr die
*Ursache* bzw. den *Grund* dafür, daß ausnahmslos *alle* Menschen (οἱ ἄνθρωποι!)
es *verdient* haben, von Gott an das ihr Sein im Tode verewigende Straf- und
Verdammungsgericht preisgegeben zu werden: Die in ihrem Wesen durch die
Sünde gezeichnete Menschenwelt (ἦν γὰρ αὐτῶν πονηρὰ τὰ ἔργα) antwortet
auf die Menschwerdung des Gottessohnes mit der ihr allein möglichen Reaktion – mit dem Unglauben. Daß in der Tat prinzipiell alle Menschen das Verdammungsgericht verdient haben, zeigt die als antithetischer Parallelismus
membrorum gestaltete Aussage 3,6, die die absolute Diastase, die zwischen der
irdisch-menschlichen Sphäre der σάρξ und der himmlisch-göttlichen Sphäre
des πνεῦμα besteht, aufs schärfste zum Ausdruck bringt:

> τὸ γεγεννημένον ἐκ τῆς σαρκὸς σάρξ ἐστιν,
> καὶ τὸ γεγεννημένον ἐκ τοῦ πνεύματος πνεῦμά ἐστιν.

Aus V. 6a geht unmißverständlich hervor, daß der irdisch-vorfindliche Mensch
von sich her ursprung- und wesenhaft zur Sphäre der dem Tode verfallenen
σάρξ gehört und also selbst nichts anderes als σάρξ ist. Ausschließlich durch
das vom πνεῦμα gewirkte Wunder der Neugeburt – so fügt der Vers 6b an –
kann der Mensch einen neuen Ursprung bzw. ein neues Wesen gewinnen und
so des ewigen Heils teilhaftig werden. Die Befreiung aus dem Seinsbereich der
σάρξ, die in dem von Gott geschenkten Glauben an Jesus Christus Wirklichkeit wird, ist also reines Wunder. Dieses Wunder widerfährt all denen, die von
sich selbst her zwar der Sphäre der Sünde und des Todes durchaus zugehören,
aber von Gott aus freiem Erbarmen zur Heilsteilhabe erwählt sind. Einzig deshalb kann dann in V. 18 unterschieden werden zwischen denen, die *nicht* an
Jesus glauben und deshalb bereits dem Verdammungsgericht preisgegeben sind
(V. 18b), und denen, die an ihn *glauben* und von daher dem Verdammungsgericht *nicht* anheimfallen (V. 18a). Eine ähnliche Differenzierung findet sich
in der Antithese 3,20 / 3,21: V. 20 bringt zur Sprache, was für *jeden* Menschen
gilt: daß er unter der Macht der Sünde steht und dementsprechend den Offenbarer nur im Unglauben zurückzuweisen vermag; demgegenüber spricht V. 21
von dem, was es *vom Menschen her* nicht gibt und grundsätzlich nicht geben
kann, was sich vielmehr einzig und allein dem göttlichen Wunder der Neugeburt verdankt: daß ein Mensch im Glauben zu Jesus, dem „Licht", kommt[110]. –
Gegen die Behauptung, daß der vierte Evangelist das Nomen κρίσις an manchen Stellen auch im Sinn von „Scheidung" bzw. „Sonderung" verwende und

---

für die Menschen (3,19; 8,11f.)"; s. schließlich noch SCHULZ 61 (zu 3,18); WIKENHAUSER
91 (zu 3,18f.). 145 (zu 5,24); ROLOFF, Neues Testament 138; STUHLMACHER, Biblische
Theologie des Neuen Testaments II 238.

[110] Zur Exegese von Joh 3,20f. s. vor allem HOFIUS, Wiedergeburt 71–73.

dabei „mit der Doppeldeutigkeit von κρίσις" spiele[111], spricht schließlich noch die folgende Beobachtung: In 9,39, der *einzigen* Stelle, wo im vierten Evangelium von der Sendung Jesu als „Scheidung" die Rede sein könnte, erscheint auffälligerweise nicht das Wort κρίσις, sondern κρίμα.

## Exkurs: Ergänzende Überlegungen zum Gebrauch von κρίνειν / κρίσις im Johannesevangelium

Im Rahmen der sprachlich-philologischen Einwände wurde dargelegt, daß die Begriffe κρίνειν / κρίσις in 3,17–19; 5,22.24.27.29.30; 12,31.47.48; 16,8.11 die Bedeutung „das Strafgericht vollziehen" (im Passiv: „das Strafgericht erleiden") bzw. „das Strafgericht" haben. Von diesen Stellen sind jene Texte des vierten Evangeliums streng zu unterscheiden, an denen die genannten Begriffe in einem *anderen* Sinn verwendet werden. Zu nennen sind hier für κρίνειν die Verse 7,24.51; 8,15f.26.50 und 18,31, für κρίσις die Verse 7,24 und 8,16.

1. Für 7,24; 7,51 und 18,31 läßt sich die jeweilige Semantik unschwer ermitteln. Diese drei Stellen bilden zusammen mit 8,15a die Gruppe der wenigen Belege, in denen *nicht* Christus bzw. Gott als Subjekt des κρίνειν bzw. der κρίσις erscheint. In 7,24 (μὴ κρίνετε κατ' ὄψιν, ἀλλὰ τὴν δικαίαν κρίσιν κρίνετε) hat, wie aus dem Kontext hinreichend deutlich wird, κρίνειν die Bedeutung „urteilen"[112] und ἡ κρίσις demgemäß den Sinn „das Urteil"[113]. In der Frage des Nikodemus 7,51 (μὴ ὁ νόμος ἡμῶν κρίνει τὸν ἄνθρωπον ἐὰν μὴ ἀκούσῃ πρῶτον παρ' αὐτοῦ καὶ γνῷ τί ποιεῖ;) ist κρίνειν am ehesten mit „verurteilen"[114], möglicherweise auch mit „richten"[115] zu übersetzen. Streng juridischen Sinn hat κρίνειν schließlich auch in 18,31 (εἶπεν οὖν αὐτοῖς ὁ Πιλᾶτος· λάβετε αὐτὸν ὑμεῖς καὶ κατὰ τὸν νόμον ὑμῶν κρίνατε αὐτόν); hier erfordert der Textzusammenhang die Wiedergabe mit „richten"[116].

2. Liegt für 7,24; 7,51 und 18,31 der Sinn von κρίνειν bzw. κρίσις auf der Hand, so erweist sich die semantische Bestimmung dieser Worte an den drei übrigen Stellen (8,15f.26.50) als sehr viel schwieriger. Daß wir es an diesen Stellen, die sämtlich in den Kontext des Streitgesprächs 8,12–59 gehören, mit der *gleichen* Wortbedeutung zu tun haben und κρίνειν hier *„urteilen"*, ἡ κρίσις entsprechend *„das Urteil"* heißt, muß deshalb eigens begründet werden.

a) Joh 8,15f.

Das Streitgespräch 8,12–59 ist veranlaßt durch das „Ich bin"-Wort Jesu V. 12: ἐγώ εἰμι τὸ φῶς τοῦ κόσμου· ὁ ἀκολουθῶν ἐμοὶ οὐ μὴ περιπατήσῃ ἐν τῇ σκοτίᾳ, ἀλλ' ἕξει τὸ

---

[111] BULTMANN 113.

[112] Vgl. BAUER / ALAND, WbNT 918 s.v. 6.a: κρίνειν = „ein Urteil fällen".

[113] Vgl. BAUER / ALAND, WbNT 919 s.v. κρίσις 1.b.α und die Übersetzungen von 7,24 u.a. bei BAUER 110; MENGE, Das Neue Testament 154; WIKENHAUSER 156; SCHNACKENBURG II 183; BECKER I 298.

[114] So z.B. BROWN I 319; SCHNACKENBURG II 210; SCHNEIDER 169; HAENCHEN 350; BECKER I 322.

[115] So etwa ZAHN 403; BAUER 114; WIKENHAUSER 163f.; SCHULZ 122.

[116] Vgl. BAUER / ALAND, WbNT 917 s.v. κρίνω 4.a und die Übersetzungen von 18,31 u.a. bei BAUER 214; WIKENHAUSER 322; SCHULZ 227; SCHNACKENBURG III 276; BECKER II 659.

φῶς τῆς ζωῆς. Auf den unerhörten Hoheitsanspruch, den Jesus hier erhebt, reagieren die Pharisäer mit der Erklärung, daß sein Wort als ein bloßes *Selbst*zeugnis keinerlei Beweiskraft habe: σὺ περὶ σεαυτοῦ μαρτυρεῖς· ἡ μαρτυρία σου οὐκ ἔστιν ἀληθής (V. 13b)[117]. Jesu Antwort auf diese Erklärung umfaßt die Verse 14b–18, zu denen auch die jetzt zu bedenkende Feststellung V. 15 f. gehört:

V. 15:     ὑμεῖς κατὰ τὴν σάρκα κρίνετε,
           ἐγὼ οὐ κρίνω οὐδένα.

V. 16:     καὶ ἐὰν κρίνω δὲ ἐγώ,
           ἡ κρίσις ἡ ἐμὴ ἀληθινή ἐστιν,
           ὅτι μόνος οὐκ εἰμί,
           ἀλλ' ἐγὼ καὶ ὁ πέμψας με πατήρ.

Was zunächst die Worte ὑμεῖς κατὰ τὴν σάρκα κρίνετε V. 15a anlangt, so ist die enge sachliche Berührung mit der bereits oben in den Blick gefaßten Aussage 7,24 (μὴ κρίνετε κατ' ὄψιν, ἀλλὰ τὴν δικαίαν κρίσιν κρίνετε) unübersehbar. War κρίνειν / κρίσις dort mit „urteilen" / „Urteil" wiederzugeben, so legt sich von daher auch für κρίνειν 8,15a die Bedeutung „urteilen" nahe. Auch der Kontext des Verses 8,15a spricht nachdrücklich für dieses Verständnis. Der Vorwurf V. 13b, mit dem die Pharisäer auf das „Ich bin"-Wort V. 12 reagieren, hat seinen Grund darin, daß sie weder um den Ursprung noch auch um das Ziel des Weges Jesu wissen (V. 14c: ὑμεῖς δὲ οὐκ οἴδατε πόθεν ἔρχομαι ἢ ποῦ ὑπάγω). Es handelt sich bei diesem Vorwurf mithin um ein *Urteil*, und zwar um ein Urteil, das κατὰ τὴν σάρκα – d.h. der wesenhaften Zugehörigkeit zur Sphäre der σάρξ gemäß[118] – über Jesu Person gefällt wird. Heißt κρίνειν aber in V. 15a „urteilen", so muß die gleiche Bedeutung auch in der Gegenaussage[119] V. 15b vorliegen; denn die Antithese macht nur dann Sinn, wenn das Wort κρίνειν in beiden Vershälften univok gebraucht ist. Für die genauere Interpretation von V. 15b ist nun die Erkenntnis wichtig, daß hier und auch bereits in V. 15a jeweils eine Breviloquenz vorliegt: Während in V. 15a – in Entsprechung zu dem οὐδένα V. 15b – als Objekt zu κρίνετε ein ἐμέ ergänzt werden muß[120], ist in V. 15b die Modalbestimmung κατὰ τὴν σάρκα aus V. 15a bzw. ein sie aufnehmendes οὕτως mitzudenken[121]. Von daher ergibt sich für V. 15 insgesamt die Übersetzung: „Ihr urteilt fleischgemäß [über mich], ich urteile [so] über niemanden." Die Aussage des Verses kann demnach folgendermaßen umschrieben werden: Die Gegner urteilen über Jesus κατὰ τὴν σάρκα und verfehlen ihn deshalb radikal; bei Jesus gibt es dagegen ein solches Urteilen ohne Wissen um die wahren Sachverhalte grundsätzlich nicht – und also weder hinsichtlich dessen, was er

---

[117] Im Hintergrund steht ein Rechtsgrundsatz, wie er sich auch in der rabbinischen Literatur findet. BILLERBECK II 466 zitiert zu Joh 5,31 die Worte Ket 2,9: „Nicht ist ein Mensch durch sich selbst (durch eigenes Zeugnis) beglaubigt … Nicht kann ein Mensch für sich selbst ein Zeugnis ablegen"; s. auch BILLERBECK II 522 zu Joh 8,13, wo neben Ket 2,9 ferner RHSh 3,1 („Ein einzelner ist nicht für [durch] sich allein beglaubigt") angeführt wird. Zu außerrabbinischen Parallelen s. etwa BAUER 88 (zu Joh 5,31).

[118] Die nur hier im Johannesevangelium erscheinende Wendung κατὰ τὴν σάρκα ist „nicht ohne weiteres = κατ' ὄψιν 7,24" (BAUER 121), sondern „schärfer" gemeint (SCHNACKENBURG II 245). Es ist der σάρξ-Begriff von 3,6, der hier aufgenommen wird.

[119] Sachlich zutreffend ergänzt 𝔓[75] in 8,15b ein adversatives δέ.

[120] Zu κρίνειν mit Akkusativ der Person = „über jemanden urteilen" / „über jemanden ein Urteil fällen" vgl. Lk 19,22; 1Esdr 3,9; Hi 7,18 LXX.

[121] Zur hier vorliegenden Figur ἀπὸ κοινοῦ s. BDR § 479,1.

über seine Widersacher (V. 14c.15a), noch auch hinsichtlich dessen, was er über sich selbst sagt (V. 12.14b).

Von der vorgetragenen Exegese her muß jenen Auslegern widersprochen werden, die in 8,15b eine Sachparallele zu den Aussagen von 3,17 (οὐ γὰρ ἀπέστειλεν ὁ θεὸς τὸν υἱὸν εἰς τὸν κόσμον ἵνα κρίνῃ τὸν κόσμον, ἀλλ᾽ ἵνα σωθῇ ὁ κόσμος δι᾽ αὐτοῦ) bzw. 12,47 (καὶ ἐάν τίς μου ἀκούσῃ τῶν ῥημάτων καὶ μὴ φυλάξῃ, ἐγὼ οὐ κρίνω αὐτόν· οὐ γὰρ ἦλθον ἵνα κρίνω τὸν κόσμον, ἀλλ᾽ ἵνα σώσω τὸν κόσμον) erblicken[122]. Von einer solchen Parallele könnte nur dann die Rede sein, wenn κρίνειν in 8,15b die – in 3,17 und 12,47 in der Tat vorliegende[123] – Bedeutung „das Strafgericht vollziehen" hätte. Wäre dies der Fall, so ergäbe sich jedoch eine ganz erhebliche sachlich-logische Inkonsistenz – und zwar in doppelter Hinsicht. Zum einen: Den Versen 3,17 und 12,47 ist zwar sehr wohl *der* Gedanke zu entnehmen, daß der einzige Sinn der Sendung Jesu im Erretten (σῴζειν), nicht hingegen im Vollzug des Strafgerichts (κρίνειν) liegt, nicht jedoch die Aussage, daß Jesus an *keinem* Menschen das Strafgericht vollzieht. Zum andern: Findet man in 8,15b ausgesagt, daß Jesus an keinem Menschen das Strafgericht vollzieht, so gerät man in einen vollendeten Widerspruch zu den „Gerichts"-Aussagen 5,22.27.30; denn diese betonen ja gerade, daß der Sohn im Gehorsam gegenüber dem Vater das ihm aufgetragene Strafgericht durchführt[124]. Eine Parallele zu 3,17 bzw. 12,47 kann der Satz 8,15b schließlich auch deshalb nicht sein, weil κρίνειν in den beiden antithetischen Vershälften von 8,15 den gleichen Sinn haben muß, die Wortbedeutung „das Strafgericht vollziehen" für 8,15a aber auf jeden Fall auszuschließen ist.

Hat κρίνειν sowohl in V. 15a wie in V. 15b die Bedeutung „urteilen", so darf mit guten Gründen angenommen werden, daß die gleiche Bedeutung auch in V. 16 vorliegt und daß von daher dann das Substantiv κρίσις hier mit „Urteil" wiederzugeben ist. Die Worte καὶ ἐάν ... δέ, die V. 16 mit V. 15 verknüpfen, zeigen ja an, daß V. 16 die unmittelbare gedankliche Fortführung von V. 15 bildet. Für die präzise Erfassung der Aussageintention von V. 16 ist die genaue sprachliche Analyse der Protasis καὶ ἐὰν κρίνω δὲ ἐγώ V. 16aα von entscheidendem Gewicht: Zu fragen ist, wie die Konjunktionenverbindung καὶ ἐάν ... δέ genau zu verstehen ist und auf welchem Wort in V. 16aα der Ton liegt. Hilfreich ist hier eine sprachliche Parallele, die sich im Römerbrief des Ignatius findet (Röm 5,2). Ignatius schreibt dort: „Möchte ich doch Freude erleben an den wilden Tieren, die für mich bereitstehen, und ich wünsche, daß sie sich mir gegenüber schnell entschlossen erweisen; ich will sie dazu verlocken, mich schnell entschlossen zu verschlingen ... Wollen sie aber freiwillig nicht (κἂν αὐτὰ δὲ ἑκόντα μὴ θέλῃ), so werde ich Gewalt gebrauchen."[125] Zweierlei ist diesem Vers zu entnehmen: 1. Die Wendung κἂν ... δέ heißt hier nicht: „wenn aber auch" / „wenn jedoch auch", sondern einfach: „wenn aber" / „wenn jedoch"; 2. der Ton liegt nicht auf dem in κἂν enthaltenen ἐάν und auch nicht etwa auf dem αὐτά, sondern auf ἑκόντα und also auf *dem* Wort,

[122] Auf 3,17 bzw. 12,47 verweisen ausdrücklich oder der Sache nach u.a. BAUER 121; BULTMANN 211; BARRETT 344; SCHNACKENBURG II 245; BECKER I 343.
[123] S. zu 3,17 und 12,47 des näheren u. S. 62–64.
[124] Die Diskrepanz haben WIKENHAUSER 169 („Hat Jesus in 5,22.27.30 gesagt, daß er der Richter sei, so behauptet er jetzt im formalen Widerspruch dazu, daß er niemand richte") und SCHULZ 127 („V. 15f. steht eigentlich im Widerspruch zu 5,22.27.30") durchaus wahrgenommen, ohne freilich daraus die Folgerung zu ziehen, daß die Worte κρίνειν / κρίσις dann in 8,15f. eine *andere* Bedeutung haben müssen als in 5,22.27.30.
[125] Übersetzung von BAUER / PAULSEN, Die Briefe des Ignatius von Antiochia 74; vgl. die Übersetzung bei FISCHER, Die Apostolischen Väter 189.

das auf die Konjunktion δέ *folgt*. Ganz entsprechend ist nun Joh 8,16aα zu verstehen: Die Worte καὶ ἐὰν ... δέ sind mit „wenn aber" / „wenn jedoch" wiederzugeben[126], und der Ton liegt nicht auf ἐάν (und natürlich auch nicht auf κρίνω), sondern auf dem Pronomen ἐγώ[127]. Die Worte καὶ ἐὰν κρίνω δὲ ἐγώ bedeuten mithin nicht: „*wenn* ich aber urteile"[128], sondern: „wenn aber *ich* urteile". Für dieses Verständnis spricht auch die in der Apodosis V. 16aβ begegnende Formulierung ἡ κρίσις ἡ ἐμή, trägt hier doch das dem ἐγώ korrespondierende Attribut ἐμή ohne Frage den Akzent (ἡ κρίσις ἡ ἐμή = „das Urteil, das *ich* fälle")[129]. V. 16 insgesamt wird deshalb am besten so wiederzugeben sein: „Wenn aber *ich* urteile, so ist *mein* Urteil [im Unterschied zu dem eurigen] wahr; denn ich bin nicht allein, sondern [da bin] ich und [da ist mit mir] der Vater, der mich gesandt hat." Der Vers besagt demnach: Weil zwischen Jesus und seinem himmlischen Vater eine unlösliche Zusammengehörigkeit, ja eine vollkommene Einheit besteht, deshalb ist ein jedes Urteil, das er fällt, absolut gültig und zuverlässig – gerade auch *das* Urteil, das er in dem „Ich bin"-Wort V. 12 *über sich selbst* ausspricht. Im Unterschied zu seinen Gegnern weiß *er* ja, wo der Ursprung und das Ziel seines Weges liegen (οἶδα πόθεν ἦλθον καὶ ποῦ ὑπάγω [V. 14bβ]) – und das heißt zugleich: *wer* er seinem Wesen nach *ist*.

Die damit gegebene Deutung von V. 16 wird noch einmal bestätigt durch die Beobachtung, daß zwischen V. 14b und V. 16 eine genaue Entsprechung besteht[130]:

| V. 14b | V. 16 |
|---|---|
| κἂν ἐγὼ μαρτυρῶ περὶ ἐμαυτοῦ, | καὶ ἐὰν κρίνω δὲ ἐγώ, |
| ἀληθής ἐστιν ἡ μαρτυρία μου, | ἡ κρίσις ἡ ἐμὴ ἀληθινή ἐστιν, |
| ὅτι οἶδα πόθεν ἦλθον καὶ ποῦ ὑπάγω. | ὅτι μόνος οὐκ εἰμί, |
| | ἀλλ’ ἐγὼ καὶ ὁ πέμψας με πατήρ. |

Wie der parallele Aufbau der Verse 14b und 16 zeigt, ist eine enge inhaltliche Korrespondenz zwischen den beiden Begriffspaaren μαρτυρεῖν / μαρτυρία und κρίνειν /

---

[126]  Vgl. Joh 6,51c; 8,17 und 1Joh 1,3b, wo καὶ ... δέ nicht „aber auch" bzw. „und auch" (so Joh 15,27; 3Joh 12), sondern bloß „aber" heißt. Zu diesem Sprachgebrauch s. etwa noch 1Makk 12,23; 2Makk 11,12; Arist 6.21.36. – Die Verbindung καὶ ἐάν hat im johanneischen Schrifttum stets die Bedeutung „[und] wenn" (so außer Joh 8,16: Joh 12,47; 14,3; 1Joh 2,1; 5,15). Das durch Krasis entstandene κἄν hingegen heißt nur in Joh 8,55 „[und] wenn", an den drei übrigen Stellen des Evangeliums dagegen „auch wenn" (8,14; 10,38; 11,25).

[127]  Vgl. Joh 6,51c; 8,17 und 1Joh 1,3b: Auch an diesen καὶ ... δέ - Stellen steht jeweils das den Ton tragende Satzelement *hinter* der Konjunktion δέ. Anders dagegen wiederum in Joh 15,27 und 3Joh 12, wo das betonte Wort zwischen καί und δέ steht.

[128]  In diesem Sinn z.B. ausdrücklich SCHNACKENBURG II 245: „*Wenn* ich aber richte ..."

[129]  Es handelt sich – wie in einigen analogen Wendungen des Johannesevangeliums (s. etwa 5,30; 6,38; 7,6; 10,26f.; 14,27; 18,36) – um den Fall, daß das Attribut „nachdrucksvoll" mit Wiederholung des Artikels dem Substantiv angefügt ist; vgl. BORNEMANN / RISCH, Griechische Grammatik § 150.

[130]  Daß κἄν V. 14b „auch wenn", καὶ ἐάν V. 16 dagegen „[und] wenn" heißt, ist für den Entsprechungscharakter ohne Belang. Dagegen ist von Bedeutung, daß auch in V. 14b das Pronomen ἐγώ, das das betonte σύ von V. 13b („*Du* legst Zeugnis über dich selbst ab") aufnimmt, den Ton trägt („Auch wenn *ich* über mich selbst Zeugnis ablege ..."). Auch für die Sätze V. 13b und V. 14b gilt ja, daß der Nominativ ἐγώ bzw. σύ nicht ohne Nachdruck gesetzt ist (vgl. BDR § 277,1). Dieses Urteil wird durch die Antithese ἐγώ / ἄλλος bestätigt, die in der mit 8,13f. zu vergleichenden Aussage 5,31f. erscheint.

κρίσις gegeben. Weil überall da, wo über jemanden ein „Zeugnis" abgelegt wird, eo ipso ein „Urteil" ausgesprochen wird, wird auch von daher nochmals deutlich, daß es in V. 16 bei κρίνειν bzw. κρίσις um die Äußerung eines Urteils geht. Die Parallelität zwischen den Formulierungen κἂν ἐγὼ μαρτυρῶ περὶ ἐμαυτοῦ und καὶ ἐὰν κρίνω δὲ ἐγώ vermag darüber hinaus noch einmal zu unterstreichen, daß die Worte κρίνειν / κρίσις in V. 16 dezidiert jenes Urteil meinen, das Jesus im Blick auf seine *eigene* Person und Sendung abgibt. Dieser Bezug von κρίνειν / κρίσις auf das *Selbst*zeugnis Jesu kommt schließlich auch darin zum Ausdruck, daß Jesus in V. 17f. – und also im unmittelbaren Anschluß – erneut von seiner μαρτυρία spricht: [17]καὶ ἐν τῷ νόμῳ δὲ τῷ ὑμετέρῳ γέγραπται ὅτι δύο ἀνθρώπων ἡ μαρτυρία ἀληθής ἐστιν. [18]ἐγώ εἰμι ὁ μαρτυρῶν περὶ ἐμαυτοῦ καὶ μαρτυρεῖ περὶ ἐμοῦ ὁ πέμψας με πατήρ.

Aus unserer Interpretation von 8,15 f. ergeben sich im Blick auf die gängige Auslegung dieser Verse zwei Konsequenzen, die abschließend ausdrücklich benannt sein sollen: 1. Die Aussage 8,16 ist *keine* Sachparallele zu dem Satz 5,30b–d: καθὼς ἀκούω κρίνω, καὶ ἡ κρίσις ἡ ἐμὴ δικαία ἐστίν, ὅτι οὐ ζητῶ τὸ θέλημα τὸ ἐμὸν ἀλλὰ τὸ θέλημα τοῦ πέμψαντός με. Denn die Worte κρίνειν / κρίσις haben dort – anders als in 8,16 – die theologisch gefüllte Wortbedeutung „das Strafgericht vollziehen" / „das Strafgericht"[131]. – 2. Der Sinn der Verse 8,15 f. wird da verfehlt, wo man in V. 15b (ἐγὼ οὐ κρίνω οὐδένα) eine Aussage über die ausschließlich *heilvolle* Intention der Sendung Jesu erblickt und in V. 16a (καὶ ἐὰν κρίνω δὲ ἐγώ, ἡ κρίσις ἡ ἐμὴ ἀληθινή ἐστιν) dann das *unheilvolle* Geschehen des „Gerichtes" angesprochen sieht, das den Menschen aufgrund ihres freigewählten Unglaubens widerfährt[132]. Als ein besonders charakteristisches Beispiel für das damit abgewiesene Verständnis des Textes sei J. Blank angeführt, der zu 8,15 f. erklärt: „Wenn Jesus zunächst betont, daß er selber niemanden richtet, dann aber doch von seinem Richten spricht, dann darf man ... darin die ... ,Präponderanz des Heiles' gegenüber dem Gericht angedeutet sehen. Obgleich das Gericht nicht die eigentliche Intention Jesu ist, sondern das Heil, so leitet sein Kommen doch zugleich das Gericht ein."[133]

### b) Joh 8,26

Der zweite zu bedenkende Text, in dem das Wort κρίνειν erscheint, ist die Aussage von 8,26:

> πολλὰ ἔχω περὶ ὑμῶν λαλεῖν καὶ κρίνειν,
> ἀλλ᾽ ὁ πέμψας με ἀληθής ἐστιν,
> κἀγὼ ἃ ἤκουσα παρ᾽ αὐτοῦ
> ταῦτα λαλῶ εἰς τὸν κόσμον.

---

[131] Auf 5,30 verweisen zu Unrecht u.a. SCHNACKENBURG II 245 f. und BECKER I 343. Zur Interpretation von 5,30 s.u. S. 226–230.

[132] Zu dieser – keinesfalls unproblematischen – Bestimmung des Verhältnisses von Sendung und „Gericht" s. des näheren u. S. 64–67.

[133] BLANK, Krisis 220. Ähnlich deutet SCHNACKENBURG II 245: Die Verse 8,15 f. entsprechen „der Eigenart der Rede Jesu: Sie ist ihrem Wesen und Ziel nach Heilsoffenbarung, wird aber für den, der nicht glaubt, zum Gericht." Hingewiesen sei schließlich noch auf die etwas anders akzentuierte, jedoch ebensowenig zutreffende Interpretation der Verse 8,15 f. bei BECKER I 343: „Im Unterschied zu den Pharisäern ... richtet Jesus niemanden. Sein eigentliches Amt ist nicht das Richten, sondern das Retten. Aber dennoch ist sein Erscheinen Gericht, insofern richtet er doch ... Sein Gericht ist ,wahr' ..., d.h. bringt die letzte Entscheidung über Leben und Tod, weil Gott selbst in ihm da ist."

Diese Aussage gehört zu dem Abschnitt 8,21–29, d.h. zu dem zweiten Teil des Streitgesprächs 8,12–59, und ihr Sinn kann wiederum nur unter genauer Beachtung des Kontextes ermittelt werden. In 8,24b erklärt Jesus den Ἰουδαῖοι in äußerster Schärfe: ἐὰν
γὰρ μὴ πιστεύσητε ὅτι ἐγώ εἰμι, ἀποθανεῖσθε ἐν ταῖς ἁμαρτίαις ὑμῶν. Die hier zweifellos vorliegende Bezugnahme auf Jes 43,10 LXX (ἵνα γνῶτε καὶ πιστεύσητε καὶ
συνῆτε ὅτι ἐγώ εἰμι)[134] gibt zu erkennen, daß Jesus mit dem – der hebräischen Wendung הוא אני entsprechenden – absoluten ἐγώ εἰμι[135] beansprucht, der eine und einzige
Offenbarer des Vaters, ja als der Sohn der offenbare Gott selbst zu sein[136]. Auf diesen
unerhörten Anspruch können Jesu Gesprächspartner nur mit der Frage σὺ τίς εἶ; reagieren (8,25a). Schon die Frage von V. 19a (ποῦ ἐστιν ὁ πατήρ σου;) sollte, wie durch die
Antwort Jesu V. 19b (οὔτε ἐμὲ οἴδατε οὔτε τὸν πατέρα μου· εἰ ἐμὲ ᾔδειτε, καὶ τὸν
πατέρα μου ἂν ᾔδειτε) erwiesen wird, die hoffnungslose Verschlossenheit der Gegner
für die Wirklichkeit Gottes anzeigen. Eben diesen Sinn hat auch die Frage „Wer bist
du?" (V. 25a); sie ist, wie die kommentierende Anmerkung des Evangelisten V. 27 (οὐκ
ἔγνωσαν ὅτι τὸν πατέρα αὐτοῖς ἔλεγεν) unterstreicht, Ausdruck ihres Nicht-Verstehens. Auf diese Frage antwortet Jesus nun seinerseits mit der Gegenfrage: τὴν ἀρχὴν ὅ
τι καὶ λαλῶ ὑμῖν; (V. 25b), die man am besten mit den Worten „Überhaupt – warum
rede ich noch zu euch?" bzw. „Was rede ich überhaupt noch zu euch?" wiedergibt[137].
Daran schließt sich die bereits oben zitierte Feststellung Jesu an: πολλὰ ἔχω περὶ ὑμῶν
λαλεῖν καὶ κρίνειν, ἀλλ᾽ ὁ πέμψας με ἀληθής ἐστιν, κἀγὼ ἃ ἤκουσα παρ᾽ αὐτοῦ ταῦτα
λαλῶ εἰς τὸν κόσμον (8,26). Für das angemessene Verständnis dieses Satzes sind vier
sprachliche Beobachtungen von Gewicht: 1. An unserer Stelle und ebenso auch in der

---

[134]  Zu dem absoluten ἐγώ εἰμι sind ferner die folgenden LXX-Texte zu vergleichen: Dtn
32,39; Jes 41,4; 43,25; 46,4; 48,12; 51,12; 52,6.

[135]  Absolutes ἐγώ εἰμι erscheint im Johannesevangelium ferner in 8,28 und 13,19 (vgl.
auch 6,20). *Anders* gebraucht sind die Worte ἐγώ εἰμι dagegen nicht nur in den sog. „Ich
bin"-Worten, sondern auch in der christologischen Präexistenzaussage 8,58 (ἀμὴν ἀμὴν
λέγω ὑμῖν, πρὶν Ἀβραὰμ γενέσθαι ἐγώ εἰμι), wo die Gottesaussage Ps 89,2 LXX (πρὸ τοῦ
ὄρη γενηθῆναι καὶ πλασθῆναι τὴν γῆν καὶ τὴν οἰκουμένην καὶ ἀπὸ τοῦ αἰῶνος ἕως τοῦ
αἰῶνος σὺ εἶ) den traditionsgeschichtlichen Hintergrund bildet und das Verb εἶναι – anders
als in Joh 8,24.28; 13,19 – als Vollverb fungiert (= „da sein" / „existieren"). Zu Joh 8,58 s.
die Ausführungen u. S. 179f.

[136]  Zum theologischen Sinn des אני הוא bei Deuterojesaja s. vor allem ELLIGER, Deuterojesaja 125 (zu Jes 41,4): „Es geht … um das Gott-sein, genauer um das Allein-Gott-sein; mit
Recht hat man אני הוא die ,monotheistische Formel' genannt …" Zum johanneischen Sinn
des absolut gebrauchten ἐγώ εἰμι sei auf H. ZIMMERMANN, Offenbarungsformel, bes. 270f.
verwiesen.

[137]  Zu dem emphatisch vorangestellten adverbialen Ausdruck τὴν ἀρχήν = „überhaupt"
s. BAUER 123; BAUER / ALAND, WbNT 224 s.v. ἀρχή 1.b; LIDDELL / SCOTT, Greek-English
Lexicon 252 s.v. ἀρχή 1.c. Die Wendung ὅ τι entspricht an unserer Stelle dem Fragepro-
nomen τί = „warum?"; s. ZERWICK, Biblical Greek § 222. Zu diesem Gebrauch von ὅ τι s.
etwa in LXX: 1Chron 17,6; Jer 2,36; 33,9; vgl. dazu KATZ, ThLZ 82 (1957) 114 (mit kriti-
scher Stellungnahme zu der Textdarbietung bei A. Rahlfs). Im Neuen Testament ist schließlich die Verwendung von ὅτι in Mk 2,16; 9,11.28 zu vergleichen. Die engste Parallele zu
Joh 8,25b findet sich in der Frage: εἰ μὴ παρακολουθεῖς οἷς λέγω, τί καὶ τὴν ἀρχὴν
διαλέγομαι; (PsClemHom VI 11,2). – Als Alternative zu dem von mir vertretenen Verständnis von Joh 8,25b wäre eine Deutung möglich, die den Satz nicht als Fragesatz, sondern als
elliptischen Ausruf begreift und ὅτι (= „daß") liest: „daß ich überhaupt noch zu euch rede!"
(so BAUER / ALAND, WbNT 224 s.v. ἀρχή 1.b) bzw. „daß ich überhaupt auch zu (oder ,mit')
euch rede!" (so ZAHN 412).

Parallele 16,12 (ἔτι πολλὰ ἔχω ὑμῖν λέγειν, ἀλλ' οὐ δύνασθε βαστάζειν ἄρτι) hat ἔχειν mit Infinitiv die Bedeutung „können"[138]. 2. Wie in 16,12, so entscheidet auch in 8,26 der ἀλλά-Satz über den genauen Modus von ἔχω[139]. 3. Die Worte λαλεῖν καὶ κρίνειν sind als ein Hendiadyoin zu beurteilen[140]. 4. In dem ἀλλά-Satz – und ganz entsprechend wohl auch in 16,12 – liegt eine Breviloquenz vor, insofern hinter der Konjunktion etwa zu ergänzen ist: „ich lasse das jetzt, denn". Aufgrund dieser vier philologischen Beobachtungen ergibt sich für 8,26 als Übersetzung: „Vieles könnte ich als [mein] Urteil über euch sagen, aber [ich lasse das jetzt, denn] der mich gesandt hat, ist wahrhaftig, und ich – was ich von ihm gehört habe, eben das rede ich in der Welt[141]." Mit dieser Übersetzung haben wir gegen die überwältigende Mehrheit der Ausleger entschieden, daß κρίνειν an unserer Stelle nicht mit „richten" wiederzugeben ist[142], sondern – ebenso wie in V. 15f. – die Bedeutung „urteilen" hat. Für diese Deutung spricht nachdrücklich der Kontext: Jesus hat die von ihm zuvor in den Versen 14c, 15a, 19b, 21 und 23f. getroffenen negativen Urteile über seine Gegner im Blick, zu denen er noch viele weitere hinzufügen könnte. Der Sinn seiner Sendung aber ist nicht die unentwegte Auseinandersetzung mit seinen Widersachern, sondern vielmehr die heilvolle Offenbarung des „wahrhaftigen" Vaters – und zwar gerade durch die Bezeugung seiner selbst als „des Lichtes der Welt" (V. 12)[143].

## c) Joh 8,50

Zu erörtern ist schließlich die im Schlußabschnitt (8,48–59) des Streitgesprächs 8,12–59 stehende Aussage Jesu 8,50:

ἐγὼ δὲ οὐ ζητῶ τὴν δόξαν μου·
ἔστιν ὁ ζητῶν καὶ κρίνων.

Sehen wir zunächst von den in der Exegese umstrittenen Worten καὶ κρίνων ab, so lautet der Satz: „Ich aber suche nicht meine Ehre[144]; es ist einer da, der [sie] sucht[145]."

---

[138] Zu ἔχειν mit folgendem Infinitiv = „können" / „imstande sein" s. BAUER / ALAND, WbNT 673 s.v. ἔχω I.6.a; vgl. auch BARRETT 347, der u.a. auf Sophokles, Philoktet 1047 verweist: πολλ' ἂν λέγειν ἔχοιμι = „vieles könnte ich sagen".

[139] Treffend bemerkt ZERWICK, Analysis philologica 242 zu Joh 16,12: „ἔχω modaliter: haberem."

[140] Zum Hendiadyoin vgl. BDR § 442,9.b und vor allem ZERWICK, Biblical Greek § 460; bei Zerwick finden sich vergleichbare aus zwei Verben bestehende Bildungen.

[141] Bei der Übersetzung der Worte λαλῶ εἰς τὸν κόσμον folge ich BAUER 122; vgl. die Begründung ebd. 123: „λαλῶ εἰς τὸν κόσμον ist ein kurzer Ausdruck für: ich rede, nachdem ich in die Welt gekommen bin."

[142] So u.a. ZAHN 413; BARTH 353. 372; BAUER 122; BLANK, Krisis 226–230; DERS., Johannes I/b 139; SCHULZ 131; SCHNACKENBURG II 249; HAENCHEN 365; BECKER I 345; SCHNELLE 156.

[143] BULTMANN 266f. urteilt, daß eine sinnvolle Auslegung der Verse 8,26f. im jetzigen Zusammenhang des Evangeliums nicht möglich sei. Diese radikale Skepsis ist, wie ich zu zeigen versucht habe, unbegründet.

[144] Das Nomen δόξα hat hier nicht wie in 1,14; 2,11; 11,4.40; 12,41; 17,5.22.24 die Bedeutung „Herrlichkeit", sondern es heißt an unserer Stelle wie in 5,41.44; 7,18; 8,54; 9,24; 12,43 „Ehre".

[145] Hinter dem Partizipialausdruck ὁ ζητῶν V. 50b ist, wie gerade auch durch die Parallelformulierung ἔστιν ὁ πατήρ μου ὁ δοξάζων με V. 54b bestätigt wird, in Gedanken das Akkusativobjekt τὴν δόξαν μου aus V. 50a zu ergänzen. Es liegt also wieder eine Brevi-

Klar ist, daß es der *Vater* (ὁ πατήρ μου V. 49) ist, der sich für die Ehre Jesu einsetzt. Der Klärung bedarf indessen die Frage, wie die Weiterführung des Satzes durch καὶ κρίνων zu verstehen ist.

Die weitaus meisten Ausleger geben κρίνειν an unserer Stelle mit „richten" wieder[146]; zuweilen findet sich auch – sachlich gleichbedeutend – die Übersetzung „Gericht halten"[147] oder „das Gerichtsurteil sprechen"[148]. Mit diesen Wiedergaben sind vor allem zwei unterschiedliche Interpretationen der Worte καὶ κρίνων verbunden, die knapp skizziert seien: Die eine Gruppe der Ausleger ergänzt hinter καὶ κρίνων der Sache nach ein ὑμᾶς und entnimmt dem Vers 50 von daher den Gedanken, daß der Vater als Richter für die Ehre des Sohnes eintritt, „indem er die verurteilt, die dem Sohn die Ehre verweigern"[149]. Bei dieser Deutung wird dem Verbum κρίνειν in 8,50 ein dezidiert *negativer* Sinn zugeschrieben. Die andere Gruppe von Exegeten liest hinter καὶ κρίνων gewissermaßen ein μεταξὺ ἐμοῦ καὶ ὑμῶν[150] und gelangt von daher zu der Aussage, daß Gott den Konflikt zwischen Jesus und seinen jüdischen Gegnern in der Weise entscheidet, daß er den Sohn definitiv ins Recht, die Gegner hingegen definitiv ins Unrecht setzt[151]. Hier wird das mit „richten" übersetzte κρίνειν als eine richterliche Entscheidung gefaßt, die für die eine Seite *positiv*, für die andere Seite dagegen *negativ* ausfällt. Beide Interpretationsversuche von V. 50b wie auch die mit ihnen verbundene Wiedergabe von κρίνειν mit „richten" u.ä. können jedoch nicht überzeugen. Ihnen steht nämlich entgegen, daß in 5,22 (vgl. 5,27) ausdrücklich festgestellt wird, daß der Vater sein „richterliches" Handeln niemals *ohne* den Sohn, sondern stets *durch* ihn, ja in der vollkommenen *Einheit* mit ihm vollzieht[152]. Wäre in 8,50b von einem „richterlichen" Handeln des Vaters die Rede, das sich unabhängig vom Sohn ereignet, so wäre dies nicht nur die einzige Stelle im vierten Evangelium, wo in dieser Weise von Gottes „Richten" gesprochen wird, sondern es ergäbe sich sogar eine nicht unerhebliche sachliche Inkonsistenz innerhalb der johanneischen Aussagen.

Das Problem einer sachlichen Spannung zwischen 8,50 und 5,22.27 erledigt sich, sobald man κρίνειν in 8,50 nicht mit „richten", sondern – so wie an den beiden anderen bereits erörterten Stellen des Streitgesprächs 8,12–59 auch – mit „urteilen" übersetzt.

---

loquenz vor, und zwar die Figur ἀπὸ κοινοῦ (s.o. S. 52 Anm. 121). Das gleiche sprachliche Phänomen begegnet auch in 12,28: In der Aussage καὶ ἐδόξασα καὶ πάλιν δοξάσω V. 28c hat man das Akkusativobjekt σου τὸ ὄνομα aus V. 28a mitzudenken. – Anders, aber nicht überzeugend urteilt zu 8,50b W. BAUER, wenn er ζητέω als „jurist[ischen] t[erminus] t[echnicus]" (= „untersuchen") faßt und den Vers unter Hinweis auf Philo, Jos 174 mit den Worten „d[er] Ermittler u[nd] Richter ist vorhanden" wiedergibt (BAUER / ALAND, WbNT 685 s.v. ζητέω 1.c; vgl. BAUER 130f.). Ebenso unzutreffend ist BECKERs Übersetzung von ζητέω 8,50b mit „überprüfen" (I 351).

[146] So u.a. WEISS 291; BARTH 355. 391; BAUER 130f.; WIKENHAUSER 182; SCHICK 89; SCHULZ 133. 138; SCHNACKENBURG II 291. 294; HAENCHEN 366. 371; BECKER I 351; SCHNELLE 161.

[147] So MENGE, Das Neue Testament 157; SCHNEIDER 181.

[148] So STRATHMANN 142.

[149] WIKENHAUSER 183; ebenso deuten u.a. BARTH 391; SCHICK 89; SCHULZ 138.

[150] So lautet etwa die Übersetzung von 8,50 bei ZAHN 430 Anm. 44: „der meine Ehre Suchende, der *zwischen uns* Richtende ist vorhanden" und ganz entsprechend bei BERNARD II 317: „there is One who seeks (my honour) and (in doing so) pronounces judgment *(as between us)*" (Hervorhebungen jeweils von mir).

[151] In diesem Sinn interpretiert besonders SCHNACKENBURG II 294.

[152] S. dazu des näheren die Ausführungen u. S. 89–91.

Zu klären bleibt dann allerdings, wie der Begriff des „Urteilens" hier inhaltlich präzise zu füllen ist. Beachtet man den Kontext, so zeigt sich: Es geht dezidiert und ausschließlich um das Urteil, das der Vater über den *Sohn* trifft. Die entscheidenden Kontextbeobachtungen seien kurz dargelegt: Der große Abschnitt 8,31–47 enthält zum einen die christologische Kernaussage, daß *Jesu* Wort *Gottes* Wort ist (vgl. V. 40.43–47) und daß dementsprechend jeder, der aus Gott ist, *sein* Wort als *Gottes* Wort hört (V. 47a). Er enthält zum andern – als negative Kehrseite dazu – den Gedanken, daß „die Juden" Jesu Wort deshalb im Unglauben zurückweisen, weil sie nicht aus Gott sind, sondern den διάβολος zu ihrem Vater haben (V. 44.47b). Auf den unerhörten Anspruch Jesu wie auch auf das mit ihm unlöslich verbundene negative Urteil über das Verhältnis der Gegner zu Gott reagieren die Ἰουδαῖοι nun ihrerseits mit einem doppelten, in sich gesteigerten Vorwurf: Jesus sei ein Samaritaner, d.h. ein Feind des *Gottesvolkes*, ja – und damit geben sie gewissermaßen das in V. 44 über ihre Person gefällte Urteil: ὑμεῖς ἐκ τοῦ πατρὸς τοῦ διαβόλου ἐστέ an Jesus zurück –, er sei ein von einem bösen Geist besessener Mensch und also in Wahrheit ein Feind *Gottes* (V. 48)[153]. Demgegenüber erklärt Jesus in V. 49 in einer antithetisch strukturierten Aussage, daß keineswegs *er* von einem Dämon besessen sei, sondern daß er im Gegenteil seinen Vater ehre (ἐγὼ δαιμόνιον οὐκ ἔχω, ἀλλὰ τιμῶ τὸν πατέρα μου); vielmehr gelte gerade umgekehrt von seinen *Gegnern*, daß sie ihn – und damit zugleich seinen Vater (5,23b) – verunehren und sich darin, so ist in Gedanken zu ergänzen, als vom διάβολος besessen erweisen (καὶ ὑμεῖς ἀτιμάζετέ με). In dem sich unmittelbar anschließenden Vers 8,50 stellt Jesus zunächst fest, daß nicht *er* für seine Ehre sorgt, sondern daß sein Vater für sie eintritt. Die exegetisch strittigen Worte καὶ κρίνων ergänzen diese Aussage nun durch die Behauptung, daß der Vater in der zwischen Jesus und seinen Gegnern strittigen Sache das Urteil fällt – nämlich: ob Jesu Hoheits- und Offenbarungsanspruch Ausdruck dämonischer Besessenheit oder aber Ausdruck seines Gehorsams Gott gegenüber ist. Der Vater urteilt also im Blick auf Jesu Person, *was* da die Wahrheit und *was* da die Lüge ist, und damit zugleich, *wer* die Wahrheit über ihn sagt und *wer* nicht[154]. Wie das Urteil Gottes über Jesus lautet, zeigt die anschließende Aussage V. 51 an: ἀμὴν ἀμὴν λέγω ὑμῖν, ἐάν τις τὸν ἐμὸν λόγον τηρήσῃ, θάνατον οὐ μὴ θεωρήσῃ εἰς τὸν αἰῶνα. Eignet Jesu Wort die Macht, denjenigen, der daran festhält, für immer vor dem ewigen Tode zu bewahren, so ist damit entschieden, daß der Träger dieses Wortes keinesfalls ein von einem bösen Geist besessener Gottesfeind sein kann, sondern im Gegenteil der eine und einzige – mit dem Vater wesenhaft verbundene – Gottessohn ist.

Diese Deutung von καὶ κρίνων kann durch eine vergleichende Gegenüberstellung von 8,50 und 5,31.32 noch zusätzlich untermauert werden:

| 8,50 | 5,31.32 |
|---|---|
| [50a]ἐγὼ δὲ οὐ ζητῶ τὴν δόξαν μου· | [31]ἐὰν ἐγὼ μαρτυρῶ περὶ ἐμαυτοῦ, ἡ μαρτυρία μου οὐκ ἔστιν ἀληθής· |
| [50b]ἔστιν ὁ ζητῶν καὶ κρίνων. | [32]ἄλλος ἐστὶν ὁ μαρτυρῶν περὶ ἐμοῦ, καὶ οἶδα ὅτι ἀληθής ἐστιν ἡ μαρτυρία ἣν μαρτυρεῖ περὶ ἐμοῦ. |

---

[153] Der Vorwurf δαιμόνιον ἔχεις bzw. δαιμόνιον ἔχει findet sich auch in 7,20; 10,20.

[154] Im Kontext betont Jesus mehrfach, daß er „die Wahrheit" sagt (8,40.45 f.), während von seinen Gegnern gelte, daß sie als Kinder des διάβολος, des Vaters der Lüge, „Lügner" sind und die Unwahrheit sagen (8,44.55).

Beide Texte – 8,50 wie 5,31 f. – haben die Gestalt einer Antithese, wobei einander
einerseits die Selbstaussagen Jesu 8,50a / 5,31 und andererseits die von Gott und seinem Handeln sprechenden Feststellungen 8,50b / 5,32 entsprechen. Geht es in 5,32
dezidiert um jenes „Zeugnis", das der Vater vom *Sohn* (περὶ ἐμοῦ) ablegt, so darf
gefolgert werden, daß auch in 8,50b bei κρίνειν = „urteilen" streng an das über den
*Sohn* gefällte Urteil des Vaters gedacht ist[155]. So wie Jesus in der Auseinandersetzung
mit den Gegnern, die ihn der blasphemischen Usurpation gottgleicher Macht und Würde bezichtigen, zu seiner Verteidigung nicht eigenmächtig für sich Zeugnis ablegt
(5,31), so setzt er sich in einer ähnlichen Situation auch nicht selbst für seine Ehre ein
(8,50a); vielmehr verweist er zur Bestätigung der Rechtmäßigkeit des von ihm erhobenen Anspruchs das eine Mal auf das „Zeugnis" (5,32) und das andere Mal auf das
„Urteil" des Vaters (8,50b).

*γγ) Sachlich-inhaltliche Einwände*

In dem soeben abgeschlossenen Exkurs wurde dargelegt, daß die Begriffe
κρίνειν / κρίσις in 7,24.51; 8,15f.26.50 und 18,31 in einem *anderen* Sinn verwendet werden, als er zuvor[156] für die theologisch besonders relevanten Stellen
3,17–19; 5,22.24.27.29.30; 12,31.47.48 und 16,8.11 aufgezeigt werden konnte. Wir kehren nunmehr zu den durch den Exkurs unterbrochenen Überlegungen zurück, die sich kritisch mit jenem Interpretationsvorschlag auseinander-
setzen, der den Vers 5,22 als Begründungssatz für 5,21 auffaßt und in ihm mit
den Begriffen κρίνειν / κρίσις das dem ζῳοποιεῖν übergeordnete, weil zweiseitige „richterliche" Wirken Jesu bezeichnet sieht. Diesem Interpretationsvorschlag stehen nicht nur die bereits vorgetragenen *philologischen* Bedenken entgegen; er sieht sich vielmehr – und das ist entscheidend – außerdem auch mit
zwei gravierenden *inhaltlichen* Problemen konfrontiert:

1. Die Behauptung, die Worte κρίνειν / κρίσις bezeichneten in V. 22 das
zweiseitige, zwischen Glauben und Unglauben scheidende und über Leben oder
Tod entscheidende „richterliche" Wirken des Sohnes, geht wie selbstverständlich von der Annahme aus, daß ausnahmslos *alle* Menschen, Glaubende wie
Nicht-Glaubende, von dem mit der Sendung des Sohnes in die Welt verbundenen „Gerichts"-Geschehen betroffen sind. Diese Ansicht steht jedoch in einem
eklatanten Widerspruch zu anderslautenden Aussagen der johanneischen Soteriologie, nach denen ausschließlich diejenigen vom κρίνειν des Sohnes erreicht
werden, die ihn im Unglauben zurückweisen. So heißt es etwa in der scharfen
Antithese Joh 3,18:

ὁ πιστεύων εἰς αὐτὸν οὐ κρίνεται·
ὁ δὲ μὴ πιστεύων ἤδη κέκριται,
    ὅτι μὴ πεπίστευκεν εἰς τὸ ὄνομα τοῦ μονογενοῦς υἱοῦ τοῦ θεοῦ.

---

[155] Daß zwischen den Worten μαρτυρεῖν / μαρτυρία und κρίνειν = „urteilen" eine gewisse semantische Korrespondenz besteht, sahen wir bereits oben S. 54f. bei der Auslegung
von 8,15f.
[156] S.o. S. 47f.

Die negative Aussage V. 18b erklärt, daß der *nicht* an Jesus *Glaubende* bereits „gerichtet", d.h. dem Verdammungsgericht in definitiver Weise verfallen ist, weil er sich außerhalb der heilvollen Christusgemeinschaft befindet. Demgegenüber betont die positive Aussage V. 18a in aller Deutlichkeit gerade dies, daß der *Glaubende* mit dem κρίνειν des Gottessohnes *nichts* zu tun hat, dem Strafgericht vielmehr prinzipiell entzogen ist. Der Vers Joh 3,18 hat sodann in 3,36 eine wichtige Parallele: Während vom Glaubenden gilt, daß er schon jetzt der ζωὴ αἰώνιος teilhaftig ist (V. 36a), wird von dem, der im Ungehorsam des Unglaubens gegenüber dem Sohn verharrt, gesagt, daß er für immer unter der ὀργὴ τοῦ θεοῦ – und damit zugleich unter der Macht der Sünde (9,41) und in der Sphäre der Finsternis (12,46) – bleibt (V. 36b). Die Aussage Joh 3,36 bestätigt somit, daß ausschließlich der Nicht-Glaubende dem κρίνειν als dem Vollzug des Verdammungsgerichts preisgegeben ist. Der gleiche Gedanke kommt schließlich noch in 5,24 zur Sprache:

> ἀμὴν ἀμὴν λέγω ὑμῖν ὅτι
> ὁ τὸν λόγον μου ἀκούων καὶ πιστεύων τῷ πέμψαντί με
> ἔχει ζωὴν αἰώνιον
> καὶ εἰς κρίσιν οὐκ ἔρχεται,
> ἀλλὰ μεταβέβηκεν ἐκ τοῦ θανάτου εἰς τὴν ζωήν.

Hier wird ganz unzweideutig erklärt, daß der Glaubende gerade *nicht* „ins ‚Gericht' kommt", dem Straf- und Verdammungsgericht mithin *nicht* anheimfällt, sondern vielmehr schon jetzt endgültig aus dem Tod ins Leben hinübergeschritten ist. Es geht deshalb am Text vorbei, wenn etwa R. Bultmann die „Gerichts"-Aussage 5,24 mit den – oben[157] bereits zitierten – Worten interpretiert: „Die Situation der Begegnung des *Wortes* ist also die Situation des Gerichtes ... Jeder, der das Wort Jesu hört – wann und wo es sei – steht in der Entscheidung über Tod und Leben. Und die durch das Wort an den Hörer gerichtete Frage des Glaubens ist es also, an der sich das Gericht – die Scheidung von 3,18–21 – vollzieht."[158] Bultmann legt den Vers faktisch so aus, als lautete er: „Amen, Amen, ich sage euch: Wer mein Wort hört und dem glaubt, der mich gesandt hat, hat ewiges Leben und *hat das [zwischen Glaubenden und Nicht-Glaubenden scheidende] Gericht hinter sich*, weil er bereits *durch das [die Scheidung vollziehende] Gericht hindurch* aus dem Tod ins Leben hinübergeschritten ist."[159] – Die Betrachtung der Verse 3,18; 3,36 und 5,24[160] hat gezeigt, daß keineswegs *alle* Menschen, Glaubende wie Nicht-Glaubende, vom κρίνειν des Sohnes betroffen sind. Die κρίσις vollzieht sich vielmehr einzig und allein an den Nicht-Glaubenden. Den Glaubenden hingegen begegnet Jesus ausschließ-

[157] S. 45.
[158] BULTMANN 193.
[159] Zu den Worten καὶ εἰς κρίσιν οὐκ ἔρχεται 5,24bα s. des näheren die Ausführungen u. S. 151–155.
[160] Zu vergleichen ist ferner 12,46–48.

lich als Retter bzw. Lebensgeber und in gar keiner Weise als „Richter". Das heißt: Die im Glauben bestehende *positive* Relation zu Jesus impliziert als solche das dem Straf- und Verdammungsgericht Entzogensein, und umgekehrt bedeutet die im Unglauben gegebene *negative* Relation zu Jesus eo ipso die Preisgabe an das Straf- und Verdammungsgericht.

2. Daß von einer Vorrangstellung des „richterlichen" Wirkens Jesu und einer Unterordnung seines Leben schenkenden Tuns unter das κρίνειν überhaupt keine Rede sein kann, sondern einzig die umgekehrte Verhältnisbestimmung dem johanneischen Denken gerecht zu werden vermag, beweisen schließlich auch die Sendungsaussage Joh 3,17 sowie ihre Parallele Joh 12,47:

3,17:   οὐ γὰρ ἀπέστειλεν ὁ θεὸς τὸν υἱὸν εἰς τὸν κόσμον
        ἵνα κρίνῃ τὸν κόσμον,
        ἀλλ᾽ ἵνα σωθῇ ὁ κόσμος δι᾽ αὐτοῦ.

12,47:  καὶ ἐάν τίς μου ἀκούσῃ τῶν ῥημάτων καὶ μὴ φυλάξῃ,
        ἐγὼ οὐ κρίνω αὐτόν·
        οὐ γὰρ ἦλθον
        ἵνα κρίνω τὸν κόσμον,
        ἀλλ᾽ ἵνα σώσω τὸν κόσμον.

In beiden Versen wird jeweils in einer antithetischen Formulierung der für die Theologie des vierten Evangeliums zentrale Gedanke zum Ausdruck gebracht, daß der *einzige* Sinn bzw. das *alleinige* Ziel der Sendung Jesu in der Rettung der „Welt" besteht. Sinn und Ziel seiner Inkarnation ist dagegen keineswegs *auch* das κρίνειν als der Vollzug des Straf- und Verdammungsgerichts. Den angesprochenen Sachverhalt hat K. Barth im Zusammenhang seiner Auslegung von 3,17 scharf herausgestellt: „Das drohende Herankommen dieser κρίσις" darf „nicht als der Sinn des Werkes Jesu aufgefaßt werden"; die Sendung des Sohnes Gottes ist vielmehr „ganz undialektisch, ganz unzweideutig auf die *Errettung* der Welt gerichtet, sie ist *Leben*smitteilung und nichts sonst. Ebenso undialektisch ist ihr Korrelat: die Existenz des Glaubenden als solchen: *V. 18a:* οὐ κρίνεται."[161] Ähnlich schreibt Barth an einer anderen Stelle: „Nicht um die Welt zu richten, sondern um sie zu retten, ist er in sie gekommen, bestätigt noch einmal 12,47b. Das ist der Sinn, den das θέλειν des Sohnes in sich selber hat, die reine Thesis des Evangeliums. Die Offenbarung ist *Leben*soffenbarung" – „nichts sonst, ohne Rückhalt, ohne Nebenabsicht."[162] Ist die Rettung der Welt – das σῴζειν – das ausschließliche Ziel des Kommens Jesu, so muß, wie Barth mit Recht folgert, der Vollzug des Strafgerichts – das κρίνειν – der Sache nach als „die Kehrseite der Lebensmitteilung, die Lebensverweigerung, die Verwerfung"[163] bzw. als das „im Tode Lassen derer, die nicht lebendig ge-

---

[161] BARTH 222.
[162] Ebd. 282.
[163] Ebd. 285. Barth kann die vom Sohn vollzogene κρίσις ebd. 286 auch als „Kehrseite seiner Verherrlichung und Erhöhung" bezeichnen.

macht werden"[164], bestimmt werden. Das κρίνειν ist dem σῴζειν in 3,17; 12,47 mithin weder übergeordnet noch auch gleichrangig beigeordnet, sondern es bildet lediglich die *Schattenseite* der einzig und allein auf Lebensmitteilung zielenden Sendung Jesu. In eben diesem Sinne ist auch das sachliche Verhältnis zwischen dem κρίνειν 5,22 und dem ζῳοποιεῖν 5,21 zu fassen. Den absoluten Vorrang, der dem lebendigmachenden Wirken des Sohnes gegenüber seinem „richterlichen" Handeln zukommt, betonen neben Barth ferner vor allem J. Blank und R. Schnackenburg. So bemerkt J. Blank im Blick auf Joh 3,16: „Die eigentliche Absicht der göttlichen Liebestat ... geht auf das Heil der Welt, das er [sc. Gott] den Glaubenden in der ζωὴ αἰώνιος gewährt; seine Absicht geht nicht auf das eschatologische Verderben (μὴ ἀπόληται). Dieses ausdrückliche *Vorwalten der Heilsabsicht* im göttlichen Liebeshandeln am Kosmos ist festzuhalten. Es besagt ... eine strenge, sachliche *Präponderanz*, eine absolute, unbedingte Ausdrücklichkeit des göttlichen Heilswillens, die in der Gabe schon real statuiert worden ist. Die Aussage [sc. Joh 3,16] ist für die Erkenntnis dessen, was Johannes als ‚Gericht' bezeichnet, von grundlegender Bedeutung. Es gibt einen ausdrücklichen göttlichen Heilswillen. Es gibt daneben keinen göttlichen Unheils- und Vernichtungswillen."[165] Ebenso betont 3,17 nach Blank „noch einmal mit allem Nachdruck diese Präponderanz des göttlichen Heilswillens"[166]. Das aber heißt: „Das eigentliche, der Sendung als dem Heilsereignis zugeordnete Ziel" ist „das Heil selbst"[167]. Auch in 5,21ff. sieht Blank „die Präponderanz des Heiles"[168] insofern deutlich bezeugt, als „das Hauptaugenmerk des Textes eigentlich gar nicht auf dem Richten, sondern auf dem durch Jesu Wort gegebenen göttlichen und eschatologischen Heils- und Lebensangebot liegt"[169] und die „Gerichts"-Aussagen „nicht im Mittelpunkt, sondern mehr am Rande stehen"[170]. Zu dem gleichen Urteil gelangt R. Schnackenburg: In 5,21f. werde das Lebendigmachen aus dem Grunde zuerst genannt, „weil im joh[anneischen] Kerygma der Heilswille Gottes eine Prävalenz vor seinem Richten hat"[171]. Bultmanns Sicht gegenüber insistiert Schnackenburg deshalb – ebenso wie Blank – darauf, daß „der ganze Abschnitt ... nicht vorwiegend unter dem Gerichtsgedanken, sondern ... unter dem Gedanken der Lebenserweckung durch den Sohn" steht[172] und „diese Funktion die primäre" ist, „weil Jesus als der Retter gesehen wird"[173]. Das κρίνειν bzw. die κρίσις stellt

---

[164] Ebd. 280.
[165] BLANK, Krisis 87f.
[166] Ebd. 88.
[167] Ebd. 91.
[168] Ebd. 128.
[169] Ebd. 127f.
[170] Ebd. 128.
[171] SCHNACKENBURG II 133.
[172] Ebd.
[173] Ebd. 133 Anm. 3. – Gegen die von Bultmann vertretene Interpretation von 5,21–23

demzufolge auch nach Schnackenburgs Urteil „nur die dunkle Kehrseite der eschatologischen Liebes- und Heilstat Gottes" dar[174].

*δδ) Fazit und weiterführende Überlegungen*

Die vorgetragenen sprachlichen sowie inhaltlichen Erwägungen haben erkennen lassen, daß die von der Mehrzahl der Johannesausleger vertretene Verhältnisbestimmung zwischen dem lebendigmachenden Wirken Jesu (5,21) und seinem „richterlichen" Wirken (5,22) schwerlich haltbar ist. Wie wir sahen, bezeichnen die Worte κρίνειν / κρίσις in 5,22.27.30 keineswegs ein allen Menschen widerfahrendes und über Leben oder Tod entscheidendes Gerichtsverfahren, sondern sie meinen ebenso wie in 5,24.29 dezidiert negativ das ausschließlich die Nicht-Glaubenden treffende und ihr Sein im Tode verewigende Straf- und Verdammungsgericht. Es kann also keine Rede davon sein, daß das „richterliche" Handeln Jesu seinem Leben eröffnenden Handeln überzuordnen ist. Im Gegenteil: Der Vollzug des Verdammungsgerichts ist dem heilvollen Geschehen des ζῳοποιεῖν sachlich zu *subordinieren*, da die κρίσις nichts anderes ist als die dunkle Schattenseite, die mit der Sendung Jesu als des „Lichtes der Welt" unlöslich verbunden ist. Von daher muß dann auch die bei W. Thüsing zu lesende Deutung von 5,21f. als unzutreffend abgelehnt werden, wonach die beiden dem Sohn zugeschriebenen Akte des ζῳοποιεῖν und des κρίνειν „in Wirklichkeit nur zwei Aspekte derselben Sache" sind, die gleichrangig nebeneinander stehen[175].

Nunmehr darf zwar als erwiesen gelten, daß dem lebendigmachenden Wirken des Sohnes der Vorrang vor seinem „richterlichen" Handeln zukommt; der sachliche Zusammenhang beider Akte ist damit aber noch keineswegs hinreichend bestimmt. Einer genaueren Klärung bedarf vor allem die Frage, warum der Vollzug der κρίσις mit dem Kommen Jesu in die Welt unlöslich verbunden ist, wenn die Sendung selbst doch einzig und allein auf das Heil der Verlorenen zielt.

---

wendet sich aus den gleichen Gründen auch BEASLEY-MURRAY 76: „Bultmann understands vv 21–23 as setting forth a single thought; Jesus fulfills on behalf of the Father the office of the eschatological Judge, with power to give life and to condemn. This does not do justice to the emphasis in the passage on the *redemptive* action of the Son. The two signs of 4:46–5:9 exemplify the power of the Son to ‚quicken‘ the helpless and those near to death. So here the Son performs the works of the Father in giving life; it is that aspect of the work of the Son which is to the fore in vv 24–26. True, the Father has committed the responsibility of judgment to the Son (v 22), for the entire eschatological process has been remitted to his hands; but the emphasis here, as throughout the Gospel, is on the divine will for the salvation of the world, not its condemnation (cf. 3:16–21)."

[174] SCHNACKENBURG I 426 (zu 3,18); ebenso HAMMES, Der Ruf ins Leben 211. Sachlich gleichbedeutend bezeichnet DETTWILER, Gegenwart 172 die κρίσις 5,22 als die „negative ‚Aussenseite‘" des ζῳοποιεῖν 5,21.

[175] THÜSING, Erhöhung 60.

Eine in sich höchst problematische Antwort auf diese Frage geben J. Blank und R. Schnackenburg. Beide urteilen mit vollem Recht, daß der Sinn der Menschwerdung des Sohnes Gottes exklusiv in der Errettung der „Welt" liegt und in gar keiner Weise zugleich auch im ϰϱίνειν bzw. in der ϰϱίσις. Unhaltbar aber ist dann die von ihnen vertretene These, daß das heilvolle, Leben eröffnende Kommen des Gottessohnes in die Welt einzig deshalb unlöslich mit seinem negativ qualifizierten „richterlichen" Wirken verknüpft ist, weil der göttliche Heilswille – *entgegen seiner ursprünglichen und eigentlichen Intention* – bei denen nicht zu seinem Ziel zu gelangen vermag, die den Sohn Gottes im frei gewählten Unglauben abweisen. So schreibt etwa J. Blank im Zusammenhang seiner Exegese von Joh 3,18f.: „Das Heilsereignis führt die Möglichkeit des Gerichts herbei, weil der Mensch durch das Heilsereignis vor die Glaubensentscheidung gestellt wird; aber erst die freie menschliche Entscheidung gegen das Heilsereignis läßt dieses gegen seine eigentliche Absicht wirklich zum Gericht werden für den, der solche negative Entscheidung vollzog ... Der sich so Entscheidende schließt sich selbst vom Heile aus."[176] In eben diesem Sinne urteilt auch R. Schnackenburg: „Gott will von sich aus überhaupt nicht ‚richten', sondern ‚retten'; wenn es dennoch zum ‚Gericht' kommt, so ist das allein Schuld der Menschen, die an seinen Sohn nicht glauben."[177] „Der Unglaube wird damit zum Selbstgericht; durch diese Entscheidung nimmt sich der Mensch die ‚letzte' Möglichkeit, dem Todesbereich zu entfliehen."[178] „Der Heilswille Gottes und die Heilsmöglichkeit des Menschen erlangen also klar das Übergewicht, und selbst für den Unglauben ist die Tür nicht zugeschlagen. Am Menschen liegt es, ob und wie lange er sich selbst in der Todes- und Gerichtssphäre aufhält."[179]

Die von J. Blank und R. Schnackenburg vertretene Sicht ist aus zwei Gründen als verfehlt zurückzuweisen: 1. Sie operiert mit der durch das Johannesevangelium selbst in gar keiner Weise gedeckten Prämisse, daß der Glaube bzw. Unglaube in der *freien* Willensentscheidung des Menschen begründet liege, mit welcher dieser auf das Wort des Offenbarers antworte. Aus Texten wie Joh 6,37.39.44f.65; 13,18; 15,16.19; 17,2.6.9.11f.24 einerseits und 8,43–47; 10,26–29; 12,37–40 andererseits geht jedoch ganz unzweideutig und unmißverständlich hervor, daß der vierte Evangelist „genauso wenig wie Paulus oder Luther einen freien Willen" kennt[180], sondern im Gegenteil „eine strenge Prädestination, d.h. eine göttliche Vorherbestimmung zum Heil oder Unheil des Menschen" lehrt[181]. Demnach ist der Glaube „nicht die freie Entscheidung des

---

[176] BLANK, Krisis 99.
[177] SCHNACKENBURG I 426 (zu 3,18).
[178] Ebd. 427.
[179] Ebd.
[180] SCHULZ 56.
[181] Ebd. 57.

Menschen, sondern die Bestätigung der Erwählung in der Annahme des Wortes"[182]. Anders formuliert: „Die Zugehörigkeit zu Jesus Christus ist ausschließlich Gottes Gabe und Werk; sie beruht nicht auf dem Willen und Entschluß des Menschen, sondern sie hat ihren Grund einzig und allein in der freien Gnadenwahl des Vaters."[183] – 2. Die zurückzuweisende Sicht beruht zudem auf dem – mit dem synergistischen Glaubensverständnis aufs engste verbundenen – Fehlurteil, daß der göttliche Heilswille, der der Sendung Jesu zugrunde liegt, *universal* ausgerichtet sei und also ganz umfassend auf das Heil der *gesamten* Menschenwelt ziele. Nun ist aber zu bedenken, daß der in diesem Zusammenhang immer wieder angeführte Satz Joh 3,16 (οὕτως γὰρ ἠγάπησεν ὁ θεὸς τὸν κόσμον, ὥστε τὸν υἱὸν τὸν μονογενῆ ἔδωκεν, ἵνα πᾶς ὁ πιστεύων εἰς αὐτὸν μὴ ἀπόληται ἀλλ᾽ ἔχῃ ζωὴν αἰώνιον) zwar in der Tat universalistisch *klingt*, aber gleichwohl nicht universalistisch *gemeint* ist, weshalb die Worte πᾶς ὁ πιστεύων εἰς αὐτόν auch keineswegs eine vom Menschen selbst zu verwirklichende Bedingung für den Heilsempfang formulieren[184]. Trägt man dem für die johanneische Theologie konstitutiven Prädestinationsgedanken Rechnung, so kann mit dem von Gott geliebten κόσμος unmöglich die gesamte Menschheit in ihrer numerischen Totalität bezeichnet sein. Vielmehr spricht der Evangelist hier – und ebenso auch in den anderen *positiven* Aussagen über den κόσμος[185] – im Sinne einer „Totum pro parte"-Metonymie *synekdochisch* nur von dem *zum Heil erwählten* Teil der Menschenwelt. Der Begriff κόσμος ist hier mithin „nicht eine quantitative (= alle Menschen im numerischen Sinn), sondern eine qualitative Bestimmung (= die gottfeindliche, der Sünde und dem Tod verfallene Menschheit)"[186]. Er hebt dementsprechend auf „die Qualität der Erlösten" ab[187]: „Es sind *Gottlose* und *Feinde Gottes*, für die Gott im Erweis seiner Liebe den Sohn dahingab, um sie aus dem Tod zum ewigen Leben zu führen."[188]

Die von J. Blank und R. Schnackenburg vorgeschlagene Interpretation scheitert – so läßt sich nun formulieren – an dem radikalen, im Sinne der *gemina praedestinatio* zu verstehenden johanneischen Prädestinatianismus, demzufolge Gottes Heilswille *von vornherein* und also seiner *ursprünglichen* und *eigentlichen* Intention nach keineswegs universal, sondern *partikular* ausgerichtet ist[189].

---

[182] KÄSEMANN, Jesu letzter Wille 138 Anm. 18ᵈ.
[183] HOFIUS, Erwählung 85f. Ebenso STUHLMACHER, Biblische Theologie des Neuen Testaments II 252: „Der Glaube an den Sohn Gottes ist ... eine nur den Erwählten vorbehaltene Heilsgabe" (Hervorhebungen aufgehoben); vgl. ebd. 221.
[184] S. dazu im einzelnen HOFIUS, Wiedergeburt 66f.
[185] Zu nennen sind: 1,29; 3,17; 4,42; 6,33.51c; 8,12; 9,5; 12,47; 17,21.23.
[186] HOFIUS, Wiedergeburt 66.
[187] Ebd.
[188] Ebd. 66f.
[189] Zum johanneischen Prädestinationsgedanken s. des näheren die Ausführungen u. S. 128–150.

Die Frage, warum die ganz undialektisch auf Rettung zielende Sendung Jesu gleichwohl das Unheilsgeschehen der κρίσις bei sich hat, muß also anders als mit dem Hinweis auf den angeblich frei gewählten Unglauben des Menschen beantwortet werden. Der Schlüssel für eine korrekte Bestimmung des Verhältnisses zwischen der ausschließlich positiv qualifizierten Sendung einerseits und dem negativ qualifizierten „Gerichts"-Handeln andererseits liegt nach meinem Urteil gerade in dem – von J. Blank und R. Schnackenburg nicht hinreichend gewürdigten – prädestinatianischen Denken des vierten Evangelisten. Nimmt man nämlich die partikular gefaßte johanneische Erwählungstheologie ernst, so gelangt man zu der folgenden Bestimmung: Weil der in der Sendung Jesu sich verwirklichende Wille Gottes von vornherein nur auf die Heilsteilhabe der *Erwählten* abzielt, deshalb ereignet sich mit strenger Notwendigkeit an jenen, die *verworfen* sind und daher niemals zum Glauben an Jesus Christus kommen, das über sie verfügte Verdammungsgericht. Ist also in der allein den Prädestinierten geltenden Heraufführung des ewigen Lebens das eine und einzige *Ziel* der Menschwerdung Jesu zu erblicken, so ist demgegenüber das einzig die Verworfenen treffende Verdammungsgericht als die in der Sendung Jesu von Gott mitgesetzte – und sich mithin *notwendig* ereignende – *Folge* zu bestimmen. Indem der johanneische Christus sich den Erwählten heilvoll zuwendet und ihnen so das ewige Leben gewährt, geht er zugleich und ineins damit an den Nicht-Erwählten vorüber und beläßt sie so endgültig im Tode. Anders formuliert: Weil Jesus sich ausschließlich den zum Heil Prädestinierten gegenüber als „das Licht der Welt" erweisen will und erweist, werden die Verworfenen notwendig in der Finsternis ihrer Gottesferne zurückgelassen, aus der sie sich nicht selbst zu befreien vermögen.

Die beiden soeben gewählten Wendungen – „das eine und einzige *Ziel* der Sendung" bzw. „die in der Sendung von Gott mitgesetzte *Folge*" – suchen der Vorordnung des heilvollen Wirkens Jesu vor seinem „richterlichen" Wirken begrifflich Rechnung zu tragen. Die Erkenntnis des sachlichen *Ungleichgewichts* zwischen Jesu σῴζειν / ζῳοποιεῖν und seinem κρίνειν soll nun noch durch zwei zusätzliche Überlegungen vertieft werden: 1. Die Menschheit, mit der es Gott im Geschehen der Inkarnation und des Kreuzestodes Jesu zu tun hat, ist die immer schon der Sünde und damit der Sphäre der Finsternis und des Todes verhaftete Menschheit. Behält man das im Blick, so zeigt sich: Das den Erwählten geltende lebendigmachende Tun hat seinen alleinigen Grund in der ungeschuldeten Liebe des Vaters zu den Verlorenen (3,16) bzw. in der freien Liebe des Sohnes zu den Seinen (13,1); es ist also einzig im Wesen *Gottes* begründet und geschieht mithin im strengen Sinn *voraussetzungslos*. Die Verweigerung der Leben eröffnenden Zuwendung, die den Nicht-Erwählten widerfährt, ist dagegen durch das der Sünde verfallene Wesen der *Menschenwelt* mit bedingt; die Preisgabe an das Verdammungsgericht ereignet sich folglich *nicht* voraussetzungslos. – 2. Während den zum Heil erwählten Menschen durch das lebendigmachende Wirken Jesu ein *neuer* Ursprung bzw. ein *neues* Wesen verliehen wird, legt das „richterliche" Wirken des Gottessohnes die Nicht-Erwählten endgültig auf ihre *alte*, der Sendung Jesu *vorgängige* Existenzweise fest. Das Wort des Lebendigmachers ist mithin ein *schöpferisches* Wort, das Neues konstituiert, indem es bereits in der Gegenwart die eschatologische Totenauferweckung wirkt. Das Wort des „Richters" dagegen *schreibt* lediglich einen zuvor bereits bestehenden Zustand mit eschatologisch-forensischer Kraft *fest* – mit der Wirkung, daß die bereits dem Tode Anheimgefallenen für immer im Tode belassen bleiben. Man könnte sagen: Das Leben gebende Wort entspricht dem schöpferischen Ruf Λάζαρε, δεῦρο ἔξω, mit dem Jesus den schon in Verwesung begriffenen Lazarus aus dem Tod ins Leben versetzt (11,43), und das „richterliche" Wort korrespondiert dem Urteil, mit dem Jesus sich von den Pharisäern abwendet und sie definitiv auf ihre in der Macht der Sünde begründete Blindheit Gott gegenüber festlegt: εἰ τυφλοὶ ἦτε, οὐκ ἂν εἴχετε ἁμαρτίαν· νῦν δὲ λέγετε ὅτι βλέπομεν, ἡ ἁμαρτία ὑμῶν μένει (9,41).

Die aufgewiesene Asymmetrie bzw. Inkongruenz zwischen dem lebendigmachenden und dem „richterlichen" Wirken Jesu läßt noch einmal erkennen, daß in 5,21–23 der Vollzug des ζῳοποιεῖν dem Geschehen des κρίνειν sachlich *übergeordnet* ist. Sie tritt damit den Argumenten, die oben bereits gegen die These einer Überordnung des κρίνειν vor dem ζῳοποιεῖν geltend gemacht wurden, bestätigend an die Seite.

*γ) Folgerungen*

Nachdem mit unseren bisherigen Überlegungen das sachliche Verhältnis zwischen dem lebendigmachenden Tun Jesu und seinem „richterlichen" Tun hinreichend bestimmt ist, kann nunmehr die zunächst zurückgestellte Frage wieder aufgenommen werden, ob zugleich mit dem ζῳοποιεῖν auch das in 5,22 mit κρίνειν / κρίσις bezeichnete unheilvolle Wirken Jesu zu den in 5,20b erwähnten μείζονα τούτων ἔργα gerechnet werden muß. Diese Frage ist, auch wenn damit der von der ganz überwiegenden Mehrzahl der Ausleger vertretenen Ansicht widersprochen wird[190], nach meinem Dafürhalten *negativ* zu beantworten. Aus einer Reihe von Beobachtungen legt sich nämlich, wie sogleich im einzelnen aufgezeigt werden soll, durchaus der Schluß nahe, daß mit den „größeren Werken" *ausschließlich* das positiv qualifizierte Lebendigmachen und also die vom Erhöhten gewährte Mitteilung des ewigen Lebens gemeint ist[191]:

---

[190] S.o. S. 44 Anm. 82.

[191] In diesem Sinne urteilen auch – freilich ohne jede nähere exegetische Begründung – BAUER 85 („Lebensmitteilung V. 21 – darin besteht das Größere"); BARTH 282 („‚Der Vater erweckt die Toten und macht sie lebendig' [V. 21] – ebenso, οὕτως, d.h. in der zeitlichen Vollstreckung des ewigen Tuns des Vaters macht auch der Sohn lebendig nach seinem Willen. Das sind die zu erwartenden μείζονα ἔργα [V. 20]"); GRUNDMANN, Art. μέγας: ThWNT

1. Zwischen den Wundertaten Jesu, auf die sich das Demonstrativpronomen τούτων bezieht[192], und den μείζονα τούτων ἔργα besteht bei aller qualitativen Differenz zugleich eine tiefe sachliche Korrespondenz und ein bestimmter theologischer Verweisungszusammenhang: Die Wunder weisen als „Zeichen" über sich selbst hinaus auf eben jene „größeren Werke"[193]. Da nun aber das in den Wundergeschichten geschilderte σημεῖον stets einen ausschließlich *heilvollen* Charakter hat, ist die Folgerung unabweislich, daß auch den μείζονα τούτων ἔργα, die ja in jenen Erzählungen abbildhaft veranschaulicht werden, eine ausschließlich *positive* Qualität zukommt. Wenn in einigen Wunderberichten auf das heilvolle σημεῖον selbst ganz unmittelbar – und durch es veranlaßt – der ungläubige Widerspruch der jüdischen Gegner folgt[194], so korrespondiert dem auf der Ebene der μείζονα τούτων ἔργα der schon herausgearbeitete Tatbestand, daß das ζωοποιεῖν das κρίνειν als dunkle Schattenseite notwendig bei sich hat. Wie sich also das *geistlich-eschatologische* Geschehen des ζωοποιεῖν als der μείζονα τούτων ἔργα zu dem die Sünden- und Todeswirklichkeit festschreibenden κρίνειν verhält, eben so verhält sich auch die das *irdisch-leibliche* Leben betreffende Wundertat Jesu zu der durch sie hervorgerufenen Reaktion des Unglaubens, an der die Verfallenheit an Sünde und Tod offenbar wird.

2. Für die These, daß das κρίνειν bzw. die κρίσις nicht mit zu den μείζονα τούτων ἔργα hinzugehört, sondern lediglich deren unheilvolle Kehrseite bildet, spricht zudem nachdrücklich der sich an die Worte καὶ μείζονα τούτων δείξει αὐτῷ ἔργα (V. 20bα) direkt anschließende Satz ἵνα ὑμεῖς θαυμάζητε (V. 20bβ). Im Blick auf seinen Wortlaut ist zunächst ein Vierfaches zu bemerken: a) Die Konjunktion ἵνα hat hier sowohl eine finale wie eine konsekutive Nuance[195]; dementsprechend benennt der ἵνα-Satz die von Gott mit dem Er-

IV 543,11–14 („Größere Werke als das geschehene Wunder am 38 Jahre lang Kranken am Teiche Bethesda wird er [sc. der Vater] ihm zeigen. Was er [sc. der Sohn] für sich Größeres erwartet, sagt der kommende Vers: es geht um das ζωοποιεῖν. Das ist das Größere gegenüber den Wundern, die er tut"); THEOBALD, Gott, Logos und Pneuma 50 Anm. 37 („Die ‚größeren Werke' ... sind solche, die er [sc. Jesus] nach seiner Erhöhung wirken wird: die eschatologische Lebensspendung an alle, die an seinen Namen glauben werden [5,21.24]"). Hingewiesen sei schließlich noch auf E. HIRSCH, Das vierte Evangelium 161, der z.St. bemerkt: „Der Vater liebt den Sohn und zeigt ihm all sein Werk und schenkt ihm alle seine Vollmacht. Das Größte, das er ihm zeigt und schenkt, ist die Gewalt, Leben zu schaffen aus dem Tod. Der Verfasser denkt dabei an den Tod und das Leben im Gottesverhältnis ... Dies, die Geburt zum Leben aus dem Tod, ist das wahre Gotteswerk, und das tut der Sohn ... Größeres Zeugnis als dies Gotteswerk an uns kann es nicht geben." Hirsch setzt bei seiner Auslegung allerdings das nicht hinreichend begründete literarkritische Urteil voraus, daß die Verse 5,22–24 nicht vom Evangelisten selbst stammen, sondern auf das Konto einer nachjohanneischen Redaktion gehen; s. dazu HIRSCH, Studien zum vierten Evangelium 10. 56.
[192] S.o. S. 39f.
[193] S. den Nachweis o. S. 43f.
[194] Vgl. 5,9bff.; 9,8ff.; 11,46ff.
[195] S.o. S. 35 Anm. 54.

weis der „größeren Werke" ausdrücklich beabsichtigte Wirkung. b) Das Personalpronomen ὑμεῖς ist emphatisch gemeint und trägt den Ton[196], weshalb das in
V. 20bβ Gesagte exklusiv den Gegnern Jesu gilt. c) Das Verbum θαυμάζειν hat
hier wie in 7,21 einen eindeutig negativen Sinn[197]. Es fungiert an unserer Stelle
geradezu als „Terminus für den Anstoß, den Jesus mit seinem Wirken hervorruft"[198], und meint also dezidiert das *ungläubige* Sich-Verwundern[199]. d) Der
Konjunktiv Präsens θαυμάζητε hat durativen Sinn, so daß der ἵνα-Satz am
besten mit den Worten „auf daß ihr euch *erst recht und bleibend* verwundert"
wiedergegeben wird. Berücksichtigt man die genannten sprachlichen Sachverhalte bei der Auslegung von V. 20bβ, so ist dessen Aussageintention deutlich:
Für die Ἰουδαῖοι, die Jesus der Usurpation göttlicher Macht und gottgleicher
Würde bezichtigen, soll der Erweis der μείζονα τούτων ἔργα nach Gottes eigener Absicht einen ausschließlich *negativen* Effekt haben – den Effekt nämlich, daß die Gegner sich nun erst recht verwundern und somit endgültig in
ihrem Nein zu dem Offenbarer verharren. In dem ἵνα-Satz haben wir es also
mit einer Ansage schärfsten Unheils zu tun[200]. Das aber bedeutet: V. 20bβ spricht
präzise von jenem *„richterlichen"* Wirken des Gottessohnes, kraft dessen die
von Gott Verworfenen definitiv in ihrem Verfallensein an Sünde und Tod festgeschrieben werden. „Für euch", so sagt der johanneische Christus seinen jüdischen Widersachern und durch ihn der vierte Evangelist zugleich der das
johanneische Christuszeugnis als gotteslästerlich zurückweisenden zeitgenössischen Synagoge, „für euch haben die μείζονα τούτων ἔργα nur die dunkle
Kehrseite des ‚Gerichts', das euer Sein im Tode verewigt." Wie wir schon gesehen haben, zielt die Sendung Jesu nach dem Johannesevangelium einzig und
allein auf Rettung ab, hat aber als Schattenseite notwendig das Verdammungsgericht an den Nicht-Erwählten bei sich. Eine ganz analoge Aussagestruktur
weist nun der V. 20b auf, wenn die μείζονα τούτων ἔργα ausschließlich das
Lebendigmachen meinen und der ἵνα-Satz sich dezidiert auf das „richterliche"
Wirken des Sohnes bezieht.

3. Die Erkenntnis, daß das mit κρίνειν / κρίσις bezeichnete Handeln nicht
einen Bestandteil der μείζονα τούτων ἔργα bildet, ergibt sich zudem aus der
„Gerichts"-Aussage V. 22 selbst: οὐδὲ γὰρ ὁ πατὴρ κρίνει οὐδένα, ἀλλὰ τὴν
κρίσιν πᾶσαν δέδωκεν τῷ υἱῷ. Daß mit diesem Satz keineswegs die Aussage

---

[196] Ebenso urteilen BERNARD I 240 und MORRIS 314 Anm. 64; anders hingegen BULT
MANN 189f. Anm. 2.
[197] Zu vergleichen ist 7,15.
[198] BERTRAM, Art. θαῦμα κτλ.: ThWNT III 40,16f.
[199] Ebenso interpretiert SCHNACKENBURG II 187 (zu 7,21): „Das θαυμάζειν hat einen
harten, negativen Klang; es ist ein mit Unglauben verbundenes Anstoßnehmen." Zur Verwendung von θαυμάζειν in negativer Bedeutung vgl. etwa in LXX: Hab 1,5; Jes 52,5; Ps
47,6.
[200] Es trifft deshalb nicht zu, daß der ἵνα-Satz V. 20bβ zugleich „Verheißung und Drohung" und insofern „ein dialektisches Wort" sei (BARTH 279; ebenso GNILKA 42).

von V. 21 *begründet* werden soll, haben wir bereits gesehen. Das „richterliche" Wirken des Sohnes soll hier aber auch nicht einfach als ein *zweites* Werk dem lebendigmachenden Tun Jesu an die Seite treten. Einem solchen Verständnis steht schon der Wortlaut des Verses entgegen, und zwar in doppelter Hinsicht. Zum einen: Die einleitende Wendung οὐδὲ γάϱ hat an unserer Stelle nicht die Bedeutung „denn *auch* nicht"[201], sondern sie ist – dem sonstigen johanneischen Sprachgebrauch (7,5; 8,42) entsprechend[202] – mit „denn nicht", „nämlich nicht" oder „ja nicht" wiederzugeben[203]. Der Vers ist von daher folgendermaßen zu übersetzen: „Der Vater vollzieht ja an niemandem das Strafgericht, sondern er hat das Strafgericht ganz [d.h. in seinem gesamten Umfang] dem Sohn übergeben." Zum andern: Die Ankündigung von 5,20b wird in V. 21 in Gestalt einer durch die vergleichenden Konjunktionen ὥσπεϱ / οὕτως καί strukturierten Vater-Sohn-Aussage expliziert und begründet; dabei wird genau das, was der ὥσπεϱ-Satz vom Vater aussagt, in dem οὕτως καί-Satz auch dem Sohn zugeschrieben. Sollte in V. 22 das „richterliche" Wirken des Sohnes seinem lebendigmachenden Tun als ein zweites „größeres Werk" an die Seite gestellt werden, dann wäre zu erwarten, daß der Evangelist diesen Vers in genauer sprachlicher Entsprechung zu der „Lebens"-Aussage von V. 21 formuliert und also ebenfalls durch die Konjunktionen ὥσπεϱ / οὕτως καί gegliedert hätte. Statt dessen findet sich in V. 22 jedoch eine antithetisch strukturierte Aussage (οὐδέ ..., ἀλλά ...), wobei rein sprachlich gesehen das „richterliche" Tun nicht dem Vater, sondern dem Sohn zugewiesen wird[204]. Die zwischen V. 21 und V. 22 zu verzeichnende syntaktische Asymmetrie hat ihre Entsprechung in der Abfolge der Verse 26 und 27: Auch hier ist die „Lebens"-Aussage von V. 26 durch die im Johannesevangelium nur an dieser Stelle und in V. 21 erscheinenden Konjunktionen ὥσπεϱ / οὕτως καί gegliedert; die anschließende „Gerichts"-Aussage V. 27 ist dagegen als ein reiner, durch einen Begründungssatz ergänzter Aussagesatz gestaltet. Fragt man unter Berücksichtigung der beiden benannten sprachlichen Sachverhalte nach der *argumentativen* Funktion, die dem Satz V. 22 in seinem Kontext zukommt, so ergibt sich eine Antwort, wenn der Vers 21 in die Betrachtung mit einbezogen wird. In der Vater-Sohn-Aussage von V. 21 ist eine Inkongruenz zu verzeichnen, die angesichts der fast vollendeten Symmetrie beider Vershälften besonders auffällig ist: Während vom Vater ohne jede Einschränkung gesagt wird, daß er *die* Toten (οἱ νεϰϱοί) auferweckt und

---

[201] Diese Bedeutung liegt z.B. in Lk 20,36 vor.

[202] Vgl. auch die johanneische Verwendung von καὶ γάϱ, dessen Negation οὐδὲ γάϱ ist: Es heißt in Joh 4,23 nicht „denn *auch*" (so etwa Mt 8,9; Röm 11,1; 15,3), sondern „denn" (wie Mk 10,45; Lk 22,37; 1Kor 5,7; 11,9; 12,13; Hebr 5,12; 12,29).

[203] Den gleichen Sinn hat οὐδὲ γάϱ in Apg 4,12.34; Röm 8,7; Gal 1,12.

[204] Daß V. 22 gleichwohl keineswegs besagen soll, daß der Vater überhaupt nicht als „Richter" tätig ist, sondern vielmehr zum Ausdruck bringen will, daß der Vater sein Richteramt nicht anders als in strenger *Einheit* mit dem Sohn und also niemals *ohne ihn* ausübt, wird bei der Einzelexegese von V. 22 aufzuzeigen sein; s. dazu u. S. 89–91.

lebendig macht, heißt es vom Sohn, daß er einzig diejenigen lebendig macht, *„die er will"* (οὓς θέλει)[205]. Der positiv formulierte Relativsatz οὓς θέλει, der den streng prädestinatianischen Charakter des Heilshandelns Jesu heraus-stellt[206], hat die *negative* Implikation, daß der Sohn das ζῳοποιεῖν nicht anders als so vollzieht, daß immer *auch* Tote tot bleiben, – daß sich also als Kehrseite seines heilvollen Wirkens die definitive Versagung des ewigen Lebens ereignet. Diese unheilvolle Implikation bringt nun der Vers 22 ausdrücklich zur Sprache, indem er erklärt, daß der Vater den Sohn mit dem Vollzug des Verdammungs-gerichts beauftragt hat. Dieser Vers bildet demnach, wie wir jetzt sagen kön-nen, eine erläuternde Begründung zu dem Relativsatz οὓς θέλει aus V. 21. Was sodann den genauen *syntaktischen* Status dieses Verses anlangt, so läßt er sich von dem Finalsatz V. 23a her ermitteln, der besagt, daß sich die Ehrerbietung des Menschen in gleicher Weise auf den Sohn wie auf den Vater zu richten habe (ἵνα πάντες τιμῶσι τὸν υἱὸν καθὼς τιμῶσι τὸν πατέρα). Dieser Satz unter-scheidet sich aufgrund seiner Entsprechungsstruktur (τὸν υἱὸν καθώς ... τὸν πατέρα) nicht unwesentlich von V. 22, für den – wie wir sahen – gerade eine antithetische Struktur charakteristisch ist (οὐδέ ... ὁ πατήρ ..., ἀλλά ... δέδωκεν τῷ υἱῷ); er entspricht dagegen, wenn auch spiegelbildlich, genau der Struktur von V. 21 (ὥσπερ ... ὁ πατήρ ..., οὕτως καὶ ὁ υἱός ...). Aus dieser Beobachtung ist zu folgern, daß der Finalsatz – entgegen der Darbietung des griechischen Textes bei Nestle / Aland[26.27] sowie im Greek New Testament[4] und abweichend von dem Urteil so gut wie aller Ausleger – keineswegs unmittelbar an V. 22 angeschlossen werden darf, sondern vielmehr über V. 22 hinweg auf V. 21 zurückzubeziehen ist[207]. Dann ergibt sich für V. 21.23a als Gesamtaus-

---

[205] ODEBERG 206 bemerkt in seiner Interpretation von V. 21: „οὓς θέλει simply means οὓς θέλει ὁ πατὴρ [ζῳοποιῆσαι]." Er erblickt also nicht in ὁ υἱός als dem Subjekt des übergeord-neten Satzes V. 21b, sondern in ὁ πατήρ von V. 21a das Subjekt zu θέλει. Diese Deutung wird jedoch durch den Wortlaut und Duktus von V. 21 in gar keiner Weise nahegelegt. Gegen sie spricht ganz entschieden, daß es zu dem postulierten Subjektwechsel in den Relativsätzen des Johannesevangeliums kein einziges Analogon gibt; s. die Zusammenstellung der Sätze bei ALAND, Vollständige Konkordanz I 1002–1004 (zu ὅς). 1013 f. (zu ὅστις). Ferner darf gefragt werden, weshalb der Evangelist, wenn er tatsächlich den Vater als Subjekt im Blick hatte, nicht durch die Wahl eines ἐκεῖνος (vgl. 5,38; 6,29) von vornherein jede Zweideutig-keit ausgeschlossen hat. Schließlich ist zu sagen: Wenn V. 30 betont, daß Jesus nicht seinen Willen, sondern den Willen seines Vaters sucht, so ist dies kein hinreichendes Argument dafür, das θέλει von V. 21b auf Gott als Subjekt zu beziehen. In V. 30 geht es nämlich zum einen streng und ausschließlich um das *„richterliche"* Wirken Jesu und zum andern gerade um die Herausstellung der *Identität* des Wollens von Vater und Sohn. Besteht zwischen der christologischen Aussage οὓς θέλει V. 21 und V. 30 kein sachlicher Widerspruch, dann gibt es auch keinen Grund zu der von HAENCHEN 277 vertretenen literarkritischen Annahme, daß die Worte οὓς θέλει einer nachjohanneischen Redaktion zuzuweisen seien.

[206] So mit Recht CALVIN 94: „Porro, hanc vitam non omnibus promiscuam facit: dicit enim se vitam dare *cui vult:* quo significat nonnisi certos homines, hoc est, electos hac gratia se peculiariter dignari." S. ferner BARTH 267. 279f.

[207] Im griechischen Text wäre zum einen hinter V. 21 kein Punkt, sondern ein Gedanken-

sage: Das τιμᾶν des Menschen hat sich deshalb zugleich und ineins auf den Vater wie auf den Sohn zu richten (V. 23a), weil das ζῳοποιεῖν im strengen Sinn der Identität zugleich das Werk des Vaters und das Werk des Sohnes ist (V. 21). Ein Weiteres ist in diesem Zusammenhang zu bedenken: Der Vollzug des τιμᾶν auf seiten des Menschen ist selbst nichts anderes als die Wirkung und die Folge des vom Sohn in der Einheit mit dem Vater gewährten ζῳοποιεῖν. Das aber heißt: Diejenigen, die der Sohn lebendig macht, *sie* und sie *allein* sind es, die den Vater und den Sohn „ehren". Die πάντες von V. 23a sind also nicht etwa die νεκροί von V. 21a insgesamt, sondern lediglich diejenigen unter den Toten, die Jesus lebendig machen „will" und lebendig macht, d.h. die πάντες sind die *Erwählten*[208]. Aus dem allen resultiert für die Beurteilung von V. 22 als Konsequenz: Dieser Satz soll die Aussage von V. 21 weder *begründen*, noch ist er ihr syntaktisch *beigeordnet*; er bildet vielmehr eine zwischen V. 21 und V. 23a eingeschobene *Parenthese*, durch die ausschließlich der Relativsatz οὓς θέλει aus V. 21 näher erläutert und so argumentativ begründet werden soll[209]. Diese syntaktische Analyse der Verse 21–23a wird durch die Gegenprobe bestätigt. Verbindet man den Finalsatz V. 23a mit V. 22, so ergibt sich als Aussage, daß

---

strich zu setzen und zum andern am Schluß von V. 22 vor dem Komma ein weiterer Gedankenstrich einzufügen.

[208] Der vierte Evangelist verwendet das universalistisch klingende πάντες auch an anderen Stellen in streng prädestinatianischem Sinn: 1. In 6,45a (ἔστιν γεγραμμένον ἐν τοῖς προφήταις· καὶ ἔσονται πάντες διδακτοὶ θεοῦ) wird das Jes 54,13a LXX entnommene πάντες durch die Verse 6,44 (οὐδεὶς δύναται ἐλθεῖν πρός με ἐὰν μὴ ὁ πατὴρ ὁ πέμψας με ἑλκύσῃ αὐτόν κτλ.) und 6,45b (πᾶς ὁ ἀκούσας παρὰ τοῦ πατρὸς καὶ μαθὼν ἔρχεται πρὸς ἐμέ) ausdrücklich prädestinatianisch interpretiert (zu 6,45b s. die Ausführungen u. S. 130– 132). 2. Für 12,32 (κἀγὼ ἐὰν ὑψωθῶ ἐκ τῆς γῆς, πάντας ἑλκύσω πρὸς ἐμαυτόν) ergibt sich die erwählungstheologische Bedeutung für πάντες zum einen aus der Sachparallele 6,44, die vom „Ziehen" (ἕλκειν) des Vaters spricht, und zum andern aus dem für die johanneische Soteriologie konstitutiven Gedanken, daß der stellvertretende Kreuzestod Jesu von vornherein einzig den „Seinen" gilt (13,1; vgl. 17,19). 3. Den gleichen partikularen Sinn hat πάντες ferner in 1,7 und 17,21. – Die πάντες von 1,7; 5,23; 6,45; 12,32; 17,21 sind also mit denen identisch, die der Vater dem Sohn „gegeben" hat (6,37.39; 10,29 v.l.; 17,2.6.9; 18,9), d.h. πάντες entspricht an den genannten Stellen den folgenden Wendungen: πᾶν ὃ δίδωσίν μοι ὁ πατήρ 6,37 / πᾶν ὃ δέδωκέν μοι 6,39 / πᾶν ὃ δέδωκας αὐτῷ 17,2. Hingewiesen sei schließlich auch noch auf jene Texte, an denen jeweils mit πᾶς ὁ + Partizip formuliert wird, was einzig vom Glaubenden und also vom Erwählten gilt: 3,15.16; 6,40.45; 11,26; 12,46; 18,37.

[209] Parenthesen finden sich im Johannesevangelium ferner in 2,9 (die Parenthese umfaßt die Worte καὶ οὐκ ᾔδει πόθεν ἐστίν, οἱ δὲ διάκονοι ᾔδεισαν οἱ ἠντληκότες τὸ ὕδωρ); 4,2; 7,22; 10,12f.; 10,35f. (καὶ οὐ δύναται λυθῆναι ἡ γραφή [10,35b]); 17,24 (ὅτι ἠγάπησάς με; zur Begründung s.o. S. 37 mit Anm. 62); 19,31 (ἦν γὰρ μεγάλη ἡ ἡμέρα ἐκείνου τοῦ σαββάτου); 19,42 (ὅτι ἐγγὺς ἦν τὸ μνημεῖον) sowie im Nachtragskapitel in 21,7 (ἦν γὰρ γυμνός); 21,8 (οὐ γὰρ ἦσαν μακρὰν ἀπὸ τῆς γῆς ἀλλὰ ὡς ἀπὸ πηχῶν διακοσίων). Was die herausgearbeitete syntaktische Struktur der Verse Joh 5,21–23a anlangt, so hat diese eine Parallele in Gal 5,17, wo ebenfalls zwischen einen Hauptsatz und einen von ihm abhängigen ἵνα-Satz eine Parenthese eingeschoben ist: ἡ γὰρ σὰρξ ἐπιθυμεῖ κατὰ τοῦ πνεύματος – τὸ δὲ πνεῦμα κατὰ τῆς σαρκός, ταῦτα γὰρ ἀλλήλοις ἀντίκειται –, ἵνα μὴ ἃ ἐὰν θέλητε ταῦτα ποιῆτε.

der Vater den Sohn eben dazu mit dem Vollzug des „Gerichts" beauftragt hat,
damit alle den Sohn ehren, wie sie den Vater ehren. Nimmt man nun aber die
beiden bereits gewonnenen Einsichten ernst, daß die Worte κρίνειν / κρίσις in
V. 22 dezidiert das Strafgericht bezeichnen und daß der vierte Evangelist streng
prädestinatianisch denkt, so wird deutlich: Jene Aussage macht keinen Sinn, da
diejenigen, die von dem Strafgericht des Sohnes betroffen und also definitiv
dem ewigen Tod preisgegeben sind, weder an den Sohn noch auch an den Vater
glauben können und beide mithin prinzipiell nicht zu ehren vermögen. Auch
von daher ist also ausgeschlossen, daß V. 23a unmittelbar mit V. 22 zu verbinden ist[210].

---

[210] Für die soeben mit drei Argumenten begründete These, daß die μείζονα τούτων ἔργα
V. 20b einzig die Gewährung des ewigen Lebens durch den Erhöhten bezeichnen, sein „richterliches" Wirken hingegen keineswegs mit umfassen, spricht noch ein weiterer Sachverhalt, der hier lediglich benannt, jedoch nicht näher entfaltet sein soll: Faßt man jene Stellen
des Johannesevangeliums in den Blick, an denen der determinierte Ausdruck τὰ ἔργα im
Munde Jesu erscheint (5,36; 9,3 f.; 10,25; 10,37 f.; 14,10 f.; 14,12; 15,24), so zeigt sich, daß
auch dieser Ausdruck jeweils *exklusiv* das *lebendigmachende* Wirken des im Wort der nachösterlichen Verkündigung gegenwärtigen Christus meint. An den angeführten Stellen wie
auch in 5,20b hebt der Plural (τὰ) ἔργα nicht etwa, wie ausdrücklich notiert sei, auf eine
*Mehrzahl* von „Werken" ab, sondern er bezeichnet das *eine* heilvolle göttliche Wirken.

# IV. Joh 5,21–25

Der voraufgehende Teil unserer Arbeit war der Aussage Joh 5,20b (καὶ μείζονα τούτων δείξει αὐτῷ ἔργα, ἵνα ὑμεῖς θαυμάζητε) gewidmet, die einer eingehenden Analyse und einer umfassenden Interpretation bedurfte. Diese Aussage wird, wie jetzt in Erinnerung zu rufen ist[1], durch die Verse 21–29 entfaltet und begründet[2]. Die Verse 21–29 bestehen ihrerseits aus den beiden parallel strukturierten Argumentationsschritten V. 21–25 und V. 26–29. Der erste Abschnitt (V. 21–25) kann noch einmal in die beiden Unterabschnitte V. 21–23 und V. 24.25 untergliedert werden. Ihnen wollen wir uns nun je gesondert zuwenden.

## A. Joh 5,21–23

Die Verse 21–23 wurden bereits bei der Auslegung von V. 20b mehrfach in die Betrachtung mit einbezogen. Es erübrigt sich deshalb, sie an dieser Stelle noch einmal im einzelnen zu exegesieren. Vielmehr beschränke ich mich in den folgenden Überlegungen darauf, ausschließlich jene Sachverhalte zu thematisieren, die in der bisherigen Darstellung noch nicht bedacht worden sind. Zuvor aber sollen der Text und seine Übersetzung dargeboten werden[3]:

21 ὥσπερ γὰρ ὁ πατὴρ ἐγείρει τοὺς νεκροὺς καὶ ζῳοποιεῖ,
   οὕτως καὶ ὁ υἱὸς οὓς θέλει ζῳοποιεῖ

22    – οὐδὲ γὰρ ὁ πατὴρ κρίνει οὐδένα,
      ἀλλὰ τὴν κρίσιν πᾶσαν δέδωκεν τῷ υἱῷ –,

23 ἵνα πάντες τιμῶσι τὸν υἱὸν
      καθὼς τιμῶσι τὸν πατέρα.
   ὁ μὴ τιμῶν τὸν υἱὸν
      οὐ τιμᾷ τὸν πατέρα τὸν πέμψαντα αὐτόν.

21 „Denn wie der Vater die Toten auferweckt und lebendig macht,
   so macht auch der Sohn lebendig, welche er will

---

[1] S. die Strukturanalyse o. S. 11–13.
[2] Die Konjunktion γάρ hat in V. 21 eine zugleich *explikative* wie *kausale* Nuance.
[3] Die Wiedergabe des griechischen Textes weicht an zwei Stellen von der Interpunktion in den Textausgaben NESTLE / ALAND[26.27] und Greek New Testament[4] ab; zur Begründung s.o. S. 72f. mit Anm. 207.

22          – der Vater vollzieht ja an niemandem das Strafgericht [allein][4],
            sondern er hat das Strafgericht in seinem gesamten Umfang
                                               dem Sohn übergeben –,
23     auf daß alle den Sohn [ebenso] ehren,
          wie sie den Vater ehren.
       Wer [dagegen][5] den Sohn nicht ehrt,
          der ehrt [eben damit] den Vater nicht, der ihn gesandt hat.“

                              *1. Joh 5,21*

a) Exegese

Der Argumentationsgang 5,21–25 setzt in V. 21 mit einer durch ὥσπερ / οὕτως
καί strukturierten Vater-Sohn-Aussage ein: ὥσπερ γὰρ ὁ πατὴρ ἐγείρει τοὺς
νεκροὺς καὶ ζῳοποιεῖ, οὕτως καὶ ὁ υἱὸς οὓς θέλει ζῳοποιεῖ. Mit der im engeren Sinne des Wortes *theologischen* Feststellung ὁ πατὴρ ἐγείρει τοὺς νεκροὺς
καὶ ζῳοποιεῖ (V. 21a) wird zunächst ein Gedanke formuliert, der in der alttestamentlichen wie frühjüdischen Rede von Gott fest verankert und dementsprechend zwischen Jesus und seinen jüdischen Gegnern bzw. zwischen der
johanneischen Gemeinde und der Synagoge auch nicht kontrovers ist: Totenauferweckung und Lebensmitteilung sind streng und ausschließlich *göttliches*
Hoheitsrecht[6]. Unerhört und deshalb in dem Konflikt zwischen Gemeinde und
Synagoge zutiefst strittig ist jedoch der auf die Gottesaussage V. 21a unmittelbar folgende und mit ihr unlöslich verbundene *christologische* Satz V. 21b:
οὕτως καὶ ὁ υἱὸς οὓς θέλει ζῳοποιεῖ. Denn mit ihm nimmt der johanneische
Christus die göttliche Prärogative der Totenauferweckung und Lebensmitteilung für *seine* Person in Anspruch[7]. Dabei will bedacht sein, daß Jesus hier
sogar davon spricht, *geistlich* Tote lebendig zu machen und ihnen das *ewige*
Leben zu gewähren[8]. Dieser für die johanneische Christologie und Soterio-

---

    [4] Zu dieser Ergänzung s. die Ausführungen u. S. 89–91.
    [5] Die Asyndese hat hier adversativen Sinn.
    [6] Als Belege seien genannt: Dtn 32,39; 1Sam 2,6; 2Kön 5,7; Tob 13,2; 2Makk 7,22f.;
4Makk 18,19; Sap 16,13; JosAs 20,7; Achtzehn-Gebet, 2. Benediktion. S. ferner das rabbinische Material bei BILLERBECK I 523. Im Neuen Testament sind vor allem Röm 4,17 und
2Kor 1,9 zu vergleichen, ferner auch Apg 26,8; Röm 8,11; 1Kor 6,14; 2Kor 4,14. – Wie in
Joh 5,21, so erscheinen die beiden Verben ἐγείρειν und ζῳοποιεῖν auch in Röm 8,11 nebeneinander. Daß beide Ausdrücke Synonyme sind, zeigt auch der Vergleich zwischen den Wendungen ὁ θεὸς ὁ ζῳοποιῶν τοὺς νεκρούς (Röm 4,17) und ὁ θεὸς ὁ ἐγείρων τοὺς νεκρούς
(2Kor 1,9).
    [7] Treffend – von dem unangemessenen Begriff des „Spätjudentums“ abgesehen – be-
merkt BLANK, Krisis 120f.: „Die Rede beginnt damit, daß an der Seite Gottes der Sohn als
der eschatologische Lebensspender und Totenerwecker eingeführt wird. Das ist im Vergleich
mit den Auffassungen des Alten Testaments und des Spätjudentums in der Tat eine unerhörte
Neuerung, ein θαυμαστόν allerersten Ranges.“
    [8] Das ergibt sich aus den wenig später folgenden Versen 5,24.25.

logie zentrale Gedanke findet sich im vierten Evangelium noch an weiteren Stellen. So sagt Jesus in metaphorischer Rede zu der Samaritanerin (4,14):

ὃς δ᾽ ἂν πίῃ ἐκ τοῦ ὕδατος οὗ ἐγὼ δώσω αὐτῷ,
οὐ μὴ διψήσει εἰς τὸν αἰῶνα,
ἀλλὰ τὸ ὕδωρ ὃ δώσω αὐτῷ γενήσεται ἐν αὐτῷ πηγὴ ὕδατος
ἁλλομένου εἰς ζωὴν αἰώνιον.

Der Gedanke, daß Jesus ewiges Leben mitteilt, kommt ferner – in einer etwas stärker begrifflich-theologischen Sprache – in den folgenden Versen zum Ausdruck:

6,27:   ἐργάζεσθε μὴ τὴν βρῶσιν τὴν ἀπολλυμένην
ἀλλὰ τὴν βρῶσιν τὴν μένουσαν εἰς ζωὴν αἰώνιον,
ἣν ὁ υἱὸς τοῦ ἀνθρώπου ὑμῖν δώσει.

6,33:   ὁ γὰρ ἄρτος τοῦ θεοῦ ἐστιν ὁ καταβαίνων ἐκ τοῦ οὐρανοῦ
καὶ ζωὴν διδοὺς τῷ κόσμῳ.

6,51:   ἐγώ εἰμι ὁ ἄρτος ὁ ζῶν ὁ ἐκ τοῦ οὐρανοῦ καταβάς·
ἐάν τις φάγῃ ἐκ τούτου τοῦ ἄρτου ζήσει εἰς τὸν αἰῶνα,
καὶ ὁ ἄρτος δὲ ὃν ἐγὼ δώσω ἡ σάρξ μού ἐστιν ὑπὲρ τῆς τοῦ κόσμου ζωῆς.

10,28:  κἀγὼ δίδωμι αὐτοῖς ζωὴν αἰώνιον
καὶ οὐ μὴ ἀπόλωνται εἰς τὸν αἰῶνα
καὶ οὐχ ἁρπάσει τις αὐτὰ ἐκ τῆς χειρός μου.

17,2:   ἔδωκας αὐτῷ ἐξουσίαν πάσης σαρκός,
ἵνα πᾶν ὃ δέδωκας αὐτῷ δώσῃ αὐτοῖς ζωὴν αἰώνιον.

Es liegt auf der Hand, daß die in 5,21 enthaltene Selbstaussage Jesu sachlich notwendig voraussetzt, daß der hier Redende seins- und ursprungsmäßig auf die Seite Gottes, seines Vaters, gehört und also seinem Wesen nach selbst *Gott* ist. Einzig unter dieser Prämisse wird der in V. 21 greifbare Hoheitsanspruch von dem Vorwurf der blasphemischen Usurpation göttlicher Macht und Würde *nicht* getroffen; andernfalls wäre er in der Tat als gotteslästerlich zurückzuweisen. Im vierten Evangelium besteht also ein unumkehrbarer Begründungszusammenhang zwischen der das *Werk* Jesu beschreibenden Aussage, daß er ewiges Leben schenkt, und der sich auf seine *Person* beziehenden Aussage, daß er selbst wesenhaft Gott ist. Der 1. Johannesbrief bringt diesen Begründungszusammenhang auf den Begriff, wenn er im Blick auf Jesus Christus erklärt: οὗτός ἐστιν ὁ ἀληθινὸς θεὸς καὶ ζωὴ αἰώνιος (1Joh 5,20b) und damit in besonders prägnanter Form ausdrückt, daß die christologische Personaussage, die Jesus die wahre Gottheit zuschreibt, das Fundament der christologischen Werkaussage bildet, die ihn als den Geber des ewigen Lebens bezeichnet. Den damit benannten theologischen Sachverhalt hat bereits M. Luther in seinen 1528/29 gehaltenen „Wochenpredigten über Joh 16–20" trefflich herausgestellt, wenn er zu 17,2 bemerkt: „Et quod dat vitam aeternam, gehort got zu non creaturae. Creatura potest accipere, ut vivat aeternum, sed ut det alii, impossibile. Angeli vivunt in aeternum sed angelus non dat alteri vitam aeternam … Sic nullus Euangelista loquitur ut Iohannes, einfeltiglich loquitur et tamen potentissime concludit Christum esse deum, quia vitam aeternam dare est opus divinitatis aeternae … Ergo quisque claudat cogitationes suas sed dicat: Johannes hat den spruch gesagt: Christus gibt allen credentibus vitam aeternam, ergo oportet sit deus. Quod creatura non potest."[9]

In der Forschung ist nach wie vor umstritten, ob sich das Demonstrativum οὗτος in 1Joh 5,20b auf *Gott*[10] oder auf *Jesus Christus*[11] bezieht. Aus den folgenden Gründen scheint mir der Bezug auf Jesus Christus jedoch außer Frage zu stehen: 1. Schon grammatisch-syntaktisch spricht alles dafür, daß das Demonstrativum οὗτος auf die in der unmittelbar voraufgehenden Wendung ἐν τῷ υἱῷ αὐτοῦ Ἰησοῦ Χριστῷ genannte Person rekurriert[12]. Daß sich die Formulierung οὗτός ἐστιν ὁ κτλ. auf eine weiter entfernt erwähnte Größe beziehen könne und somit auch an unserer Stelle mit ἐν τῷ ἀληθινῷ V. 20aβ verbunden werden dürfe, läßt sich mit dem Hinweis auf 1Joh 2,22 und 2Joh 7 keineswegs überzeugend begründen[13]. An beiden Stellen ist vom Inhalt der Sätze her von vornherein evident, daß das Demonstrativum jeweils auf das Subjekt des übergeordneten Satzes Bezug nimmt und nicht etwa auf die Person verweist, die Gegenstand der von ὁ ἀρνούμενος bzw. von οἱ μὴ ὁμολογοῦντες abhängigen Aussage ist. – 2. Ein logisches Argument kommt hinzu: Erblickt man in den emphatischen Worten οὗτός ἐστιν ὁ ἀληθινὸς θεός eine Aussage über Gott, den Vater, so ergibt sich angesichts der in V. 20a bereits zweimal erscheinenden Gottesprädikation ὁ ἀληθινός eine im Grunde sinnlose Tautologie[14]. – 3. In sachlich-inhaltlicher Hinsicht ist sodann zu bedenken: Die Prädikation Jesu als ζωὴ αἰώνιος fügt sich vortrefflich in das Gesamtgefüge der Christologie des 1. Johannesbriefes ein, wird Jesus hier doch bereits in den Eingangs-

---

[9] LUTHER, WA 28, 89,11–13; 90,4–6; 92,7–9 (Rörer-Nachschrift).

[10] So z.B. HOLTZMANN, Johanneische Briefe 266; WESTCOTT, The Epistles of St John 196; BROOKE, The Johannine Epistles 152f.; BAUMGARTEN, Die Johannes-Briefe 223; DODD, The Johannine Epistles 140f.; SMALLEY, 1, 2, 3 John 308; VOUGA, Die Johannesbriefe 77; HARRIS, Jesus as God 244–253.

[11] So z.B. CALVIN, Novum Testamentum Commentarii VIII 381; BENGEL, Gnomon 1026; WEISS, Die drei Briefe des Apostels Johannes 159–161; BÜCHSEL, Die Johannesbriefe 89f.; HAUCK, Die Kirchenbriefe 154; SCHNEIDER, Die katholischen Briefe 189; GAUGLER, Die Johannesbriefe 279f.; MICHL, Die katholischen Briefe 251; SCHNACKENBURG, Die Johannesbriefe 291; CULLMANN, Die Christologie des Neuen Testaments 318; WENGST, Der erste, zweite und dritte Brief des Johannes 223f.; MARSHALL, The Epistles of John 254f. mit Anm. 47; BROWN, The Epistles of John 625f.; SCHUNACK, Die Briefe des Johannes 106; STRECKER, Die Johannesbriefe 308–310; KLAUCK, Der erste Johannesbrief 335f. 339; HIEBERT, The Epistles of John 270–272; BALZ, Die Johannesbriefe 211; VOGLER, Die Briefe des Johannes 178; JOHNSON, 1, 2, and 3 John 140f.; vgl. auch BULTMANN, Die drei Johannesbriefe 92f. – Schwankend WINDISCH / PREISKER, Die katholischen Briefe 135f.

[12] Vgl. 1Joh 5,5f., wo der Satz οὗτός ἐστιν ὁ κτλ. (V. 6) sich ebenfalls auf Jesus als den Sohn Gottes (V. 5) bezieht.

[13] U.a. gegen HOLTZMANN, Johanneische Briefe 266; WINDISCH / PREISKER, Die katholischen Briefe 135; VOUGA, Die Johannesbriefe 77.

[14] Bereits CALVIN, Novum Testamentum Commentarii VIII 381 bemerkt treffend, daß die Bezugnahme auf Gott eine „nimis frigida … repetitio" darstellte.

versen 1,1f. in programmatischer Weise als „das Leben" (ἡ ζωή) bzw. „das ewige Leben" (ἡ ζωὴ ἡ αἰώνιος) und damit als der Träger und Geber des ewigen Lebens bezeichnet. Die gleiche streng christologische Verwendung des „Lebens"-Begriffs begegnet darüber hinaus ferner in 2,25; 4,9; 5,11f.13[15]. Daß im Corpus Johanneum nirgends
Gott selbst ausdrücklich als „das (ewige) Leben" bezeichnet wird, will überdies beachtet sein. – 4. Wichtig ist zudem eine die Gesamtkomposition des 1. Johannesbriefes
betreffende Beobachtung: Bezieht man das Demonstrativpronomen auf die Wendung
ἐν τῷ υἱῷ αὐτοῦ Ἰησοῦ Χριστῷ, dann bildet die Aussage 1Joh 5,20b eine Inklusion
mit dem Anfang des Briefes 1,1f. Die Worte οὗτός ἐστιν ὁ ἀληθινὸς θεὸς καὶ ζωὴ
αἰώνιος korrespondieren in der Sache der Rede von der ζωὴ αἰώνιος, ἥτις ἦν πρὸς τὸν
πατέρα καὶ ἐφανερώθη ἡμῖν in 1,2[16]. – 5. Wird der Satz 5,20b christologisch verstanden, so ergibt sich im Kontext ein hervorragender Sinn. V. 20b benennt den theologischen Grund für die Aussage von V. 20a: Weil Jesus selbst „der wahre Gott" und als
solcher der Träger und Geber des ewigen Lebens ist, darum kann er der Gemeinde den
der Welt schlechthin transzendenten Vater offenbaren und ihr so die heilvolle Gottesgemeinschaft eröffnen. – 6. Der 1. Johannesbrief richtet sich gegen Gegner, die das
Geschehen der Inkarnation leugnen, indem sie den ewigen Gottessohn von dem geschichtlichen Menschen Jesus wesenhaft unterscheiden[17]. Der Verfasser des 1. Johannesbriefes insistiert demgegenüber darauf, daß der ewige Gottessohn wirklich
„Fleisch" geworden und mit Jesus personidentisch ist[18]. In diesem Zusammenhang ist
„das feierliche Bekenntnis zur Gottheit eben dieses Menschen Jesus Christus als Abschluß ausgezeichnet am Platze"[19]. Daß Gott, der Vater, ὁ ἀληθινὸς θεός ist, bestreiten
die Irrlehrer nicht und muß deshalb auch keineswegs am Ende des Briefes noch einmal
betont eingeschärft werden. – 7. Von Gewicht sind schließlich die christologischen
Spitzenaussagen des vierten Evangeliums Joh 1,1[20]; 1,18[21] und 20,28, in denen Jesus
jeweils als θεός prädiziert wird. Sie zeigen, daß die Bezeichnung Jesu als ὁ ἀληθινὸς
θεός innerhalb des Corpus Johanneum keineswegs einen Fremdkörper darstellt, sondern durchaus „in der Fluchtlinie der Ausformulierung der Christologie in den
johanneischen Schriften" liegt[22].

## b) Joh 5,21 und die Elia / Elisa-Tradition

Wie unerhört der in 5,21 geäußerte Hoheitsanspruch Jesu ist, zeigt zusätzlich
ein Vergleich dieser Selbstaussage mit dem, was in alttestamentlich-frühjüdischer Tradition über einen *Propheten* Gottes gesagt werden kann. Hier sind
jene beiden Texte besonders instruktiv, die von dem durch Elia vollbrachten
Wunder der Auferweckung des Sohnes der Witwe zu Sarepta (1Kön 17,17–24)
bzw. von der durch Elisa bewirkten Auferweckung des Sohnes der Schunemi-
terin (2Kön 4,18–37, bes. V. 32–37) handeln. Die vergleichende Gegenüber-

---

[15] Vgl. daneben vor allem auch Joh 11,25b; 14,6.
[16] Vgl. BENGEL, Gnomon 1026 (z.St.): „Initium epistolae et finis conveniunt."
[17] S. dazu 1Joh 2,22f.; 4,2f.; 5,5f.; vgl. 2Joh 7.
[18] S. dazu 1Joh 2,22f.; 4,2f.; vgl. 4,15; 5,1.5f.
[19] BÜCHSEL, Die Johannesbriefe 89.
[20] S. dazu u. S. 178f. mit Anm. 45.
[21] S. dazu u. S. 113–115.
[22] KLAUCK, Der erste Johannesbrief 339.

stellung dieser Texte mit der christologischen Aussage Joh 5,21 läßt zwei fundamentale Unterschiede sichtbar werden: 1. In den beiden prophetischen Wundertaten ereignet sich lediglich eine *leibliche* Totenerweckung, durch die ein Mensch in jenes Leben zurückgerufen wird, das selbst wiederum unaufhaltsam auf den Tod zuläuft. Die Selbstaussage Jesu Joh 5,21 spricht dagegen von einer *geistlichen* Totenerweckung, die ein Leben schenkt, das auch durch den leiblichen Tod nicht mehr aufgehoben werden kann. – 2. Die alttestamentlichen Texte geben deutlich zu erkennen, daß die Totenerweckung dezidiert als *Gottes* Werk zu begreifen ist und daß die beiden Propheten ausschließlich *Instrumente* in der Hand Gottes sind, durch welche er selbst und er allein die Toten ins Leben zurückruft. So wird in 1Kön 17,17–24 einerseits erzählt, daß Elia angesichts des toten Kindes den Gott Israels anruft und ihn um die Gewährung eines Wunders bittet (1Kön 17,20f.), und andererseits ausdrücklich hervorgehoben, daß Jahwe die Stimme des „Mannes Gottes" erhört hat (1Kön 17,22)[23]; ganz entsprechend berichtet der Paralleltext 2Kön 4,32–37, daß auch Elisa vor der Wundertat zu Jahwe betet (2Kön 4,33)[24]. Beide Propheten sind demnach in ihrem Wirken ganz und gar auf Gottes Erhörung angewiesen, darauf also, daß *er selbst* das Wunder durch sie vollbringt[25]. Darin spiegelt sich die unendliche Differenz wider, die zwischen Gott und den Propheten, d.h. zwischen ihm als dem Schöpfer und ihnen als seinen Geschöpfen besteht. Diesem theologischen Sachverhalt tragen jene Texte des antiken Judentums ausdrücklich Rechnung, die betonen, daß der „Schlüssel" zur Totenerweckung niemals in die Hände eines Bevollmächtigten Gottes gegeben wird[26]. Eine gänzlich andere Relation ist dagegen zwischen dem johanneischen Jesus und Gott zu konstatieren, wenn man die Aussage von Joh 5,21 über das ἐγείρειν καὶ ζῳοποιεῖν in den Blick faßt: Jesus macht die Toten in der *gleichen* Weise lebendig wie Gott selbst, und zwar tut er es in der unauflöslichen *Einheit* und *Gemeinschaft* mit seinem himmlischen Vater. Er ist nicht ein Instrument, dessen sich Gott bei der Auferweckung der Toten bedient, sondern er ist im Vollzug der eschatologischen Neuschöpfung selbst das souverän handelnde *Subjekt*[27]. Darin zeigt sich, daß Jesus

---

[23] Vgl. die Nacherzählung bei Josephus, Ant VIII 325–327; s. ferner auch Sir 48,5; 4Esr 7,109; VitProph XXI 5 (vgl. X 5).

[24] Vgl. VitProph XXII 12.

[25] Vgl. dazu die rabbinischen Aussagen bei Billerbeck I 594. 895 (unter B). In der Nachfolge der alttestamentlichen Prophetenerzählungen stehen die bei Billerbeck I 560; II 545 aufgeführten Berichte über vereinzelte Totenerweckungen durch Rabbinen: Der Rabbi „betet" zu Gott „um Erbarmen", und die Totenerweckung geschieht dann aufgrund der Erhörung seines Gebetes.

[26] S. die rabbinischen Belege bei Billerbeck I 437. 523. 737. Vgl. dazu auch Kammler, Jesus Christus und der Geistparaklet 161 Anm. 319.

[27] Der Gedanke, daß Jesus die Toten in göttlicher Souveränität und Freiheit auferweckt, klingt in Joh 5,21 ausdrücklich mit an, und zwar in den prädestinatianisch gemeinten Worten οὓς θέλει. Das christologische Gewicht, das diesem Relativsatz zukommt, hat schon Augustin, Traktat XXI 10 treffend herausgestellt: „... et ne quis diceret, suscitat Pater

gerade nicht wie die Propheten von Gott qualitativ unterschieden, sondern im Gegenteil mit ihm seins- und ursprunghaft *eins* ist[28].

Die zwischen Jesus und den Propheten Elia und Elisa bestehende Differenz wird im vierten Evangelium nicht nur in 5,21 sichtbar. Sie läßt sich vielmehr auch in der Wundererzählung 10,40–11,54 wahrnehmen, in der – wie wir bereits sahen[29] – das σημεῖον der Auferweckung des Lazarus auf die μείζονα τούτων ἔργα des ἐγείρειν καὶ ζῳοποιεῖν hinweist. Besonders lehrreich ist hier ein Vergleich zwischen 1 Kön 17,17–24 / 2 Kön 4,32–37 und dem Bericht über das Wundergeschehen Joh 11,38–44. Das Gebet, das Jesus vor der Wundertat spricht (Joh 11,41 f.), unterscheidet sich auf signifikante Weise von dem Gebet des Elia 1 Kön 17,20 f. Zum einen: Jesus redet Gott als πάτερ an und gibt damit zu erkennen, daß er selbst der eine und einzige Sohn seines himmlischen Vaters ist. Zum andern: Jesu Gebet ist kein flehentliches Bittgebet, sondern ein Dankgebet (V. 41: εὐχαριστῶ σοι ὅτι κτλ.), das von dem Wissen um die ständige Erhörung getragen ist (V. 42: ἐγὼ δὲ ᾔδειν ὅτι πάντοτέ μου ἀκούεις). Schließlich: Jesus spricht das Dankgebet bereits *vor* der Auferweckungstat, weil er dessen absolut gewiß ist, daß ihn der Vater bereits erhört *hat* (V. 41: πάτερ, εὐχαριστῶ σοι ὅτι ἤκουσάς μου). In alledem zeigt sich, daß das Gebet Jesu von dem Gebet des Propheten Elia und zugleich von jeglichem menschlichen Beten radikal unterschieden ist. Es bezeugt „seine Einheit mit dem Vater"[30]. Den qualitativen Unterschied, der zwischen dem johanneischen Jesus und allen anderen Menschen besteht, stellt bereits O. Pfleiderer treffend heraus, wenn er im Blick auf Joh 11,41 f. bemerkt: „Die menschliche Abhängigkeit mag noch so sehr zur freien kindschaftlichen Gottes-Innigkeit sich erheben – des Bittens

---

mortuos per Filium, sed ille tamquam potens, tamquam potestatem habens, iste tamquam ex aliena potestate, tamquam minister facit aliquid, sicut angelus: potestatem significavit ubi ait, *sic et Filius quos vult vivificat.* Non enim vult Pater aliud quam Filius; sed sicut illis una substantia, sic et una voluntas est." Daß die gottgleiche Stellung und Würde Jesu in 5,21 gerade auch durch die Wendung οὓς θέλει betont wird, bestätigt eine weitere Beobachtung: Im vierten Evangelium begegnen sowohl Aussagen, die vom erwählenden Handeln des *Vaters* sprechen (6,37.39.44.65; 10,29; 17,2.6.9; 18,9), wie auch entsprechende Formulierungen, die von einer Erwählung durch den *Sohn* reden (neben 5,21 s. 6,70; 13,18; 15,16.19 [ferner 1,12]). Auch dieser Sachverhalt ist ein Ausdruck der wesenhaften Einheit zwischen Gott als dem Vater und Jesus als dem Sohn.

[28] Den fundamentalen theologischen Unterschied zwischen den prophetischen Totenerweckungen und der Selbstaussage Jesu Joh 5,21 hebt auch CARSON 253 hervor: „Elijah was sometimes recognized as an exception: he served as a representative of God in raising the dead. But Jesus' authority in this regard goes beyond that of Elijah, for the Son gives life *to whom he is pleased to give it.* Although the Son ‚can do nothing by himself' (v. 19), his will, his pleasure, his choices are so completely at one with his Father that it is no less true to say the crucial decisions are his. Unlike Elijah, Jesus is no mere instrument of divine power … Just as he chose one man out of the crowd of ill people by Bethesda (v. 6), so he chooses those to whom he gives life (*cf.* 15:16)."

[29] S.o. S. 43.

[30] So mit Recht KÄSEMANN, Jesu letzter Wille 17.

und Dankens wird sie doch nie für sich enthoben zu sein glauben! Wer diess von
sich so aussagen kann wie der johanneische Christus, dessen Abhängigkeit muss
mit wesentlicher Gotteinheit identisch sein, sie kann nur der eigenste Grundzug
eines *göttlichen* Wesens *im Unterschied vom menschlichen* sein!"[31] Das Gebet
Jesu 11,41f. ist also nach Form und Inhalt selbst ein Zeugnis der *hohen* Christologie des Johannesevangeliums[32]. Der Gestalt dieses Gebetes entspricht dann
auch der Vollzug der Wunderhandlung, wie er in dem unmittelbar folgenden
Vers 11,43 geschildert wird: καὶ ταῦτα εἰπὼν φωνῇ μεγάλῃ ἐκραύγασεν·
Λάζαρε, δεῦρω ἔξω. Jesus erweckt den schon in Verwesung begriffenen Lazarus durch seinen schöpferischen Ruf; seinem Wort eignet somit eine Macht und
Qualität, wie sie nach alttestamentlich-frühjüdischer Tradition niemals dem
Worte eines Menschen – auch nicht dem eines Propheten –, sondern einzig und
allein dem Worte Gottes selbst zukommt und zukommen kann[33].

---

[31] PFLEIDERER, Zur johanneischen Christologie 246; vgl. ferner HEITMÜLLER 27; BAUER
154; BECKER II 427. Es geht deshalb gänzlich am Text vorbei, wenn BÜCHSEL 14 den Versen
Joh 11,41f. entnimmt, daß Jesu Wundertaten „Gebetserhörungen Gottes" sind; s. auch DERS.,
ebd. 128f. Ebenso verfehlt sind die Interpretationen von ZAHN 489f. („Alle Anwesenden
sollen hören, daß die Tat, die er zu tun im Begriff steht, wie alle ähnlichen Taten, eine
Gebetserhörung ist … Das in unerschüttertem Glauben an den Vater gerichtete Gebet gibt
ihm die Macht, auch den Toten ins Leben zurückzurufen … Auch Elia und Elisa haben
gleiches vollbracht") und MICHEL, Art. ὁ πατήρ: EWNT III 133 („Nach dem Dankgebet
11,41 gehört Jesus zu den Betern [sic!], die allzeit das Gehör des Vaters finden, also Vollmacht vom Vater haben").

[32] Dem entspricht die Gestalt des sog. „hohenpriesterlichen Gebetes" Joh 17. Die Aussage
Jesu: πάτερ, ὃ δέδωκάς μοι, *θέλω* ἵνα ὅπου εἰμὶ ἐγὼ κἀκεῖνοι ὦσιν μετ' ἐμοῦ, ἵνα θεωρῶσιν
τὴν δόξαν τὴν ἐμήν, ἣν δέδωκάς μοι – ὅτι ἠγάπησάς με – πρὸ καταβολῆς κόσμου (17,24;
zur Interpunktion s. die Bemerkungen o. S. 37 Anm. 62) sprengt ja den Rahmen des dem
Menschen geziemenden Betens radikal. Während der Mensch Gott in *Demut* als *Bittender*
gegenüberzustehen hat, spricht Jesus hier zum Vater *frei und souverän* als der Sohn sein
majestätisches *„Ich will"* (vgl. KÄSEMANN, Jesu letzter Wille 18).

[33] Angemerkt sei, daß sich auch die von den Synoptikern in Mk 5,35–43parr und Lk 7,11–
17 überlieferten Totenerweckungserzählungen sachlich ganz erheblich von dem unterscheiden, was in 1Kön 17,17–24 und 2Kön 4,32–37 von Elia bzw. Elisa berichtet wird. So erweckt Jesus die Tochter des Synagogenvorstehers Mk 5,35–43 ohne ein vorheriges Bittgebet
einzig und allein durch die Macht seines Wortes, das sofort bewirkt, was es befiehlt: καὶ
κρατήσας τῆς χειρὸς τοῦ παιδίου λέγει αὐτῇ· ταλιθα κουμ, ὅ ἐστιν μεθερμηνευόμενον·
τὸ κοράσιον, σοὶ λέγω, ἔγειρε. καὶ εὐθὺς ἀνέστη τὸ κοράσιον καὶ περιεπάτει (V. 41.42a).
Die Auferweckungshandlung ist eine Manifestation seiner *göttlichen* Macht, was gerade
auch durch die Reaktion der anwesenden Zeugen V. 42b angezeigt wird: καὶ ἐξέστησαν
[εὐθὺς] ἐκστάσει μεγάλῃ. Auch die Erzählung von der Auferweckung des Jünglings zu
Nain (Lk 7,11–17) überbietet das im Alten Testament von den Propheten Elia und Elisa
Berichtete unvergleichlich. Jesus vollzieht die Totenerweckung ausschließlich durch sein
machtvolles Wort: νεανίσκε, σοὶ λέγω, ἐγέρθητι (V. 14). Wichtig ist dann außerdem die
Akklamation der Menge V. 16. Sie sagt zunächst: προφήτης μέγας (d.h.: ein Prophet wie
Elia) ἠγέρθη ἐν ἡμῖν, um dann sogleich – durch ein steigerndes καί („ja, mehr noch") angeschlossen – hinzuzufügen: ἐπεσκέψατο ὁ θεὸς τὸν λαὸν αὐτοῦ (vgl. Lk 1,68.78f.). – Welches sachliche Gewicht dem Tatbestand beizumessen ist, daß von Jesus gerade *nicht* erzählt
wird, daß er vor der Auferweckungshandlung zu Gott betet, zeigt schließlich auch ein Vergleich mit der Erzählung von der Auferweckung der Tabitha durch Petrus (Apg 9,36–42).

## c) Joh 5,21 und die alttestamentlich-frühjüdische Messianologie

Die Einzigartigkeit und Unerhörtheit der christologischen Aussage von Joh 5,21 wird schließlich auch noch von einer anderen Seite her deutlich. Bedenkt man, was im Alten Testament und im antiken Judentum über den *Messias* gesagt wird, so ist festzustellen: In den Quellen findet sich weder ein Beleg dafür, daß der Messias einen Toten aufzuerwecken vermag, noch ist irgendwo die Erwartung bezeugt, daß er die eschatologische Totenauferweckung vollzieht.

Man hat den Gedanken, daß der Messias in der Heilszeit die Toten auferwecken wird, zwar in dem Qumran-Fragment 4Q 521 2 II 1–13 finden wollen[34], aber zu Unrecht. Denn in den zur Begründung angeführten Worten מתים יחיה (,,Tote wird er lebendig machen") aus Zeile 12 ist keinesfalls von dem Wirken des Messias die Rede; vielmehr spricht der Text von dem, was *Gott* tut. Das wird deutlich, wenn man den Text im Zusammenhang betrachtet. Er lautet in der Übersetzung von J. Maier folgendermaßen[35]:

(1)  [... der(/s) Hi]mmel(s) und die (/der) Erde werden hören
                       auf Seine (/Seinen) Gesalbten,
(2)  [und alles, w]as in ihnen, wird nicht vom Gebot Heiliger weichen.
(3)  Nehmt euch zusammen, Sucher des Herrn, in Seinem Dienst!
    [(Leer)]
(4)  Findet ihr nicht darin den Herrn,
    alle, die da hoffen in ihrem Herzen,
(5)  daß der Herr sich um Fromme kümmert
    und Gerechte mit Namen ruft,

---

Hier wird ausdrücklich hervorgehoben, daß Petrus – in gleicher Weise wie Elia und Elisa – Gott um die Gewährung des Wunders der Totenerweckung bittet, bevor er selbst das Leben schenkende Befehlswort spricht: ἐκβαλὼν δὲ ἔξω πάντας ὁ Πέτρος καὶ θεὶς τὰ γόνατα προσηύξατο καὶ ἐπιστρέψας πρὸς τὸ σῶμα εἶπεν· Ταβιθά, ἀνάστηθι (V. 40). Der Apostel steht also auf einer Ebene mit den alttestamentlichen Propheten: Wie sie, so ist auch er lediglich ein *Instrument*, durch das *Gott selbst* Tote lebendig macht. Jesus dagegen erweckt die Toten in eigener, göttlicher Macht. Die Relation zwischen ihm und den Aposteln entspricht somit der Relation zwischen Jahwe und den Propheten: Jesus steht den Aposteln als Herr gegenüber.

[34] So etwa Betz / Riesner, Jesus, Qumran und der Vatikan 112f.; Stuhlmacher, Der messianische Gottesknecht 142f.; ders., Wie treibt man biblische Theologie?, 32. – S. ferner auch Wise / Tabor, The Messiah at Qumran 60–65 und dazu die begründete Kritik von Garcia Martinez, Messianische Erwartungen 184f. García Martínez zeigt überzeugend, daß es auf einer falschen Lesung der Handschrift beruht, wenn Wise / Tabor, The Messiah at Qumran 62 den hebräischen Text von 4Q 521 2 II 10–12 mit den Worten übersetzen: ,,(10) a[nd in His] go[odness forever. His] holy [Messiah] will not be slow [in coming.] (11) And as for the wonders that are not the work of the Lord, when he (i.e., the Messiah) [come]s (12) then he will heal the sick, resurrect the dead, and to the poor announce glad tidings." Fehlerhaft sind auch Text und Übersetzung der Zeilen 10.11 bei Eisenman / Wise, Jesus und die Urchristen 27 bzw. 29.

[35] Maier, Die Qumran-Essener II 683f. (dort jeweils mit einer Zäsur zwischen den Zeilen 3 und 4, 8 und 9, 11 und 12). – Den hebräischen Text von 4Q 521 2 II 1–13 bietet Puech, Une apocalypse messianique 485.

(6)  über Armen / Demütigen Sein Geist schwebt
     und Er Getreue neu stärkt durch Seine Kraft,
(7)  daß Er Fromme ehrt
     auf einem Thron ewiger Herrschaft,
(8)  Gebundene löst, blinde (Augen) öffnet,
     G[ebeugte] aufrichtet?
(9)  Und (so) will für [im]mer ich anhaf[ten den Ho]ffenden
     und auf (/in) Seine(r) Huld […]
(10) und die Fruch[t guter Ta]t
     wird sich einem Mann nicht verzögern,
(11) und glorreiche Dinge,
     die (so noch) nicht gewesen,
     wird der Herr tun, wie Er ges[agt hat.]
(12) Dann heilt Er Durchbohrte und Tote belebt Er,
     Armen (/Demütigen) verkündet Er (Gutes),
(13) und [Niedrig]e (?) wird er sät[tigen,
     Ve]rlassene (?) wird Er leiten
     und Hungernde rei[ch machen (?).]

Zum Vergleich sei auch die Übersetzung von F. García Martínez angeführt[36]:

(1)  [Dann werden Him]mel und Erde auf seinen Messias hören,
(2)  [und alles], was es in ihnen gibt, wird sich nicht von den Geboten
                                         der Heiligen abwenden.
(3)  Seid stark, die ihr den Herrn in seinem Dienst sucht!
     *Vacat*
(4)  Werdet ihr etwa nicht darin den Herrn finden,
     [ihr] alle, die in ihrem Herzen hoffen?
(5)  Denn der Herr wird auf die Frommen achten
     und beim Namen die Gerechten rufen,
(6)  und auf die Armen seinen Geist legen
     und die Treuen mit seiner Kraft erneuern.
(7)  Dann wird er die Frommen
     auf dem Thron ewigen Königtums ehren,
(8)  da er die Gefangenen befreit, die Blinden sehen läßt
     und die Krummen aufrichtet.
(9)  Auf immer werde ich mich anschließen den Hoffenden.
     In seiner Barmherzigkeit wird er rich[ten]
(10) und niemandem wird die Frucht
     des guten [Werkes] aufgeschoben,
(11) und der Herr wird glorreiche Werke tun,
     die es nie gegeben hat,
     so wie er es ge[sagt] hat.

[36] GARCÍA MARTÍNEZ, Messianische Erwartungen 182. Um den Vergleich mit der Übersetzung J. Maiers zu erleichtern, wird der Text nach Zeilen gegliedert dargeboten. Hingewiesen sei schließlich auch auf folgende Übersetzungen: WISE / ABEGG / COOK, Die Schriftrollen von Qumran 436f.; J. ZIMMERMANN, Messianische Texte aus Qumran 344f.

(12) Dann wird er heilen die Verwundeten, die Toten aufleben lassen,
   gute Nachricht den Demütigen verkünden,
(13) [die Armen] überhäufen,
   die Vertriebenen heimführen
   und die Hungernden reich machen.

Im Unterschied zu der Übersetzung von F. García Martínez macht J. Maier durch seine Wiedergabe von Zeile 1 auf ein ernsthaftes Problem aufmerksam: Es ist keineswegs sicher, daß in dem zitierten Text 4Q 521 2 II 1–13 überhaupt von dem Messias der Endzeit die Rede ist. Die in Zeile 1 erscheinende Form משיחו kann nämlich sowohl als Singular (מְשִׁיחוֹ = „sein Gesalbter") wie auch als Plural (מְשִׁיחָו = „seine Gesalbten"[37]) gelesen werden. Für den Plural plädiert nachdrücklich H. Stegemann[38]. Er übersetzt die Zeilen 1–3 mit den Worten: „[Him]mel und Erde sollen Seinen Gesalbten gehorsam sein, [und alles, w]as darinnen ist, darf niemals von den Geboten der Heiligen abweichen: Ihr, die ihr nach dem Herrn trachtet, setzt alle Kraft in den Dienst für Ihn."[39] Den fraglichen Ausdruck משיחו bezieht Stegemann auf „die biblischen Propheten …, deren Weisungen es zu folgen gilt"[40], und die Worte מצות קדושים („die Gebote der Heiligen") von Zeile 2 auf „die Gebote der fünf Bücher des Mose, der Tora, die Gott dem Mose ,durch (seine heiligen) Engel' geoffenbart hatte (vgl. Jubiläen-Buch 1,27–29; 2,1; Gal 3,19)". Er gelangt von daher zu der folgenden Deutung der Zeilen 1.2 insgesamt: In einem synthetischen Parallelismus membrorum werden „die beiden Teile des damaligen biblischen Kanons, die Tora und die Prophetenbücher, als Orientierungsgrundlage für den Gehorsam Gott gegenüber genannt. Der Erfüllung des in Tora und Prophetenschriften Geforderten sollen die Gläubigen mit aller ihrer Kraft dienen." Nach dem Urteil Stegemanns kann den Zeilen 1 ff. nur da ein Hinweis auf den Messias entnommen werden, wo „in philologisch unverantwortbarer Weise … der parallelismus membrorum mißachtet und dadurch ,der Messias' in einen Text hineininterpretiert" wird, „der ihn gar nicht enthält".

Die von Stegemann vorgebrachten Argumente für die Lesung von משיחו als Plural sind von Gewicht. Aber auch dann, wenn man משיחו als Singular auf-

---

[37] Defektive Schreibweise für משיחיו.
[38] STEGEMANN, Die Essener 49–51. Vgl. auch MAIER, Die Qumran-Essener II 683 Anm. 651, der zu משיחו 4Q 521 2 II 1 bemerkt: „Graphisch wird zwischen Plural und Singular manchmal nicht unterschieden. Hier scheint ein Parallelismus mit ,Heiligen' (Engeln?) im Sinne von hohen Amtsträgern vorzuliegen. Der Singular ist zudem unsicher, weil in Frg. 8 eindeutig ein Plural vorliegt, der sich außer auf gesalbte Amtsträger wie König und Hohepriester auch auf Propheten beziehen kann." Vgl. ferner NIEBUHR, Die Werke des eschatologischen Freudenboten 638 f.
[39] STEGEMANN, Die Essener 50. Dort auch die folgenden Zitate.
[40] Zur Bezeichnung der Propheten als „Gesalbte" (משׁחים) Gottes verweist STEGEMANN, Die Essener 286 neben 4Q 521 2 II 1 noch auf 1QM 11,7 f.; CD 2,12 f.; 6,1.

faßt[41] und in Zeile 1 den endzeitlichen Messias erwähnt findet, erlaubt der
Text in gar keiner Weise die These, daß in Zeile 12 von diesem Messias die
Rede sei. Diese These scheitert bereits an der Syntax der Zeilen 11–13. Daß
der in Zeile 5 genannte „Herr" (אדני)[42] und also Gott selbst das Subjekt der
Zeilen 5–8 ist, steht außer jedem Zweifel. Alles spricht dafür, daß die Zeilen
11–13 entsprechend zu verstehen sind: Der „Herr" (אדני) von Zeile 11 ist Subjekt aller folgenden Aussagen. Zu der grammatisch-syntaktischen Beobachtung kommt eine sachlich-inhaltliche Feststellung hinzu: Wie nicht zuletzt das
כי von Zeile 12 anzeigt, handelt es sich im Gedankengang des Textes bei den
Zeilen 12.13 um die nähere Explikation der Aussage von Zeile 11: „und glorreiche Dinge, die (so noch) nicht gewesen, wird der Herr tun, wie Er ges[agt
hat]"[43] (כאשר ד[בר]) ‏(ונכ(ב)דות שלוא היו יעשה אדני[44]‏. Dafür, daß Gott das
Subjekt der Zeilen 12.13 ist, spricht ferner auch die Korrespondenz, die sich
zwischen den Zeilen 12.13 und den Zeilen 5–8 beobachten läßt. Redet Zeile 6
davon, daß Gott auf die „Armen" / „Demütigen" (ענוים) seinen Geist legen wird,
so Zeile 12 davon, daß er den ענוים die endzeitliche Errettung verkünden wird.
Darüber hinaus besteht überhaupt eine sachliche Entsprechung zwischen den
Heilsverheißungen von Zeile 5–8 und denen von Zeile 12.13. In beiden Abschnitten geht es folglich um das endzeitliche Heilshandeln *Gottes*. Im übrigen
will auch noch beachtet sein, daß der Begriff „der Messias" – falls er denn
überhaupt in Zeile 1 zu lesen ist – seit jener Zeile nicht mehr vorkommt.

Es ist ohne Frage ein Urteil *gegen* die Syntax, wenn O. Betz / R. Riesner im
Blick auf Zeile 12 bemerken[45]: „Hier wird doch wohl das erlösende Handeln
des Messias beschrieben, der zu dem von Gott vorherbestimmten Zeitpunkt,
dem großen ‚Dann', auftreten wird. Freilich ist sonst das Auferwecken der
Toten das endzeitliche Tun Gottes, wie etwa die zweite Benediktion des Acht-
zehn-Bitten-Gebetes zeigt ... Aber die gleichzeitig im Qumran-Text erwähnte
Verkündigung der frohen Botschaft für die Armen kann nicht Gottes Aufgabe
sein. Nach dem Propheten Jesaja gehört sie zum Programm des mit Gottes
Geist Gesalbten und von Ihm Gesandten (Jesaja 61,1f.). Und auch nach dem
Qumran-Text 11QMelchizedek ist es der Messias, der die frohe Botschaft bringt
und das große Jahr des göttlichen Wohlgefallens verkündigt (11QMelchizedek
2,9.18)." Wenn sich die beiden Autoren hier auf die Worte ענוים יבשר („Armen
wird er frohe Botschaft verkünden") von Zeile 12 berufen, so ist das kein über-

---

[41] So neben Garcia Martinez, Messianische Erwartungen 182f. z.B. auch Vermes,
Qumran Forum Miscellanea I, 303.

[42] Von ihm ist auch bereits in den Zeilen 3 und 4 expressis verbis die Rede.

[43] Übersetzung: Maier, Die Qumran-Essener II 684.

[44] Vgl. Puech, Une apocalypse messianique 493: „Les lignes 12–14a détaillent les נכבדות
שלוא היו."

[45] Betz / Riesner, Jesus, Qumran und der Vatikan 112f. (dort 112 irrtümlich „Zeile 13"
statt „Zeile 12").

zeugendes Argument. Der Tatbestand, daß es in Jes 61,1f. der Prophet und in 11QMelch (11Q 13) II 18f. entsprechend der endzeitliche Prophet[46] ist, der die frohe Botschaft bringt, schließt keineswegs aus, daß in 4Q 521 2 II 12 *Gott* als das Subjekt der Heilsverkündigung erscheint. Denn im Jesaja-Buch finden sich neben der Aussage von Jes 61,1f. gerade auch solche Texte, die davon sprechen, daß Gott selbst das eschatologische Heil „verkündet" (נגד hi.) und „hören läßt" (שמע hi.). Zu nennen sind hier Jes 42,9: „Das Frühere, siehe, es ist eingetroffen, und Neues tue ich kund. Bevor es sproßt, lasse ich es euch hören"; Jes 45,19c: „Ich, Jahwe, rede Heil, verkünde, was wahr ist"; Jes 48,6b: „Ich lasse dich Neues hören von jetzt an, Verborgenes, von dem du nichts wußtest"[47]. Lehrreich ist auch die Aussage von Jes 52,6f. LXX, derzufolge *Gott* der εὐαγγελιζόμενος ἀγαθά ist: διὰ τοῦτο γνώσεται ὁ λαός μου τὸ ὄνομά μου ἐν τῇ ἡμέρᾳ ἐκείνῃ, ὅτι ἐγώ εἰμι αὐτὸς ὁ λαλῶν· πάρειμι ὡς ὥρα ἐπὶ τῶν ὀρέων, ὡς πόδες εὐαγγελιζομένου ἀκοὴν εἰρήνης, ὡς εὐαγγελιζόμενος ἀγαθά, ὅτι ἀκουστὴν ποιήσω τὴν σωτηρίαν σου λέγων Σιων Βασιλεύσει σου ὁ θεός. Angesichts dieser Texte ist zu sagen: Nichts steht dem entgegen, daß es auch in 4Q 521 2 II 12 *Gott selbst* ist, der den „Armen" sein Heil kundmacht. Daß er dies durch prophetische Boten tut, ist dabei – wie schon bei Deuterojesaja – als selbstverständlich vorausgesetzt. Der Sinn der Worte ענוים יבשר 4Q 521 2 II 12 ist mithin: Armen wird der Herr sein Heil verkünden lassen. Eine zusätzliche Beobachtung vermag das gewonnene Ergebnis noch einmal von einer anderen Seite her zu stützen. Wenn die Worte ענוים יבשר, wie kaum zweifelhaft sein kann, dem Prophetenspruch Jes 61,1f. verpflichtet sind und somit die in diesem Spruch enthaltene und dort das Wirken des Propheten beschreibende Wendung בשר ענוים („Armen frohe Botschaft verkünden") auf *Gott* bezogen worden ist, so läßt sich dafür sogar eine textimmanente Erklärung geben. Die in Zeile 12 des Qumran-Fragments zu verzeichnende Aufnahme der Wendung wie auch ihre Übertragung auf Gottes Handeln dürften durch die sprachliche und sachliche Parallelität veranlaßt sein, die zwischen Aussagen des Prophetenspruchs und dem in Zeile 8 des Fragments zitierten Psalmtext (Ps 146,7c.8a.b) besteht: Nach Jes 61,1 ist der Prophet gesandt, לִקְרֹא לִשְׁבוּיִם דְּרוֹר וְלַאֲסוּרִים פְּקַח־קוֹחַ („zu künden den Gefangenen die Freilassung und den *Gebundenen* die *Öffnung* [des Kerkers]"); in Ps 146,7c.8a wird Jahwe prädiziert als מַתִּיר אֲסוּרִים („der die *Gebundenen* befreit") und פֹּקֵחַ עִוְרִים („der die [Augen der] Blinden *öffnet*"). Die beiden Texte Ps 146,7c.8a.b und Jes 61,1f. sind aufgrund des Vorkommens gleicher Worte und verwandter Inhalte von dem Verfasser des Qumran-Fragments zueinander in Beziehung gesetzt worden.

---

[46] Vgl. GARCIA MARTINEZ, Messianische Erwartungen 203; ferner: DE JONGE / VAN DER WOUDE, 11Q Melchizedek and the New Testament 307; VAN DER WOUDE, Art. χρίω κτλ.: ThWNT IX 509,1–3. BETZ / RIESNER, Jesus, Qumran und der Vatikan 113 beziehen die Aussage von 11QMelch (11Q 13) II 18f. dagegen zu Unrecht auf den Messias.

[47] Vgl. auch Ps 85,9.

Blicken wir auf unsere Darlegungen zurück, so kann das Urteil als wohl-
begründet gelten, daß die Worte יחיה מתים („Tote wird er lebendig machen")
4Q 521 2 II 12 vom endzeitlichen Heilshandeln *Gottes* sprechen[48]; von einem
„erlösende[n] Handeln des Messias"[49] ist in den Zeilen 12.13 dagegen *nicht* die
Rede. Die Aussage יחיה מתים ist die gleiche wie in dem Fragment 7 unseres
Qumran-Textes, wo der Gott Israels als der prädiziert wird, „welcher die Toten
Seines Volkes belebt"[50] (המחיה את מתי עמו)[51]. H. Stegemann urteilt zu Recht:
„Im vor-christlichen Judentum – einschließlich der Qumran-Texte – galt der
Messias nie als Wundertäter. Auch der … Text 4Q 521 berichtet über keinerlei
Wundertaten des Messias, sondern rühmt *Gott* als künftigen Auferwecker der
Verstorbenen."[52] Im gleichen Sinne erklärt F. García Martínez: Nach 4Q 521 2
II 12 „erweckt nicht der Messias die Toten und gibt es auch keine Wundertaten,
die nicht das Werk Gottes sind. Was der Text uns lehrt, ist dies, daß in der
Endzeit … Gott wie versprochen wunderbare Taten vollbringen und die Aufer-
weckung der Toten … eines dieser Wunderwerke sein wird."[53]

Was sich für das antike Judentum feststellen läßt, gilt genauso auch für die
jüdischen Quellen der tannaitischen und amoräischen Zeit: Der Gedanke, daß
der Messias Tote aufzuerwecken vermag oder gar die eschatologische Totenauferweckung vollzieht, ist nirgends belegt[54]. Der einzige Beleg aus der rabbinischen Literatur findet sich in dem sehr späten, wohl aus dem 8. oder 9. Jh. n.

---

[48] So z.B. auch NIEBUHR, Die Werke des eschatologischen Freudenboten 638.

[49] So BETZ / RIESNER, Jesus, Qumran und der Vatikan 112.

[50] 4Q 521 7,6 in der Übersetzung von MAIER, Die Qumran-Essener II 685; vgl. auch
STEGEMANN, Die Essener 290.

[51] Text: PUECH, Une apocalypse messianique 501.

[52] STEGEMANN, Die Essener 341; vgl. ebd. 290f. In diesem Sinne bemerkt auch BERG-
MEIER, Beobachtungen 44: Das in 4Q 521 Gesagte „bleibt in jedem Fall und vollständig im
Rahmen jüdischer Eschatologie, die … nicht mit Wundertaten des Messias rechnet, sondern
den wunderbaren Charakter der Heilszeit auf umfassend heilvolles Wirken *Gottes* zurückführt".

[53] GARCIA MARTINEZ, Messianische Erwartungen 185. – Im Lichte der zutreffenden Urteile von H. Stegemann und F. García Martínez wird deutlich: Wenn die Evangelien davon
berichten, daß Jesus durch sein machtvolles Wort Tote auferweckt (Mk 5,21–43 par Mt 9,18–
26 / Lk 8,40–56; Lk 7,11–17; Joh 11,38–44), und wenn in der Antwort auf die Täuferfrage
Mt 11,3b par Lk 7,19b die Worte νεϰροὶ ἐγείρονται erscheinen (Mt 11,5 par Lk 7,22b), so
handelt es sich hier – ebenso wie auch bei den anderen in Mt 11,5 par Lk 7,22b genannten
heilvollen Werken Jesu – keineswegs um „messianische", sondern dezidiert um *göttliche*
Taten. Zweierlei ist in diesem Zusammenhang noch anzumerken: 1. Der Ausdruck τὰ ἔργα
τοῦ Χριστοῦ Mt 11,2 heißt: „die Taten Christi", nicht dagegen: „die Taten des Messias"; wie
in Mt 1,17; 23,10 ist ὁ Χριστός bereits der Beiname Jesu, der seinen vollen Sinn von der
matthäischen Christologie her empfängt. 2. Die alttestamentlichen Stellen, die im Hintergrund von Mt 11,5 par Lk 7,22b stehen (Jes 26,19; 29,18f.; 35,5f.; 61,1), sind im antiken
Judentum m.W. *nicht* auf den Messias bezogen worden; sie sprechen vielmehr von dem, was
*Gott* – sei es unmittelbar, sei es (so Jes 61,1) durch seinen Propheten – in der Heilszeit tut.

[54] Die Texte ApcEl 33,9–13 und 38,2–4 gehören, wie der Kontext und die Begrifflichkeit
zeigen, zu den *christlichen* Interpolationen und setzen bereits das neutestamentliche Zeugnis von Jesus und seinen Wundertaten voraus.

Chr. stammenden[55] Midraschwerk *Pirqê de Rabbi Eliezer*: „Warum heißt des Messias Name Jinnon? (יִנּוֹן Ps 72,17). Weil er dereinst die im Staube Schlafenden wird aufsprossen lassen (עָתִיד לִינֵן d.h. auferwecken).“[56] Diese völlig singuläre Aussage setzt die aus Ps 72,17 gewonnene und in bSan 98b der Schule des R. Jannai (3. Jh. n. Chr.) zugeschriebene Auffassung voraus, daß der Messias den Namen „Jinnon" trage, und sie sucht dafür eine schriftgelehrte Erklärung[57].

## 2. Joh 5,22

Wenden wir uns Joh 5,22 zu, so sind zunächst jene Einsichten in Erinnerung zu rufen, die wir bereits im Zusammenhang der Auslegung von V. 20b gewonnen haben[58]: Mit dem Satz οὐδὲ γὰρ ὁ πατὴρ κρίνει οὐδένα, ἀλλὰ τὴν κρίσιν πᾶσαν δέδωκεν τῷ υἱῷ soll keineswegs die Aussage von V. 21 *begründet* werden, und mit ihm tritt das „richterliche" Handeln des Sohnes auch nicht als ein *zweites* „größeres Werk" neben das lebendigmachende Wirken Jesu. Vielmehr bildet der Vers 22 – in Gestalt einer zwischen V. 21 und V. 23a eingeschobenen Parenthese – eine erläuternde Begründung zu dem Relativsatz οὓς θέλει V. 21, in dem der johanneische Prädestinationsgedanke zur Sprache kommt. Der Vers erklärt: Der Sohn läßt die μείζονα τούτων ἔργα des ζῳοποιεῖν *deshalb* ausschließlich den Erwählten zuteil werden, weil der Vater ihn zugleich auch mit dem Vollzug des Verdammungsgerichts beauftragt hat, das den Nicht-Erwählten gilt und ihnen schon gegenwärtig widerfährt.

In Ergänzung dieser bereits erarbeiteten Einsichten ist nun noch eigens das Folgende zu bemerken: Die antithetische Formulierung von V. 22 soll keineswegs besagen, daß das κρίνειν bzw. die κρίσις im Unterschied zum ζῳοποιεῖν einzig und allein das Werk des Sohnes, nicht hingegen zugleich und in derselben Weise auch das Werk des Vaters ist. Ein solches Verständnis scheint der Wortlaut der Antithese selbst zunächst in der Tat nahezulegen; es scheitert jedoch an den beiden Vater-Sohn-Aussagen von V. 17b und V. 19b–20a. Denn hier wird jeweils in ganz grundsätzlicher und keine Einschränkung duldender Weise erklärt, daß zwischen dem Handeln des Vaters und dem Handeln des Sohnes immer und überall eine strenge Parallelität und Konformität, ja eine vollkommene Einheit und Identität besteht, so daß das Handeln des Vaters als solches das Handeln des Sohnes und umgekehrt das Handeln des Sohnes als solches das Handeln des Vaters ist[59]. Wie ist die antithetische Formulierung von V. 22 dann aber zu verstehen? Ihr Sinn erschließt sich nach meinem Urteil,

---

[55] Vgl. STEMBERGER, Einleitung in Talmud und Midrasch 322.
[56] PRE 32, zitiert nach BILLERBECK I 524; vgl. auch ebd. 65.
[57] Diesen Hinweis verdanke ich O. HOFIUS.
[58] S.o. S. 70–74.
[59] S. dazu die Ausführungen o. S. 14f. (zu V. 17b) und S. 22–24 (zu V. 19b–20a).

sobald man in dem οὐδέ-Satz in Gedanken das Wort „allein" bzw. „ausschließlich" ergänzt und den ganzen Vers dementsprechend so wiedergibt: „Der Vater vollzieht ja an niemandem das Strafgericht *allein* [d.h. ohne den Sohn][60], sondern er hat das Strafgericht in seinem gesamten Umfang dem Sohn übergeben." Dann bringt die Antithese zum Ausdruck, daß es prinzipiell kein „richterliches" Handeln des Vaters unabhängig vom Sohn gibt, das κρίνειν des Vaters sich vielmehr nirgendwo anders als eben im Vollzug der dem Sohn überantworteten κρίσις ereignet. Das aber heißt: Das „Gericht", das der Sohn vollzieht, ist als solches das „Gericht" des Vaters. Diese Deutung der Antithese läßt sich durch die folgende sprachliche Beobachtung absichern: Unter den οὐ … ἀλλά … -Sätzen des Johannesevangeliums finden sich neben V. 22 einige weitere Aussagen, für welche die soeben für diesen Vers postulierte logische Struktur kennzeichnend ist:

5,30d:     οὐ ζητῶ τὸ θέλημα τὸ ἐμὸν
           ἀλλὰ τὸ θέλημα τοῦ πέμψαντός με.

6,38:      καταβέβηκα ἀπὸ τοῦ οὐρανοῦ οὐχ ἵνα ποιῶ τὸ θέλημα τὸ ἐμὸν
           ἀλλὰ τὸ θέλημα τοῦ πέμψαντός με.

7,16b:     ἡ ἐμὴ διδαχὴ οὐκ ἔστιν ἐμὴ
           ἀλλὰ τοῦ πέμψαντός με.

12,44b:    ὁ πιστεύων εἰς ἐμὲ οὐ πιστεύει εἰς ἐμὲ
           ἀλλὰ εἰς τὸν πέμψαντά με.

14,24b:    ὁ λόγος ὃν ἀκούετε οὐκ ἔστιν ἐμὸς
           ἀλλὰ τοῦ πέμψαντός με πατρός.

Faßt man die οὐ-Sätze dieser antithetischen Formulierungen zunächst rein *sprachlich* in den Blick, so wird in ihnen jeweils scheinbar ganz kategorisch verneint, daß ein bestimmter Sachverhalt für die dort genannte Person gilt. Nun kann aber kein Zweifel daran bestehen, daß nach dem Johannesevangelium der Sohn in seinem eigenen Willen mit dem Willen des Vaters vollkommen geeint ist (zu 5,30d; 6,38), daß Jesu Lehre und Wort sich in nichts von der Lehre und dem Wort des Vaters unterscheiden (zu 7,16b; 14,24b) und daß sich der rettende Glaube in gleicher Weise auf den Vater wie auf den Sohn bezieht (zu 12,44b). Von daher ist evident, daß der *sachliche* Sinn der οὐ-Sätze unmöglich in der erwähnten kategorialen Verneinung bestehen kann. Was die οὐ-Sätze besagen sollen, wird vielmehr deutlich, wenn man auch in ihnen jeweils ein „allein" bzw. „ausschließlich" ergänzt. Dann ergeben sich nämlich die folgenden, mit der johanneischen Theologie voll und ganz übereinstimmenden Aussagen: Jesu Wille ist kein anderer als der Wille dessen, der ihn gesandt hat (so 5,30d; 6,38); Jesu Lehre und Wort sind im strengen Sinn der Identität die Lehre und das Wort Gottes selbst (so 7,16b; 14,24b); der Glaube an Jesus ist als sol-

---

[60] In diesem Sinne bemerkt BENGEL, Gnomon 347 z.St. treffend: „Pater non judicat solus, nec sine Filio: judicat tamen."

cher der Glaube an den Vater (so 12,44b)[61]. Hält man sich die in diesem Sinne zu interpretierenden οὐ ... ἀλλά ... -Sätze vor Augen, so bestätigt sich, daß der Vers 5,22 besagt: Das „Richten" des Vaters ereignet sich dezidiert und ausschließlich dort, wo der Sohn das ihm übertragene Verdammungsgericht an den Nicht-Glaubenden vollzieht[62].

Daß der Vater-Sohn-Aussage von V. 22 nicht anders als derjenigen von V. 21 ein hohes christologisches Gewicht zukommt, kann keinem Zweifel unterliegen. Denn den Texten des Alten Testaments wie des antiken Judentums zufolge ist nicht allein die Totenauferweckung bzw. Lebensmitteilung ein im strengen Sinne *göttliches* Hoheitsrecht; dasselbe gilt vielmehr auch für den Vollzug des eschatologischen Strafgerichts[63]. Von den „Bilderreden" des äthiopischen Henochbuches abgesehen[64] trifft für die *gesamte* frühjüdische Literatur zu, was P. Billerbeck im Blick auf die rabbinischen Quellen bemerkt: „Nach rabbin[ischer] Anschauung ist es ausschließlich Gott, der die Welt richten wird ... Eine Stelle, die unzweideutig das Weltenrichteramt in die Hand des Messias legte, gibt es in der rabbin[ischen] Literatur nicht."[65] Es kann deshalb keine

---

[61] BENGEL, Gnomon 393 erklärt zu 12,44b wiederum treffend: οὐ πιστεύει εἰς ἐμέ = „Fides ejus non tendit in me solum"; ἀλλὰ εἰς τὸν πέμψαντά με = „Fides in Filium est eadem etiam fides in Patrem, quia Pater *misit* Filium, et quia Filius et Pater *unum* sunt, coll. v. seq." – Zur sog. „relativen" Negation in οὐ ... ἀλλά ... -Sätzen vgl. WINER, Grammatik des neutestamentlichen Sprachidioms 462f. (§ 55,8b). Als weitere Belege seien genannt: Dtn 5,3 LXX; Mk 9,37b; Apg 5,4c; 2Kor 2,5.

[62] Ist der Sinn der Antithese 5,22 damit angemessen erfaßt, erklärt der Vers also keinesfalls, daß „der Vater ... zugunsten des Sohnes auf das Gericht verzichtet" hat (so aber HAENCHEN 277), dann besteht keinerlei Veranlassung dazu, diesen Vers einer nachjohanneischen Redaktion zuzuschreiben (gegen HAENCHEN 277f. 288–290).

[63] S. dazu F. HORST, Art. Gericht Gottes: RGG³ II 1419; BILLERBECK II 465; IV/2 1095. 1199; VOLZ, Eschatologie 274f.

[64] Einzig hier erscheint die – mit dem Messias verschmolzene (vgl. äthHen 48,10; 52,4) – Gestalt des „Menschensohnes" als eschatologischer Weltenrichter: äthHen 45,3; 49,4; 51,3; 55,4; 61,8f.; 62,2ff.; 63,11; 69,27–29. Im Blick auf die Bilderreden (äthHen 37–71) ist allerdings zu bedenken, daß vor allem zwei gewichtige Gründe *gegen* die – u.a. von UHLIG, JSHRZ V/6 494. 574f.; SACCHI, Art. Henochgestalt / Henochliteratur: TRE 15, 47,22–25 und HAMPEL, Menschensohn und historischer Jesus 41 vertretene – Frühdatierung zwischen 40 v. Chr. und 70 n. Chr. und *für* eine Ansetzung frühestens gegen Ende des 1. Jh. n. Chr. oder gar erst im 2. Jh. n. Chr. sprechen: zum einen der Sachverhalt, daß man in Qumran zwar viele Fragmente der übrigen Teile des äthiopischen Henochbuches, jedoch kein einziges Fragment der Bilderreden gefunden hat; zum andern der Umstand, daß es in der frühchristlichen Literatur kein Indiz für eine Kenntnis der Bilderreden gibt (so mit Recht HOFIUS, Messias 113; s. ferner die bei KAMMLER, Jesus Christus und der Geistparaklet 157 Anm. 306 genannten Autoren). Was die Rede vom „Menschensohn" in den Bilderreden anlangt, so wird man fragen dürfen, ob die dortige „Menschensohn"-Konzeption nicht als jüdische *Reaktion* auf die im Neuen Testament vorliegende „Menschensohn"-Christologie zu begreifen ist; zu entsprechenden Erwägungen s. BIETENHARD, „Der Menschensohn" 323f. 338. 344. Die gleiche Frage stellt sich im Hinblick auf 4Esr 13; s. dazu wiederum BIETENHARD, ebd. 331. 338. 344.

[65] BILLERBECK II 465. – An dieser Stelle ist noch anzumerken, daß es sich bei ApcEl 41,4ff. um einen *christlichen* Text handelt.

Rede davon sein, daß der johanneische Jesus – wie A. Schlatter meint – in
V. 21.22 „seinem messianischen Namen den vollen Inhalt" gibt, nämlich „jenen, den die Jerusalemiten dann vom Christus erwarteten, wenn sie ihre Hoffnungen auf die höchste für sie denkbare Stufe erhoben"[66]. Aus dem gleichen
Grunde ist auch F. Büchsel zu widersprechen, wenn er zu V. 21.22 erklärt: „Die
Werke, die Jesus hier als die seinen bezeichnet, sind die des Messias. Jesu
Sohnesbewußtsein bewegt sich gerade hier in den Bahnen der Messias-Erwar-
tung."[67] Den beiden zitierten Urteilen gegenüber ist darauf zu insistieren, daß
*auch* die christologische Feststellung von V. 22 fundamental über das hinausgeht, was alttestamentlichen wie frühjüdischen Texten zufolge vom endzeitlichen Messias erhofft und ausgesagt wird. Mit diesem Satz beansprucht Jesus ja
– wie zuvor schon in V. 17b und in V. 21 – eine Prärogative Gottes für *seine*
Person[68]. Das ist ein Vorgang, der im Kontext des jüdischen Monotheismus
zweifellos zutiefst anstößig ist und deshalb von synagogaler Seite nur als gotteslästerlich zurückgewiesen werden kann. Für den vierten Evangelisten allerdings bringt die Selbstaussage von V. 22 gerade „die Gott gleiche Hoheit und
Würde des Sohnes" zur Sprache[69], ist doch „die Übertragung einer Gott we-
senseigenen Gewalt auf den Sohn … ein Zeugnis dafür, daß der Sohn gleich-
wesentlich mit dem Vater sein muß"[70].

Zum Verständnis von V. 22 ist schließlich noch ein letzter Hinweis wichtig:
Weder die perfektische Aussage τὴν κρίσιν πᾶσαν δέδωκεν τῷ υἱῷ V. 22b
noch auch die den Aorist verwendende Parallelformulierung καὶ ἐξουσίαν
ἔδωκεν αὐτῷ κρίσιν ποιεῖν V. 27a handelt von einer Vollmachtsübertragung,
die allererst dem *Auferstandenen und Verherrlichten* zuteil wird[71]. In beiden
Versen wird vielmehr ausgesagt, daß der Vater den Sohn *vor* seiner Sendung in
die Welt und also bereits als *Präexistenten* mit dem Vollzug des Straf- und
Verdammungsgerichts beauftragt hat. Das ergibt sich eindeutig von den übrigen Stellen des vierten Evangeliums her, an denen das Verbum διδόναι in einem Vergangenheitstempus erscheint und von der Gabe des Vaters an den Sohn
die Rede ist: 17mal findet sich in einem derartigen Zusammenhang das Per-

---

[66] SCHLATTER 149.

[67] BÜCHSEL 77.

[68] Um Aussagen einer *hohen* Christologie handelt es sich entsprechend auch da, wo in
anderen neutestamentlichen Texten der Gedanke erscheint, daß Jesus das zukünftige Endgericht halten wird; s. etwa Mt 25,31–46; Lk 21,36; Apg 10,42; 17,31; 2Kor 5,10.

[69] SCHNACKENBURG II 135.

[70] SCHICK 59.

[71] So jedoch BECKER I 283–286 im Blick auf die nach seinem Urteil in 5,19–23 verarbei-
tete vorjohanneische Tradition, die er formgeschichtlich als „beschreibendes Lob aufgrund
der Erhöhungschristologie" (I 285) bestimmt wissen will. Für den Evangelisten selbst hingegen gilt nach BECKER I 288: „Er besetzt die Stelle des Erhöhten mit dem Gesandten (V. 23c),
so daß Bevollmächtigung zur Lebensvermittlung und Sendung in die Welt zusammenfallen."
Zu nennen ist sodann LINDARS 220, der zu 5,21f. bzw. 5,26f. erklärt: „Thus what Jesus is here
describing is his position when he reaches his future glory after the Passion."

fekt[72], 7mal der – hier ohne eine erkennbare sachliche Differenz zum Perfekt gebrauchte[73] – Aorist[74]. Der Bezug auf den Präexistenten kommt in 17,24 (τὴν δόξαν τὴν ἐμήν, ἣν δέδωκάς μοι – ὅτι ἠγάπησάς με – πρὸ καταβολῆς κόσμου[75]) direkt zum Ausdruck[76]. Er liegt von daher mit Sicherheit auch in 17,22 (τὴν δόξαν ἣν δέδωκάς μοι) vor, und er darf entsprechend auch an den anderen Stellen angenommen werden. Zu Recht bemerkt G. Schrenk: „Joh[annes] pflegt das Praeteritum, bes[onders] das Perf[ekt], zur Herausstellung des Ewigkeitsgrundes zu gebrauchen."[77]

### 3. Joh 5,23

Auch die Exegese von V. 23 kann Ergebnisse aufnehmen, die wir bereits in früheren Zusammenhängen unserer Untersuchung erarbeitet haben[78]. Der Finalsatz ἵνα πάντες τιμῶσι τὸν υἱὸν καθὼς τιμῶσι τὸν πατέρα V. 23a bildet – entgegen der opinio communis – nicht etwa die unmittelbare Fortsetzung von V. 22, sondern er bezieht sich über V. 22 hinweg auf V. 21 zurück und ist als dessen Weiterführung zu verstehen. Wie der ἵνα-Satz V. 20bβ (ἵνα ὑμεῖς θαυμάζητε) die *negative* Folge benennt, die mit dem Erweis der „größeren Werke" notwendig verbunden und von Gott auch ausdrücklich beabsichtigt ist, so bezeichnet umgekehrt der ἵνα-Satz V. 23a die *positive* Wirkung, die durch das „Lebendigmachen" als den Vollzug der μείζονα τούτων ἔργα heraufgeführt werden soll und wird[79]. Die Verse 21.23a lassen sich von daher folgendermaßen paraphrasieren: Wie der Vater, so macht auch der Sohn diejenigen unter den geistlich Toten lebendig, die er zur Heilsteilhabe bestimmt hat (V. 21), – und zwar tut er es mit dem Ziel und der Wirkung, daß die Erwählten (= πάντες[80]) ihn zugleich und ineins mit dem Vater „ehren" (V. 23a).

Was den Vers 23 insgesamt anlangt, so weist er eine antithetische Struktur auf: Auf die positive Aussage V. 23a folgt in asyndetischem, hier adversativ zu verstehendem Anschluß die negative Aussage V. 23b: ὁ μὴ τιμῶν τὸν υἱὸν οὐ

---

[72] 3,35; 5,22.36; 6,39; 10,29; 12,49; 17,2b.4.7.9.11f.22.24(bis); 18,9.11.

[73] Das zeigt einerseits ein Vergleich von 3,35 (Perfekt) mit 13,3 (Aorist) und andererseits ein Vergleich von 5,22 (Perfekt) mit 5,27 (Aorist).

[74] 5,26.27; 13,3; 17,2a.6(bis).8. Zu vergleichen sind ferner die ebenfalls ein Vergangenheitstempus aufweisenden Vater-Sohn-Aussagen in 6,27: τοῦτον γὰρ ὁ πατὴρ ἐσφράγισεν ὁ θεός; 10,36: ὃν ὁ πατὴρ ἡγίασεν; 12,50: καθὼς εἴρηκέν μοι ὁ πατήρ; 14,31: καθὼς ἐνετείλατό μοι ὁ πατήρ; 15,9: καθὼς ἠγάπησέν με ὁ πατήρ.

[75] Zur Interpunktion s.o. S. 37 Anm. 62.

[76] Vgl. 17,5: τῇ δόξῃ ᾗ εἶχον πρὸ τοῦ τὸν κόσμον εἶναι παρὰ σοί.

[77] SCHRENK, Art. πατήρ: ThWNT V 1001 Anm. 330 („Praeteritum" bezeichnet in den zitierten Worten ganz allgemein die Rede in der Vergangenheitsform).

[78] S.o. S. 72–74.

[79] Im Gebrauch der Konjunktion ἵνα V. 23a verbindet sich – wie schon in V. 20bβ – mit dem finalen Sinn zugleich eine konsekutive Nuance; s. dazu das o. S. 35 Anm. 54 Bemerkte.

[80] Zu dem prädestinatianisch gemeinten πάντες s.o. S. 73 Anm. 208.

τιμᾷ τὸν πατέρα τὸν πέμψαντα αὐτόν. Zwischen den beiden Vershälften kann dabei ein gedanklicher Fortschritt wahrgenommen werden: Während V. 23a betont, daß dem Sohn die Ehrerweisung in der gleichen Weise wie dem Vater gebührt, erklärt V. 23b präzisierend, daß der Vater überhaupt nur da geehrt wird, wo ein Mensch dem Sohn die Ehre erweist; wird dem Sohn dagegen das τιμᾶν verweigert, so wird eo ipso auch dem Vater die Ehrerweisung vorenthalten.

## a) Exegese von V. 23a

Fassen wir nun die Aussage von V. 23a genauer in den Blick. Das Verbum τιμᾶν ist hier – anders als in 8,49 und 12,26 – im streng religiösen Sinne verwendet: Es bezeichnet die einzig Gott, dem Schöpfer, gebührende und ihm vom Menschen als seinem Geschöpf geschuldete Ehrung[81]. Die theologische Spitze des Satzes V. 23a liegt darin, daß sich der Akt des τιμᾶν nicht allein auf Gott, den Vater, sondern auch – und zwar in der gleichen Weise und mit demselben Ernst[82] – auf Jesus, den Sohn, zu richten hat, – auf den also, der seinen Gegnern als ein geschichtlicher Mensch vor Augen steht[83]. Es liegt auf der Hand, daß auch der Aussage von V. 23a der Gedanke der *Gottheit* Jesu sachlich notwendig zugrunde liegt, besteht doch der hier greifbare Anspruch nur dann zu Recht, wenn Jesus ursprunghaft auf die Seite Gottes gehört und also selbst wesenhaft Gott ist. Andernfalls wäre diese Aussage – zumal im Lichte eines für den alttestamentlichen wie frühjüdischen Monotheismus geradezu axiomatischen Grundsatzes wie Jes 42,8 LXX (ἐγὼ κύριος ὁ θεός, τοῦτό μού ἐστιν τὸ ὄνομα· τὴν δόξαν μου ἑτέρῳ οὐ δώσω) – in aller Entschiedenheit als gotteslästerlich zurückzuweisen. Die scharfe Alternative, die durch den in V. 23a erhobenen christologischen Anspruch gegeben ist – entweder eignet Jesus die θεότης, so daß er in der gleichen Weise wie Gott zu ehren ist (so das Bekenntnis der johanneischen Gemeinde), oder er ist ein bloßer Mensch, weshalb er bzw. die an ihn glaubende Gemeinde der Blasphemie bezichtigt werden muß (so das Urteil der Synagoge) –, ist von D.A. Carson treffend herausgestellt worden. Er bemerkt zu V. 23: „In a theistic universe, such a statement belongs to one who is himself to be addressed as God (*cf.* 20:28), or to stark insanity. The one who utters such things is to be dismissed with pity or scorn, or wor-

---

[81] Zur religiösen Verwendung von τιμᾶν vgl. SCHNEIDER, Art. τιμή κτλ.: ThWNT VIII 170,39–171,19 (griechisch-hellenistische Literatur); 173,44–55 (Septuaginta); 174,10–13 (Philo); 174,32–35.46f. (Josephus); vgl. ferner BAUER / ALAND, WbNT 1628 s.v. τιμάω 2.

[82] Daß der vergleichende καθώς-Satz V. 23aβ genau das zum Ausdruck bringen will, ist schon von AUGUSTIN, Traktat XIX 6 treffend hervorgehoben worden: „Sed ne forte Patrem quidem honorifices tamquam majorem, Filium vero tamquam minorem, ... corrigit te ipse Filius, et revocat te dicens: *Ut omnes honorificent Filium*, non inferius, sed *sicut honorificant Patrem* ... Ego, inquis, majorem honorem volo dare Patri, minorem Filio. Ibi tollis honorem Patri, ubi minorem das Filio."

[83] Vgl. das σὺ ἄνθρωπος ὤν von 10,33.

shipped as Lord. If with much current scholarship we retreat to seeing in such material less the claims of the Son than the beliefs and witness of the Evangelist and his church, the same options confront us. Either John is supremely deluded and must be dismissed as a fool, or his witness is true and Jesus is to be ascribed the honours due God alone. There is no rational middle ground."[84]

Wie – so ist jetzt zu fragen – vollzieht sich die dem Sohn geltende Ehrung, das τιμᾶν, konkret? Aus dem vierten Evangelium läßt sich ein Erstes unschwer ermitteln: Das τιμᾶν des Sohnes ereignet sich überall da, wo Menschen Jesus in seiner Person und in seinem Werk wahrhaft erkennen und seine einzigartige Würde deshalb entweder mit den primär auf den christologischen Personaspekt abhebenden Prädikaten ὁ υἱὸς τοῦ θεοῦ (1,34.49; 11,27; vgl. 20,31), ὁ χριστός (11,27; vgl. 20,31), ὁ ἅγιος τοῦ θεοῦ (6,69), ὁ υἱὸς τοῦ ἀνθρώπου (9,35.38) bzw. ὁ κύριός μου καὶ ὁ θεός μου (20,28) oder mit den vornehmlich den christologischen Werkaspekt zum Ausdruck bringenden Hoheitstiteln ὁ ἀμνὸς τοῦ θεοῦ (1,29.36) bzw. ὁ σωτὴρ τοῦ κόσμου (4,42; vgl. 1Joh 4,14) bekennen. Das τιμᾶν geschieht also zunächst und zuerst im *Glauben* an Jesus Christus. Es geht darin jedoch keineswegs auf, sondern es hat eine noch weiter reichende Bedeutung. Das Verbum impliziert an unserer Stelle nämlich durchaus auch jene Ehrung, die Jesus, dem Sohn, bei der gottesdienstlichen Versammlung der johanneischen Gemeinde in Gestalt der *Anbetung* zuteil wird. Der Vers 5,23 bezeugt damit, wie bereits W. Bousset zutreffend bemerkt, die „kultische Gleichstellung des Sohnes mit dem Vater"[85]; in ihm spiegelt sich wider, daß „der Name Jesus ... im Kultus der Christen die gleiche Rolle wie der Name des alttestamentlichen Jahve" spielt[86]. P. Schanz formuliert deshalb zu 5,23 mit Recht[87]: „Die Verehrung ist ... nicht bloß eine geistige Anerkennung, sondern sie muß sich im Leben, im Kult, im Gottesdienst ausdrücken. Ist auch τιμᾶν nicht = προσκυνεῖν, so ist doch die προσκύνησις der nothwendige Ausdruck der τιμή gegen Gott."[88] Daß der Sohn dem vierten Evangelium zufolge in der Tat gerade auch durch die anbetende Proskynese geehrt wird und geehrt werden soll, zeigen die folgenden Beobachtungen: 1. In 9,35–38 schildert der Evangelist, wie der von seiner körperlichen Blindheit Geheilte durch Jesu worthafte Selbstmitteilung zur Erkenntnis seines göttlichen Persongeheimnisses gelangt und aufgrund dessen bekennt: πιστεύω [sc. εἰς τὸν υἱὸν τοῦ ἀνθρώπου 9,35], κύριε (9,38a). Im unmittelbaren Anschluß wird die Reaktion des Geheilten mit

---

[84] Carson 255.
[85] Bousset, Kyrios Christos 157.
[86] Ebd. 158.
[87] Schanz 245.
[88] Sachlich im gleichen Sinne schreibt Godet II 230 z.St.: „Das Wort τιμᾶν drückt ... nicht unmittelbar die Thätigkeit der Anbetung aus. Aber in dem Zusammenhange (καθώς) bezeichnet es offenbar die religiöse Ehrerbietung, deren Ausdruck die Anbetung ist." Vgl. ferner z.St. Büchsel 77; Schulz 88.

den Worten geschildert: καὶ προσεκύνησεν αὐτῷ (9,38b). Daß das Verbum προσκυνεῖν hier den Akt der Anbetung Christi durchaus mit umfaßt, ergibt sich aus den übrigen Belegen, an denen dieses Wort im Johannesevangelium erscheint: In 4,20–24 geht es um die Frage, wo und wie Gott auf legitime Weise angebetet wird, und auch in 12,20 bezeichnet προσκυνεῖν die Anbetung des Gottes Israels[89]. Setzt man den Vers 9,38 zu dem Passus 4,20–24 in Beziehung, so wird zudem erkennbar, daß sich die dem Wesen Gottes, des Vaters, allein gemäße Anbetung ἐν πνεύματι καὶ ἀληθείᾳ (4,23 f.) nirgendwo anders als in der Anbetung des Sohnes ereignet. Wer Jesus, so wie es der von seiner Blindheit Geheilte tut, im Glauben als den „Menschensohn" bekennt und vor ihm anbetend niederfällt, der – und *nur* der – gehört zu den „wahren Anbetern" Gottes, des Vaters (4,23). Der zuletzt angesprochene Gedanke läßt sich auch dem Abschnitt 9,24–38 entnehmen, kommt der Geheilte der ihm geltenden Aufforderung der Pharisäer, *Gott* die Ehre zu geben (δὸς δόξαν τῷ θεῷ [9,24]), doch gerade darin nach, daß er die anbetende Proskynese vor *Jesus* vollzieht. Es gelingt dem Evangelisten damit auf hintergründige Weise, den für seine Theologie zentralen Sachverhalt zu veranschaulichen, daß der Gott Israels einzig da geehrt wird, wo ein Mensch Jesus als dem gottgleichen „Menschensohn" die Ehre erweist[90]. – 2. Das Christusbekenntnis des Thomas „Mein Herr und mein Gott!" (20,28) nimmt ein Psalmwort (Ps 34,23 LXX) auf, das sich in seinem ursprünglichen Sinn auf Jahwe bezieht, und es überträgt dieses Wort auf den Auferstandenen. Dabei ist vom Evangelisten ebenfalls bereits vorausgesetzt, daß der Erhöhte im Gottesdienst der johanneischen Gemeinde als „Herr und Gott" gepriesen und angebetet wird. – 3. Das vierte Evangelium beginnt mit dem Prolog 1,1–18, dem bekanntlich ein ursprünglich selbständiger, vom Evangelisten mit kommentierenden Zusätzen versehener Christushymnus zugrunde liegt. Dieser ursprüngliche Hymnus gehört – wie O. Hofius bemerkt[91] – „von seiner Entstehung an zu jenen ‚Psalmen und Liedern', von denen Euse-

---

[89] Der Rede von einer fußfälligen Proskynese vor dem irdischen Jesus kommt, wie ausdrücklich angemerkt sei, vor allem im Matthäusevangelium ein hohes christologisches Gewicht zu; s. dazu Mt 2,2.8.11; 8,2; 9,18; 14,33; 15,25; 20,20; 28,9.17. Das zeigt sich zumal dann, wenn man jenes Wort im Auge behält, mit dem der matthäische Christus den Versucher definitiv zurückweist: κύριον τὸν θεόν σου προσκυνήσεις καὶ αὐτῷ μόνῳ λατρεύσεις (Mt 4,10, eine besonders akzentuierte Aufnahme von Dtn 6,13 LXX; 10,20 LXX). Von Relevanz ist sodann Lk 24,52; vgl. ferner Mk 5,6. Hebr 1,6 spricht von der Anbetung des Parusie-Christus durch die Engel, Apk 5,14 von einer dem Erhöhten und Gott selbst geltenden Proskynese durch die Ältesten.

[90] In diesem Sinne urteilt bereits J. HORST, Proskynein 293: „Δὸς τῷ θεῷ δόξαν, so hatten die Pharisäer es von dem Blindgeborenen verlangt (V. 24); mit dieser Proskynese erfüllt er, nun an der Bedeutung Jesu wahrhaft sehend geworden, diese Worte in Wahrheit, freilich anders als die Pharisäer es gemeint hatten, die in Blindheit befangen bleiben, weil sie Jesu wahre Bedeutung nicht erschauen." Zustimmend rezipiert von THEOBALD, Gott, Logos und Pneuma 50.

[91] HOFIUS, Logos-Hymnus 14.

bius sagt, daß sie ‚Christus, das Wort Gottes, besingen, indem sie seine Gottheit verkündigen' (τὸν λόγον τοῦ θεοῦ τὸν Χριστὸν ὑμνοῦσιν θεολογοῦντες)"[92]. Er hat als solcher, ebenso wie die anderen neutestamentlichen Christushymnen auch, seinen „Sitz im Leben" im urchristlichen Gottesdienst. Dort dient er dem Lobpreis und der Anbetung Christi; denn „nur (einem) Gotte singt man beim Gottesdienst Hymnen"[93]. – 4. Die den Jüngern geltende Verheißung ἐάν τι αἰτήσητέ με ἐν τῷ ὀνόματί μου ἐγὼ ποιήσω („Was immer ihr mich unter Anrufung meines Namens bitten werdet, das werde ich tun" [14,14][94]) gibt deutlich zu erkennen, daß sich auch das Bittgebet der nachösterlichen Gemeinde an den Erhöhten richtet und von ihm erhört wird. Wenn das vierte Evangelium nicht nur – wie in 15,26 und 16,23 – von an den *Vater*, sondern ebenso von an den *Sohn* gerichteten Bitten der Jünger sprechen kann, so ist damit auch das Bittgebet ein Ausdruck dafür, daß die johanneische Gemeinde den Sohn in der gleichen Weise wie den Vater ehrt.

### b) Exegese von V. 23b

V. 23a war zu entnehmen, daß nicht nur Gott, dem Vater, sondern ebenso auch Jesus Christus, dem Sohn, die Ehrerweisung von seiten des Menschen gebührt. Der in adversativer Asyndese angeschlossene Satz V. 23b setzt den Gedankengang nun mit der präzisierenden Feststellung fort, daß es prinzipiell keine Verehrung des Vaters am Sohn vorbei geben kann: ὁ μὴ τιμῶν τὸν υἱὸν οὐ τιμᾷ τὸν πατέρα τὸν πέμψαντα αὐτόν. Wo man dem Sohn mit Unglauben bzw. mit der Verweigerung der Anbetung oder gar, wie es die Gegner Jesu in unserem Textzusammenhang tun, mit dem Vorwurf der blasphemischen Usurpation göttlicher Macht und Würde begegnet, da – so die These des Evangelisten – wird

---

[92] EUSEB VON CÄSAREA, Hist. Eccl. V 28,5. Als neutestamentliche Zeugnisse über den Hymnen-Gesang in der ältesten Gemeinde sind zu nennen: 1Kor 14,26; Eph 5,18c–20; Kol 3,16; Hebr 13,15; Jak 5,13; vgl. auch Apk 4,8b.11; 5,9f.12.13; 7,10.12; 15,3f. u.a. Zudem sei auf Plinius d.J., Ep X 96,7 hingewiesen: In dem um 112 n. Chr. geschriebenen Brief an den Kaiser Trajan berichtet Plinius als Legat von Bithynien über das Verhör von Christen; es heißt dort: „Adfirmabant autem hanc fuisse summam vel culpae suae vel erroris, quod essent soliti stato die ante lucem convenire carmenque Christo quasi deo dicere secum invicem …" Genannt seien ferner Ignatius, Eph 4,1: ἐν τῇ ὁμονοίᾳ ὑμῶν καὶ συμφώνῳ ἀγάπῃ Ἰησοῦς Χριστὸς ᾄδεται, sowie ORIGENES, Contra Celsum VIII 67 (GCS 3, 283,19–24): ὕμνους … εἰς μόνον τὸν ἐπὶ πᾶσι λέγομεν θεὸν καὶ τὸν μονογενῆ αὐτοῦ θεὸν λόγον. καὶ ὑμνοῦμέν γε θεὸν καὶ τὸν μονογενῆ αὐτοῦ ὡς καὶ ἥλιος καὶ σελήνη καὶ ἄστρα καὶ πᾶσα ἡ οὐρανία στρατιά. ὑμνοῦσι γὰρ πάντες οὗτοι, θεῖος ὄντες χορός, μετὰ τῶν ἐν ἀνθρώποις δικαίων τὸν ἐπὶ πᾶσι θεὸν καὶ τὸν μονογενῆ αὐτοῦ.

[93] So treffend BOUSSET, Kyrios Christos 247. Vgl. LOHFINK, Anbetung Christi 167–176.

[94] Die Wendung ἐν τῷ ὀνόματί μου heißt in Joh 14,13f. m.E. „unter Anrufung meines Namens", vgl. Phil 2,10: ἐν τῷ ὀνόματι Ἰησοῦ = „unter Anrufung des Namens Jesu"; s. HOFIUS, Christushymnus 5. 111 Anm. 19 (Hofius nennt ebd. als weitere Belege Ps 43,9 LXX; Jak 5,14, ferner 3Reg 18,24; 4Reg 5,11); s. ferner BULTMANN 203 Anm. 1. Die gleiche Bedeutung dürfte auch Joh 15,16; 16,23 vorliegen; s.a. BAUER / ALAND, WbNT 1160f. s.v. ὄνομα 4.c.γ.

eben damit zugleich auch dem Vater, der als Subjekt hinter der Sendung des Sohnes in die Welt steht, die Ehre verweigert. Es geht deshalb gänzlich an der Aussageabsicht von V. 23 vorbei, wenn Th. Zahn den Finalsatz V. 23a mit den folgenden Worten auslegt: Die lebendigmachende und richterliche Tätigkeit des Sohnes „soll dazu führen, daß alle den Sohn ehren gemäß ihrer Verehrung Gottes. Es soll dahin kommen, daß alle Gottesverehrung zur Verehrung des Sohnes als ihrer naturgemäßen Vollendung sich fortentwickelt, diese in sich aufnimmt."[95] „Die Gott verehrenden Menschen, die den Sohn noch nicht kennen", sollen „diesen erkennen und die Verehrung, die sie vorher nur gegen Gott hegten, auf den Sohn übertragen."[96] „Auch die der Endzeit vorbehaltene Richtertätigkeit Jesu kann und wird dazu dienen, daß viele, die zur Zeit ihres Lebens den Vater geehrt haben, ohne den Sohn zu kennen und von Jesus auch nur gehört zu haben, in dem Richter ihren Retter erkennen und ehren."[97] Ganz abgesehen davon, daß der Vers 23 überhaupt nicht auf ein zukünftiges richterliches Handeln Jesu im Endgericht abhebt, scheitert diese Deutung bereits am klaren Wortlaut von V. 23b: „Wer jedoch den Sohn nicht ehrt, ehrt [eben damit] den Vater nicht, der ihn gesandt hat." Denn mit diesen Worten ist die Möglichkeit einer Verehrung Gottes, des Vaters, unter Absehung vom Glauben an Jesus Christus schlechterdings ausgeschlossen und damit zugleich die Annahme einer der Christuserkenntnis vorgängigen und unabhängig von ihr zu gewinnenden Gotteserkenntnis als illusorisch abgewiesen. „Man kann" – so erklärt R. Bultmann zu V. 23b treffend[98] – „nicht am Sohn vorbei den Vater ehren, die Ehre des Vaters und des Sohnes ist *identisch*; im Sohne begegnet der Vater, und der Vater ist nur im Sohne zugänglich." Einer Position, wie sie exemplarisch von Th. Zahn vertreten wird, sind sodann die knappen, aber gewichtigen Bemerkungen entgegenzuhalten, die Augustin im Zuge seiner Auslegung unseres Verses macht[99]: „Non potest ergo dicere aliquis: Ego Patrem honorificabam, quia Filium non noveram. Si nondum Filium honorificabas, nec Patrem honorificabas." Ebenso präzise formuliert J. Calvin – in genauer Aufnahme der Textintention – zu V. 23b[100]: „Ergo nostrum est Deum Patrem in Christo quaerere, illic intueri eius potentiam, illic eum adorare … Verum ergo Deum non alibi quam in Christo reperiemus, nec rite aliter eum colemus quam Filium osculando … Hoc tenendum est, Dei nomen quum a Christo separatur nihil quam inane esse figmentum. Ideo quisquis Deo vero cultum suum probari cupit, ne a Christo deflectat."[101]

---

[95] ZAHN 298.
[96] Ebd. 299.
[97] Ebd.
[98] BULTMANN 192.
[99] AUGUSTIN, Traktat XIX 6.
[100] CALVIN 94 f.
[101] Die hinter V. 23b stehende christozentrische Offenbarungstheologie des Johannesevangeliums wird in exegetisch unzulässiger Weise abgeschwächt und ihr wird die theologische Spitze genommen, wo man – wie es etwa bei GNILKA, Theologie des Neuen Testaments

Die Aussage V. 23b hat im vierten Evangelium nicht wenige Parallelen; sie sind jetzt anzuführen und kurz zu bedenken. In V. 23b wird behauptet, daß das Nein zu dem Anspruch Jesu, der eine und einzige Offenbarer Gottes, ja, als der Sohn der offenbare Gott selbst zu sein, als solches das Nein zu Gott, dem Vater, bedeutet. Diese Behauptung findet sich – ähnlich prägnant formuliert – in 15,23: ὁ ἐμὲ μισῶν καὶ τὸν πατέρα μου μισεῖ. In diesem Zusammenhang ist sodann auf das den jüdischen Widersachern geltende Wort 8,19b hinzuweisen: οὔτε ἐμὲ οἴδατε οὔτε τὸν πατέρα μου· εἰ ἐμὲ ᾔδειτε, καὶ τὸν πατέρα μου ἂν ᾔδειτε. Zu vergleichen sind hier schließlich auch noch die beiden – ebenfalls über die Ἰουδαῖοι urteilenden – Aussagen von 8,42b (εἰ ὁ θεὸς πατὴρ ὑμῶν ἦν ἠγαπᾶτε ἂν ἐμέ) und 16,3b (οὐκ ἔγνωσαν τὸν πατέρα οὐδὲ ἐμέ). In den zitierten Texten wird der Synagoge – im diametralen Gegensatz zu ihrem eigenen religiösen Selbstverständnis – jegliche wahre Gotteserkenntnis abgesprochen[102]. Diesen Texten lassen sich jene Aussagen an die Seite stellen, in denen sich das Selbstverständnis der johanneischen Gemeinde ausspricht – und zwar in Gestalt der für die Theologie des vierten Evangeliums fundamentalen These, daß in Wahrheit der Glaube an Jesus Christus und er allein zur Erkenntnis Gottes zu führen vermag. Zu nennen sind hier vor allem die Verse 13,20b (ὁ ἐμὲ λαμβάνων λαμβάνει τὸν πέμψαντά με) und 14,7a (εἰ ἐγνώκατέ με, καὶ τὸν πατέρα μου γνώσεσθε). Der damit aufs engste verbundene Gedanke, der rettende Glaube des Menschen habe sich im gleichen Ernst auf den Vater wie auf den Sohn zu richten, erscheint sodann in dem chiastisch strukturierten Halbvers 14,1b (πιστεύετε εἰς τὸν θεὸν καὶ εἰς ἐμὲ πιστεύετε) sowie in der definierenden Feststellung 17,3 (αὕτη δέ ἐστιν ἡ αἰώνιος ζωὴ ἵνα γινώσκωσιν σὲ τὸν μόνον ἀληθινὸν θεὸν καὶ ὃν ἀπέστειλας Ἰησοῦν Χριστόν).

Der ganz grundsätzlich formulierte und ebenso grundsätzlich gemeinte Satz 5,23b benennt – wie jetzt gesagt werden kann – die negative Implikation, die in dem streng christologisch gefaßten Offenbarungsgedanken des vierten Evangeliums enthalten ist: Offenbart Gott sich einzig und allein in Jesu Person und Werk, so bedeutet das Nein zu Jesus eo ipso das Nein zu Gott. Die Intention des Satzes V. 23b ist damit jedoch noch nicht hinreichend erfaßt. Er zielt nämlich zugleich auch sehr konkret und dezidiert auf Jesu Gegner. Ihnen hatte der Evangelist in V. 18 den Vorwurf in den Mund gelegt, daß Jesus den einen und einzigen Gott durch die Anmaßung göttlicher Macht und Würde verunehre. Mit V. 23b gibt Jesus diesen Vorwurf an die Gegner zurück: In Wahrheit verweigert nicht *er*, sondern verweigern *sie* Gott die Ehre. Sie tun es gerade darin, daß sie – in der

---

278 geschieht – urteilt: „Zugang zu Gott ist jetzt nur mehr über Jesus möglich: ‚Keiner kommt zum Vater außer durch mich' (14,6) … Will der Satz besagen, daß es ohne Jesus, neben Jesus keine Verbindung zu Gott gibt? Das wird man verneinen müssen. Herausgestellt ist die – theologisch formuliert: unüberbietbare – Größe der in Jesus erfolgten Gottesoffenbarung und die damit für den Menschen gesetzte Entscheidung, wenn er dieser Offenbarung begegnet."

[102] Dasselbe geschieht in 5,37b.38a; 7,28b; 8,44.47.55; 15,21b.24. – Die mit diesen Texten gegebene Sachproblematik kann hier nicht erörtert werden; s. aber u. S. 148–150.

Absicht, den allein wahren Gott zu ehren – Jesus im Unglauben zurückweisen. Im Unterschied zu ihnen ist es Jesus, der den Vater ehrt – und zwar gerade damit, daß er, seinem wahren Sein und seiner göttlichen Sendung entsprechend, für seine Person göttliche Hoheitsrechte beansprucht[103]. Darin, daß der Satz V. 23b so der Sache nach deutlich auf V. 18 rückbezogen ist, liegt seine polemische Spitze.

Der soeben beschriebene Gedanke erscheint noch einmal sehr betont am Ende der christologischen Rede 5,19b–47, wenn Jesus in den Versen 41–44 zu seinen Gegnern sagt:

41　Δόξαν παρὰ ἀνθρώπων οὐ λαμβάνω,
42　ἀλλὰ ἔγνωκα ὑμᾶς ὅτι τὴν ἀγάπην τοῦ θεοῦ οὐκ ἔχετε ἐν ἑαυτοῖς.
43　ἐγὼ ἐλήλυθα ἐν τῷ ὀνόματι τοῦ πατρός μου,
　　καὶ οὐ λαμβάνετέ με·
　　ἐὰν ἄλλος ἔλθῃ ἐν τῷ ὀνόματι τῷ ἰδίῳ,
　　ἐκεῖνον λήμψεσθε.
44　πῶς δύνασθε ὑμεῖς πιστεῦσαι
　　δόξαν παρὰ ἀλλήλων λαμβάνοντες,
　　καὶ τὴν δόξαν τὴν παρὰ τοῦ μόνου θεοῦ οὐ ζητεῖτε;

41　„Ehre nehme ich von Menschen nicht an[104],
42　vielmehr weiß ich, daß ihr die Liebe zu Gott nicht in euch habt[105].
43　Denn[106] ich bin im Namen meines Vaters gekommen,
　　aber[107] ihr nehmt mich nicht an.
　　Wenn jedoch ein anderer in seinem eigenen Namen kommt,
　　den werdet ihr aufnehmen.
44　Wie könnt *ihr*[108] zum Glauben [sc. an mich] gelangen[109],
　　wenn ihr voneinander Ehre nehmt,
　　aber[110] nach der Ehre, die von dem einen und einzigen Gott kommt,
　　　　　　　　　　　　　　　　　　　　nicht strebt?[111]“

---

[103] Vgl. die Aussage von 8,49 (ἐγὼ δαιμόνιον οὐκ ἔχω, ἀλλὰ τιμῶ τὸν πατέρα μου, καὶ ὑμεῖς ἀτιμάζετέ με) samt ihrem Kontext (8,48–59).

[104] Die Wendung παρὰ ἀνθρώπων gehört nicht zu dem Akkusativobjekt δόξαν, sondern zu dem Prädikat λαμβάνω; das zeigt die signifikant andere grammatische Struktur in V. 44b (τὴν δόξαν τὴν παρὰ τοῦ μόνου θεοῦ). Entsprechendes gilt für παρὰ ἀλλήλων V. 44a und für παρὰ ἀνθρώπου V. 34.

[105] Philologisch ist zu V. 42 das Folgende zu bemerken: 1. Es liegt eine semitisierende Prolepse des Subjekts des ὅτι-Satzes vor (ebenso BARRETT 283); das heißt: Der Satz steht für ἀλλὰ ἔγνωκα ὅτι ὑμεῖς τὴν ἀγάπην τοῦ θεοῦ οὐκ ἔχετε ἐν ἑαυτοῖς. – 2. Das perfektische ἔγνωκα ist mit „ich weiß“ wiederzugeben und entspricht dem οἶδα von V. 32. – 3. In dem Ausdruck ἡ ἀγάπη τοῦ θεοῦ ist der Genitiv als ein *Genitivus obiectivus* zu bestimmen (so u.a. auch BAUER 90; BULTMANN 202 Anm. 5; BARRETT 283; SCHNEIDER 135 Anm. 18; anders z.B. WIKENHAUSER 150; BROWN I 226).

[106] Die Asyndese hat kausalen Sinn: V. 43 gibt den *Erkenntnisgrund* dafür an, daß die Gegner keine Liebe zu Gott haben.

[107] καί adversativum.

[108] Das Personalpronomen ὑμεῖς ist betont.

[109] πιστεῦσαι ist ingressiver Aorist.

[110] καί adversativum.

[111] Die mit πῶς eingeleitete Frage ist emphatisch gemeint und als solche der scharfe

Mit diesen Sätzen wird ausdrücklich erklärt, daß die Ablehnung des von Jesus erhobenen Offenbarungsanspruches darin ihren letzten Grund hat, daß die Gegner – jene Gegner wohlgemerkt, die sich selbst ganz entschieden als Anwälte der Ehre Gottes begreifen! – weder „Liebe zu Gott" in sich haben (V. 42) noch nach der „Ehre" streben, die von dem „einen und einzigen Gott" kommt (V. 44). „Würden sie, wie sie behaupten, Gott wirklich lieben, dann würden sie" – so die These des Evangelisten – „auch an Jesus glauben."[112]

Daß die Gegner, die mit ihrem Nein zu Jesus der Ehre Gottes dienen wollen, Gott gerade verfehlen, Jesus aber, den sie aburteilen, sich in seinem Hoheitsanspruch als der gehorsame Sohn des Vaters erweist, – das kommt schließlich auch in der johanneischen Passionsgeschichte zum Ausdruck: Der gottfeindliche κόσμος wird genau da vom κρίνειν des Gottessohnes getroffen, wo er selbst über Jesus zu Gericht zu sitzen meint und ihn im Namen Gottes zum Tode am Kreuz verurteilt. Das Kreuz Jesu Christi ist ja im vierten Evangelium als der Ort qualifiziert, an dem der von den Menschen verurteilte und getötete Gottessohn das Todes- und Verdammungsgericht über den Kosmos und ihren Herrscher vollzieht und so die Mächte der Sünde und des Todes überwindet[113].

## c) Joh 5,23 und das johanneische Glaubensverständnis

Kehren wir an dieser Stelle noch einmal zu der oben[114] unter Bezugnahme auf die Aussagen von 14,1b und 17,3 aufgestellten Behauptung zurück, daß sich der Glaube des Menschen im gleichen Ernst auf den Vater wie auf den Sohn zu richten habe, so ist diese jetzt gegen einen möglichen Einwand exegetisch abzusichern. Es stellt sich ja die Frage, ob jener Behauptung nicht der Vers 12,44b ganz entschieden entgegensteht. Können die Worte ὁ πιστεύων εἰς ἐμὲ οὐ πιστεύει εἰς ἐμὲ ἀλλὰ εἰς τὸν πέμψαντά με anders gehört werden als so, daß sich der Glaube keineswegs auf Jesus, den Sohn, selbst, sondern – wenn auch über ihn als den Offenbarer vermittelt – einzig und allein auf *Gott, den Vater*, zu beziehen hat? In diesem Sinne versteht ausdrücklich E. Haenchen den Satz. Er führt zu 12,44b aus: „Wer an ihn [sc. Jesus] glaubt, glaubt in Wirklichkeit nicht an ihn (der christliche Glaube darf auch den Gesandten nicht mit dem Vater verwechseln, den Boten nicht mit dem, der ihn gesandt hat), sondern eben an den, der den Boten schickt, den Boten und die Boten. Nur da, wo diese Verwechslung nicht eintritt, wo Jesus nicht und nicht der Pfarrer oder der Missionar mit dem Vater verwechselt wird, bleiben die Proportionen

---

Ausdruck einer Verneinung: „*Ihr* könnt nicht [sc. an mich] glauben, weil ihr bei Menschen Anerkennung zu gewinnen sucht und gerade nicht die Ehre sucht, die von dem einen und einzigen Gott kommt!"

[112] SCHNEIDER 135.
[113] S. 12,31; 16,8.11; 16,33.
[114] S. 99.

gewahrt, und wird im Boten der Sendende sichtbar."[115] Ganz entsprechend bemerkt er an anderer Stelle: „Der Glaube, den der johanneische Jesus fordert,
bezieht sich eigentlich nicht auf ihn, sondern auf den Vater, der ihn gesandt hat
(5,24). Jesus spricht ‚nur' das offenbarende Wort, das es zu glauben gilt. Aber
dieses Wort gibt eigentlich nur die Worte des Vaters wieder."[116] In ähnlicher
Weise erblickt M. Theobald die Intention des Verses 12,44b – wie auch die der
anderen von ihm angeführten οὐ ... ἀλλά ... -Aussagen Jesu (7,16.28; 8,42;
12,49; 14,24) – darin, daß „nur ja keiner ihn für wichtiger nehme als Wort und
Willen seines Auftraggebers"[117]. Die angesprochene Deutung ist jedoch, wie
die folgenden Erwägungen zeigen werden, aus mehreren Gründen als unhaltbar zu beurteilen:

1. Die von M. Theobald angeführten οὐ ... ἀλλά ... -Aussagen behaupten
keineswegs die Unterordnung Jesu unter Gott. Mit ihnen wird vielmehr, wie
bereits in anderen Zusammenhängen unserer Untersuchung aufgezeigt wurde[118],
der für das johanneische Verständnis der Offenbarung Gottes grundlegende
Sachverhalt zum Ausdruck gebracht, daß das Handeln und Reden Jesu mit dem
Handeln und Reden Gottes stricto sensu *identisch* ist. Ganz entsprechend besagt
12,44b: Der Glaube an *Jesus* ist als solcher der Glaube an *Gott*, und also gerade
nicht – wie die jüdische Synagoge wähnt – der Glaube an einen Menschen und
damit Kreaturvergötterung. Der in seiner Bedeutung umstrittene Vers läßt sich
demzufolge am besten so wiedergeben: „Wer an mich glaubt, glaubt nicht an
mich *allein*, sondern – *gerade indem er an mich glaubt* – an den, der mich
gesandt hat."[119] In genau diesem Sinne interpretiert J. Schneider, wenn er zu
12,44b ausführt[120]: „Da kein wesenhafter Unterschied zwischen ihnen [sc. dem
Vater und dem Sohn] besteht, ist jede Begegnung mit Jesus eine Begegnung
mit Gott. Darum: Wer an Jesus glaubt, hat es niemals mit ihm allein zu tun,
sondern immer zugleich mit Gott. Mit dem Christusglauben ist der Gottesglau-
be gegeben. Aber der Glaube an Gott setzt auch den Glauben an den Christus
Jesus voraus." Eine angemessene Deutung erfährt der Vers sodann durch R.
Schnackenburg[121]: In 12,44b wird „der christologische Glaube des Joh[annes]-
Ev[angeliums] ... weder abgeschwächt (als wäre Jesus nur in der Rolle anderer
Gottesboten gesehen) noch überschritten (als wäre es nicht genug, an Jesus zu

---

[115] HAENCHEN 451.
[116] Ebd. 290f.
[117] THEOBALD, Fleischwerdung 376; vgl. ferner MIRANDA, Sendung 33. Zitiert seien zudem die Bemerkungen zu 12,44b von BULTMANN 262: „Jesus ist nichts für sich; er ist der
Offenbarer, der Gott sichtbar macht" und von SCHULZ 170: „Der Glaube richtet sich im
Grund nicht auf den Gesandten, sondern auf den ihn sendenden Vater".
[118] S.o. S. 24–26.
[119] Zu dieser Wiedergabe s. die grundsätzlichen Bemerkungen zu den οὐ ... ἀλλά ... -Sät-
zen 5,30d; 6,38; 7,16b; 12,44b; 14,24b o. S. 90f.
[120] SCHNEIDER 238.
[121] SCHNACKENBURG II 526.

glauben), sondern genau in seiner Mitte getroffen und in seinem Wesen aufge-
deckt: Wenn Jesus der eschatologische Gesandte Gottes ist, in welchem Gott
ganz anwesend ist, muß man an ihn glauben, um die Gemeinschaft mit Gott zu
haben." Die Aussage von 12,44b fügt sich somit in das johanneische Verständnis des Glaubens fugenlos ein, das E. Käsemann präzise folgendermaßen beschreibt[122]: „Ist die Einheit des Sohnes mit dem Vater das zentrale Thema der
johanneischen Verkündigung, so ist sie notwendig zugleich der eigentliche Gegenstand des Glaubens. Nirgendwo im Neuen Testament wird der Glaube mit
so hinreißender Wucht, in derart unaufhörlicher Wiederholung und mit gleich
dogmatischer Härte als dieser eine Sachverhalt beschrieben: zu erkennen, wer
Jesus ist."

2. Die hinsichtlich der Formulierung in der Tat recht eigentümliche Aussage
von 12,44b wehrt, wenn man sie im Kontext des gesamten Evangeliums bedenkt, in der Sache einer für die jüdischen Gegner naheliegenden Fehlbestimmung von Wesen und Inhalt des christlichen Glaubens. Sie macht deutlich: Mit
dem Christusglauben tritt Jesus nicht etwa als ein *zweiter* Glaubensgegenstand
*neben* Gott, den Vater[123], und es kommt folglich im Gottesdienst der johanneischen Gemeinde auch keineswegs zu einer „Verdoppelung des Objektes"[124].
Vielmehr richtet sich der Glaube, indem er sich auf den Sohn bezieht, eben damit
zugleich und ineins auf den Vater. Das *eine und einzige* Objekt des πιστεύειν
ist mithin der *eine* Gott, der – dem Zeugnis des Johannesevangeliums zufolge
– als solcher von Ewigkeit her in der personalen Unterschiedenheit und wesenhaften Einheit von Vater und Sohn lebt[125]. Nach dem johanneischen Verständnis des Gottseins Gottes gehört Jesus ja als der μονογενὴς υἱός[126] von Uranfang an und also ursprunghaft auf die Seite des Vaters. Das aber heißt: Der eine
und einzige Gott existiert von Ewigkeit her nicht anders als in der Gemeinschaft von Vater und Sohn; er kann somit ohne den Sohn überhaupt nicht angemessen verstanden werden. Von dieser Sicht her ist es schlechterdings ausgeschlossen, daß der vierte Evangelist dem von jüdischer Seite gegen das
Christuszeugnis und den Christusglauben der johanneischen Gemeinde erhobenen Vorwurf des blasphemischen Ditheismus mit der Aussage von 12,44b
dadurch zu entgehen sucht, daß er Jesus als den von Gott gesandten Offenbarer
vom sendenden Gott selbst wesenhaft unterscheidet. Er weist diesen Vorwurf
in 12,44b auf eine ganz andere Weise als unsachgemäß zurück: nämlich da-

---

[122] KÄSEMANN, Jesu letzter Wille 59.

[123] Das betont auch WIKENHAUSER 240 (z.St.): „Eine Doppelheit des Glaubensgegen-
standes gibt es nicht."

[124] Gegen BOUSSET, Kyrios Christos 157.

[125] Dieser Sachverhalt ist bereits mit den ersten, programmatischen Sätzen des Evangeliums (1,1f.; vgl. 1,18) klargestellt, und er kommt auch an anderen gewichtigen Stellen des
Evangeliums betont zur Sprache; s. neben 5,19–23 etwa 8,58; 10,30; 17,5.24; 20,28.

[126] S. 3,16.18; 1Joh 4,9; vgl. Joh 1,14.18.

durch, daß er gerade die strenge Einheit, ja, *Selbigkeit*, die zwischen dem Glauben an Gott und dem Glauben an Jesus besteht, behauptet. Beide – der Glaube an Gott wie der Glaube an Jesus – sind in einem in sich geschlossenen Kreis unauflöslich miteinander verbunden: ein πιστεύειν εἰς τὸν θεόν gibt es ausschließlich im – ja, *als* – πιστεύειν εἰς τὸν υἱόν. Eben diesen Sachverhalt bringt der Evangelist in der mit 12,44b eng zusammengehörigen Aussage von 14,1b durch die Redefigur des Chiasmus expressis verbis zum Ausdruck: πιστεύετε εἰς τὸν θεὸν καὶ εἰς ἐμὲ πιστεύετε.

Als Parallele zu Joh 14,1b wird zuweilen der Satz Ex 14,31b (וַיִּֽרְא֣וּ הָעָם֮ אֶת־יְהוָה֒ וַיַּֽאֲמִ֙ינוּ֙ בַּֽיהוָ֔ה וּבְמֹשֶׁ֖ה עַבְדּֽוֹ) genannt[127]. Das geschieht jedoch, wie die folgenden Überlegungen zeigen, völlig zu Unrecht: 1. Wo man in Ex 14,31b eine Parallele zu Joh 14,1b erblickt, erliegt man einer Äquivokation: Die in Ex 14,31b stehende Wendung אמן hif. + בְּ + personales Objekt heißt nicht „an jemanden glauben", sondern „jemandem glauben" / „jemandem vertrauen" / „sich auf jemanden verlassen"[128]; die Septuaginta gibt die genannte Wendung deshalb mit πιστεύειν τινί[129], ἐμπιστεύειν τινί[130], πιστεύειν ἔν τινι[131], ἐμπιστεύειν ἔν τινι[132], καταπιστεύειν ἔν τινι[133] oder mit πιστεύειν κατά τινος[134], niemals aber mit πιστεύειν εἴς τινα wieder. Die Übersetzung von Ex 14,31b lautet dementsprechend in der Septuaginta: ἐφοβήθη δὲ ὁ λαὸς τὸν κύριον καὶ ἐπίστευσαν τῷ θεῷ καὶ Μωυσῇ τῷ θεράποντι αὐτοῦ[135]. Ganz anderen Sinn hat die in Joh 14,1b erscheinende Wendung πιστεύειν εἴς τινα: Sie bezeichnet – wie in den Parallelaussagen des vierten Evangeliums auch[136] – Gott, den Vater, bzw. Jesus, den Sohn, dezidiert als *Gegenstand* des Glaubens. Dabei ist zu beachten, daß der Evangelist sehr bewußt zwischen den Wendungen πιστεύειν εἴς τινα (= „an jemanden glauben") einerseits[137] und πιστεύειν τινί (= „jemandem [bzw. etwas] Glauben schenken") andererseits[138] differenziert[139]. – 2. Dem Mißverständnis, als würde in Ex 14,31b dem Glau-

---

[127] So etwa NESTLE[25]; NESTLE / ALAND[26.27] (dort versehentlich Ex 14,21!); MIRANDA, Sendung 33 Anm. 13; BÜHNER, Der Gesandte 302f. (ebd. 278 wird Ex 14,31b ferner als Sachparallele zu Joh 17,3 angeführt).

[128] Vgl. GESENIUS / BUHL 48 s.v. 1.c. So in Bezug auf *Menschen* bzw. *Engel*: Ex 19,9; 1Sam 27,12; Jer 12,6; Mi 7,5; Hi 4,18; 15,15; Prov 26,25; 2Chr 20,20; hebrSir 36,26, in Bezug auf *Gott*: Gen 15,6; Num 14,11; 20,12; Dtn 1,32; 2Kön 17,14; Jon 3,5; Ps 78,22; 2Chr 20,20. Vgl. schließlich auch Hi 39,12.

[129] So Ex 19,9; Sir 36,26 bzw. Gen 15,6; Num 14,11. S. ferner Hi 39,12 v.l.

[130] Dtn 1,32; Jon 3,5.

[131] So 1Sam[1Reg] 27,12; Jer 12,6 bzw. Ps 78[77],22.

[132] 2Chr 20,20.

[133] Mi 7,5.

[134] Hi 4,18; 15,15.

[135] Vgl. auch die LXX-Übersetzung von 2Chr 20,20b: ἐμπιστεύσατε ἐν κυρίῳ θεῷ ὑμῶν, καὶ ἐμπιστευθήσεσθε· ἐμπιστεύσατε ἐν προφήτῃ αὐτοῦ, καὶ εὐοδωθήσεσθε.

[136] Joh 1,12; 2,11.23; 3,16.18.36; 4,39; 6,29.35.40; 7,5.31.38f.48; 8,30; 9,35f.; 10,42; 11,25b–26a.45.48; 12,11.36f.42.44.46; 14,12; 16,9; 17,20.

[137] S. die vorige Anmerkung.

[138] Joh 2,22; 4,21.50; 5,24.38.46f.; 6,30; 8,31.45f.; 10,37f.; 12,38 [Schriftzitat].

[139] In Joh 3,15 ist der Ausdruck ἐν αὐτῷ nicht mit πᾶς ὁ πιστεύων, sondern mit ἔχῃ ζωὴν αἰώνιον zu verbinden; ebenso urteilen z.B. BAUER 57; BULTMANN 109 Anm. 2; SCHNACKENBURG I 410.

ben an *Gott* der Glaube an *Mose* und damit der Glaube an einen *Menschen* an die Seite gestellt, wehren ausdrücklich die Targume z.St. Sie übersetzen die hebräischen Worte וַיַּאֲמִינוּ בַּיהוָה וּבְמֹשֶׁה עַבְדּוֹ nämlich entweder mit והימינו במימרא דייי ובנביות משה עבדיה / „und sie glaubten *dem Memra* des Herrn und *der Prophetie* seines Knechtes Mose" (so TargOnq) oder mit והימנו בשם ממריה דייי ובנבואתיה דמשה עבדיה / „und sie glaubten *dem Namen des Memra* des Herrn und *der Prophetie* seines Knechtes Mose" (so TargN; in der Sache ebenso: TargPsJon; TargFrgm [P]; TargFrgm [J]). Die Erwähnung der „Prophetie" des Mose hat dabei – wie B. Grossfeld treffend bemerkt[140] – gerade den Sinn, „to avoid any misapprehension of the people displaying any faith in a human being, even one like Moses, rather their faith was in his prophecy which consisted of all he had been telling them up to this time". „Belief in God" – so erklärt auch R. Hayward[141] – „is not to be considered on a par with belief in Moses; hence the introduction of prophecy." Das gleiche Phänomen begegnet in einigen Targumen zu Ex 19,9b (בַּעֲבוּר יִשְׁמַע הָעָם בְּדַבְּרִי עִמָּךְ וְגַם־בְּךָ יַאֲמִינוּ לְעוֹלָם). Die hebräischen Worte וְגַם־בְּךָ יַאֲמִינוּ לְעוֹלָם, die die Septuaginta und die beiden Targume TargOnq bzw. TargPsJon wortgetreu wiedergeben[142], werden von TargN mit ואף בנבואתך משה עבדי / יהמנון לעלם / „und damit sie auch *deiner Prophetie*, Mose, mein Knecht, für immer glauben"[143] und von TargFrgm (V) mit לחוד מלי נבואתך משה עבדי [י]היהמנון לעלם / „auch *den Worten deiner Prophetie*, Mose, mein Knecht, werden sie für immer glauben" übersetzt. Der sachlich-theologische Grund für die interpretativen Hinzufügungen ist wieder evident: „It is proper for Israel to believe in God *alone*; hence Targum specifies that, as regards Moses, it is his prophetic words that are to be accepted."[144]

3. Die als nicht überzeugend abzulehnende Deutung von 12,44b gerät nicht nur in einen unaufhebbaren Widerspruch zu den oben bereits angeführten und für den johanneischen Glaubensbegriff überaus gewichtigen Aussagen von 14,1b und 17,3. Ihr stehen auch zwei weitere Befunde entgegen: zum einen die im Johannesevangelium erscheinenden christologischen Bekenntnissätze[145], die überhaupt nur formuliert und gesprochen werden können, wo sich der Glaube dezidiert auf *Jesu* Person richtet; zum andern jene zahlreichen Texte, die ausdrücklich vom Glauben an Jesus sprechen und diesen vom Menschen fordern[146]. Die zuletzt erwähnte Textgruppe erhält zusätzliches Gewicht, wenn man bedenkt, daß im gesamten Johannesevangelium überhaupt nur an zwei Stellen – eben in 12,44b und 14,1b – vom Glauben an Gott, den Vater, die Rede ist. Darin

---

[140] Grossfeld, in: The Targum Onqelos to Exodus 40 Anm. 13.

[141] Hayward, in: Targum Neofiti 1: Exodus 63 Anm. 20.

[142] LXX: καὶ σοὶ πιστεύσωσιν εἰς τὸν αἰῶνα. TargOnq: ואף בך יהמנון לעלם; Targ PsJon: ואוף בך יהימנון לעלם.

[143] Ganz ähnlich TargFrgm (P): ולחוד בנבואתך משה יהמנון לעלם.

[144] Hayward, in: Targum Neofiti 1: Exodus 81 Anm. 9.

[145] 1,49; 4,42; 6,68f.; 9,38; 11,27; 20,28.

[146] So: 1,12; 2,11.23; 3,16.18.36; 4,39; 6,29.35.40.69; 7,5.31.38f.48; 8,24.30; 9,35f.; 10,42; 11,25–27.42.45.48; 12,11.36f.42.44.46; 13,19; 14,1.10.12; 16,9.27.30; 17,8.20f.; 20,31; ferner – aus dem Zusammenhang eindeutig erschließbar –: 1,7.50; 3,15; 4,41f.48.53; 5,44; 6,36.47.64; 9,38; 10,25f.; 11,40; 14,29; 16,31; 19,35; 20,8.25.29.

spiegelt sich der für das johanneische Glaubensverständnis ebenso konstitutive wie signifikante Gedanke wider, daß sich der Akt des πιστεύειν *unmittelbar* einzig auf Jesus selbst und allein durch ihn *vermittelt* zugleich auch auf den der Welt schlechthin transzendenten Vater bezieht.

4. Einer subordinatianischen Interpretation des Satzes 12,44b wie auch der Christologie des vierten Evangeliums als ganzer widerrät aufs entschiedenste eine weitere Beobachtung, deren christologische Relevanz nicht hoch genug veranschlagt werden kann: Gerade im Kontext der streng monotheistisch verfaßten alttestamentlich-frühjüdischen Rede von Gott gilt, daß sich der Glaube des Menschen im Ernst nur auf ein solches Wesen richten kann und darf, das selbst mit Gott wesenhaft eins ist, niemals dagegen auf ein von ihm qualitativ unendlich unterschiedenes Geschöpf. Folglich setzt schon eine Formulierung wie πιστεύειν εἰς τὸν υἱόν u.ä. die Erkenntnis der wahren Gottheit Jesu sachlich notwendig voraus.

5. Das Johannesevangelium kann sowohl von den Jüngern wie von Jesus ein γινώσκειν Gottes aussagen[147]. Dabei will unbedingt beachtet sein, daß sich das Kennen Gottes auf seiten der Jünger radikal von dem Jesus zugeschriebenen Kennen Gottes unterscheidet – und zwar insofern, als die Gotteserkenntnis der Jünger einzig und allein durch jenes Kennen Gottes ermöglicht und vermittelt ist, das Jesus als dem, „der in dem Schoß des Vaters ist" (1,18), in unmittelbarer, ursprünglicher und damit schlechterdings einzigartiger Weise eignet[148]. Die Erkenntnis Gottes realisiert sich bei den Jüngern entsprechend einzig im Glauben an Jesus Christus. Dem korrespondiert ein Weiteres: Im vierten Evangelium ist an keiner Stelle davon die Rede, daß Jesus selbst an Gott geglaubt hat bzw. glaubt. Der Grund für dieses Phänomen liegt auf der Hand: Gehört Jesus wesen- und ursprunghaft auf die Seite des Vaters, so kann sein Verhältnis zu Gott zwar durchaus mit der Kategorie des Kennens bzw. Erkennens (γινώσκειν / εἰδέναι), keinesfalls hingegen mit der des Glaubens (πιστεύειν) erfaßt und beschrieben werden. Jesus ist *Objekt* des Glaubensvollzugs, niemals aber dessen *Subjekt*[149].

Die voranstehenden Ausführungen lassen erkennen, daß der johanneische Glaubensbegriff dort radikal verfehlt wird, wo man behauptet, daß sich das von Jesus geforderte πιστεύειν „eigentlich nicht auf ihn, sondern auf den Vater" zu

---

[147] Von einem die *Jünger* auszeichnenden Kennen Gottes sprechen 14,7; 17,3.25 (vgl. 1Joh 2,3.14; 4,6.7), von dem *Jesus* zukommenden Kennen Gottes reden die Verse 7,29; 8,55; 10,15; 17,25 (in 7,29; 8,55 erscheint als Verbum nicht γινώσκειν, sondern εἰδέναι).

[148] Im Blick auf das Jesus als dem Sohn eigentümliche Kennen Gottes erklärt BLANK, Krisis 245 (zu Joh 8,55) treffend: „Jesus ‚kennt Gott' aus jenem Eins-Sein mit ihm, wie nur er als Sohn es hat. Er kennt Gott so, ‚wie nur Gott sich selbst kennt' *(Thomas v[on] A[quin])*. Dem entspricht es, daß er der einzige Offenbarer Gottes ist." Zitiert sei auch BENGEL, Gnomon 373, der – ebenfalls zu 8,55 – mit Recht bemerkt: „Filii notitia de Patre est aeterna."

[149] Vgl. BLANK, Krisis 245 Anm. 42.

richten habe[150]. Der Glaube bezieht sich, wie noch einmal nachdrücklich hervorgehoben sei, nach dem Zeugnis des vierten Evangeliums dezidiert auf *Jesu*
Person; sie ist der eigentliche und unmittelbare Gegenstand des christlichen
Glaubens. Dieser für das Gesamtverständnis der johanneischen Theologie
grundlegende Sachverhalt ist bereits von F.Chr. Baur treffend zur Sprache gebracht worden: „Da ... das Object des Glaubens der Sohn Gottes ist, so kommt
alles darauf an, dass er als das erkannt werden kann, was er an sich ist ... Alles,
was zum Werk der Erlösung gehört, hat hier die unmittelbarste Beziehung auf
die Person des Erlösers, indem alles nur darauf hinzielt, dass er als das, was er
seiner ganzen Persönlichkeit nach ist, in das glaubige Bewusstsein aufgenommen wird."[151] Der vierte Evangelist bietet – wie E. Käsemann mit vollem Recht
betont – „kein Modell eines dogmenlosen Christentums"[152]. Die Eigenart des
Evangelisten „besteht vielmehr darin, daß er nur ein einziges, nämlich das
christologische Dogma von der Einheit Jesu mit dem Vater hat"[153] und daß er
auf diese Weise „das Wesen des Glaubens dogmatisch als Glauben an die Gottessohnschaft Jesu bestimmt"[154]. Das johanneische Christuszeugnis ist „durchaus
dogmatisch formuliert und gemeint"[155]; „das Zeugnis von der Herrlichkeit Jesu,
seiner Einheit mit dem Vater, kurz seiner Gottheit ist wirklich der Inhalt der
johanneischen Botschaft"[156]. Im Zentrum der Theologie des Johannesevangeliums steht „die Frage nach der rechten Christologie"[157], weshalb „ein undogmatischer Glaube ... zum mindesten eine Entscheidung gegen das 4.
Evangelium" ist[158]. Daß das theologische Interesse des Evangelisten dezidiert
*dogmatisch* – und dabei in betonter Weise auf die Frage der *Christologie* –
ausgerichtet ist, hat schon W. Wrede präzise erkannt und benannt, wenn er
schreibt, daß das Johannesevangelium den „Eifer des Mannes" widerspiegele,
„dem der Glaube und das Bekenntnis seiner Kirche das Kleinod ist, an dem
seine ganze Seele hängt", und daß es zugleich auch „die ganze Kühle" dessen
zeige, „der fortwährend reflektiert, und der es überall mit dem Lehrsatz und der
dogmatischen Formel zu tun hat"[159].

---

[150] HAENCHEN 290f.
[151] BAUR, Neutestamentliche Theologie 369.
[152] KÄSEMANN, Jesu letzter Wille 60.
[153] Ebd.
[154] Ebd. 90f.
[155] Ebd. 105.
[156] Ebd.
[157] Ebd. 62.
[158] Ebd. 63f.
[159] WREDE, Charakter und Tendenz 68. Wenn der zitierte Satz mit den Worten „anstelle
der lebendig geschauten und herzlich umfassten menschlichen Persönlichkeit" weitergeführt und abgeschlossen wird, so spiegelt sich darin der theologische und religiöse Herzschlag des liberalen Neutestamentlers wider; der exegetische Befund ist gleichwohl zutreffend erfaßt und beschrieben.

Es ist deshalb dem johanneischen Denken gegenüber exegetisch zutiefst unangemessen und darüber hinaus auch theologisch nicht unproblematisch, wenn
R. Bultmann in den sogleich anzuführenden Sätzen seines Johanneskommentars die sich im *Kerygma* je und je ereignende Begegnung mit dem Christus
praesens gegen das fest formulierte christologische *Dogma*, das die Einheit
von Vater und Sohn behauptet, auszuspielen sucht. So bemerkt Bultmann etwa
zu Joh 8,19: Es „versteht sich von selbst, daß die Anerkennung des Offenbarers
nicht die Annahme eines christologischen Dogmas ist …, sondern das Hören
auf sein eschatologisches Wort, jeweils im νῦν; ein Hören, das die Preisgabe
aller Sicherheit gebenden Dogmen einschließt."[160] Im gleichen Sinne erklärt er
bei der Exegese von Joh 15,4: „So wenig … durch das reziproke μένειν ἐν ein
mystisches Verhältnis der Gläubigen zu Jesus beschrieben ist, so wenig ist das
‚Bleiben' bei ihm Orthodoxie, kirchlicher Konservatismus. Denn der Offenbarer ist nicht der Vermittler einer ein für allemal übernehmbaren Lehre; sein Wort
ist nicht ein Dogma oder eine Weltanschauung, sondern das frei und lebendig
machende Offenbarungswort, das die ganze Existenz neu begründet."[161] Eben
diesen Gedanken entwickelt Bultmann noch einmal besonders eingehend am
Ende seiner Auslegung von Joh 10,37f.: „In welchem Sinne kann Jesus … von
seiner Person weg auf sein Wirken verweisen, wenn doch dieses Wirken im
Grunde in nichts anderem besteht als in der ständigen Behauptung: ἐγώ εἰμι …?
wenn sein Wirken sich im Grunde nur in seinem Worte vollzieht, in dem er von
seiner Person als dem Offenbarer redet? Die Antwort ist nur möglich, wenn der
Unterschied erfaßt wird zwischen dem Wort, das nur *über* eine Sache redet,
und dem Wort, in dem die Sache *selbst* gegenwärtig ist, zwischen dem theore-
tisch oder dogmatisch orientierenden und dem anredenden, in die Existenz grei-
fenden Wort. Als nur über seine Person redende dogmatische Aussagen sind
Jesu Worte unglaubwürdig; glaubwürdig können sie nur werden, wenn sie als
Anrede gehört werden … Als solche aber hat der Evangelist sie ständig darge-
stellt; als Worte, die nicht ein Dogma bringen, sondern die Dogmen zerstören;
als Worte, die das natürliche Selbstverständnis des Menschen in Frage stellen,
die sein verdecktes und verdrehtes Wissen um Gott und sein Verlangen nach
dem Leben zur Echtheit und Eigentlichkeit bringen wollen. So kann V. 37f.
nur den Sinn haben: ein bloß dogmatischer Glaube auf die Autorität eines un-
verbürgten Wortes hin ist freilich nicht gefordert, sondern ein Glaube, der Jesu
Worte als sein Wirken an sich selbst erfährt … Die Erkenntnis, daß er und der
Vater eines sind (V. 30), oder wie es jetzt formuliert wird: ‚daß in mir der Vater
ist und ich im Vater bin', steht nicht am Anfang, sondern am Ende des Glaubensweges. Sie kann nicht als dogmatische Wahrheit blind akzeptiert werden,
sondern ist die Frucht des Glaubens an die ‚Werke' Jesu."[162] – Eine ähnliche

---

[160] BULTMANN 213.
[161] Ebd. 412.
[162] Ebd. 298.

Bestimmung des johanneischen Glaubensverständnisses, wie sie von Bultmann vertreten wird, findet sich bei F. Hahn[163]. Er gelangt auf der Grundlage des gänzlich harmlosen Tatbestandes, daß der Evangelist den Glauben an keiner Stelle mit dem Substantiv πίστις, sondern durchgehend mit dem Verbum πιστεύειν bezeichnet, zu dem exegetisch wie theologisch weitreichenden Urteil: „Grundlegend ist für ihn [sc. den Evangelisten] bei πιστεύειν nicht die fides quae creditur, sondern die fides qua creditur, aus der dann erst eine inhaltliche Erkenntnis und Aussage resultiert."[164] „Was christlicher Glaube ist, wird im Johannesevangelium eindrücklich dargelegt, wobei vor allem hervortritt, daß Glaube schlechterdings nichts mit Fürwahrhalten zu tun hat, sondern auf Überzeugtsein, Erkenntnis und lebendiger personaler Beziehung beruht."[165]

Was zunächst den zuletzt zitierten Satz anlangt, so wird man fragen dürfen, ob man überhaupt von etwas *überzeugt* sein kann, das man nicht zugleich auch *für wahr hält*. Sodann ist gegenüber der bei R. Bultmann und F. Hahn zu verzeichnenden Interpretation des johanneischen Glaubensverständnisses exegetisch ganz grundsätzlich zu bemerken: Dem Zeugnis des vierten Evangeliums zufolge gibt es den *Glauben* an Jesus Christus niemals ohne die *Erkenntnis* seines göttlichen Persongeheimnisses, den Akt des πιστεύειν εἰς αὐτόν u.ä. mithin niemals ohne das πιστεύειν ὅτι σὺ εἶ κτλ. u.ä.[166] Mit anderen Worten: *Anerkannt* wird Jesus Christus ausschließlich da, wo er als der *erkannt* wird, der er wesenhaft ist. Es ist somit nicht erst etwas sekundär zum πιστεύειν εἰς Hinzutretendes, sondern etwas dem Glaubensvollzug ursprünglich und notwendig Innewohnendes, wenn er sich in christologischen Bekenntnissätzen und damit in Propositionen artikuliert, die den Anspruch auf Wahrheit erheben. Daß das sich in Propositionen aussprechende Erkennen in der Tat zum Wesen des christlichen Glaubens gehört, daß also „das Erkennen … ein Strukturmoment des Glaubens" ist[167], – eben das lehrt besonders eindrücklich und unmißverständlich der Text Joh 11,25–27: Im Anschluß an das „Ich bin"-Wort 11,25b–26a (ἐγώ εἰμι ἡ ἀνάστασις καὶ ἡ ζωή· ὁ πιστεύων εἰς ἐμὲ κἂν ἀποθάνῃ ζήσεται, καὶ πᾶς ὁ ζῶν καὶ πιστεύων εἰς ἐμὲ οὐ μὴ ἀποθάνῃ εἰς τὸν αἰῶνα)[168] lautet die an Martha gerichtete Frage Jesu nicht etwa – wie es nach den Bestimmungen von Bultmann und Hahn zu erwarten wäre – : „Glaubst du *an mich?*" (πιστεύεις

---

[163] HAHN, Glaubensverständnis 68 f.
[164] Ebd. 69.
[165] Ebd.
[166] Das zeigt beispielhaft das Nebeneinander der beiden Wendungen πιστεύειν εἰς αὐτόν u.ä. / πιστεύειν ὅτι σὺ εἶ κτλ. u.ä.: 6,29.35.40 / 6,69; 11,25b–26a / 11,27.42; 14,1.12 / 14,10f.; 16,9 / 16,27.30; 17,20 / 17,8.21; 20,29 / 20,31; s. auch 1Joh 5,10.13 / 5,1.5 und schließlich bei Paulus: Röm 10,11.14 / 10,9.
[167] So mit Recht gerade BULTMANN, Theologie des Neuen Testaments 426; ebenso, DERS., Art. πιστεύειν κτλ.: ThWNT VI 229,32f. Vgl. auch DERS., Theologie des Neuen Testaments 425: „Nur sofern der Glaube ein erkennender ist, ist er ein *echter Glaube.*"
[168] Zu 11,25b–26a s. des näheren die Ausführungen u. S. 201–205.

εἰς ἐμέ;), sondern: „Glaubst du *dieses* [nämlich die christologisch-soteriologische Proposition 11,25b–26a]?" (πιστεύεις τοῦτο;). Diesem Befund korrespondiert, daß sich der durch die worthafte Selbsterschließung Jesu hervorgerufene Glaube der Martha anschließend nicht in einem unmittelbaren „Ja, Herr, ich glaube an dich!" äußert, sondern in dem Bekenntnissatz: „Ja, Herr, ich glaube ganz gewiß, daß du der Christus, der Sohn Gottes, bist, der in die Welt kommen soll!" (ναὶ κύριε, ἐγὼ πεπίστευκα ὅτι σὺ εἶ ὁ χριστὸς ὁ υἱὸς τοῦ θεοῦ ὁ εἰς τὸν κόσμον ἐρχόμενος [11,27])[169]. Die zum gewissen Glauben an den Sohn Gottes Gekommene äußert sich damit in einer christologischen Aussage, die das Persongeheimnis Jesu in ebenso *suffizienter* wie *unüberbietbarer* Weise zur Sprache bringt[170]. In dem letztgenannten Sachverhalt zeigt sich exemplarisch: Der vierte Evangelist kennt weder „Stufen des Heilsglaubens"[171], noch ist er der Auffassung, daß die Erkenntnis der Einheit bzw. der Immanenz von Vater und Sohn „nicht am Anfang", sondern – als „die Frucht des Glaubens an die ‚Werke' Jesu" – allererst „am Ende des Glaubensweges" steht[172]. Der Evangelist kennt einzig den absoluten – die Alternative von Heil und Unheil bzw. von Leben und Tod in sich schließenden – Gegensatz von Glauben und Unglauben. Dort aber, wo der rettende Glaube auf dem Plan ist, da ist notwendig zugleich auch die *volle* Erkenntnis von Person und Werk Jesu Christi gegeben. Der die ewige Heilsteilhabe der Gemeinde ermöglichende und verbürgende Glaube, ὅτι Ἰησοῦς ἐστιν ὁ χριστὸς ὁ υἱὸς τοῦ θεοῦ (20,31), ist ja inhaltlich vollkommen identisch mit dem Bekenntnis der Gottheit Jesu, das Thomas wenige Verse zuvor mit den Worten ὁ κύριός μου καὶ ὁ θεός μου (20,28) ausspricht, und er ist folglich als solcher qualitativ schlechterdings nicht steigerungsfähig[173]. Die

---

[169] Angemerkt sei, daß die partizipiale Wendung ὁ εἰς τὸν κόσμον ἐρχόμενος in 11,27 keinesfalls – wie etwa BULTMANN 309 mit Anm. 1; BROWN I 425; SCHNEIDER 214; BARRETT 394f.; FREY, Eschatologie II 560 annehmen – neben ὁ χριστός und ὁ υἱὸς τοῦ θεοῦ einen *dritten* Hoheitstitel bildet. Die Wendung ist vielmehr analog zu 6,14 (ὁ προφήτης ὁ ἐρχόμενος εἰς τὸν κόσμον) als eine appositionelle Näherbestimmung zu dem unmittelbar voranstehenden Ausdruck ὁ υἱὸς τοῦ θεοῦ zu beurteilen; ebenso z.B. GODET II 402; SCHNAKKENBURG II 417 Anm. 1; KREMER, Lazarus 70; BECKER II 426.

[170] Daß die christologische Aussage 11,27 ein *vollgültiger* Bekenntnissatz bzw. eine Äußerung *wahren* Glaubens ist, zeigt bereits das die unbedingte Gewißheit zum Ausdruck bringende Perfekt πεπίστευκα (= „firmiter credo" [ZERWICK, Analysis philologica 233 z.St.]); vgl. die analogen Wendungen πεπιστεύκαμεν καὶ ἐγνώκαμεν 6,69; πεφιλήκατε καὶ πεπιστεύκατε 16,27; ἐγνώκαμεν καὶ πεπιστεύκαμεν 1Joh 4,16. Hinzu kommt, daß das Bekenntnis der Martha in dem theologisch gewichtigen Vers Joh 20,31 seine Parallele hat, in dem unter Verwendung der nebeneinander erscheinenden Hoheitstitel ὁ χριστός und ὁ υἱὸς τοῦ θεοῦ der Gegenstand des christlichen Heilsglaubens präzise benannt wird. Beide Beobachtungen erweisen die Unhaltbarkeit der u.a. bei ZAHN 485; BROWN I 434f.; STIMPFLE, Blinde sehen 118f.; WELCK, Erzählte Zeichen 217–220 zu lesenden Auskunft, daß es sich bei dem Bekenntnissatz 11,27 in Wahrheit um eine Aussage des *Unglaubens* handle.

[171] Gegen HAHN, Glaubensverständnis 64 (im Original kursiv). S. dazu KAMMLER, Die „Zeichen" des Auferstandenen 196 Anm. 21.

[172] Gegen BULTMANN 298.

[173] S. KAMMLER, Die „Zeichen" des Auferstandenen 205f. Anm. 47.

Erkenntnis der zwischen dem Vater und dem Sohn bestehenden wesenhaften Einheit gehört mithin *essentiell* und deshalb *von Anfang an* zur Signatur des Christusglaubens.

## d) Joh 5,23 und das johanneische Offenbarungsverständnis

Mit den Worten ὁ μὴ τιμῶν τὸν υἱὸν οὐ τιμᾷ τὸν πατέρα τὸν πέμψαντα αὐτόν V. 23b ist, wie wir sahen, grundsätzlich eine jede sich unabhängig vom Glauben an Jesus Christus vollziehende Gottesverehrung als illegitim und nichtig bestimmt. Dieses nicht zuletzt gegenüber dem zeitgenössischen Judentum überaus kritische Urteil ist seinerseits ein theologisch notwendiges Implikat der für das gesamte johanneische Denken grundlegenden Einsicht, daß Gott, der Vater, einzig und allein in der Person und in dem Offenbarungswirken seines Sohnes offenbar ist, während er abgesehen von Jesus Christus zutiefst verborgen ist und bleibt.

Die damit behauptete Exklusivität und Absolutheit der in Jesus gegebenen Offenbarung kommt besonders prägnant und präzise in jenem Satz zur Sprache, der den Prolog beschließt und zum Corpus des Evangeliums überleitet: θεὸν οὐδεὶς ἑώρακεν πώποτε· μονογενὴς θεὸς ὁ ὢν εἰς τὸν κόλπον τοῦ πατρὸς ἐκεῖνος ἐξηγήσατο (1,18)[174]. Er hat seine engste Parallele in 6,46, wo Jesus über sich selbst sagt: οὐχ ὅτι τὸν πατέρα ἑώρακέν τις εἰ μὴ ὁ ὢν παρὰ τοῦ θεοῦ, οὗτος ἑώρακεν τὸν πατέρα. Mit diesen beiden Sätzen wird in aller Deutlichkeit erklärt, daß es außerhalb der in Jesus Christus geschehenen Offenbarung prinzipiell kein Wissen über Gott gibt und auch nicht geben kann. Es ist deshalb theologisch nur konsequent, wenn der Evangelist in 12,41 – im klaren und bewußten Widerspruch zum Wortlaut von Jes 6,1.5 – behauptet, daß der Prophet Jesaja bei seiner Berufungsvision nicht etwa Jahwe selbst bzw. die „Herrlichkeit" Jahwes (so der Targum z.St.[175]), sondern den präexistenten *Christus* in seiner göttlichen δόξα geschaut hat, oder wenn er Jesus in 5,37b –

---

[174] Zu 1,18 s. vor allem HOFIUS, „Der in des Vaters Schoß ist" 24–32, ferner die Bemerkungen u. S. 113–115.

[175] S. dazu STENNING, The Targum of Isaiah 21. 23 (Text) bzw. 20. 22 (Übersetzung); CHILTON, The Isaiah Targum 14 (Übersetzung) bzw. 15 (Kommentar). In seinem Kommentar bemerkt B.D. Chilton: „From the outset, it is made clear that God's ‚glory‘ is seen, which is consistent with orthodox rabbinic thinking (cf. also John 12:41). In a passage associated with the Babylonian Talmud (Kiddushin 49a), R. Judah ben Ilai is portrayed as warning against translations which speak of seeing God directly (cf. Exodus 33:20), *and* against those which speak of seeing some angelic substitute. Rather, the use of the term ‚glory‘ is recommended: such a usage avoids the Charybdis of thinking of God as visible and the Scylla of replacing him with an angel. This discussion, which is worked out in respect of Exodus 24:10, accords with the practice of the Isaiah Targum." Der in den Ausführungen von Chilton benannte Tatbestand zeigt übrigens exemplarisch, wie streng der monotheistische Gottesbegriff im antiken Judentum gefaßt ist und wie wenig in diesem Kontext denkbar wäre, daß die Gestalt eines Offenbarungsmittlers oder eines Boten in die unmittelbare Nähe Gottes gerückt werden könnte.

ebenfalls in Spannung zu alttestamentlichen Texten wie Gen 32,31; Ex 24,10f.; Num 12,8; Dtn 34,10[176] – zu seinen jüdischen Gegnern sagen läßt: οὔτε φωνὴν αὐτοῦ πώποτε ἀκηκόατε οὔτε εἶδος αὐτοῦ ἑωράκατε[177]. Ganz auf dieser Linie liegt es, wenn der johanneische Christus in den zur sog. „Brotrede" gehörenden Versen 6,32f.49f. – wiederum im Gegensatz zu den im Hintergrund stehenden Aussagen Ex 16,4.14f.; Ps 78,24f.; 105,40; Sap 16,20; Neh 9,15 [= 2Esdr 19,15 LXX][178] – in Abrede stellt, daß das Manna, das Israel in der Wüste durch Mose empfing, „aus dem Himmel" stammte und wirklich „Himmelsbrot", „Brot Gottes" bzw. „Lebensbrot" war. Denn damit ist – in genauer Entsprechung zu der ganz grundsätzlich gemeinten Antithese von 1,17 (ὁ νόμος διὰ Μωϋσέως ἐδόθη, ἡ χάρις καὶ ἡ ἀλήθεια διὰ Ἰησοῦ Χριστοῦ ἐγένετο)[179] – jede von Gott heraufgeführte Heilsverwirklichung in der Zeit *vor* dem Kommen Christi rigoros bestritten.

Der Gedanke, daß die heilvolle Erkenntnis Gottes exklusiv durch die Erkenntnis Jesu eröffnet wird, erscheint auch in den beiden fast wörtlich gleichlautenden Aussagen von 12,45 (ὁ θεωρῶν ἐμὲ θεωρεῖ τὸν πέμψαντά με) und 14,9b (ὁ ἑωρακὼς ἐμὲ ἑώρακεν τὸν πατέρα). Er findet sich zudem in dem „Ich bin"-Wort Joh 14,6 (ἐγώ εἰμι ἡ ὁδὸς καὶ ἡ ἀλήθεια καὶ ἡ ζωή· οὐδεὶς ἔρχεται πρὸς τὸν πατέρα εἰ μὴ δι' ἐμοῦ) sowie in dessen asyndetisch angeschlossener Folgerung 14,7a (εἰ ἐγνώκατέ με, καὶ τὸν πατέρα μου γνώσεσθε). Der vom Evangelisten selbst sehr wohl zu unterscheidende Verfasser des 1. Johannesbriefes[180] bringt diesen Gedanken dann theologisch auf den Begriff, wenn er am Ende seines Schreibens formuliert: οἴδαμεν δὲ ὅτι ὁ υἱὸς τοῦ θεοῦ ἥκει καὶ δέδωκεν ἡμῖν διάνοιαν ἵνα γινώσκωμεν τὸν ἀληθινόν, καὶ ἐσμὲν ἐν τῷ ἀληθινῷ, ἐν τῷ υἱῷ αὐτοῦ Ἰησοῦ Χριστῷ (1Joh 5,20a). Diesem Vers zufolge hat allererst Jesus, der Sohn, der an ihn glaubenden Gemeinde die διάνοια, d.h. „das Erkenntnisvermögen"[181], gegeben und ihr damit die Erkenntnis des „Wahrhaftigen", d.h. Gottes, des Vaters, ermöglicht. Einzig aufgrund des offenbarenden Handelns Jesu gibt es für die christliche Gemeinde die heilvolle Gemeinschaft mit dem Vater, die als solche zugleich die κοινωνία mit dem

---

[176] Vgl. ferner Dtn 4,12; 5,4.24.

[177] Treffend erklärt BLANK, Krisis 206 Anm. 66: „Das οὔτε φωνὴν αὐτοῦ πώποτε ἀκηκόατε steht in flagrantem Widerspruch zu den Aussagen, die besonders das Deuteronomium immer wieder einschärft, z.B. Dtn 4,12.33. Gottes Stimme gehört zu haben, ist eine israelitische Grundüberzeugung, das Bestreiten dieser Überzeugung daher ein massiver Angriff auf das jüdische Selbstverständnis – nicht auf das Alte Testament als solches. Daß Israel Gottes Gestalt nicht gesehen habe, ist gut jüdisch-orthodox." Vgl. THEOBALD, Fleischwerdung 364.

[178] S. auch Sib, Frg. III 49; zu vergleichen ist ferner JosAs 16,14; LAB 19,5, wo – wie in Ps 78,25; Sap 16,20 – die Auffassung begegnet, daß das Manna das Brot sei, das die Engel Gottes genießen.

[179] Zur Interpretation von 1,17 s. HOFIUS, „Der in des Vaters Schoß ist" 29–32.

[180] S. dazu die Bemerkungen o. S. 7f.

[181] So z.St. mit Recht BAUER / ALAND, WbNT 375 s.v. διάνοια 1.

Sohn ist[182]. Fragt man nach dem letzten theologischen Grund dafür, warum sowohl das Johannesevangelium wie auch der 1. Johannesbrief Jesus Christus und ihm allein die Macht zuschreiben, den der Welt schlechthin transzendenten Gott zu offenbaren, so wird man auch hier auf die *Christologie* verwiesen: Weil Jesus selbst göttlichen Wesens ist und weil ihm, dem in ewiger Liebesgemeinschaft mit dem Vater lebenden Sohn, das Persongeheimnis des Vaters in ursprünglicher und unmittelbarer Weise erschlossen ist, deshalb und *nur* deshalb eignet ihm die Fähigkeit, den Vater – letztgültig und unüberbietbar – zu offenbaren. Die Absolutheit der *Person* des Offenbarers begründet mithin die Absolutheit und Exklusivität der in Jesus Christus geschehenen *Offenbarung*. Das Bekenntnis der wahren Gottheit Jesu Christi bildet somit die sachliche Basis der streng christozentrisch strukturierten johanneischen Offenbarungstheologie. Eben deshalb wird Jesus sehr bewußt und betont im unmittelbaren Anschluß an die soeben zitierten Worte des 1. Johannesbriefes in 5,20b als ὁ ἀληθινὸς θεός prädiziert[183], und aus dem gleichen Grunde begegnet, ebenso wohlüberlegt, in der offenbarungstheologischen Fundamentalaussage des vierten Evangeliums Joh 1,18 die Prädikation Jesu als θεός.

An dieser Stelle seien einige knappe Bemerkungen zu Joh 1,18 angefügt: 1. Textkritisch stellt sich die Frage, ob hier μονογενὴς θεός (so u.a. 𝔓⁶⁶ ℵ* B C*), ὁ μονογενὴς θεός (so u.a. 𝔓⁷⁵ ℵ¹ 33) oder ὁ μονογενὴς υἱός (so u.a. A C³ Θ Ψ f¹·¹³ 𝔐 lat syᶜ·ʰ) zu lesen ist[184]. Nach meinem Urteil spricht alles für μονογενὴς θεός als ursprüngliche Lesart[185]. Diese Lesart ist eindeutig am besten bezeugt. Gegenüber ὁ μονογενὴς θεός stellt sie die lectio brevior dar. Ein plausibler Grund für die Streichung des Artikels läßt sich nicht namhaft machen, während seine Hinzufügung leicht zu erklären ist. Gegenüber der erst in Textzeugen vom 4. Jh. n. Chr. an begegnenden Variante ὁ μονογενὴς υἱός[186] bildet die Lesart μονογενὴς θεός schon aufgrund ihrer Singularität im Corpus Johanneum zweifellos die lectio difficilior; die Worte ὁ

---

[182] S. 1Joh 1,3; vgl. 5,11f.
[183] S. dazu o. S. 78f.
[184] Die u.a. von vgᵐˢ Ps-Vigilius¹ᐟ² repräsentierte Variante ὁ μονογενής ist schon aufgrund der Bezeugung zu vernachlässigen.
[185] Für diese Lesart votiert die Mehrzahl der Ausleger, für die neben den Textausgaben Nestle²⁵; Nestle / Aland²⁶·²⁷; Greek New Testament⁴ die folgenden Exegeten genannt seien: Westcott 15; Harnack, Prolog 214. 215 Anm. 1; Weiss 59f.; Holtzmann 39f.; Zahn 96. 714–719; Bernard I 31; Behm, Die johanneische Christologie 581; Bauer 29f.; Bauer / Aland, WbNT 1067 s.v. μονογενής; Jeremias, Prolog 25; Schneider 63f.; Cullmann, Christologie des Neuen Testaments 317; Mastin, Neglected feature 37–41; Gese, Prolog 158. 169 mit Anm. 8; ders., Weisheit 246; Matsunaga, The „Theos" Christology 127; Theobald, Anfang 31 mit Anm. 68; ders., Fleischwerdung 253 mit Anm. 224; Fennema, John 1.18: „God the only Son" 127f.; Hofius, „Der in des Vaters Schoß ist" 25; Schweizer, Art. Jesus Christus I: TRE 16, 707,47–49; Becker I 103; Loader, The Christology of the Fourth Gospel 159; Abramowski, Der Logos in der altchristlichen Theologie 194 mit Anm. 6; Harris, Jesus as God 78–82; Metzger, A Textual Commentary 169f.; Böhm, Bemerkungen 55–59; Tolmie, Characterization 63 mit Anm. 22; Karrer, Jesus Christus im Neuen Testament 199; Schnelle 29.
[186] Diese Lesart bevorzugen u.a. Schlatter 34f.; Büchsel, Art. μονογενής: ThWNT

μονογενὴς υἱός können dagegen unschwer als eine Angleichung an Joh 3,16.18 und 1Joh 4,9 verstanden werden. – 2. Im Blick auf das Adjektiv μονογενής ist zu bemerken, daß dieses – seiner üblichen lexikalischen Bedeutung gemäß[187] – in Joh 1,18 und ebenso auch in 1,14; 3,16.18; 1Joh 4,9 die Bedeutung „einzigartig" / „einzig" hat[188] und also keineswegs mit „ein(zig)geboren" / „einzigerzeugt" wiedergegeben werden darf[189]. – 3. Was die Wendung μονογενὴς θεός als ganze anlangt, so ist grammatisch-syntaktisch zu klären, ob μονογενής hier attributiv zu θεός gehört[190] (= „der einzige / einzigartige Gott") oder ob das Wort an dieser Stelle substantivisch verwendet ist, so daß θεός als Apposition zu μονογενής begriffen sein will[191] (= „der Eine und Einzige, der [selbst] Gott ist"). Die zweite Möglichkeit verdient m.E. deshalb den Vorzug, weil die Formulierung μονογενὴς θεός sich nur bei diesem Verständnis in den Kontext des Prologs glatt einfügt: Das substantivische μονογενής, das auf die einzigartige Qualität der Sohnschaft Jesu abhebt, entspricht sprachlich wie sachlich dem μονογενής in V. 14d (ὡς μονογενοῦς παρὰ πατρός)[192], und das artikellose θεός, das die wahre Gottheit des Sohnes und damit seine wesenhafte Einheit mit dem Vater zum Ausdruck bringt, hat seine sprachliche wie sachliche Parallele in dem artikellosen θεός von V. 1c (καὶ θεὸς ἦν ὁ λόγος)[193]. Handelt es sich bei μονογενής um ein substantiviertes Adjektiv und bei θεός dementsprechend um eine relativische Apposition, so liegt in dem Schlußvers des Prologs V. 18 eine bewußte Wiederaufnahme jener beiden christologischen Spitzenaussagen des Hymnus vor, in denen die solenne Bezeichnung Jesu als ὁ λόγος expressis verbis erscheint. Einem attributiven Verständnis von μονογενής steht nicht zuletzt das Sachargument entgegen, daß die Prädikation Jesu als des „einzigen / einzigartigen

---

IV 748 mit Anm. 14; BULTMANN 55 f. Anm. 4; WIKENHAUSER 51; SCHULZ 34; SCHNACKENBURG I 255; HAENCHEN 132. – Schwankend z.B. BARRETT 195.

[187] S. dazu nur LIDDELL / SCOTT, Greek-English Lexicon 1144 s.v.; BAUER, WbNT 1042 f. s.v.; BAUER / ALAND, WbNT 1067 s.v.; MOULTON / MILLIGAN, Vocabulary 416 f. s.v.

[188] S. den ausführlichen Nachweis bei PENDRICK, ΜΟΝΟΓΕΝΗΣ 587–600. Vgl. ferner MOODY, God's only Son 216–219; FITZMYER, Art. μονογενής: EWNT II 1081–1083.

[189] So aber z.B. BÜCHSEL, Art. μονογενής: ThWNT IV 749,7–750,10; BARRETT 192 f. (zu 1,14); DAHMS, The Johannine Use 222–232; THEOBALD, Fleischwerdung 250–254. Wenn BAUER, WbNT 1043 s.v. erklärt, μονογενής bedeute „im joh[anneischen] Sprachgebr[auch] v[on] Jesus einzigerzeugt od[er] vom Einzigen erzeugt", so gründet sich dieses Urteil weniger auf philologische Beobachtungen als vielmehr auf problematische religionsgeschichtliche Erwägungen; s. dazu BAUER, Das Johannesevangelium 26.

[190] So z.B. ZAHN 96; SCHNEIDER 51; GESE, Prolog 158. 169. In diesem Falle wird der artikellose Ausdruck μονογενὴς θεός durch das mit Artikel angeschlossene und einem Relativsatz gleichwertige Partizip ὁ ὢν κτλ. determiniert; s. dazu HOFIUS, „Der in des Vaters Schoß ist" 25 Anm. 7.

[191] So z.B. BAUER 28; BARTH 13. 161; BERNARD I 31f.; CULLMANN, Christologie des Neuen Testaments 317; FENNEMA, John 1.18: „God the only Son" 128; THEOBALD, Fleischwerdung 253; HARRIS, Jesus as God 91f. In diesem Fall gilt für das artikellose μονογενής das in der vorigen Anmerkung zur Determination Bemerkte entsprechend; s. HOFIUS, „Der in des Vaters Schoß ist" 25 Anm. 8.

[192] Beachtenswert ist auch das Folgende: In 1,14d begegnen nebeneinander das substantivische μονογενής und die Bezeichnung Gottes als ὁ πατήρ. Der gleiche Sachverhalt ist in 1,18 gegeben, wenn man μονογενής auch hier substantivisch faßt. – Zu den Worten ὡς μονογενοῦς παρὰ πατρός 1,14d s. die philologischen Bemerkungen bei HOFIUS, Logos-Hymnus 22 Anm. 136.

[193] Zu 1,1c s. die Ausführungen u. S. 178 f. mit Anm. 45.

Gottes" theologisch nicht unproblematisch ist, weil sie nur zu leicht ditheistisch oder subordinatianisch mißverstanden werden kann.

### e) Joh 5,23 und die johanneischen Sendungsaussagen

Aus den voranstehenden Überlegungen dürfte *eines* deutlich geworden sein: Sowohl der positiven Aussage, daß Jesus, dem Sohn, die Ehrung von seiten des Menschen in der gleichen Weise wie Gott, dem Vater, gebührt (V. 23a), wie auch deren negativ formulierter Näherbestimmung, daß es prinzipiell keine Verehrung des Vaters am Sohn vorbei geben kann (V. 23b), liegt der Gedanke der *Gottheit* Jesu Christi sachlich notwendig zugrunde. Das aber heißt: Selbst dann, wenn das frühjüdische Boteninstitut mit seinem Rechtsgrundsatz: „Der Gesandte eines Menschen ist wie dieser selbst"[194] den entscheidenden begriffs-, kultur- und religionsgeschichtlichen Hintergrund für 5,23 sowie für die johanneischen Sendungsaussagen überhaupt bilden sollte[195], gilt, daß die mit V. 23 getroffene christologische Hoheitsaussage den Rahmen der jüdischen Gesandtenvorstellung radikal sprengt. C.A. Carson bemerkt deshalb in seinem Kommentar z.St. zu Recht: „This goes far beyond making Jesus a mere ambassador who acts in the name of the monarch who sent him, an envoy plenipotentiary whose derived authority is the equivalent of his master's. That analogue breaks down precisely here, for the honour given to an envoy is never that given to the head of state."[196]

Schon für 5,19–23 ist, wie die Exegese gezeigt hat, evident, daß den Vater-Sohn-Aussagen, die ja nicht nur die Offenbarungseinheit, sondern zugleich auch die Wesenseinheit zwischen Jesus und Gott zur Sprache bringen, der sachliche Vorrang vor der Sendungsaussage V. 23bβ (τὸν πατέρα τὸν πέμψαντα αὐτόν) zukommt. Das gleiche gilt für das johanneische Christuszeugnis insgesamt: Allererst von den für die Christologie des vierten Evangeliums zentralen Einheits- und Immanenzformeln[197] her gewinnt die formelhaft gebrauchte Got-

---

[194] Ber 5,5 und Parallelen; s. die Angaben bei BÜHNER, Der Gesandte 209 Anm. 1; vgl. BILLERBECK I 590. 736f.; II 167. 466. 558; III 2; IV/1 43f. 49. 150.

[195] So vor allem BÜHNER, Der Gesandte, bes. 181ff. und MIRANDA, Sendung, bes. 27f. 34. 36f. 39. 90. Mirandas Sicht unterscheidet sich allerdings darin nicht unwesentlich von der Position Bühners, daß er die Sendungsaussagen des vierten Evangeliums nicht direkt vom jüdischen Botenrecht ableitet, sondern von der „deuteronomische[n] Prophetenvorstellung" her zu verstehen sucht, „in welche das semitisch-jüdische Gesandtenrecht aufgenommen" (ebd. 28) und „durch die Vorstellung vom *Endzeitpropheten wie Mose* überformt" worden sei (ebd. 37; vgl. 90).

[196] CARSON 254f.; vgl. MORRIS 315. Schließlich sei zu V. 23b noch auf AUGUSTIN, Traktat XXI 17 hingewiesen. Augustin gibt zunächst zu bedenken: „Noli attendere ad res humanas, ubi major videtur qui mittit, et minor qui mittitur"; unter Verweis auf 16,32 und 14,10 sieht er sodann den entscheidenden Differenzpunkt zwischen den „res humanae" und den „res divinae" darin gegeben, daß bei den „res divinae" im Blick auf die Relation von Sendendem und Gesandtem gilt: „Non recessit a misso mittens, quia missus et mittens unum sunt."

[197] 10,30.38; 14,10f.20; 17,11.21–23.

tesprädikation „der Vater, der mich gesandt hat" (ὁ πατὴρ ὁ πέμψας με / ὁ πέμψας με πατήρ u.ä.)[198] – wie E. Käsemann zutreffend erklärt – „ihren spezifisch christologischen Sinn": „Jesus ist der himmlische Gesandte, der aus der Einheit mit dem Vater handelt und … in einzigartiger Würde alles, was sonst gesandt gewesen sein mag, übertrifft."[199] Mit gutem Grund betont deshalb K.H. Rengstorf, daß die Sendungsaussagen des Evangeliums ihren präzisen semantischen Gehalt einzig von der johanneischen Sohneschristologie her erhalten, „die, indem sie Jesus als den Sohn schlechthin beschreibt, die wesenhafte Einheit Jesu mit Gott so stark wie nur möglich betont"[200], – und daß nicht etwa umgekehrt die Sohneschristologie durch die Sendungsaussagen mitgeformt ist[201]. Denn nicht die Gottessohnschaft Jesu empfängt in seiner Sendung „ihre Bestätigung", sondern im Gegenteil: „aus dem, daß Jesus für Joh[annes] der υἱός ist, gewinnt … seine Sendung ihren letzten Sinn"[202]. Rengstorf gelangt von daher zu dem Urteil, „daß, soweit die Vorstellung vom Gesandten bei Johannes eine Rolle spielt, diese nicht die Christologie beeinflußt, sondern umgekehrt erst von der Christologie aus ihre Farbe bekommt"[203]. Dieses Urteil wird durch einen anderen gewichtigen Sachverhalt untermauert: Weder die für die johanneische Bestimmung der Vater-Sohn-Relation grundlegenden Präexistenzaussagen[204] noch auch die jeweils an gewichtigen Stellen begegnende Prädikation Jesu als θεός[205] können in das Koordinatensystem des jüdischen Botenrechts sinnvoll eingefügt und von dort aus angemessen interpretiert werden[206].

Daß das Motiv der Sendung Jesu das Zentrum und Fundament der johanneischen Christologie bildet, bestreitet auch M.L. Appold[207]: „To make the motif of ‚sending' and the ‚sent one' the one central theme and basis of the Gospel … is neither warranted nor tenable. Despite its importance and peculiarity as a Johannine formula, it is by no means inclusive enough in meaning and orientation to serve as the integrating center of the Gospel and as a key for grasping the specificity of its christology."[208] Appold begründet seine Auffassung vor

---

[198] 4,34; 5,23f.30.37; 6,38f.44; 7,16.18.28.33; 8,16.18.26.29; 9,4; 12,44f.49; 13,20; 14,24; 15,21; 16,5.
[199] KÄSEMANN, Jesu letzter Wille 31.
[200] RENGSTORF, Art. ἀποστέλλω κτλ.: ThWNT I 405,9f.
[201] Vgl. ebd. 405,12f.
[202] Ebd. 405,21–23.
[203] Ebd. 446,21–23.
[204] Vgl. nur 1,1f.15.18.30; 6,62; 8,58; 12,41; 17,5.24.
[205] 1,1.18; 20,28; vgl. 1Joh 5,20b.
[206] Das letztere betont auch GNILKA, Theologie des Neuen Testaments 238 (vgl. ebd. 256): „Das Bekenntnis des Thomas ‚Mein Herr und mein Gott' (20,28), das als abschließendes Bekenntnis im vierten Evangelium einen ähnlichen Rang gewinnt wie das Bekenntnis des Hauptmanns in Mk 15,39, läßt sich in die Gesandtenchristologie nicht mehr einordnen." Vgl. ferner DUNN, Let John be John 329f.
[207] APPOLD, Oneness Motif 20–22.
[208] Ebd. 20.

allem mit dem überzeugenden Argument, daß die verschiedenen Gesandten-
modelle, die in der Forschung als religionsgeschichtlicher Hintergrund der johanneischen Sendungsaussagen genannt worden sind[209], allesamt *subordinatianisch* strukturiert sind, während die johanneische Christologie gerade mit
Nachdruck die wesenhafte *Einheit* von Vater und Sohn behauptet: „The basic
structure of the sending – sent concept poses a problem. Its orientation, as its
history in Hellenistic and Jewish traditions illustrates, indicates that the agent
or emissary who has been authorized and empowered to carry out the mandate
for which he had been sent is not the principal or sovereign figure but instead
occupies a more or less secondary position. As such, the emissary receives his
authority from another and has subordinate, deputy-like significance. But precisely that aspect is foreign to the Johannine conception which reflects, as the
reciprocity statements already indicate, a pronounced emphasis on the oneness
of Father and Son. When, therefore, the ὁ πέμψας με πατήρ phrase is isolated
as the characteristic expression of Johannine christology and interpreted pre-
dominantly in terms of an obedient emissary relationship expressed in service
and an act of love, then an accent shift is introduced which is not wholly com-
patible with the Johannine conception. John's christology leaves no room for
even incipient subordinationism. Jesus is not just the Father's authorized representative or agent. For John he is not simply the man specially qualified by
God.“[210] Die im Johannesevangelium an gewichtigen Stellen behauptete Einheit und gegenseitige Inexistenz von Vater und Sohn zwingt – so Appold mit
Recht – zu dem Urteil, „that the sending motif must be understood in the light
of Jesus' oneness with the Father“[211].

Das Verhältnis zwischen den Vater-Sohn-Aussagen des vierten Evangeliums
einerseits und den Sendungsaussagen andererseits wird schließlich auch von
R. Schnackenburg angemessen bestimmt, wenn er erklärt, daß die Sendung
Jesu allererst „durch ihre Rückführung auf den ‚Vater‘ ihre besonderen Kontu-
ren und funktionalen Konsequenzen“ erhält[212]. Die das Johannesevangelium
wesentlich bestimmende jüdisch-christliche Auseinandersetzung um Jesus
Christus und die Christologie lasse sich „*nur* auf der Grundlage des Rechts-
instituts der Stellvertretung … *nicht* begreifen“[213]. „Jesus ist nicht nur der Ge-
neralbevollmächtigte Gottes, sondern mehr noch: der Sohn, der gleiche Würde
für sich wie Gott beanspruchen darf.“[214] Das aber bedeutet, daß die johanneische Sohneschristologie „eine neue, das jüdische Denken übersteigende, spe-

---

[209] S. den knappen Überblick ebd. 21 Anm. 2.
[210] Ebd. 21 f.
[211] Ebd. 22.
[212] Schnackenburg, „Der Vater, der mich gesandt hat“ 275.
[213] Ebd. 283 (Hervorhebungen von mir).
[214] Ebd.

zifisch christliche Vorstellung" bildet[215], durch die das traditionsgeschichtlich vorgegebene Gesandtenmodell nicht bloß eine „Verdichtung"[216], sondern „noch mehr: eine Neugestaltung und Veränderung" erfährt[217]. Diese Neugestaltung und Veränderung weist Schnackenburg an fünf Punkten auf[218], von denen an dieser Stelle lediglich zwei ausdrücklich erwähnt sein sollen: Zum einen wird im vierten Evangelium „die Solidarität und Einheit des Gesandten mit dem ihn Sendenden tiefer gesehen als in der Botenvorstellung" – und zwar insofern, als die über eine bloße Willens- und Aktionseinheit hinausgehende Immanenz von Vater und Sohn selbst „der Realgrund für die Gott offenbarende und heilwirkende Tätigkeit Jesu" ist[219]; zum andern „überschreitet die soteriologische Bedeutung der Sendung Jesu das Gesandtenmodell", wird doch „die Lebensmitteilung an die Menschenwelt ... den prophetischen Boten und jüdischen Gesandten nie aufgetragen"[220].

Aufgrund der vorgetragenen Überlegungen ist zu sagen, daß das im vierten Evangelium zwischen den Vater-Sohn-Aussagen und den Sendungsaussagen gegebene Relationsgefüge dort auf den Kopf gestellt wird, wo man, wie es etwa bei E. Haenchen geschieht, die Formel „der Vater, der mich gesandt hat" zum hermeneutischen Schlüssel für die Gesamtdeutung der – dann *notwendig* subordinatianisch interpretierten – johanneischen Christologie macht[221]. Die signifikantesten Sätze aus Haenchens Johanneskommentar seien ausdrücklich angeführt[222]: Nur von der Gesandtenformel aus „versteht man richtig, was es

---

[215] Ebd. 287 f.

[216] So THEOBALD, Fleischwerdung 370. 379, auf den sich Schnackenburg bezieht. Zu Theobalds Sicht s. näherhin die Ausführungen ebd. 373–398.

[217] SCHNACKENBURG, „Der Vater, der mich gesandt hat" 288.

[218] Ebd. 288 f.

[219] Ebd. 288.

[220] Ebd. 289. – Auf die gravierenden sachlichen Differenzen, die zwischen den johanneischen Sendungsaussagen und den alttestamentlich-frühjüdischen Sendungsvorstellungen bestehen, macht auch KUHL, Sendung Jesu 233 aufmerksam: „Der joh[anneische] Gottgesandte wird – anders als die alttestamentlichen Gottgesandten und auch die Jünger in der Zeit des Pneuma – nicht erwählt und berufen, an ihn ergeht nicht das Wort wie an die Propheten oder den Lehrer der Gerechtigkeit in Qumran ...; ihm ist nicht eine partikuläre oder zeitgebundene Aufgabe übertragen. Das Joh[annes]-Ev[angelium] spricht von der Nähe Jesu zum sendenden Vater, von seiner Identifizierung mit dem Sendungsauftrag, von der Universalität des Anspruches und der Heilswirksamkeit seiner Sendung in einer Weise, die diesen Gottgesandten von allen anderen Gesandten unterscheidet. Präexistenz, Lebens- und Wirkeinheit des Sohnes mit dem sendenden Vater, die Vollendung des aufgetragenen Werkes im Sühnesterben für den Gesamt-Kosmos, Verherrlichung beim Vater: all diese Wirklichkeiten artikulieren die eine Grundaussage, daß der joh[anneische] Christus der absolute Gottgesandte und Heilbringer ist." Im Unterschied zu dieser präzisen Bestimmung stehen bei THYEN, Art. Johannesevangelium: TRE 17, 221,47–49; 221,54–222,4 zutreffende und problematische Feststellungen nebeneinander.

[221] Zu Haenchens Deutung der johanneischen Christologie s. auch die Zitate o. S. 18 f.

[222] HAENCHEN 107 f. (wortwörtlich identisch mit: DERS., Vom Wandel des Jesusbildes 12).

bedeutet, wenn Jesus sagt: ,Ich und der Vater sind eins' (10,30; vgl. 17,11.21f.).
Der Vater bleibt dabei der völlig Bestimmende, so daß Jesus, ohne sich zu
widersprechen, auch sagen kann: ,Der Vater ist größer als ich' (14,28). Diese
Wendung vom Gesandten Gottes ... ist die kennzeichnendste christologische
Formel des vierten Evangeliums. Man hat jüngst behauptet, sie wechsle unabhängig mit der anderen vom Einssein mit dem Vater, die ihr erst ihren besonderen christologischen Sinn gebe. Das trifft einfach nicht zu. Die wenigen Stellen,
die von Jesu Einssein mit dem Vater sprechen ... werden vielmehr mißverstanden, wenn man sie nicht von der so unvergleichlich oft im vierten Evangelium
vorkommenden Wendung ,der Vater, der mich gesandt hat' aus interpretiert.
Jesus ist der göttliche Gesandte, und ein Gesandter erfüllt seine Aufgabe um so
vollkommener, je mehr er nur der Ausdruck, der Mund und die Hand seines
Souveräns ist. Gerade dann und nur dann, wenn er keine eigene Politik macht,
sondern ganz im Dienst seines Souveräns lebt, ja gerade von diesem Dienst
lebt (4,34), wird er mit ihm eins und hat wirklich Anspruch auf die Ehre, die
dem Souverän gebührt. Darum wird der Vater, der ihn gesandt hat, den nicht
ehren, der den Sohn nicht ehrt ... Jesus denkt nicht daran, sich Gott gleich zu
machen, wie die Juden wähnen (5,18). Er steht aber für uns an der Stelle des
Souveräns, des Vaters, als der Gesandte, der sich ganz seinem Souverän hingegeben hat." – Dieselbe Sicht findet sich bereits in Haenchens programmatischem
und forschungsgeschichtlich überaus wirkungsvollem Aufsatz „Der Vater, der
mich gesandt hat"[223]. In einem ersten Gedankenschritt fragt er – unter bewußter
Absehung von Jesu Person – ganz allgemein, „was das besagt: ,der Gesandte'"[224], und er führt im Blick auf das antike Rechtsinstitut der Botensendung
durchaus zutreffend aus: „Ein Gesandter vertritt einen Souverän. Die Ehre, die
man ihm erweist, gilt nicht seiner Person als solcher. Seine Bedeutung rührt
vielmehr daher, daß durch ihn der eigentlich Mächtige und Entscheidende
spricht und handelt. Der rechte Gesandte ist aber kein ,nuntius alienae sen-
tentiae', der nur fremde Worte nachspricht, sondern er stellt sich ganz in den
Dienst seines Souveräns. Gerade indem er nur dessen Gedanken und Wünsche
im Sinn und Herzen hat und auf alles Eigene verzichtet, wird er mit seinem
Souverän wahrhaft identisch: er denkt dessen Gedanken, er spricht dessen
Worte, er trifft dessen Entscheidungen. Je mehr er so im Willen seines Herrn
aufgeht, um so mehr verdient er die Ehre, die diesem zukommt."[225] Völlig unangemessen ist es jedoch, von diesem Verständnis von Sendung und Boteninstitut her den christologischen Gehalt der johanneischen Sendungsaussagen
erfassen zu wollen, wie es Haenchen tut, wenn er fortfährt: „Diese Darstellung
des Gesandten hat bisher ganz von Jesus abgesehen. Aber sie trifft genau auf

---

[223] HAENCHEN, „Der Vater, der mich gesandt hat" 70f.
[224] Ebd. 71.
[225] Ebd.

ihn zu. Er steht als Gesandter des Vaters für diesen in der Welt. Er ist – um es
einmal mit Kol 1,15 auszudrücken – das sichtbare Ebenbild des unsichtbaren
Vaters. Immer wieder erklärt Jesus im 4. Evangelium, er spreche nicht seine
eigenen Worte, sondern die des Vaters …, er tue nicht seine eigenen Werke,
sondern die des Vaters …, er erfülle nicht seinen eigenen Willen, sondern den
des Vaters … Wenn wir das hier Ausgesprochene zugespitzt formulieren dürfen, können wir sagen: nach dem Johannesevangelium kommt Jesus alle Bedeutung gerade deshalb zu, weil er nichts anderes sein will und ist als die Stimme und die Hand des Vaters. Allein aus diesem Grunde fordert Jesus für sich
Ehre bei den Menschen: Wer ihn nicht ehrt, der ehrt den Vater nicht, der ihn
gesandt hat … Deshalb greifen die Juden völlig fehl, als sie Jesus Lästerung
vorwerfen: er mache sich Gott gleich (5,18). Er steht wirklich an dessen Stelle
als der ganz in seinem Souverän aufgegangene Gesandte."[226]

Von der gleichen Kritik, wie sie E. Haenchen gegenüber geboten ist, werden
auch die sachlich in wesentlichen Punkten übereinstimmenden Arbeiten von
J.-A. Bühner und J.P. Miranda getroffen: 1. J.-A. Bühner interpretiert die christologischen Einheits- und Immanenzformeln streng im Licht der johanneischen
Sendungsaussagen[227], die er ihrerseits vom jüdischen Boteninstitut her verstanden wissen will[228]. Die Einheits- und Immanenzaussagen des Evangeliums sind
nach seinem Urteil keineswegs „metaphysisch" gemeint; vielmehr nehmen sie
ihren „Einsatz in der Sendungslehre" und sind „letztlich historisch-exegetisch
nur in ihrem Rahmen verstehbar"[229]. Sowohl die Einheitsaussage von 10,30
wie auch die reziproken Immanenzformeln von 10,38; 14,10f.20; 17,21 werden
dementsprechend auf „die Denkform der שליחות" zurückgeführt[230]. So bestehe
das in 10,30 behauptete Einssein von Vater und Sohn lediglich darin, „daß ihr
Rechtsanspruch und Verfügungsbereich gegenüber der Welt der gleiche ist; als
Bevollmächtigter tritt Jesus in die Rechte des Vaters ein"[231]: „Jesus und Gott
sind eins, insofern Gott als der משלח über das Werk seines שליח schützend und
verursachend wacht."[232] Ganz entsprechend setzten auch die Immanenzformeln
gedanklich voraus, daß Jesus „nur als der völlig Gehorsame … in der Einheit
mit Gott" steht[233]: „Daß *Jesus im Vater* ist, wird 14,10 durch die Feststellung
interpretiert, daß Jesus nichts von sich aus tut. Er ist gehorsamer Gesandter und
deshalb im Vater, weil er durch den Gehorsam im Bereich der Gültigkeit seines
Mandats bleibt. Umgekehrt bedeutet *‚der Vater in mir'*: Jesus als שליח ist nur

---

[226] Ebd.
[227] Bühner, Der Gesandte, bes. 212–217. 233–235.
[228] Ebd., bes. 181ff.
[229] Ebd. 214f.
[230] Ebd. 215.
[231] Ebd.
[232] Ebd. 233.
[233] Ebd. 215f.

Werkzeug, dessen sich der Sendende bedient."[234] „Der Hinweis auf den Gesand-
tengehorsam und die bleibende Gültigkeit des Mandats trägt also die Behauptung der Einheit mit Gott."[235] Es ist an dieser Stelle weder möglich noch sinnvoll,
den von Bühner unternommenen Versuch, die johanneischen Sendungsaussagen
traditionsgeschichtlich vom frühjüdischen Boteninstitut her zu begreifen, in seinen Einzelheiten darzustellen und kritisch zu würdigen. Nur soviel sei bemerkt:
Der Rückgriff auf das jüdische Gesandtenmodell stellt – forschungsgeschichtlich gesehen – sicher eine wichtige Korrektur gegenüber dem Versuch der Herleitung der Sendungsaussagen aus der Gnosis dar. Das Grundproblem der Büh-
nerschen Sicht liegt jedoch, wie die oben zitierten Sätze exemplarisch zeigen,
darin, daß sie „diejenigen christologischen Aussagen, die über das Gesandten-
verhältnis hinausgehen und von einer ‚wesenhaften' Beziehung zwischen Sohn
und Vater sprechen, verkürzt und ihnen nicht gerecht wird"[236]. – 2. Die sachliche Vorrangstellung der Sendungsaussagen vor jenen christologischen Aussagen des Johannesevangeliums, die die Vater-Sohn-Relation thematisieren,
behauptet mit besonderem Nachdruck auch J.P. Miranda. Er stellt im Anschluß
an eine in weiten Strecken viel zu oberflächlich geratene Auslegung der johanneischen Sendungsaussagen[237] fest, daß jene Aussagen weder „einfach mit der
Vater-Sohn-Relation gleichgesetzt" noch auch „primär aus dieser verstanden"
werden können[238]. Im gleichen Sinne heißt es am Ende der Studie: „Auf keinen
Fall ist Sendung mit Vater-Sohn-Relation bzw. -Einheit identisch oder auch nur
jene durch diese wesentlich bestimmt. Im Gegenteil ist der Einheits- bzw. Re-
lationsgedanke von der gesandtenrechtlich bestimmten Sendungsvorstellung
her zu verstehen … Nicht die Wesensidentität zwischen Sendendem und Gesandtem, sondern die Deckungsgleichheit in der Aktion wird betont: Jesus ist
der treue und gehorsame Gesandte, der an Gottes Statt handelt."[239]
Jene Sicht, die den Sendungsaussagen im Gesamtgefüge der johanneischen
Christologie zu Unrecht den sachlichen Primat vor den Vater-Sohn-Aussagen
zuschreibt, findet sich auch bei F. Hahn[240], auf den abschließend hingewiesen
sei. Unter ausdrücklichem Verweis auf die Arbeiten von Bühner und Miranda[241] bemerkt er: „Es ist sicher nicht zuviel gesagt, wenn man den Sendungs-
gedanken als das Grundmotiv der johanneischen Christologie bezeichnet, auf
dem alles andere aufgebaut und durch das alle übrige christologische Tradition
integriert worden ist … In der Sendung hat Jesus seine Legitimation, darin be-

---

[234] Ebd. 233.
[235] Ebd. 216.
[236] BLANK I/b 24.
[237] MIRANDA, Sendung 29–38.
[238] Ebd. 38.
[239] Ebd. 90. Zu Mirandas Gesamtsicht der johanneischen Christologie s. auch die Zitate
o. S. 17f.
[240] HAHN, Glaubensverständnis 57.
[241] Ebd. 57 Anm. 24.

ruht sein vollmächtiges, heilschaffendes Reden und Handeln. Alles andere, was über ihn in Zeugnis und Bekenntnis gesagt werden kann, hängt hiervon ab … Bedeutung erhält das Motiv im 4. Evangelium insbesondere dadurch, daß die Frage nach dem gegenseitigen Verhältnis von Jesus und Gott beantwortet werden kann, und zwar eindeutiger und unmißverständlicher als mit der Gottessohn-Vorstellung, die keineswegs fehlt, jedoch innerhalb der johanneischen Theologie erst in diesem sachlichen Kontext ihre Präzisierung und Tragweite erlangt."[242] Die kurz darauf zu lesende Auskunft: „Der Sendungsgedanke beschränkt sich im Sinne des 4. Evangelisten keineswegs auf Bevollmächtigung und Stellvertretung, auch nicht auf die bleibende Abhängigkeit des Sohnes vom Vater, er beruht entscheidend in der Einheit von Vater und Sohn"[243], ändert an der Problematik dieser Sichtweise nur wenig.

## B. Joh 5,24.25

An die Verse 5,21–23 schließen sich die beiden – jeweils mit ἀμὴν ἀμὴν λέγω ὑμῖν feierlich eingeleiteten – Sätze 5,24.25 unmittelbar an[244]:

24 ἀμὴν ἀμὴν λέγω ὑμῖν ὅτι
    ὁ τὸν λόγον μου ἀκούων καὶ πιστεύων τῷ πέμψαντί με
    ἔχει ζωὴν αἰώνιον
    καὶ εἰς κρίσιν οὐκ ἔρχεται,
    ἀλλὰ μεταβέβηκεν ἐκ τοῦ θανάτου εἰς τὴν ζωήν.

25 ἀμὴν ἀμὴν λέγω ὑμῖν ὅτι
    ἔρχεται ὥρα καὶ νῦν ἐστιν
    ὅτε οἱ νεκροὶ ἀκούσουσιν τῆς φωνῆς τοῦ υἱοῦ τοῦ θεοῦ
    καὶ οἱ ἀκούσαντες ζήσουσιν.

In diesen Sätzen haben wir die ersten eschatologischen Aussagen unseres Abschnitts vor uns. Sie gehören zusammen mit V. 21–23 zu dem Abschnitt V. 21–25, der die Aussage von V. 20b (καὶ μείζονα τούτων δείξει αὐτῷ ἔργα, ἵνα ὑμεῖς θαυμάζητε) in einem ersten Argumentationsschritt entfaltet und begründet[245]. Dabei ist zwischen den beiden Unterabschnitten V. 21–23 und V. 24.25 insofern ein enger Sachzusammenhang gegeben, als die Verse 21.23a durch V. 24.25 weitergeführt, erläutert und präzisiert werden: Erwähnte der Satz V. 21.23a lediglich das *Faktum*, daß der Sohn die zum Heil Erwählten lebendig macht, so bringen die Verse 24.25 – darin über V. 21.23a hinausführend – das

---

[242] Ebd. 57 (Kursive aufgehoben).
[243] Ebd. 58 (Kursive aufgehoben).
[244] Weil die Übersetzung des Textes bereits die Klärung einer ganzen Reihe strittiger exegetischer Fragen voraussetzt, biete ich eine solche erst im Anschluß an die Auslegung der beiden Verse; s.u. S. 168.
[245] S.o. S. 12f. mit Anm. 11.

*Wie* und das *Wann* des ζῳοποιεῖν zur Sprache. Die Aussage von V. 24 hebt dabei primär auf das Wie (ὁ τὸν λόγον μου ἀκούων καὶ πιστεύων τῷ πέμψαντί με)[246], die Aussage von V. 25 vornehmlich auf das Wann (ἔρχεται ὥρα καὶ νῦν ἐστιν) des „Lebendigmachens" ab, wobei freilich in jedem der beiden Verse der jeweils andere Aspekt durchaus mit im Blick ist.

Die beiden Sätze formulieren in besonders eindrücklicher und pointierter Weise den für die Eschatologiekonzeption des vierten Evangeliums signifikanten Gedanken, daß sich die eschatologische Totenauferweckung bereits *gegenwärtig* in letzter Endgültigkeit ereignet – und zwar darin, daß ein Mensch zum Glauben an Jesus Christus kommt[247]. Weil die Verse 24.25 Grundaussagen der johanneischen Gegenwartseschatologie bilden, stellt der Evangelist ihnen sehr bewußt und wohlüberlegt jeweils die feierliche Einleitungsformel ἀμὴν ἀμὴν λέγω ὑμῖν voran, die zuletzt in dem christologischen Fundamentalsatz V. 19 erschien, der die Rede 5,19b–47 eröffnete. Der Evangelist signalisiert dem Leser damit, daß die in V. 24.25 getroffenen Feststellungen von höchster theologischer Relevanz sind: Wie das ἀμὴν ἀμὴν λέγω ὑμῖν in V. 19 auf die göttliche Würde und Hoheit Jesu hinweist und die Bedeutung jenes Verses für die johanneische *Christologie* unterstreicht[248], so hebt die gleiche Wendung ganz entsprechend in V. 24.25 mit Nachdruck das große sachliche Gewicht hervor, das beiden Aussagen im Gesamtgefüge der johanneischen *Eschatologie* zukommt. Außerdem zeigt der Evangelist durch das zweimalige ἀμὴν ἀμὴν λέγω ὑμῖν ausdrücklich die enge inhaltliche Zusammengehörigkeit der beiden Verse an[249].

---

[246] Treffend bemerkt BAUER 85: „V. 24 erklärt, in welcher Weise der Sohn lebendig macht; indem er nämlich das Wort spricht (6,63.68), dessen gläubige Annahme den Besitz des ewigen Lebens zur Folge hat (3,36)." Im gleichen Sinne HOLTZMANN 93; SCHULZ 59.

[247] Daß *beide* Verse – also auch V. 25 – streng *präsentisch-eschatologisch* zu verstehen sind, betonen u.a. auch CALVIN 96f.; LÜCKE II 57–59; LUTHARDT I 452–455; HOLTZMANN 93f.; WEISS 175f.; BERNARD I 241f.; BAUER 86; BULTMANN 193f.; SCHULZ 89f.; SCHNAKKENBURG II 140; BLANK I/b 33f.; STIMPFLE, Blinde sehen 77; BECKER I 288f.; CARSON 256. Zu anderslautenden Deutungen von V. 25 s.u. S. 162–164 mit Anm. 416 und Anm. 421.

[248] S.o. S. 31f.

[249] Die von J. FREY vertretene These, „daß in *beiden* Versen eine in der joh[anneischen] Gemeinde vorgeformte Tradition in den Kontext der vorliegenden Rede aufgenommen ist" (Eschatologie II 506) und daß der Evangelist in V. 25 „eine traditionelle Verheißung der eschatologischen Stunde der Totenerweckung" rezipiert, die er dann durch die „sehr bewußte" Hinzufügung der Worte καὶ νῦν ἐστιν „auf das in V. 24 bereits beschriebene gegenwärtige Geschehen der Lebensmitteilung" bezieht (ebd. 511; ähnlich BLAUERT, Die Bedeutung der Zeit 71; BECKER I 285), wird vom Text selbst in gar keiner Weise nahegelegt, ja sie läßt sich angesichts der Quellenlage prinzipiell nicht hinreichend begründen und kann nur auf dem Wege einer hinter den Wortlaut der Verse zurückgehenden Konstruktion gewonnen werden. Ebenso unbeweisbar ist die Behauptung von SCHULZ 89f. (vgl. ebd. 92f.), in V. 24 wie in V. 25 handele es sich jeweils um einen „ursprünglich selbständigen Spruch eines anonymen vorjohanneischen Propheten" bzw. um einen traditionellen „Pneumatikerspruch", in dem „der enthusiastische Jubel der hellenistisch-gnostisierenden Christenheit" laut werde.

## 1. Joh 5,24

### a) Exegese von V. 24a

Mit V. 24 wenden wir uns dem ersten der beiden Sätze streng präsentischer Eschatologie zu. V. 24a trifft die grundsätzliche Feststellung: ὁ τὸν λόγον μου ἀκούων καὶ πιστεύων τῷ πέμψαντί με ἔχει ζωὴν αἰώνιον. Der johanneische Jesus spricht hier bereits für die *Gegenwart* als gültigen und definitiven Besitz zu, was traditioneller apokalyptischer Erwartung des Judentums wie des Urchristentums zufolge Menschen überhaupt erst bei der *zukünftigen* eschatologischen Heilsvollendung zuteil wird: das *ewige* Leben. Diese auf dem Hintergrund der Tradition unerhörte Umformung einer futurisch-eschatologischen Erwartung setzt sich fort, wenn es in V. 24b in Gestalt einer Antithese heißt: καὶ εἰς κρίσιν οὐκ ἔρχεται, ἀλλὰ μεταβέβηκεν ἐκ τοῦ θανάτου εἰς τὴν ζωήν. Von daher empfiehlt es sich, die Worte ἔχει ζωὴν αἰώνιον des näheren im Zusammenhang der Auslegung von V. 24b zu bedenken[250]. Einer eingehenderen Erörterung bedarf jedoch zuvor die Partizipialverbindung ὁ τὸν λόγον μου ἀκούων καὶ πιστεύων τῷ πέμψαντί με, mit der die Bedingung für den bereits gegenwärtig erfolgenden Empfang der ewigen Heilsteilhabe benannt wird.

Im Blick auf den Wortlaut der Partizipialverbindung sind zunächst drei Feststellungen zu treffen: 1. Das Verbum ἀκούειν bezeichnet hier nicht etwa – wie dann in V. 25a (οἱ νεκροὶ ἀκούσουσιν τῆς φωνῆς τοῦ υἱοῦ τοῦ θεοῦ) und in V. 28 (πάντες οἱ ἐν τοῖς μνημείοις ἀκούσουσιν τῆς φωνῆς αὐτοῦ) – ein bloß *äußerliches* Hören des Wortes Jesu[251]; ἀκούειν hat an dieser Stelle vielmehr – wie auch in V. 25b (οἱ ἀκούσαντες ζήσουσιν) – einen streng *qualitativen* Sinn und meint dezidiert das *glaubende* Vernehmen der Verkündigung Jesu[252]. Das ergibt sich nicht zuletzt aus dem Tatbestand, daß die im Präsens formulierte Heilsverheißung des ἔχειν ζωὴν αἰώνιον im vierten Evangelium an allen anderen Stellen *ausdrücklich*[253] oder *der Sache nach*[254] direkt mit dem *Glauben an*

---

[250] S.u. S. 150–157.

[251] Gegen WEISS 175; BULTMANN 193. 195.

[252] Ebenso urteilen u.a. LÜCKE II 52; HENGSTENBERG I 316; KEIL 227; GODET II 230; SCHNACKENBURG II 137; STIMPFLE, Blinde sehen 77; FREY, Eschatologie II 507; HAMMES, Der Ruf ins Leben 212. 223. Präzise erklärt bereits CALVIN 95 z.St.: „voce *auditus* fidem intelligens." Die gleiche Bedeutung liegt auch in 6,45.60b; 8,43.47; 10,16.27; 18,37b vor; vgl. ferner 1Joh 4,6.

[253] So 3,15f.36a; 6,40.47; 20,31; s.a. 1Joh 5,13.

[254] So 5,40; 6,53f.; s.a. 1Joh 5,12. Zu 5,40 und 6,53f. ist das Folgende zu bemerken: 1. Die in 5,40 erscheinende Wendung ἔρχεσθαι πρός με ist, wie HOFIUS, Erwählung 82f. überzeugend dargelegt hat, im johanneischen Sprachgebrauch inhaltlich vollkommen identisch mit der Wendung πιστεύειν εἰς ἐμέ. Das beweisen insbesondere die jeweils in einem synonymen Parallelismus membrorum formulierten Aussagen von 6,35b und 7,37b.38a (an der zuletzt genannten Stelle entscheide ich mich gegen die in den Textausgaben von NESTLE[25], NESTLE / ALAND[26.27], Greek New Testament[4] vorgezogene, sachlich jedoch irreführende In-

*Jesus Christus* verbunden ist[255]. Die Worte τὸν λόγον μου ἀκούειν bilden somit eine exakte Parallele zu den Wendungen τὰ ῥήματά μου λαμβάνειν[256], τὴν μαρτυρίαν αὐτοῦ λαμβάνειν[257], τοῖς ἐμοῖς ῥήμασιν πιστεύειν[258], τὸν ἐμὸν λόγον τηρεῖν[259], ἐν τῷ λόγῳ τῷ ἐμῷ μένειν[260]. Die Formulierung ὁ τὸν λόγον μου ἀκούων entspricht folglich in der Sache einem ὁ πιστεύων εἰς ἐμέ. – 2. Die Konjunktion καί ist epexegetisch verwendet (= „und eben damit")[261]. – 3. Die in V. 24a erscheinende Wendung πιστεύειν τινι[262] ist, wie bereits dargelegt wurde, im vierten Evangelium streng von der Wendung πιστεύειν εἴς τινα zu unterscheiden[263]. Sie heißt nicht „an jemanden glauben", sondern „jemandem Glauben schenken" / „jemandem glauben".

Aus den drei genannten sprachlichen Feststellungen ergibt sich, daß die zweigliedrige Partizipialverbindung ὁ τὸν λόγον μου ἀκούων καὶ πιστεύων τῷ πέμψαντί με am besten folgendermaßen wiederzugeben ist: „wer mein Wort *[im Glauben]* vernimmt und *eben damit* dem glaubt, der mich gesandt hat". Wie die Übersetzung zeigt, wird hier keineswegs von zwei verschiedenen und

---

terpunktion; richtig interpunktieren u.a. BULTMANN 228 mit Anm. 6; WIKENHAUSER 161f.; SCHICK 79):

| 6,35b | 7,37b.38a |
|---|---|
| ὁ ἐρχόμενος πρὸς ἐμὲ | ἐάν τις διψᾷ |
| οὐ μὴ πεινάσῃ, | ἐρχέσθω πρός με, |
| καὶ ὁ πιστεύων εἰς ἐμὲ | καὶ πινέτω |
| οὐ μὴ διψήσει πώποτε. | ὁ πιστεύων εἰς ἐμέ. |

Dasselbe ergibt sich für 5,40 zudem direkt aus dem Kontext, da die Worte οὐ θέλετε ἐλθεῖν πρός με die Feststellung ὃν ἀπέστειλεν ἐκεῖνος, τούτῳ ὑμεῖς οὐ πιστεύετε aus 5,38 wieder aufnehmen. Ferner steht der Terminus ἔρχεσθαι πρὸς ἐμέ in 6,37 in Antithese zu der unmittelbar voraufgehenden Wendung οὐ πιστεύετε [sc. εἰς ἐμέ] (6,36); das gleiche Phänomen findet sich noch einmal in 6,64f. Derselbe Befund zeigt sich schließlich bei einem Vergleich von 6,44.45b mit 6,47. – 2. Was die Verse 6,53f. anlangt, so kann man fragen, ob die hier begegnenden Wendungen φαγεῖν τὴν σάρκα τοῦ υἱοῦ τοῦ ἀνθρώπου / τρώγειν μου τὴν σάρκα einerseits und πίνειν αὐτοῦ τὸ αἷμα / πίνειν μου τὸ αἷμα andererseits nicht lediglich *Metaphern* für den Glauben an Jesus Christus sind. Für ein solches Verständnis könnten die zahlreichen sprachlichen und sachlichen Bezüge sprechen, die zwischen dem Eingangsabschnitt der Brotrede (6,26–29), in dem ausdrücklich vom Christusglauben die Rede ist, und ihrem Schlußabschnitt (6,52–58) bestehen. Sollten sich die genannten Wendungen jedoch – der opinio communis entsprechend – auf das Essen und Trinken beim Herrenmahl beziehen, so will bedacht sein, daß es sich dabei dezidiert um Äußerungen des *Glaubens* an Jesus Christus handelt.

[255] Sachlich zu vergleichen sind ferner: 6,27–29; 8,12.51f.; 11,25b–26a.
[256] 12,48; vgl. 17,8.
[257] 3,32f.; vgl. 3,11.
[258] 5,47.
[259] 8,51; sachlich gleich 8,52; 14,23f.; vgl. 17,6.
[260] 8,31.
[261] Ebenso STIMPFLE, Blinde sehen 77 Anm. 6.
[262] Diese Wendung erscheint ferner in 2,22; 4,21.50; 5,38.46f.; 6,30; 8,31.45f.; 10,37f.; 12,38 [Schriftzitat].
[263] S.o. S. 104.

zeitlich aufeinander folgenden Akten gesprochen, sondern es ist von *ein und demselben* Geschehen die Rede, das *zugleich* auf den Sohn (ὁ τὸν λόγον μου ἀκούων) wie auf den Vater (καὶ πιστεύων τῷ πέμψαντί με) ausgerichtet ist. Die Aussageintention der Partizipialverbindung läßt sich von daher so umschreiben: Dort und *nur* dort, wo ein Mensch dem Worte Jesu glaubt, wird Gott Glauben geschenkt und damit anerkannt, daß der Vater selbst als sendendes Subjekt hinter dem Wirken seines Sohnes steht[264]. Mit diesem Gedanken und mit der Wiederaufnahme der Gottesprädikation ὁ πέμψας με bezieht sich der Vers 24a ausdrücklich auf V. 23b zurück. Die Subjektsbestimmung „wer mein Wort [im Glauben] vernimmt und eben damit dem glaubt, der mich gesandt hat" entspricht sachlich aufs genaueste der in V. 23b greifbaren Aussage, daß der Vater einzig und allein *dann* als Gott geehrt wird, wenn auch dem Sohn die sich im Glauben und in der Anbetung vollziehende Ehrerweisung zuteil wird. Was V. 24a *positiv* formuliert, eben das brachte V. 23b, wie die folgende Gegenüberstellung verdeutlicht, in *negativer* Sprachgestalt zum Ausdruck:

| V. 24a (positiv) | V. 23b (negativ) |
|---|---|
| ὁ τὸν λόγον μου ἀκούων | ὁ μὴ τιμῶν τὸν υἱὸν |
| καὶ πιστεύων τῷ πέμψαντί με | οὐ τιμᾷ τὸν πατέρα τὸν πέμψαντα αὐτόν. |

In der Bezugnahme von V. 24a auf V. 23b zeigt sich nochmals der oben[265] bereits herausgestellte enge Sachzusammenhang, der zwischen den beiden Abschnitten V. 21–23 und V. 24.25 gegeben ist. Die Auskunft von V. 24a, Gott werde *da* als der den Sohn sendende Vater anerkannt, wo Jesu Offenbarungswort Glauben findet, begegnet innerhalb des Johannesevangeliums noch einmal in 3,33. Es heißt dort: ὁ λαβὼν αὐτοῦ τὴν μαρτυρίαν ἐσφράγισεν ὅτι ὁ θεὸς ἀληθής ἐστιν („Wer sein [sc. des Sohnes] Zeugnis [im Glauben] annimmt, der bestätigt eben damit[266], daß Gott wahrhaftig ist"). Mit diesem Satz wird erklärt, daß die glaubende Annahme des „Zeugnisses" Christi als solche in objektiver Weise bestätigt, daß man es in Jesu μαρτυρία wahrhaftig mit *Gottes* Wort und *seiner* Selbstoffenbarung zu tun hat, – daß sich Gott mithin *wirklich* in der Person und dem Werk seines Sohnes geoffenbart hat[267]. Die negative Gegenaussage dazu formuliert der Verfasser des 1. Johannesbriefes, wenn er feststellt (1Joh 5,10b): ὁ μὴ πιστεύων τῷ θεῷ ψεύστην πεποίηκεν αὐτόν, ὅτι οὐ πεπίστευκεν εἰς τὴν μαρτυρίαν ἣν μεμαρτύρηκεν ὁ θεὸς περὶ τοῦ υἱοῦ αὐτοῦ („Wer Gott keinen Glauben schenkt, hat ihn [damit] zum Lügner ge-

---

[264] Diesen Gedanken führen dann die Verse 5,32 und 5,36.37a weiter, wenn sie erklären, daß der Vater in den lebendigmachenden „Werken" von Jesus als dem Sohn Zeugnis ablegt.

[265] S. 122f.

[266] ἐσφράγισεν ist proleptischer Aorist; s. ZERWICK, Biblical Greek § 257.

[267] Zur näheren Interpretation dieses recht schwierigen Verses s. KAMMLER, Jesus Christus und der Geistparaklet 175f.

macht; denn er hat an jenes Zeugnis, das Gott von seinem Sohn abgelegt hat, nicht geglaubt").

b) Joh 5,24a und das johanneische Verständnis des Wortes Jesu

Gegenstand des glaubenden „Hörens" ist nach V. 24a das Wort Jesu (ὁ λόγος μου). Was das johanneische Verständnis dieses Wortes anlangt, so sind hier vor allem die folgenden vier Beobachtungen namhaft zu machen:

1. Jesu Wort hat dem Zeugnis des vierten Evangeliums zufolge einen ganz bestimmten Inhalt: ihn selbst, und zwar ihn in seiner Person und in seinem Werk[268]. Das Wort ist also streng christologisch, ja *christozentrisch* gefaßt. Diesen Sachverhalt hat J. Blank präzise beschrieben, wenn er z.St. erklärt: „Es ist darauf zu achten, daß im Johannesevangelium das Wort, das Jesus spricht, nicht irgendwelche ‚Gegenstände' zum Inhalt hat, sondern ein Wort ist, das stets um die Bedeutung Jesu selber kreist; *ein Wort, in welchem Jesus selbst der zentrale Inhalt ist*; ein Wort also, in welchem fortgesetzt Jesus sich selbst auslegt und die Bedeutung seiner selbst erschließt."[269] „Indem Jesu Wort im wesentlichen Selbstaussage und Selbstzeugnis ist, ist es unlösbar an seine eigene Person gebunden. Form und Inhalt dieses Wortes haben ihren Grund in Jesu Person und Wesen. Jesu Wort ist darum in qualifiziertem Sinne Wort *Jesu.*"[270]

2. Dieses Wort ist mit dem Worte Gottes identisch und also selbst *das* Wort Gottes. Das beweist zum einen die Aussage 3,34a: ὃν γὰρ ἀπέστειλεν ὁ θεὸς τὰ ῥήματα τοῦ θεοῦ λαλεῖ. Hier verdient die determinierte Formulierung *τὰ ῥήματα τοῦ θεοῦ* besondere Beachtung, weil durch sie die *Absolutheit* und *Unüberbietbarkeit* der Offenbarung Gottes in Jesus Christus zum Ausdruck gebracht wird. Daß Jesu Wort als solches das Wort Gottes katexochen ist, das ergibt sich zum andern aus der Aussage 14,24b: ὁ λόγος ὃν ἀκούετε οὐκ ἔστιν ἐμὸς ἀλλὰ τοῦ πέμψαντός με πατρός. Ihr Sinn liegt – wie an anderer Stelle bereits aufgewiesen wurde[271] – keineswegs darin, die Unterordnung des Sohnes unter den Vater auszusagen, sondern vielmehr darin, nachdrücklich zu betonen, daß man es in Jesu Wort mit dem Worte Gottes selbst zu tun hat. Der gleiche Gedanke läßt sich sodann einer Zusammenschau der Verse 8,43b (ὅτι οὐ δύνασθε ἀκούειν τὸν λόγον τὸν ἐμόν) und 8,47a (ὁ ὢν ἐκ τοῦ θεοῦ τὰ ῥήματα τοῦ θεοῦ ἀκούει) entnehmen. Hinzuweisen ist hier schließlich noch auf die Stellen 8,26; 12,49; 17,8.14.

---

[268] In diesem Sinne ist der Ausdruck ὁ λόγος μου u.ä. in 8,31.37.43.51f.; 12,48b; 14,23f.; 15,3 verwendet; die gleiche Bedeutung hat der Parallelausdruck τὰ ῥήματά μου u.ä. in 5,47; 6,63.68; 12,47.48a; 15,7.

[269] BLANK I/b 32.

[270] BLANK, Krisis 129. Vgl. ferner KEIL 227; BARTH 280.

[271] S.o. S. 24–26 und S. 90f.

3. Ist Jesu Wort *Gottes* Wort, so ereignet sich zugleich und ineins mit der Selbstverkündigung Jesu die Selbstoffenbarung des Vaters. Jesus erschließt seinen Vater mithin *gerade* dadurch und *nur* dadurch, daß er dezidiert *sich selbst* in das Zentrum seiner Verkündigung rückt und sich als den ewigen Sohn Gottes bzw. als den einen und einzigen Spender des ewigen Lebens proklamiert.

4. Jesu Wort ist „seinem innersten Wesen nach Lebenswort und Wort, das Leben spendet"[272]. Ihm eignet diese unerhörte soteriologische Qualität deshalb, weil Jesus selbst – wie der Vater – das göttliche Leben in ursprünglicher und darum unverlierbarer Weise besitzt, ja, dieses Leben selber in seiner Person *ist*[273]. Einzig aufgrund einer solchen *wesenhaften* Verbundenheit des Sohnes mit dem Vater können seine Worte metonymisch als „Geist und Leben" (6,63b) bzw. als „Worte ewigen Lebens" (6,68b) bezeichnet werden, d.h. als Worte, die den Heiligen Geist und das ewige Leben schenken. Im gleichen Sinn, und zwar ebenfalls unter der Voraussetzung der Einheit von Vater und Sohn, kann im Johannesevangelium über Jesu Wort gesagt werden, daß es den Glaubenden in unerschöpflicher Fülle an der Gabe des göttlichen πνεῦμα Anteil gibt (3,34b)[274], – daß es Menschen, die in ihrem Wesen von der Macht der Sünde gezeichnet sind, „frei" und „rein" macht (8,31f.; 15,3), – daß es die zum Heil Erwählten aus der Sphäre des Todes in die Sphäre des Lebens versetzt und so vor dem ewigen Tod in der Gottesferne bewahrt (5,24f.; 8,51f.). Ist Jesu Wort dezidiert als „*Lebens*wort" qualifiziert, so wird auch verständlich, warum die Worte ὁ τὸν λόγον μου ἀκούων καὶ πιστεύων τῷ πέμψαντί με in 5,24a mit der Feststellung fortgeführt werden, daß derjenige, der dieses Wort im Glauben vernimmt, bereits *gegenwärtig* des ewigen Lebens teilhaftig ist. Der Glaubende erfährt im Vollzug des „Hörens" schon jetzt die schöpferische, neues und heilvolles Leben in der Gemeinschaft mit dem Vater und dem Sohn eröffnende Kraft dieses Wortes.

## c) Joh 5,24a und der johanneische Prädestinationsgedanke

An dieser Stelle ist nun eine weitere, mit dem bisher Gesagten aufs engste zusammenhängende Überlegung wichtig. Jesu Wort ist, wie noch einmal betont sei, in sich selbst schöpferisches, d.h. wirkmächtiges, aus der Sphäre der Finsternis in die Sphäre des Lichtes versetzendes „Lebenswort". Das aber bedeutet, daß das glaubende „Hören", von dem in V. 24a die Rede ist, keineswegs als ein Akt begriffen werden darf, der sich der freien Entscheidung des Men-

---

[272] BLANK I/b 32; vgl. DERS., Krisis 128.
[273] So erklärt es der Vers 5,26, durch den die Aussagen von 5,24.25 begründet werden. Vgl. auch 1,4; 11,25b–26a; 14,6; ferner 1Joh 1,1f.; 5,20b.
[274] Zur Interpretation von 3,34b s. KAMMLER, Jesus Christus und der Geistparaklet 170–181.

schen verdankt[275]. Ganz im Gegenteil: Ein solches „Hören" ist streng und ausschließlich als *Wirkung* des Wortes zu fassen und damit als ein in der göttlichen Erwählung zum Heil begründetes Werk des Sohnes *am* Menschen[276]. Es ist deshalb im Blick auf das vierte Evangelium exegetisch durchaus angemessen, Jesu Wort – in der Begrifflichkeit reformatorischer Theologie gesprochen – als *verbum efficax* und den Glauben, der durch dieses Wort hervorgerufen wird, dementsprechend – mit der gleichen Begrifflichkeit – als *fides ex auditu* zu bezeichnen. Das zeigen die Texte 4,25 ff.; 6,67–69; 9,35–38; 11,25–27; 20,16[277] in ebenso paradigmatischer wie unmißverständlicher Weise. Sie geben allesamt zu erkennen, daß der Glaube einzig durch die *worthafte* Selbsterschließung Jesu gewirkt wird[278]. Die schöpferische Macht des Wortes Jesu wird sodann auch in einigen johanneischen Wundergeschichten sichtbar: 1. Die Fernheilung des Sohnes des königlichen Beamten (4,46–54) ereignet sich durch die Wirkmacht jenes Wortes, das Jesus an den Vater des Todkranken richtet und das den Charakter einer unbedingten, Wirklichkeit setzenden Zusage hat: πορεύου, ὁ υἱός σου ζῇ (V. 50a). Deshalb betonen die Verse 52f. wenig später ausdrücklich, daß die Heilung genau in der Stunde erfolgte, in der Jesus dieses Wort sprach. 2. Die Heilung des Gelähmten am Teich Bethesda (5,1–9a) vollzieht sich durch den wirkmächtigen Befehl Jesu ἔγειρε ἆρον τὸν κράβαττόν σου καὶ περιπάτει (V. 8b), der die Befreiung von der Krankheit augenblicklich zur Folge hat: καὶ εὐθέως ἐγένετο ὑγιὴς ὁ ἄνθρωπος καὶ ἦρεν τὸν κράβαττον αὐτοῦ καὶ περιεπάτει (V. 9a). 3. In der Erzählung von der Auferweckung des Lazarus (10,40–11,54), die den Höhepunkt und Abschluß der johanneischen Wundergeschichten bildet, ruft Jesus den bereits in Verwesung Begriffenen durch die schöpferische Macht seines Wortes sogar aus dem Tod ins Leben zurück: φωνῇ μεγάλῃ ἐκραύγασεν· Λάζαρε, δεῦρο ἔξω (11,43). – Im Blick auf die drei zuletzt angeführten Texte ist zweierlei besonders zu beachten. Einerseits: Die im Johannesevangelium berichteten Wundertaten weisen als σημεῖα über sich selbst hinaus auf die μείζονα τούτων ἔργα als den Vollzug des „Lebendig-

---

[275] So aber z.B. BLANK, Krisis 130, der z.St. bemerkt: „Letzten Endes hängt das Hören, ja schon das Hören-Können an der Offenheit bzw. Verschlossenheit der hörenden Person: Wenn 6,60; 8,43 vom Nicht-Hören-Können des Wortes Jesu die Rede ist, dann deshalb, weil man sich dem Anspruch Jesu verschließt, also im letzten nicht hören will … Das gläubig-offene Hören ist die rechte menschliche Entsprechung auf den göttlichen Charakter des Wortes Jesu." Die Rede von der „freien Glaubensentscheidung" findet sich in den Ausführungen J. Blanks zur johanneischen Theologie recht häufig; z.B. Krisis 85. 93–95. 99–102. 107; DERS., Der Mensch vor der radikalen Alternative 150–153. 156.

[276] Treffend formuliert STIMPFLE, Blinde sehen 77 zu 5,24a: „‚Echtes Hören' meint hören *können*. Denn es hört nur der, der ἐκ τοῦ θεοῦ ist (8,47), der ἐκ τῆς ἀληθείας ist (18,37). Es sind *seine* Schafe, die seine Stimme hören (10,3.16.27). Derjenige, der das Offenbarungswort nicht hört, *kann* es nicht hören (8,43), und zwar deshalb, weil er ἐκ τοῦ πατρὸς τοῦ διαβόλου ist (8,44)."

[277] Als gewichtige Sachparallele zu Joh 20,16 ist Jes 43,1 zu nennen.

[278] S. insbesondere 4,41f.50.53.

machens" (5,20b.21)[279]. Andererseits: In der Situation der von körperlichem Gebrechen Getroffenen und vom Tode Gezeichneten spiegelt sich zugleich die geistliche Verlorenheit aller Menschen vor Gott wider. Hält man sich diese beiden Tatbestände vor Augen, so zeigt sich, daß gerade auch die johanneischen Wundergeschichten den für die Soteriologie des Evangeliums grundlegenden Sachverhalt zur Sprache bringen, daß der Mensch im Blick auf sein Heil ganz und gar auf das göttliche Erbarmen angewiesen ist und daß sich sein Glaube dementsprechend einzig und allein dem wirkmächtigen Schöpferwort Jesu verdankt.

Die für die Auslegung von 5,24a wesentliche Erkenntnis, daß das glaubende „Hören" des Wortes Jesu nicht in einem frei gewählten Entschluß des Menschen gründet, sondern streng und ausschließlich durch das Erwählungshandeln Gottes bedingt ist, das dem Zum-Glauben-Kommen zeitlich wie sachlich vorausläuft, kann sodann auch unschwer den anderen Texten des vierten Evangeliums entnommen werden, in denen das Verbum ἀκούειν im *qualitativen* Sinne gebraucht wird:

1. Den Schlüssel zum Verständnis des Satzes 6,45b „jeder, der vom Vater gehört und gelernt hat, kommt zu mir" (πᾶς ὁ ἀκούσας παρὰ τοῦ πατρὸς καὶ μαθὼν ἔρχεται πρὸς ἐμέ) bietet die zum unmittelbaren Kontext gehörende Prädestinationsaussage von V. 44a: „Niemand kann zu mir kommen, es sei denn, der Vater, der mich gesandt hat, zieht ihn" (οὐδεὶς δύναται ἐλθεῖν πρός με ἐὰν μὴ ὁ πατὴρ ὁ πέμψας με ἑλκύσῃ αὐτόν). Mit dieser Aussage ist entschieden, daß mit den πάντες von V. 45a (ἔστιν γεγραμμένον ἐν τοῖς προφήταις· καὶ ἔσονται πάντες διδακτοὶ θεοῦ) und mit der Partizipialverbindung πᾶς ὁ ἀκούσας παρὰ τοῦ πατρὸς καὶ μαθών aus V. 45b ausschließlich die Schar der Erwählten und also die Heilsgemeinde des Sohnes gemeint sein kann: Wenn absolut niemand von sich aus zu Jesus kommen, d.h. an ihn glauben kann[280], dann ergibt sich zwingend, daß diejenigen, die vom Vater „lernen" (V. 45b), mit denen zu identifizieren sind, die von ihm „gezogen" werden (V. 44a)[281]. Für eine prädestinatianische Interpretation von V. 45 sprechen zudem zwei weitere Beobachtungen. Zum einen: In V. 45a wird als Prophetenwort zitiert: καὶ ἔσονται πάντες διδακτοὶ θεοῦ. Der Evangelist hat hier Jes 54,13a LXX (καὶ [sc. θήσω] πάντας τοὺς υἱούς σου διδακτοὺς θεοῦ) im Blick, er hat diesen Text aber nicht unerheblich verändert. Während das alttestamentliche Heilswort ursprünglich von „allen Söhnen Jerusalems" spricht, hat der Evangelist durch Weglassung der Worte τοὺς υἱούς σου den Bezug auf Israel getilgt und

---

[279] S.o. S. 43f.

[280] S. zu der Wendung ἔρχεσθαι πρός με die Bemerkungen o. S. 124f. Anm. 254.

[281] Der Satz 6,45b formuliert positiv, was V. 44a in negativer Gestalt zur Sprache bringt. Ganz entsprechend korrespondieren einander die positive Aussage von V. 37a (πᾶν ὃ δίδωσίν μοι ὁ πατὴρ πρὸς ἐμὲ ἥξει) und die negative Aussage von V. 65b (οὐδεὶς δύναται ἐλθεῖν πρός με ἐὰν μὴ ᾖ δεδομένον αὐτῷ ἐκ τοῦ πατρός).

auf diese Weise nur noch das Wort πάντες übrigbehalten, das in seiner Sprache dezidiert die zum Heil Prädestinierten bezeichnet und in der Sache mit den Wendungen πᾶν ὃ δίδωσίν μοι ὁ πατήρ (6,37aα), πᾶν ὃ δέδωκέν μοι (6,39bα) bzw. πᾶν ὃ δέδωκας αὐτῷ (17,2bα) identisch ist[282]. Zum andern: Im Blick auf 6,45b ist zu bedenken, daß auch in den übrigen Texten des Johannesevangeliums, in denen sich die Wendung πᾶς ὁ + Partizip auf den des Heils teilhaftigen Menschen bezieht[283], mit ihr stets einzig die notwendige *objektive* Bedingung für die Heilsteilhabe benannt wird. Dabei ist jedoch keineswegs vorausgesetzt, daß prinzipiell *jeder* Mensch diese Bedingung auch zu erfüllen vermag. Daraus folgt, daß V. 45b „exklusiv" zu verstehen ist: „Allein wer vom Vater selbst unterwiesen wird, kann zu Jesus kommen, der aber bestimmt."[284] Über die beiden genannten Beobachtungen hinaus ist schließlich noch darauf hinzuweisen, daß die in V. 45b erscheinende Wendung ἀκούειν παρὰ τοῦ πατρός nicht etwa mit „*auf* den Vater hören"[285], sondern mit „*vom* Vater hören" wiederzugeben ist[286] und somit den „Urheber od[er] d[ie] Quelle der Kunde" benennt[287]. V. 46 führt den Gedanken von V. 45b dann durch die präzisierende Auskunft weiter,

---

[282] S. den Nachweis o. S. 73 Anm. 208. Treffend bemerkt THEOBALD, Schriftzitate 360: „Bei der mit πάντες bezeichneten Ganzheit" ist „auf der Linie des inklusiven πᾶν von vv. 37a.39a an die im Ratschluß Gottes gesetzte Zahl all derer gedacht, die dieser seinem ,Sohn' anvertraut hat und von denen keiner verloren gehen wird."

[283] Zu nennen sind 3,15.16; 6,40; 11,26; 12,46; 18,37.

[284] BERGMEIER, Glaube als Gabe 216. – Die Aussageabsicht des Textes wird verfehlt, wenn BULTMANN 172 dem πᾶς von V. 45b entnimmt, daß in V. 44a „nicht an die determinierende Auswahl Einzelner gedacht ist, sondern daß es jedem frei steht, zu den vom Vater Gezogenen zu gehören". Im gleichen Sinne erklärt Bultmann in seiner „Theologie des Neuen Testaments" 375: „Folgt auf die Aussage, daß niemand zu Jesus kommen kann, den der Vater nicht ,zieht' (6,44), der Satz: πᾶς ὁ ἀκούσας παρὰ τοῦ πατρὸς καὶ μαθὼν ἔρχεται πρὸς ἐμέ (6,45b), so zeigt schon das πᾶς, daß jeder die Möglichkeit hat, sich vom Vater ziehen zu lassen (oder auch sich zu sträuben). Das ,Ziehen' des Vaters geht nicht dem ,Kommen' voraus, bzw. es spielt sich nicht hinter der Glaubensentscheidung ab, sondern vollzieht sich in ihr als die Preisgabe der eigenen Sicherheit und Selbstbehauptung." Dem streng prädestinatianischen Charakter der Verse 6,44f. sucht auch SCHNACKENBURG II 76f. durch den Hinweis auf das πάντες aus V. 45a und das πᾶς aus V. 45b zu entgehen, wenn er feststellt: Die Rede vom „Ziehen" des Vaters V. 44a soll nicht besagen, „daß von vornherein manche Menschen ausgeschlossen wären; dagegen sprechen die πάντες im Zitat V. 45 und das anschließende πᾶς sowie der Tenor des folgenden Verses, der zum Hören und Lernen einlädt. Aber es ist entschieden gesagt, daß man ohne Gottes ,Ziehen' nicht zu Jesus kommen, nicht an ihn glauben kann." Ähnlich interpretiert auch THÜSING, Erhöhung 26 den Vers 6,44a: Er erklärt zwar zunächst zu Recht: „Dieser Satz sagt die absolute Initiative Gottes im Heilsvorgang aus, ist also der Fundamentalsatz einer Gnadenlehre", bemerkt dann jedoch wenig später: „Dieses Ziehen schließt die Möglichkeit des Widerstrebens ein." Ganz auf dieser Linie liegt es, wenn Thüsing zu dem Urteil gelangt, daß einzig demjenigen das Heil zuteil wird, „den der Vater zieht, und der sich für dieses Ziehen entscheidet" (ebd. 29). – Zu Bultmanns und Schnackenburgs Interpretation der johanneischen Prädestinationsaussagen s. auch die grundsätzlichen Bemerkungen u. S. 139–142.

[285] So aber BULTMANN 172.

[286] S. BAUER / ALAND, WbNT 62 s.v. ἀκούω 3.d.

[287] Ebd.

daß sich das „Hören" und „Lernen" vom Vater auf der Seite der Prädestinierten nicht in der *unmittelbaren* Beziehung zu ihm ereignet, sondern einzig und allein in der Begegnung mit dem Sohn und also ausschließlich durch ihn und sein Offenbarungshandeln *vermittelt*.

2. Ein Teil aus der Jüngerschaft stellt im direkten Anschluß an die Brotrede Jesu (6,26–58) zunächst kritisch fest: „Hart ist diese Rede" (σκληρός ἐστιν ὁ λόγος οὗτος [V. 60a]), um daraufhin ganz grundsätzlich zu fragen: „Wer vermag sie zu hören?" (τίς δύναται αὐτοῦ ἀκούειν; [V. 60b])[288]. Diese Frage wird von Jesus im weiteren Verlauf der Szene eindeutig in streng erwählungstheologischem Sinne beantwortet, wenn er wenige Verse später – unter ausdrücklichem Rückbezug auf den prädestinatianischen Satz V. 44a – erklärt: „Niemand kann zu mir kommen, es sei denn, es ist ihm vom Vater gegeben" (οὐδεὶς δύναται ἐλθεῖν πρός με ἐὰν μὴ ᾖ δεδομένον αὐτῷ ἐκ τοῦ πατρός [V. 65b]). Die anschließend erwähnte Abwendung der πολλοὶ [ἐκ] τῶν μαθητῶν αὐτοῦ V. 66 will von daher als Ausdruck und Folge ihres *Nicht-Erwähltseins* verstanden sein, und ganz entsprechend stellt das Bleiben der „Zwölf" und ihr Bekenntnis zu Jesus als dem „Heiligen Gottes" (V. 67–69) den geschichtlichen Reflex ihrer zeitlich vorgängigen *Erwählung* durch Christus dar, von der dann in V. 70a (οὐκ ἐγὼ ὑμᾶς τοὺς δώδεκα ἐξελεξάμην;) auch expressis verbis die Rede ist[289].

3. In 8,43a fragt Jesus die Ἰουδαῖοι, die seinen Hoheits- und Offenbarungsanspruch im Unglauben zurückweisen: „Aus welchem Grunde begreift ihr mein Reden nicht?" (διὰ τί τὴν λαλιὰν τὴν ἐμὴν οὐ γινώσκετε;). Auf diese Frage gibt Jesus selbst die Antwort, und zwar in Gestalt der ganz grundsätzlichen Auskunft: „Weil ihr [überhaupt] nicht dazu imstande seid, mein Wort [im Glauben] zu hören" (ὅτι οὐ δύνασθε ἀκούειν τὸν λόγον τὸν ἐμόν [V. 43b])[290]. Damit führt er das Nicht-Hören auf ein Nicht-Hören-*Können* zurück, aus dem dann allererst das Nicht-Hören-*Wollen* als notwendige Konsequenz entspringt[291]. Das Nicht-Hören-Können gründet seinerseits darin, daß die Gegner ihrem Ur-

---

[288] Zu beachten ist, daß diese Jünger bereits durch die in V. 60 und V. 66 erscheinende signalhafte Wendung πολλοὶ (!) ἐκ τῶν μαθητῶν αὐτοῦ als nur *scheinbar* gläubig und damit als in Wahrheit *ungläubig* gekennzeichnet sind. S. dazu KAMMLER, Die „Zeichen" des Auferstandenen 196 Anm. 21.

[289] Vgl. 13,18; 15,16.19.

[290] Vgl. als sachliche Parallele die ähnliche Formulierung aus 12,39: οὐκ ἠδύναντο πιστεύειν.

[291] Diesen zwischen dem *Nicht-Können* und dem *Nicht-Wollen* bestehenden unumkehrbaren Begründungszusammenhang stellt BLANK, Krisis 238 auf den Kopf, wenn er zu 8,43 ausführt: „Das Nichtverstehen hat seinen Grund im Unglauben … Der Unglaube ist schon nicht mehr bloß faktisches Nicht-Glauben, sondern ein Unglaube, der sich solcherart in sich selber verschlossen hat, daß er aus einem Nicht-Hören-Wollen schon zu einem Nicht-Hören-Können geworden ist, zu einer Unfähigkeit, dem Wort Jesu überhaupt noch Gehör zu schenken. Der Unglaube ist bereits zu einer Wesenshaltung in der Selbstverschlossenheit geworden, zur Verhärtung oder Verstocktheit."

sprung und Wesen nach ἐκ τῶν κάτω (V. 23a) bzw. ἐκ τούτου τοῦ κόσμου (V. 23b) sind und also – wie es im Anschluß an V. 43 heißt – ihrer Herkunft nach zu dem διάβολος als ihrem „Vater" gehören (V. 44a). Diesen Sachverhalt bringt der Vers 47, der den Abschnitt 8,43–47 beschließt, auf den theologischen Begriff: Er erklärt in einem ersten Schritt, daß nur derjenige, der ἐκ τοῦ θεοῦ ist, die von Jesus gesprochenen Worte Gottes glaubend zu hören vermag (ὁ ὢν ἐκ τοῦ θεοῦ τὰ ῥήματα τοῦ θεοῦ ἀκούει [V. 47a]); und er folgert in einem zweiten Schritt, daß Jesu Offenbarungsrede *deshalb* von seinen Gegnern nicht „gehört" wird, weil sie selbst nicht zu Gott gehören und also nicht die eschatologische Neugeburt, die sich bei den Erwählten im Zum-Glauben-Kommen ereignet (3,3–8), an sich erfahren haben (διὰ τοῦτο ὑμεῖς οὐκ ἀκούετε, ὅτι ἐκ τοῦ θεοῦ οὐκ ἐστέ [V. 47b]).

4. Eine ganz ähnliche Erklärung für das Phänomen des Unglaubens bzw. des Nicht-Hörens, wie sie der Evangelist in 8,43–47 gibt, findet sich sodann in 10,26. Es heißt dort: „Aber ihr glaubt nicht, weil ihr nicht zu meinen Schafen gehört" (ἀλλὰ ὑμεῖς οὐ πιστεύετε, ὅτι οὐκ ἐστὲ ἐκ τῶν προβάτων τῶν ἐμῶν)[292]. Die Ablehnung der Selbstoffenbarung Jesu hat somit ihren letzten Grund darin, daß die Ἰουδαῖοι nicht zu denen gehören, die der Vater dem Sohn „gegeben" und damit der „massa perditionis" entrissen hat. Mit anderen Worten: Weil die Gegner nicht zur ewigen Heilsteilhabe erwählt sind, muß ihnen der Sinn des Offenbarungswirkens Jesu definitiv verschlossen bleiben[293]. Die positive Ge-

---

[292] Zu beachten ist, daß die Worte οὐ πιστεύετε aus 10,26 den Gegenbegriff zu der Wendung τῆς φωνῆς μου ἀκούουσιν aus 10,27 bilden.

[293] Die im folgenden angeführten Interpretationen von 10,26, die ausnahmslos von einer synergistischen Gesamtsicht der johanneischen Soteriologie geleitet sind und den Text faktisch so deuten, als lautete er: *„Ihr gehört nicht zu meinen Schafen, weil ihr nicht glaubt"*, gehen samt und sonders am auszulegenden Text selbst vorbei. So bemerkt etwa SCHICK 102: „Der Gedanke an die Prädestination steht in dieser Erklärung ebenso wenig im Vordergrund wie in 6,37.44.64 f. Dem Zusammenhang nach will Jesus vielmehr gerade die Schuldhaftigkeit des Unglaubens der Juden hervorheben, die sich bewußt und freiwillig Jesu Verkündigung und dem Wahrheitsbeweis der Werke entziehen und so Gottes Gnadenangebot von sich aus vereiteln." Ganz ähnlich äußert sich WIKENHAUSER 202: „Die Juden lassen sich durch sein Wirken als des Gottgesandten ... nicht zum Glauben an ihn hinführen, weil sie nicht zu seinen Schafen gehören. Das ist für sie aber keine Entschuldigung. Denn wenn sie ihn nicht als Hirten anerkennen, liegt die Schuld nicht bei ihm und seinem Tun, sondern ausschließlich bei ihnen selbst, weil ihnen die Glaubenswilligkeit fehlt." Die gleiche Deutung findet sich ferner u.a. bei BELSER 329 („Die Judäer haben sich aus der Zahl der Schafe oder Gläubigen selbst ausgeschlossen infolge ihres Unglaubens, sie kamen nicht zum Glauben, weil sie nicht glauben wollten, sie zogen in freier Selbstentscheidung die Finsternis dem Lichte vor, sie kamen nicht zum Lichte, weil sie in ihrem bösen, unsittlichen Tun verharren wollten"); ZAHN 466 („Daß damit [sc. mit der Aussage 10,26b] nicht eine unübersteigliche Schranke aufgerichtet ist zwischen solchen, die für den Glauben prädisponirt, und solchen, die dazu unfähig sind, zeigt sich auch hier wieder. Denn, wenn Jesus nun zu einer Schilderung des Verhältnisses übergeht, in welchem die ihm eigentümlichen Schafe sowohl zu ihm als zu Gott als zu den feindlichen Gewalten in der Welt stehen [27–30], so kann der Zweck nur sein, den Anwesenden fühlbar zu machen, welch' großes Glück sie verscherzen, wenn sie in ihrem Unglauben beharren. Er redet also auch zu diesen Leuten noch als zu solchen,

genaussage zu V. 26 formulieren die Verse 27–29 mit ihren Erwählungs- und
Perseveranzaussagen. In unserem Zusammenhang ist der Vers 27 von besonderem Interesse, da hier wieder das im qualifizierten Sinne verwendete Verbum ἀκούειν begegnet, das zuvor in V. 16 erschien (καὶ ἄλλα πρόβατα ἔχω ἃ
οὐκ ἔστιν ἐκ τῆς αὐλῆς ταύτης· κἀκεῖνα δεῖ με ἀγαγεῖν καὶ τῆς φωνῆς μου
ἀκούσουσιν, καὶ γενήσονται μία ποίμνη, εἷς ποιμήν). Der Vers 27 lautet:
„Meine Schafe hören auf meine Stimme, und ich kenne sie, und sie folgen mir
nach" (τὰ πρόβατα τὰ ἐμὰ τῆς φωνῆς μου ἀκούουσιν, κἀγὼ γινώσκω αὐτὰ
καὶ ἀκολουθοῦσίν μοι). Wenn man diese Aussage mit V. 26 zusammenschaut,
so zeigt sich, daß die zur Heilsgemeinde Gehörenden nicht etwa durch ihr ge-
horsames Hören zu „Schafen" des „guten Hirten" *werden*; vielmehr gilt gerade
umgekehrt: Weil sie aufgrund ihrer Erwählung bereits Jesu „Schafe" *sind*, hören sie auf seine Stimme und folgen sie ihm nach. Das aber heißt: Die ekklesio-
logischen Aussagen von V. 16 und V. 27, die beide vom „Hören" der „Stimme"
Jesu sprechen, verstehen unter den „Schafen" einzig und allein die zum Heil
Prädestinierten.

5. Der qualitative Gebrauch des Verbums ἀκούειν findet sich ein letztes Mal
innerhalb der johanneischen Passionsgeschichte, und zwar in dem Abschnitt
18,33–38a, der das erste – um die Frage nach dem Königtum Jesu kreisende –
Verhör Jesu vor Pilatus schildert. Jesus beschreibt zunächst in V. 37b den Sinn
seiner Menschwerdung und Sendung mit den Worten: „Ich bin dazu geboren
und dazu in die Welt gekommen, daß ich für die Wahrheit Zeugnis ablege"
(ἐγὼ εἰς τοῦτο γεγέννημαι καὶ εἰς τοῦτο ἐλήλυθα εἰς τὸν κόσμον, ἵνα
μαρτυρήσω τῇ ἀληθείᾳ), und er fährt sodann in V. 37c mit der Feststellung
fort: „Jeder, der aus der Wahrheit ist, hört auf meine Stimme" (πᾶς ὁ ὢν ἐκ τῆς
ἀληθείας ἀκούει μου τῆς φωνῆς). Der zuletzt zitierte Satz korrespondiert

---

die zu retten wären, wenn sie nur wollten cf 5,34.40"); RIEDL, Heilswerk 256f. („Das gesamte Offenbarungswirken Jesu in Wort und Tat … fordert die Entscheidung des Hörers und
Sehers heraus, d.h., es fordert den Glauben, den es aber dort, wo es keine unüberbrückbare
Voreingenommenheit gibt, die sich gegen das Wirken Gottes sträubt und es so unmöglich
macht, auch bewirkt … Ihr Nicht-Hören-Wollen wird ihnen zum Nicht-Hören-Können. Beides wurzelt in ihrem ‚bösen Willen' … Und gerade dieser freigewollte Unglaube macht ihr
‚Nicht-aus-Gott-Sein' offenbar"); SCHNACKENBURG II 385 („Der Gedanke einer unabänder-
lichen Reprobation ist ausgeschlossen, weil die gleichen Juden in V 37f. zum Glauben ge-
mahnt werden. Auch sonst stehen prädestinatianisch klingende Worte neben anderen, die
sich an den Willen der Menschen richten"). – Das sachliche Gewicht der negativen Prädestinationsaussage 10,26 ist dagegen von SCHULZ 153 treffend herausgestellt worden, wenn
er z.St. bemerkt: „Ohne diesen typisch johanneischen Prädestinationsgedanken kann die
dogmatische Lehre des Johannes von der Sammlung und Einung der Gemeinde auf Erden
nicht sachgemäß entfaltet werden." Daß der Vers prädestinatianisch gemeint ist, betonen
ferner STRATHMANN 170; MORRIS 520; BERGMEIER, Glaube als Gabe 215; BARRETT 378;
CARSON 393; BECKER I 394; ebenso bereits CALVIN 206. Becker spricht die Verse 10,26–29
allerdings gerade aufgrund des in ihnen greifbaren Prädestinationsgedankens dem Evangelisten selbst ab und weist sie der von ihm postulierten „kirchlichen Redaktion" zu; s. zu Beckers
Gesamtsicht der johanneischen Prädestinationsaussagen die Ausführungen u. S. 145–148.

sprachlich wie sachlich aufs engste mit der Aussage von 8,47a (ὁ ὢν ἐκ τοῦ
θεοῦ τὰ ῥήματα τοῦ θεοῦ ἀκούει), der, wie wir bereits aufgezeigt haben, der
johanneische Prädestinationsgedanke zugrunde liegt. Daß *auch* die Aussage
von 18,37c erwählungstheologisch verstanden sein will, zeigt der unmittelbar
folgende Satz V. 38a. Pilatus fragt Jesus: „Was ist Wahrheit?" (τί ἐστιν
ἀλήθεια;), und er gibt damit unwissentlich zu erkennen, daß er selbst *nicht* zu
denen gehört, die „aus der Wahrheit" sind, und also *nicht* zur Heilsteilhabe
bestimmt ist. Diesen Sachverhalt hat O. Betz präzise herausgestellt, wenn er
erklärt: „Nur wer zu den Erwählten zählt, kann Jesu Stimme hören, sie glaubend und gehorchend als das endzeitliche Wort der Gnade und der Wahrheit
annehmen. An den Erwählten ist auch in dem deklaratorischen Satz gedacht,
mit dem Jesus den Dialog mit Pilatus abschließt: πᾶς ὁ ὢν ἐκ τῆς ἀληθείας
ἀκούει μου τῆς φωνῆς (18,37). Man muß im Bereich der Wahrheit stehen und
sich nicht etwa von der Wirklichkeit der Welt her verstehen, um in Jesu Stimme
den redenden Gott hören zu können (8,47, vgl 3,3.21)."[294]

6. Schließlich ist noch auf die Verse 12,37–40 hinzuweisen, in denen zwar
nicht das im qualitativen Sinne verwendete Verbum ἀκούειν erscheint, dafür
jedoch der schon in den bisher angeführten Texten greifbare Prädestinationsgedanke in letzter Schärfe zum Ausdruck kommt. Zunächst wird in den Versen
37f. der Unglaube des zeitgenössischen Judentums als die Erfüllung des Schrift-
wortes Jes 53,1 LXX interpretiert. Die Verse 39f. fügen sodann steigernd hinzu, daß dieser Unglaube in Wahrheit ein Nicht-Glauben-*Können* darstellt, das –
wie unter ausdrücklicher Berufung auf Jes 6,10 erklärt wird – letztlich auf eine
von *Gott selbst* gewollte und gewirkte *Verstockung* zurückzuführen ist: „Deshalb konnten sie nicht glauben, weil Jesaja an einer anderen Stelle gesagt hat:
‚Er [sc. Gott] hat ihre Augen verblendet und ihr Herz verhärtet, damit sie *nicht*
sehen mit den Augen und erkennen mit dem Herzen und sich bekehren, so daß
ich [sc. Jesus] sie dann heilen könnte'" ([39]διὰ τοῦτο οὐκ ἠδύναντο πιστεύειν,
ὅτι πάλιν εἶπεν Ἡσαΐας· [40]τετύφλωκεν αὐτῶν τοὺς ὀφθαλμοὺς καὶ ἐπώρωσεν
αὐτῶν τὴν καρδίαν, ἵνα μὴ ἴδωσιν τοῖς ὀφθαλμοῖς καὶ νοήσωσιν τῇ καρδίᾳ
καὶ στραφῶσιν, καὶ ἰάσομαι αὐτούς). Die theologische Aussageintention der
Verse wird von R. Bergmeier zutreffend so wiedergegeben: „Deswegen *konnten*
die Juden nicht glauben, weil Gottes Vorentscheidung gegen sie schon Jes 6,10
dokumentiert war."[295] Nach Joh 12,40 hat „Gott die Verstockung bewirkt, damit Umkehr und Heilung ausgeschlossen sind. Heilsverschlossenheit ist die
negative Seite des Prädestinationsgedankens."[296]

---

[294] Betz, Art. φωνή: ThWNT IX 290,21–27.
[295] Bergmeier, Glaube als Gabe 230.
[296] Ebd. 231. – Dem in den Versen 12,39f. bezeugten Prädestinatianismus wird seine
Härte genommen, wenn Bultmann 347 z.St. ausführt: „Im Sinne des Evangelisten soll der
Gedanke der Determination den Charakter der Offenbarung verdeutlichen: die Offenbarung
bringt das eigentliche Sein des Menschen zutage … Auf sein eigentliches Sein kann der

Die bisherigen Überlegungen haben gezeigt, daß sich das glaubende „Hören", von dem in 5,24a die Rede ist, einzig dem Handeln Gottes selbst verdankt und in gar keiner Weise auf einem freien Entschluß des Menschen beruht. Das „Hören" ist – bildlich gesprochen – nichts anderes als das menschliche *Echo*, das bei den Prädestinierten durch die schöpferische Kraft des Wortes Jesu hervorgerufen wird. Eben dieser Tatbestand wird auch erkennbar, wenn man den unmittelbaren literarischen Kontext von V. 24 in die Betrachtung mit einbezieht. Der Vater-Sohn-Aussage von V. 21 war zu entnehmen, daß Jesus die μείζονα τούτων ἔργα des „Lebendigmachens" ausschließlich an jenen vollzieht, „die er will" (οὓς θέλει), d.h. an den Erwählten. Wenn der Vers 24 dann das „Wie" des ζῳοποιεῖν mit den Worten ὁ τὸν λόγον μου ἀκούων καὶ πιστεύων τῷ πέμψαντί με zur Sprache bringt, so liegt der Schluß auf der Hand, daß jene Menschen, die das Wort im Glauben vernehmen (V. 24a), mit denen identisch sind, die der Sohn lebendig machen „will" (V. 21b), und daß sie also exklusiv die Schar der Prädestinierten umfassen.

Die erwählungstheologische Bedeutung der Partizipialwendung ὁ τὸν λόγον μου ἀκούων καὶ πιστεύων τῷ πέμψαντί με wird schließlich auch aus dem inneren Sinngefüge des Verses 24 deutlich. Was zunächst die präsentisch formulierte Wendung ἔχει ζωὴν αἰώνιον anlangt, so ist zu sagen: Die hier ausgesprochene Heilszusage hat einen streng *assertorischen* Charakter. Mit ihr behauptet der johanneische Christus, daß der Glaubende des ewigen Lebens schon jetzt in definitiver Weise teilhaftig ist. In dem Satz V. 24a spiegelt sich somit die *unbedingte* Heilsgewißheit der johanneischen Gemeinde wider. Eine *letzte*

---

Mensch nicht als auf etwas Naturgegebenes blicken, sondern er entdeckt es erst in seinen Entscheidungen. Die Erinnerung an die Weissagung ist daher im Sinne des Evangelisten schärfster Appell" – gesprochen in der „Absicht, den Willen zu wecken". Eine nicht weniger problematische Deutung erfährt die Verstockungsaussage 12,39f. bei SCHNACKENBURG II 517. Schnackenburg sagt zwar zunächst völlig zu Recht: „Der Evangelist steigert die Aussage [sc. von 12,37f.] und verschärft das Problem noch durch die Feststellung, daß die Menschen nicht glauben *konnten*, weil eine andere Schriftstelle noch darüber hinausgeht. Dieses ‚Nicht-Können' darf nicht zu einem ‚Nicht-Wollen' abgeschwächt werden. Der Unglaube steht unter der göttlichen Verfügung einer Verblendung und Verstockung." Die Verwerfungsaussage wird dann jedoch in unangemessener Weise relativiert, wenn Schnackenburg seine Ausführungen mit den Worten fortsetzt: „Damit scheint die theologisch bedenkliche Aussage einer göttlichen Verwerfung (Reprobation) noch vor der Willensentscheidung der Menschen gemacht zu sein ... Aber der Schein trügt ... Auch die von Gott verfügte Verstockung ist kein Hindernis für den Glauben der einzelnen, sondern im Gegenteil ein unerhörter Anruf, sich den stärksten Hindernissen und Widerständen zum Trotz zu Jesus zu bekennen." Als unzutreffend ist schließlich auch die Deutung der Verse 12,39f. bei GNILKA, Zur Theologie des Hörens 78f. zu bezeichnen: „Wenn Johannes am Schluß des ersten Teils seines Evangeliums, der sich mit der öffentlichen Wirksamkeit Jesu befaßte, das Wort des Deuterojesaias ‚Herr, wer hat unserer Botschaft geglaubt?' zitiert ... und feststellt, daß sich nunmehr dieses Wort erfüllt, so ist wiederum die menschliche Freiheit nicht aufgehoben, sondern das furchtbare Verhängnis aufgezeigt, das der Hörer dadurch auf sich lud, daß er eben nicht hörte." Vgl. DERS., Neutestamentliche Theologie 144; DERS., Johannesevangelium 103 („Die Determination hebt die menschliche Freiheit nicht auf, sondern fordert sie heraus").

Gewißheit über die ewige Heilsteilhabe kann es aber prinzipiell nur dort geben,
wo der Glaube weder hinsichtlich seiner Entstehung noch auch hinsichtlich
seines Fortbestandes als Werk des Menschen begriffen ist, sondern im Gegenteil streng und ausschließlich als Gottes Gabe verstanden wird. Die in V. 24a
wie in V. 24.25 insgesamt greifbare Gegenwartseschatologie setzt mithin theologisch notwendig sowohl die *Prädestination* wie auch die *Perseveranz* der
Glaubenden voraus[297]; einzig unter dieser doppelten Prämisse kann die präsentische Eschatologie des vierten Evangeliums angemessen interpretiert werden[298]. Daß die Worte ὁ τὸν λόγον μου ἀκούων καὶ πιστεύων τῷ πέμψαντί με
den Prädestinationsgedanken voraussetzen, zeigt sich auch, wenn man die auf
V. 24a unmittelbar folgende und in sich antithetisch strukturierte Aussage καὶ
εἰς κρίσιν οὐκ ἔρχεται, ἀλλὰ μεταβέβηκεν ἐκ τοῦ θανάτου εἰς τὴν ζωήν
(V. 24b) in den Blick nimmt. Der in V. 24bα formulierte Satz καὶ εἰς κρίσιν
οὐκ ἔρχεται besagt, daß der Glaubende weder gegenwärtig noch auch zukünftig der κρίσις – d.h. dem Straf- und Verdammungsgericht, das das Verfallensein des Menschen an die Mächte der Sünde und des Todes verendgültigt –
verfällt und also mit diesem Unheilsgeschehen definitiv nichts zu tun hat. Dieser Satz kann nur dann als ein wahrer Satz gelten, wenn der Glaube, der selbst
der Modus der Heilsteilhabe ist, von Gott *geschenkt* und von ihm auch bleibend *erhalten* wird. Andernfalls wäre der Glaubende ständig von der Preisgabe
an die κρίσις bedroht, und zwar insofern, „als die Möglichkeit, aus dem ...
Glaubensstand herauszufallen, bestehen bleibt"[299], – ein Gedanke, der nicht
nur in einem radikalen Widerspruch zu den beiden „Gerichts"-Aussagen von
V. 24bα und 3,18a (ὁ πιστεύων εἰς αὐτὸν οὐ κρίνεται) steht, sondern mit der
johanneischen Soteriologie insgesamt unvereinbar ist[300]. In der Aussage von

---

[297] Zum Letztgenannten s. die Perseveranzaussagen 6,37.39; 10,28f.; 17,12; vgl. dazu
des näheren HOFIUS, Erwählung 81–86.
[298] Sehr schön formuliert BARTH 282f. zu V. 24a: „Wer glaubt an den, der mich gesandt,
also an den, der die Welt geliebt hat, der hat das ewige Leben. Er *hat* es ..., weil der Vater *ihn*
hat, ihn mit der Absicht der Sendung des Sohnes *erreicht* hat, weil das Wollen des Sohnes
sich an ihm erfüllt hat."
[299] So dezidiert BLANK, Krisis 131. Im gleichen Sinne urteilt RIEDL, Heilswerk 220,
wenn er im Blick auf die Worte καὶ εἰς κρίσιν οὐκ ἔρχεται V. 24bα erklärt: „Die Gerichts-
Möglichkeit besteht nur noch, insofern der gläubige Mensch wieder ungläubig werden kann.
Und dieser Ungläubige kommt dann sicher ins Gericht."
[300] In dem Schlußabschnitt seines Buches „Krisis" erklärt J. BLANK (ebd. 342f.): „Die
Möglichkeit der Krisis bleibt bestehen, weil und solange die menschliche Freiheit der Entscheidung nicht aufgehoben werden soll. Die Offenbarungstheologie des Johannes macht
Ernst und Tragweite der menschlichen Freiheit in vollem Umfang offenbar ... An sich sind
alle Menschen eingeladen, das Liebesangebot Gottes, das in Jesus Christus geschah, im
Glauben zu ergreifen. Da aber der Glaube freie Tat und Entscheidung des Menschen ist,
bleibt die Möglichkeit bestehen, daß der Mensch das Heilsangebot Gottes ausschlägt, daß er
am fleischgewordenen Wort Gottes Anstoß nimmt, daran zu Fall kommt und auf diese Weise
sich das Gericht zuzieht. In dieser ablehnenden Entscheidung verfehlt der Mensch Jesus
Christus, darin Gott und zugleich sein eigenes Heil, also auch sich selbst. Es bleibt somit die

V. 24bβ (ἀλλὰ μεταβέβηκεν ἐκ τοῦ θανάτου εἰς τὴν ζωήν) verdient zunächst
die Perfektform μεταβέβηκεν besondere Beachtung. Durch sie wird ausdrücklich zur Sprache gebracht, daß sich das Hinüberschreiten aus der Sphäre des
Todes in die Sphäre des Lebens dort in *definitiver* und somit *irreversibler* Weise vollzogen hat, wo ein Mensch zum Glauben an Jesus Christus kommt. Auch
das ist einzig unter streng prädestinatianischem Vorzeichen sagbar. Daß der für
die johanneische Soteriologie konstitutive Erwählungs- und Perseveranzge-
danke auch der Aussage V. 24bβ zugrunde liegt, zeigt sich sodann darin, daß
das μεταβαίνειν ἐκ τοῦ θανάτου εἰς τὴν ζωήν in Wahrheit gerade durch das
„Ziehen" von Vater und Sohn erfolgt (vgl. 6,44; 12,32), weshalb der Glaubende selbst in diesem Geschehen schlechthin *passiv* ist. Im Blick auf V. 24bβ ist
schließlich noch ein Letztes zu bedenken: Wenn es hier heißt, daß sich im
Zum-Glauben-Kommen der Überschritt aus dem Tode ins Leben ereignet, so
ist darin notwendig impliziert, daß sich der Glaubende *zuvor* in der Sphäre des
Todes befunden und also – wie es in V. 25 heißen wird – selbst zu den νεκροί,
den geistlich Toten, gehört hat. Das aber bedeutet, daß das Wort Jesu stets auf
einen solchen Menschen trifft, der vor Gott *tot* ist und der sich deshalb unmöglich selber in die heilvolle Gottes- und Christusgemeinschaft versetzen kann,
sondern in seiner ganzen Existenz davon abhängig ist, daß Jesus ihn durch die
Schöpfermacht seines Wortes aus dem Tode ins Leben ruft. Die Situation des
Menschen gegenüber der Selbstoffenbarung Jesu gleicht somit der Situation
des toten Lazarus: Wie Lazarus, so ist ein jeder Mensch im Blick auf sein Heil
einzig auf das – die Wirklichkeit des Todes überwindende – Erbarmen des Sohnes Gottes angewiesen. Und wie sich die Auferweckung des Lazarus durch den
Schöpferruf Jesu ereignet (11,43), so vollzieht sich ganz entsprechend auch die

---

Möglichkeit des Gerichts bis zu dem definitiven Ende aller Zeit." Im Blick auf die zitierten
Sätze ist zweierlei kritisch anzumerken: 1. In dieser Interpretation des Verses 24 wird –
dogmatisch gesprochen – aus einem eindeutigen Satz des *Evangeliums*, in dem sich die
unbedingte Heilsgewißheit des Christusglaubens ausspricht, ein Satz des *Gesetzes*, der eine
solche Heilsgewißheit problematisiert, ja geradezu verunmöglicht, indem er den Glaubenden auf *sich selbst* zurückwirft. – 2. Glaube und Unglaube sind in dieser Konzeption in
gleicher Weise als *Möglichkeiten* des Menschen begriffen. Demgegenüber ist zu betonen,
daß es – folgt man dem Zeugnis des Johannesevangeliums – für den Menschen weder die
*Möglichkeit des Unglaubens* noch auch die *Möglichkeit des Glaubens* gibt. Eine derartige
Sicht ist nach dem Urteil des Evangelisten vielmehr zutiefst illusionär. Im Lichte der Menschwerdung und des Kreuzestodes Jesu Christi zeigt sich nämlich ein Zweifaches: zum einen
die abgrundtiefe Verlorenheit des von Sünde und Tod gezeichneten Menschen, zum andern
die unergründliche Liebe Gottes zu eben diesem vor ihm verlorenen Menschen. Deshalb
kann es gegenüber der Offenbarung Gottes in Jesus Christus keine zwei gleichberechtigt
nebeneinander stehenden Möglichkeiten geben; es gibt vielmehr ausschließlich zwei *Wirklichkeiten*: die *Wirklichkeit des Unglaubens*, die durch die Sünde bedingt ist und *jeden* Menschen von Haus aus in gleicher Weise qualifiziert, und die *Wirklichkeit des Glaubens*, die im
Unterschied zu der des Unglaubens in gar keiner Weise vom Menschen selbst geschaffen
wird, sondern sich einzig und allein dem Handeln Gottes verdankt. Wo die Wirklichkeit des
Glaubens auf den Plan tritt, da muß die Wirklichkeit des Unglaubens notwendig weichen –
und zwar *definitiv*.

*geistliche* Totenauferstehung, wie sogleich der Vers 5,25 sagen wird, einzig und allein durch die Wirkmacht seines Wortes.

Blicken wir auf unsere Darlegungen zurück, so kann das Urteil als wohlbegründet gelten, daß sich das in V. 24a angesprochene gläubige „Hören" des Wortes Jesu ausschließlich dem erwählenden Handeln Gottes selbst verdankt und daß der Vers 24 als ganzer überhaupt nur auf dem Hintergrund des johanneischen Prädestinationsgedankens verstanden werden kann. Diesen Sachverhalt hat E. Haenchen präzise zur Sprache gebracht, wenn er in seiner durchaus kritischen Besprechung des Johanneskommentars von R. Bultmann erklärt: „Für Johannes hat eben nicht jeder die Möglichkeit, den Vater zu hören, sondern nur die, welche der Vater Jesus gegeben hat. D.h. aber: Für den Evangelisten liegt die Entscheidung über ewiges Leben und Tod nicht bei dem sich entscheidenden Menschen, sondern bei der unserm Begreifen unzugänglichen Entscheidung des Vaters ... Sowenig der Mensch durch seine Entscheidung geboren wird, sowenig wird er durch seine Entscheidung ‚von oben gezeugt'."[301] „Für den Evangelisten stößt hier, an diesem Punkt, beim Glauben an den Gesandten, der Mensch auf eine Instanz, gegen die jede Berufung auf die Freiheit oder auf die gleiche Chance, die jeder haben müsse, verstummt."[302]

### d) Die johanneischen Prädestinationsaussagen im Spiegel der neueren Exegese

Daß der vierte Evangelist einen scharfen Prädestinatianismus vertritt, ist in der Forschung keineswegs Konsens, sondern immer wieder auf unterschiedliche Weise bestritten worden. Vier besonders charakteristische Interpretationsvorschläge, die nach meiner Überzeugung allesamt den johanneischen Erwählungsaussagen *nicht* gerecht werden, sollen jetzt ausdrücklich angesprochen und in der gebotenen Kürze kritisch gewürdigt sein.

1. Nach dem Urteil R. Bultmanns wollen die johanneischen Prädestinationsaussagen lediglich dem Gedanken Ausdruck verleihen, „daß die Entscheidung des Glaubens nicht eine Wahl zwischen innerweltlichen Möglichkeiten ist, die aus innerweltlichen Motiven entspringt, und daß sich der Glaubende vor Gott auch nicht auf seinen Glauben berufen kann"[303]. Ermöglicht ist eine solche Entscheidung Bultmann zufolge allererst durch das Kommen des Sohnes Gottes, weil Gott durch seine Sendung den κόσμος, der *zuvor* als ganzer in der Finsternis und im Tode war, „gleichsam in den Zustand des ‚in suspenso'", d.h. „in die Schwebe" gebracht hat[304]. Die Glaubensentscheidung ereignet sich in der Begegnung mit dem Offenbarungswort Jesu, das selbst wesenhaft „Einladung und Ruf zur Entscheidung" ist[305]. Bultmann bringt seine Sicht an anderer

---

[301] HAENCHEN, Das Johannesevangelium und sein Kommentar 224.
[302] Ebd. 225.
[303] BULTMANN, Theologie des Neuen Testaments 375.
[304] Ebd. 377.
[305] Ebd. 374.

Stelle noch einmal mit den folgenden Worten pointiert zur Sprache: Da die
Entscheidung zum Glauben „nicht aus innerweltlichen Motiven hervorgeht,
sondern eine Entscheidung gegen die Welt ist, die zur Möglichkeit nur dadurch
wird, daß dem Menschen Gott als der in Jesus offenbare begegnet, *erscheint* sie
*als eine determinierte, ohne es doch zu sein* ... Sie ist freilich von Gott gewirkt;
aber nicht so, als ob sich das Wirken Gottes vor ihr oder gleichsam hinter ihr
vollziehe, sondern so, daß es sich gerade in ihr vollzieht; denn die Antwort, die
der Glaube auf die Frage der ihm begegnenden Offenbarung gibt, weiß sich
durch die Frage selbst gewirkt. Die Glaubensentscheidung versteht sich als
geschenkte."[306] – Für Bultmanns hermeneutischen Umgang mit den johanneischen Erwählungsaussagen ist eine doppelte Annahme grundlegend: zum
einen, daß ein ursprünglich kosmologischer Dualismus, wie er in gnostischen
und hier insbesondere in mandäischen Texten greifbar sein soll, den religionsgeschichtlichen Hintergrund der johanneischen Prädestinationsaussagen bilde;
zum andern, daß dieser Dualismus vom Evangelisten selbst radikal verge-
schichtlicht und so zu einem „Entscheidungsdualismus" umgeformt worden
sei[307]. Was die religionsgeschichtliche Herleitung anlangt, so hat R. Bergmeier
überzeugend gezeigt, daß die mandäischen Texte gerade *keinen* prädestinatianischen Dualismus kennen[308]. Zudem ist die Behauptung, der Evangelist habe
die eindeutig prädestinatianisch formulierten Aussagen anders *gemeint*, als sie
*lauten*, ein reines, am Text selbst gänzlich unausweisbares Postulat. Hinsichtlich der bei Bultmann vorliegenden Interpretation der johanneischen Erwählungsaussagen muß deshalb gesagt werden: Bultmann „sieht das prädestinatianische Moment sehr wohl. Aber durch Projektion der theologischen Aussage
auf die Sprachebene existentialer Interpretation wird es unsichtbar."[309]

---

[306] Ebd. 429 (Hervorhebungen von mir). Vgl. schließlich noch BULTMANN, Das Evangelium des Johannes 112 f. (zu Joh 3,18): „Glaube und Unglaube sind die Antwort auf die in
der Sendung Jesu gestellte Frage Gottes; sie sind also eine neue, für den Menschen durch das
Heilsereignis erst erschlossene Möglichkeit ... Sowenig wie Glaube und Unglaube Leistungen sind, sowenig sind sie seelische Haltungen (διαθέσεις), die ausgebildet werden könnten
... Da aber Glaube und Unglaube die Antwort auf die Frage der göttlichen *Liebe* sind, sind
sie, sowenig sie Leistungen oder Seelenverfassungen sind, verantwortliche *Taten*, in denen
zutage kommt, was der Mensch ist."
[307] Vgl. exemplarisch: BULTMANN, Theologie des Neuen Testaments 373. 429.
[308] S. BERGMEIER, Glaube als Gabe 119–129.
[309] So treffend BERGMEIER, ebd. 248 Anm. 219 im Blick auf die Exegese von 6,44 f. bei
BULTMANN 172. Zur Kritik an Bultmanns These eines im Johannesevangelium vorliegenden
„Entscheidungsdualismus" s. ferner HAENCHEN, Das Johannesevangelium und sein Kommentar 223–225; KÄSEMANN, Jesu letzter Wille 131–134. – Die von Bultmann vertretene
Sicht findet sich u.a. auch bei CONZELMANN, Grundriß der Theologie des Neuen Testaments
397, der das johanneische Verständnis der Prädestination so beschreibt: „Der Mensch kann
sich das Heil nicht selbst schaffen. Es kommt zu ihm; er vernimmt es im Wort, und zwar so,
daß er zugleich das objektive Prae des Heils erfährt. Der Gedanke der Erwählung ist ge-
schichtlich gefaßt. Der Mensch kann an sich nichts anderes sein als das, was er ist: Welt-
wesen, d.h. der Sünde verfallen. Daher ist er nicht frei, über sein Heil zu entscheiden. Die

2. R. Schnackenburg hat in einem dem Problem „Selbstentscheidung und
-verantwortung, Prädestination und Verstockung" gewidmeten Exkurs seines
Kommentarwerkes[310] in grundsätzlicher Weise offengelegt, wie er die Erwählungsaussagen des vierten Evangeliums versteht und in das Gesamtgefüge der
johanneischen Soteriologie zu integrieren versucht. Seines Erachtens ist der
Glaube im johanneischen Sinne „wirklich eine vom Menschen aufzubringende
Haltung" bzw. „das Grunderfordernis für die Heilserlangung"[311]. Für den Evangelisten selbst bestehe „kein Zweifel daran, daß es für jeden Menschen bei
gutem Willen möglich ist, an Jesus zu glauben"[312]. Kurz: Der Glaube sei im
vierten Evangelium als eine „dem Menschen mögliche und von ihm sittlich
geforderte Entscheidung" bestimmt[313]. Beim Zustandekommen des Glaubens
ereigne sich „das Zusammenwirken von Gott und Mensch", weshalb „Glauben
nicht ohne Gottes ‚Ziehen', also seine dem Menschen zuvorkommende Gnade,
möglich ist und dennoch dem Menschen die eigene Entscheidung nicht erspart
wird"[314]. An einer anderen Stelle seines Johanneskommentars bemerkt Schnak-
kenburg entsprechend: „Sowenig der Evangelist einen systematischen Ausgleich
zwischen göttlicher Prädestination und moralischer Schuld der Menschen versucht hat, ebensowenig bedeutet es für ihn einen Widerspruch, daß der Glaube
freie Willensentscheidung des Menschen und doch zutiefst göttliche Gnade ist.

---

Welt hat immer schon über sich entschieden. Aber dieser Zustand bleibt kein schicksalhaftes
Verhängnis; er wird durch die Offenbarung zur Entscheidungssituation … Der Glaube wird
möglich, indem er von der Offenbarung erschlossen wird. Angesichts des Wortes, das den
Menschen aufdeckt, wird dieser frei, sich zu transzendieren, – in der Sprache der johanneischen Prädestination: Er wird frei, eine neue Vergangenheit zu gewinnen … Das Wort
kann nur der verstehen, der aus der Wahrheit ist. Die Möglichkeit, aus der Wahrheit zu sein,
wird aber jetzt durch dieses Wort angeboten. Das heißt: Im Hören wird man Erwählter, d.h.
Verstehender; oder man wird Verlorener." Vgl. ferner etwa LOHSE, Neutestamentliche Theologie 137; DIETZFELBINGER, Der Abschied des Kommenden 304–308. – Wie Bultmann urteilt auch SCHOTTROFF, Der Glaubende und die feindliche Welt 236–238, wenn sie behauptet, daß der Evangelist Vorstellungen eines kosmologischen Dualismus aufgenommen und
im Sinne eines „Entscheidungsdualismus" existential interpretiert habe. Ihre Sicht weicht
dann allerdings in einem zentralen Punkt von der Bultmanns ab: Nach ihrem Urteil unterscheidet sich der Evangelist in seinem Umgang mit dualistischen Vorstellungen in gar keiner
Weise von der Gnosis selbst, da auch diese den ihr vorgegebenen kosmologischen Dualismus bereits existential im Sinne eines „Entscheidungsdualismus" gedeutet habe. Von daher
kommt Schottroff (ebd. 295) abschließend im Hinblick auf das vierte Evangelium als ganzes
zu dem sachkritischen Urteil: „Der gnostische Dualismus bestimmt den johanneischen Entwurf der Christologie und der Soteriologie völlig. Johannes ist das erste uns ausführlicher
bekannte System einer Gnosis, die sich christliche Traditionen adaptiert. Mit dem Johannesevangelium ist die gnostische Heilslehre in den Kanon gelangt." Daß im Blick auf das Johannesevangelium von einem „Entscheidungsdualismus" auch von ferne keine Rede sein
kann, haben unsere Ausführungen zu den johanneischen Prädestinationsaussagen gezeigt.
[310] SCHNACKENBURG II 328–346.
[311] Ebd. 330.
[312] Ebd. 330f.
[313] Ebd. 331.
[314] Ebd. 332.

Er sieht die beiden Gedanken nicht auf der gleichen Ebene: Glauben als Entscheidung steht ihm nach dem Anruf des eschatologischen Offenbarers fest; zu
der Einsicht aber, daß Gott selbst den Menschen ‚ziehen' und zu Jesus hinführen muß, kommt er durch die Reflexion über den Unglauben. Gleichwohl kann
diese tiefere Erkenntnis vor einem Mißverständnis … bewahren: Der Glaubens-
entschluß ist keine menschliche Leistung ähnlich den jüdischen Gesetzeswer-
ken, sondern nur die der Offenbarung Jesu gebührende Antwort, die durch Gottes Gnade ermöglicht wird."[315] – Die angeführten Sätze bieten hinsichtlich der
Genese des Glaubens eine Verhältnisbestimmung von göttlicher und menschlicher Aktivität, die als synergistisch bezeichnet werden muß. Sie verharmlo-
sen damit, wie sich von unseren Überlegungen zu den johanneischen Prädestinationsaussagen her ergibt, den im vierten Evangelium selbst vorliegenden
Erwählungsgedanken in unzulässiger Weise[316].

---

[315] SCHNACKENBURG I 524.

[316] Die gleiche dezidiert synergistische Interpretation der johanneischen Soteriologie und
die damit notwendig einhergehende Abschwächung des johanneischen Prädestinatianismus,
wie sie bei R. Schnackenburg zu verzeichnen sind, finden sich in der Exegese des Johannesevangeliums bei nicht wenigen Autoren. So schreibt etwa KÜMMEL, Die Theologie des Neu-
en Testaments 268 f. (Hervorhebungen von mir): „Johannes setzt voraus, daß der Christus an
sich bei den Menschen keine Aufnahme und damit auch keinen Glauben findet … Wenn
trotzdem manche Menschen glauben …, so zeigt sich darin, daß der Glaube Gottes Werk im
Menschen ist … Wenn ein Mensch zum Glauben kommt, hat also Gott den *ersten* Schritt
getan, aber das bedeutet nicht, daß der Mensch nicht den *zweiten* Schritt selber tun muß …
Ganz gewiß redet Johannes davon, daß nur der zum Glauben kommt, den Gott dazu ‚zieht',
daß nur diejenigen Gottes Wort festgehalten haben, die der Vater dem Sohn aus der Welt
herausgegeben hat (6,44; 17,6), aber das schließt nicht ein, daß Gott endgültig darüber entschieden hätte, wer zu den Schafen Jesu gehört und darum Jesu Stimme hört (10,27) … Auch
Johannes weiß demnach, … daß der Glaube allein auf Gottes Wirken beruht, aber er weiß
ebenso, daß Gott uns die Freiheit läßt, sein Wirken durch uns geschehen zu lassen oder zu
verwerfen. Auch Johannes hat nicht versucht, beide Wahrheiten zusammenzubiegen, weil
nur beide zusammen Gottes Heilshandeln und die Verantwortung des Menschen bestehen
lassen." Im gleichen Sinne urteilen u.a. IBUKI, Wahrheit, z.B. 106. 173. 342 f.; BEUTLER,
Heilsuniversalismus 420 f. 428; GNILKA 72 („Alles ist Gabe, aber die Menschen haben sich
für sie zu entscheiden"); DERS., Neutestamentliche Theologie 129. 135 f. 144; DERS., Theologie des Neuen Testaments 284 f.; THEOBALD, Fleischwerdung 366 („Gezogen wird, wer sich
ziehen läßt"); SCHNELLE, Neutestamentliche Anthropologie 148–153; DERS., Das Evangelium nach Johannes 127 f.; WILCKENS 342–345. Schließlich ist noch J. RIEDL zu nennen, der
die synergistische Deutung der johanneischen Heilslehre besonders vehement vertritt; s.
z.B. Heilswerk 326–340. 424–433. Nur einige wenige charakteristische Sätze seien ausdrücklich angeführt: „Wie die vorliegende Arbeit zeigen konnte, hat auch der Vater in der sog.
subjektiven Heilswerksanteilnahme den einzigen und ausschließlichen Wirkprimat. Dieser ist
aber genau so universal wie der Wirkprimat im objektiven Heilswerk. Er erstreckt sich auf
den gesamten Kosmos, d.h. auf alle Menschen. Eingeschränkt wird er ausschließlich durch
den Menschen selbst, der sich nicht vom Vater zu Jesus ziehen lassen will" (424). „Durch die
Lebenshingabe Jesu ist allen Menschen das Heil als Jesus-Heil angeboten … Nun liegt es
am Menschen, sich von dieser Liebe des Vaters in seinem und durch seinen Sohn ‚treffen' zu
lassen" (425). „Gott hat vor der Freiheit des Geschöpfes so viel Achtung, daß er sogar diese
Verhärtung in der Finsternis in Kauf nimmt, um auch an ihr zu zeigen, wie sehr er die Welt
geliebt hat. Der Unglaube bildet so den schwarzen Hintergrund für die Liebe Gottes" (432).

3. Von den beiden bisher angeführten Deutungsvorschlägen unterscheidet sich jene Interpretation nicht unwesentlich, die G. Röhser in seiner 1994 erschienenen Habilitationsschrift „Prädestination und Verstockung" vorgelegt hat. Röhser unternimmt dort den Versuch, „das Vorliegen prädestinatianischen Denkens im Johannesevangelium insgesamt und grundsätzlich in Frage zu stellen"[317]. Schlüsselfunktion für seine Untersuchung hat die Auslegung von Joh 3,19–21[318], in der er sich ganz betont gegen eine solche Verhältnisbestimmung von göttlicher Aktion und menschlicher Reaktion wendet, die den „absoluten Vorrang der göttlichen Heilsinitiative" behauptet[319]. Ihr stellt Röhser „die These von der (sachlichen) Vorgängigkeit der ‚Werke' vor dem Glauben (bzw. Unglauben) und der daraus sich ergebenden notwendigen Abfolge von menschlicher *Grund*haltung und entsprechender *Glaubens*haltung" entgegen[320]. Wenn Röhser im Zusammenhang seiner „methodischen Vorbemerkungen"[321] den *heuristischen* Grundsatz vertritt, daß „bis zum Erweis des Gegenteils davon auszugehen" sei, „daß der Evangelist und sein Text in einer so zentralen theologischen Frage wie derjenigen von Glaube und Verstockung eine einheitliche Grundvorstellung erkennen lassen, die anhand von Schlüsseltexten rekonstruiert werden kann"[322], so ist ihm darin unbedingt zuzustimmen. Dem dann erarbeiteten *exegetischen* Gesamtergebnis jedoch muß ganz entschieden widersprochen werden. Röhser formuliert es im Schlußteil seiner Arbeit mit den folgenden Worten: „So bleibt am Ende … der Eindruck einer konsequenten Herausstellung der Glaubens*möglichkeit* und der *Allein*verantwortung des Menschen für seinen Unglauben und sein Unheil durch den Evangelisten, welche keinen Raum läßt für prädestinatianische Deutungen."[323] Weiter: „Sollte ich den Kern joh[anneischer] Glaubenserfahrung und Glaubensdeutung in *einem* Satz zusammenfassen, so würde ich formulieren: Wer im Rahmen seiner … Möglichkeiten sich ganz für Gott und dessen Gesandten Jesus Christus … öffnet, der wird gleichzeitig auch von Gott zu Jesus ‚hingezogen' und von diesem im Heilsbereich ewigen Lebens bewahrt. Wer hingegen diese Möglichkeit definitiv ausschlägt …, der wird von Gott selbst in Verblendung und Verstockung geführt und damit endgültig auch aus dem Bereich des heilvollen Wirkens Jesu ausgeschlossen."[324]

---

„Der Mensch [kann] sich diesem Wirken Gottes öffnen oder verschließen … Öffnet er sich diesem Ziehen Gottes, kommt er zu Jesus und wird leben, verschließt er sich diesem Ziehen des Vaters, verbleibt er freiwillig in der Finsternis seiner Heillosigkeit und verdammt sich somit selbst zum ewigen Tod, den aber Gott nicht will, den er aber ‚zulassen' muß, um die Freiheit des Menschen nicht zu beeinträchtigen" (433).

[317] RÖHSER, Prädestination und Verstockung 179.
[318] Ebd. 195–208.
[319] So ebd. 203 f. unter ausdrücklicher Bezugnahme auf SCHNACKENBURG IV 72.
[320] RÖHSER, Prädestination und Verstockung 204.
[321] Ebd. 193–195.
[322] Ebd. 193 f.
[323] Ebd. 252.
[324] Ebd. 254. Vgl. auch die – angesichts des johanneischen Textbefundes schier unglaub-

Zu diesem Ergebnis kann Röhser nur deshalb gelangen, weil ihm vor allem
zwei gravierende *methodische* Fehler unterlaufen: zum einen erklärt er den
Abschnitt 3,19–21 und den Vers 6,29 zu den theologischen Schlüsseltexten für
die zur Erörterung anstehende Frage[325], zum andern interpretiert er die beiden
genannten Texte unter sträflicher Außerachtlassung ihres jeweiligen literarischen Kontextes. Auf diese Weise bleibt ihm der für das Verständnis von 3,19–
21 gewichtige Tatbestand verborgen, daß die hier verwendete ethische Terminologie dezidiert *dogmatischen* Sinn hat: Die Aussagen von V. 19c (ἦν γὰρ
αὐτῶν πονηρὰ τὰ ἔργα) und von V. 20 (πᾶς γὰρ ὁ φαῦλα πράσσων μισεῖ τὸ
φῶς καὶ οὐκ ἔρχεται πρὸς τὸ φῶς, ἵνα μὴ ἐλεγχθῇ τὰ ἔργα αὐτοῦ) bringen
zum Ausdruck, daß der Mensch in seinem *Sein* und deshalb in seinem gesamten Tun der Sünde verfallen ist, und ganz entsprechend besagt der die Antithese
zu V. 20 bildende V. 21 (ὁ δὲ ποιῶν τὴν ἀλήθειαν ἔρχεται πρὸς τὸ φῶς, ἵνα
φανερωθῇ αὐτοῦ τὰ ἔργα ὅτι ἐν θεῷ ἐστιν εἰργασμένα), daß derjenige, der
die eschatologische Neugeburt an sich erfahren hat, in seinem *Sein* und von
daher auch in seinem Tun einen neuen Ursprung hat, der sich einzig dem Handeln Gottes selbst verdankt[326]. Die beiden angesprochenen methodischen Fehler haben dann im Blick auf 6,29 zur Folge, daß Röhser bei seiner Auslegung[327]
nicht wahrnimmt, daß dieser Vers streng im Lichte von V. 28 bedacht sein will.
In V. 28 stellen die Ἰουδαῖοι die Frage nach dem Heil: „Was sollen wir tun,
damit wir die von Gott geforderten Werke vollbringen?" (τί ποιῶμεν ἵνα
ἐργαζώμεθα τὰ ἔργα τοῦ θεοῦ;). Auf diese Frage, die ganz im Horizont des
*Sollens* und damit des *Gesetzes* formuliert ist, antwortet Jesus in V. 29 mit dem
Hinweis auf den Glauben: „Das ist das von Gott geforderte Werk, daß ihr an den
glaubt, den jener gesandt hat" (τοῦτό ἐστιν τὸ ἔργον τοῦ θεοῦ, ἵνα πιστεύητε
εἰς ὃν ἀπέστειλεν ἐκεῖνος). Mit dieser Feststellung ist in gar keiner Weise gesagt, daß der Mensch den von Gott zur Heilserlangung geforderten Glauben

---

lich anmutenden – Sätze ebd. 244f.: „Die Menschen … orientieren sich mit ihren ‚Werken'
vorgängig und … *in freier Entscheidung* an Gott oder dem Teufel … Diese Orientierung hat
einen wesentlich ‚moralischen' Akzent …, sie hat aber auch eine geistig-religiöse (‚existen-
tielle') Seite …: Sie bedeutet das wirkliche Ernstnehmen und … Verstehen der mit der Schrift
(und dem Auftreten des Täufers) gegebenen ‚Zeugnisse' für Jesus bzw. ein Öffnen für die
schon vorchristlich sich kundgebende ‚Wahrheit' Gottes und eben deren willentliche …
Ablehnung. Nach dem Kommen des ‚Lichtes' in die Welt kommen diejenigen, die in dieser
Weise zu Gott gehören, ganz von selbst zum Glauben und werden gleichzeitig von Gott zu
dem Offenbarer ‚hingezogen' (Joh 6,44). Die Teufelskinder und Un- oder Halbgläubigen …
bekommen eine Phase der Umkehrmöglichkeiten eingeräumt, in der sie ihre böse oder zumindest unzureichende Grundorientierung noch ändern können: eine Phase wiederholter
Appelle, doch endlich die notwendige umfassende Neuausrichtung ihrer Existenz vorzuneh-
men …, um so gleichfalls noch vom Vater in den Heilsbereich aufgenommen zu werden.
Nehmen die Menschen diese (befristete) Gelegenheit nicht wahr, so werden sie am Ende von
Gott selbst in ihrem Unglauben festgehalten und also ‚verstockt' (12,39f.)."
[325] Vgl. ebd. 216.
[326] Zur Interpretation von 3,19–21 s. näherhin HOFIUS, Wiedergeburt 68–73.
[327] RÖHSER, Prädestination und Verstockung 208–211.

*von sich und seinen Möglichkeiten her* auch ins Werk zu setzen vermag. Interpretiert man das in V. 29 Gesagte streng von den eindeutig prädestinatianisch gemeinten Aussagen des 6. Kapitels, d.h. von den Versen 37, 39, 44, 64 f. und 70 her, so zeigt sich vielmehr ganz unmißverständlich, daß das von Gott *geforderte* Werk des Glaubens auch einzig von ihm selbst *vollbracht* und *geschenkt* wird. Der Vers 29 kann und darf folglich gerade *nicht* dazu dienen, den Erwählungsaussagen des 6. Kapitels ihre theologische Spitze zu nehmen[328].

4. J. Becker, auf den zuletzt noch ausdrücklich eingegangen werden soll, hat sich zu den Prädestinationsaussagen des vierten Evangeliums sowie zu dem damit verbundenen Problem des johanneischen Dualismus in dem 1974 publizierten Aufsatz „Beobachtungen zum Dualismus im Johannesevangelium" programmatisch geäußert[329], und er hat die dort gewonnene Sicht dann noch einmal innerhalb seines Johanneskommentars in einem Exkurs zusammenfassend dargelegt[330]. Sein Entwurf unterscheidet sich vor allem in *methodischer* Hinsicht grundlegend von sämtlichen bisher angeführten Positionen: Becker verknüpft in seinen Überlegungen bestimmte literarkritische Hypothesen zum vierten Evangelium ganz unmittelbar mit der Frage nach der Geschichte des theologischen Denkens innerhalb der johanneischen Gemeinde. Das erkenntnisleitende Interesse liegt dabei darin, die für die Johannesforschung bezeichnende Alternative von „Entscheidungsdualismus" einerseits und „prädestinatianischem Dualismus" andererseits zu überwinden. Diesem Ziel dient eine Analyse, die die beiden Dualismen innerhalb der Theologiegeschichte des johanneischen Gemeindeverbandes auf verschiedenen Stufen der Entwicklung verortet und sie von dort her zu begreifen sucht. Becker ermittelt aus dem Johannesevangelium eine aus vier Phasen bestehende und in sich recht komplexe Entwicklungsgeschichte des johanneischen Dualismus, die im folgenden in ihren Grundzügen skizziert sein soll[331]: In der *ersten* und *ältesten* Phase – so führt Becker aus – hat die johanneische Gemeinde wie das gesamte Urchristen-

---

[328] Als ein besonders signifikantes Beispiel für die Weise, wie Röhser den Sinn der johanneischen Prädestinationsaussagen in sein Gegenteil verkehrt, seien abschließend die folgenden Bemerkungen zu 6,44–47 zitiert (ebd. 221): „Jeder, der vom Vater (durch den Sohn) hört und (infolge seiner Grundorientierung am Vater) daraufhin zu Jesus kommt und an ihn glaubt, der wird seinerseits ‚simultan‘ dazu (in der Begegnung mit Jesus) vom Vater zum Sohn hingezogen und bekommt seinen Glauben als bleibende Gabe geschenkt (vgl. V. 65). Oder, um es noch weiter auf Anfangs- und Endpunkt des ganzen Prozesses zuzuspitzen: *Erst die grundlegende Bereitschaft des Menschen, überhaupt etwas ‚vom Vater‘ zu ‚hören‘ ..., löst gleichzeitig auch jene göttliche Aktivität des Zu-Jesus-Hinziehens aus, welche zur Auferweckung durch den Sohn führt* (V. 44). Es ist also deutlich, daß hier ebenfalls (wie in V. 36–40) die ‚werkhafte‘ Orientierung des Menschen ... die Priorität vor dem Glauben als Gabe besitzt." – Im übrigen sei hingewiesen auf die kritische Besprechung des Buches durch J. FREY, in: ThLZ 122 (1997) 147–149.

[329] BECKER, Beobachtungen 71–87.

[330] BECKER I 175–179.

[331] Vgl. vor allem BECKER, Beobachtungen 85–87.

tum undualistisch gedacht. Als literarische Zeugen hierfür nennt Becker die sog. Semeia-Quelle, den Grundstock des vorjohanneischen Passionsberichts sowie bestimmte Einzeltraditionen (z.B. Joh 2,14–22; 6,66–70)[332]. In einer *zweiten* Phase ist die Gemeinde unter den Einfluß eines qumrannahen Dualismus geraten, wie er in 1QS 3,13–4,26 und in den Testamenten der zwölf Patriarchen exemplarisch zu greifen ist[333]. Becker bezeichnet diesen Dualismus als einen „prädestinatianisch-ethischen"[334] bzw. „deterministisch-ethischen"[335], weil dieser dualistischen Konzeption zufolge die Menschheit in einem vertikalen Schnitt deterministisch in zwei Gruppen aufgeteilt wird, und zwar streng nach dem Kriterium des jeweiligen ethischen Verhaltens. Die Aufgabe Jesu besteht dabei lediglich darin, die der Offenbarung vorgängige anthropologische und soteriologische Differenz innerhalb der Menschenwelt aufzudecken: „Die Christologie hat hier die Funktion, den vorgegebenen Dualismus aus seiner Latenz zu heben und ihn zum Offenlegen seines Wesens zu zwingen."[336] Ein charakteristisches literarisches Zeugnis für diese Gestalt des Dualismus, der die Isolations- und Abkapselungstendenz des johanneischen Gemeindeverbands beschleunigt hat, erblickt Becker in Joh 3,19–21[337]. In einer *dritten* Phase ist dann „die Umstrukturierung des qumrananalogen Dualismus zu gnostisierendem Denken" erfolgt[338]. An die Stelle des vertikalen Schnittes zwischen zwei verschiedenen Menschengruppen tritt – bei grundsätzlicher Beibehaltung der Orientierung am ethischen Verhalten und am Gedanken des Determinismus – der horizontale Schnitt zwischen Gott und Kosmos, oben und unten, der Sphäre des Lebens und der Sphäre des Todes. Becker bezeichnet dieses dualistische Modell, das er vor allem in Joh 3,31–36 bezeugt sieht[339], als „kosmischen Dualismus"[340]. Der vierte Evangelist, der selbst an dem gnostisierenden Dualismus partizipiert, ist gegen Ende dieser dritten Phase einzuordnen: Er übernimmt den der Gnosis nahen Dualismus „nicht als fremden, sondern akzentuiert ihn individuell als sein Weltbild, in dem er mit seiner Gemeinde lebt"[341]. Die entscheidende sachliche Differenz, die zwischen dem dualistischen Denken des Evangelisten und dem ihm vorgegebenen kosmischen Dualismus zu verzeichnen ist, besteht nach dem Urteil Beckers in der Bestimmung der Funktion des Offenbarers und in der Situation der Menschheit angesichts des Offenbarungswortes: „Jesus legt nicht mehr einen vorgegebenen Dualismus

---

[332] S. BECKER I 175.
[333] BECKER, Beobachtungen 79 f.; DERS., Johannes I 176.
[334] BECKER, Beobachtungen 79.
[335] BECKER I 176.
[336] Ebd.
[337] S. dazu BECKER, Beobachtungen 78–81.
[338] Ebd. 86.
[339] Ebd. 72.
[340] BECKER I 178.
[341] Ebd.

frei und überwindet ihn, sondern sein Wort provoziert ihn"[342] – und zwar dadurch, daß es die Menschheit in die „Entscheidungssituation" führt[343], so daß
nunmehr gilt: „Jeder, der glaubt, durchkreuzt alle möglichen dualistischen Vor-
gegebenheiten, gerade auch das Festgelegt-sein auf die eigenen Taten, und er-
greift die neue Möglichkeit, die der Vater durch den Sohn gewährt."[344] Der
Evangelist ist mithin in Texten wie Joh 3,16–18; 5,24f.; 11,25f.; 12,32 Zeuge
für einen universal ausgerichteten „soteriologischen Entscheidungsdualismus"[345]. Mit ihm versucht er, „auf neuer Ebene … die Weltoffenheit der ersten
Phase wiederum zu erreichen"[346]. Die *vierte* „postevangelistische" Phase gibt
schließlich zu erkennen, „daß der Evangelist aufs ganze die theologisch-duali-
stische Verfestigung des Gemeindeverbandes und ihr Leben in splendid isolation
offenbar nicht durchschlagend aufgebrochen hat"[347]. Becker nennt den Dualismus dieser letzten Phase einen „verkirchlichten"[348] bzw. „prädestinatianischen
Dualismus"[349], da hier nicht mehr der Antagonismus zwischen oben und unten,
sondern der Gegensatz zwischen Kirche und Welt strukturbildend ist[350]. Dieser
Dualismus hat sich literarisch vor allem in den umfangreichen Textkomplexen
Joh 15,18–16,15 und 17,1–26, die Becker beide der „kirchlichen Redaktion"
zurechnet, sowie in den Johannesbriefen niedergeschlagen[351]. – Sucht man den
skizzierten Entwurf kritisch zu würdigen, so stellt sich zunächst ein ganz grund-
sätzliches Problem: Bei dem vierten Evangelium handelt es sich um ein literarisches Dokument, das zweifellos als ein sinnvolles Ganzes verstanden sein
will und dessen Sprachgestalt von größter Einheitlichkeit ist. Angesichts dessen erhebt sich die Frage, ob es überhaupt *methodisch* möglich und zulässig ist,
auf der Grundlage einer notwendig hypothetisch bleibenden Rekonstruktion
verschiedener literarischer Schichten auf eine theologiegeschichtliche Entwicklung zurückzuschließen, die sich in dem johanneischen Gemeindeverband vollzogen und in diesen Schichten ihren Niederschlag gefunden haben soll. Besteht hier nicht die Gefahr einer methodisch letztlich nicht mehr kontrollierbaren
und insofern an Willkür grenzenden Hypothesenfreudigkeit? Zur Fragwürdig-
keit der Methodik kommt ein gewichtiges *theologisches* Problem hinzu: Der
Exeget kann sich mittels literarkritischer und theologiegeschichtlicher Rekon-
struktionen dem unerhörten Wahrheitsanspruch der johanneischen Erwählungsaussagen nur allzu leicht entziehen – und zwar dadurch, daß er den (ihm selbst

---

[342] Ebd. 179.
[343] Ebd.
[344] BECKER, Beobachtungen 81.
[345] BECKER I 179.
[346] BECKER, Beobachtungen 86.
[347] Ebd.
[348] BECKER, Beobachtungen 83. 86; DERS., Johannes I 179.
[349] Vgl. BECKER, Beobachtungen 83.
[350] BECKER I 179.
[351] BECKER, Beobachtungen 82–85; DERS., Johannes I 179.

womöglich sachlich anstößigen) Prädestinationsgedanken zu einem bloßen geschichtlichen Moment innerhalb einer übergreifenden Entwicklung erklärt und auf diese Weise entscheidend relativiert. In diesem Zusammenhang darf auch gefragt werden, ob es ein bloßer Zufall ist, wenn Becker die Position eines im Heilsuniversalismus gründenden „Entscheidungsdualismus" ausgerechnet dem Evangelisten zuschreibt, der sich nach seinem exegetischen Urteil als ein innerhalb des johanneischen Gemeindeverbandes auf einsamer Höhe stehender originärer Denker erweist. Die Problematik der von Becker vertretenen Sicht zeigt sich nicht zuletzt darin, daß er die durchaus stattliche Zahl von 15 prädestinatianischen Belegen[352] als bloße „prädestinatianische Splitter"[353] bezeichnet und so zu einer quantité négligeable macht.

### e) Abschließende Erwägungen zum johanneischen Prädestinatianismus

Unsere exegetischen Ausführungen zu den johanneischen Erwählungsaussagen haben ergeben, daß der Evangelist einen radikalen, im Sinne der *praedestinatio gemina* zu verstehenden Prädestinatianismus vertritt, und dieses Ergebnis konnte sodann in der Auseinandersetzung mit anderslautenden Interpretationsversuchen noch einmal abgesichert werden. Kann somit an dem Textbefund selbst nicht der geringste Zweifel bestehen, so stellt sich angesichts der entsprechenden johanneischen Aussagen allerdings durchaus die Frage nach der Möglichkeit ihrer theologisch zu verantwortenden Rezeption.

Unbedingte Zustimmung verdient zunächst das grundsätzliche Urteil des Evangelisten, wonach der Mensch im Blick auf sein Heil exklusiv auf Gottes Erwählung angewiesen ist und sich das Zum-Glauben-Kommen in gar keiner Weise dem freien Entschluß des Menschen verdankt. Denn dieses Urteil folgt mit innerer Notwendigkeit aus der Erkenntnis des gekreuzigten und auferstandenen Gottessohnes. Wird dem Menschen die heilvolle Gottesgemeinschaft einzig aufgrund des Kreuzesgeschehens zuteil, so ist daraus zu schließen, daß der Mensch ohne dieses Heilshandeln vor Gott ganz und gar verloren ist. In diesem Zusammenhang darf als auffallend gelten, daß das Johannesevangelium nicht nur im Blick auf den Kreuzestod (3,14) und die Auferstehung Jesu (20,9) von einem göttlichen δεῖ spricht, sondern zugleich auch die Erlangung des Heils an die Bedingung knüpft, daß der Mensch von neuem geboren werden „muß" (3,7). Der Notwendigkeit von Kreuz und Auferstehung entspricht mithin die Notwendigkeit der eschatologischen Neugeburt. Einen neuen Ursprung kann sich der Mensch aber unmöglich selbst verschaffen, ihn setzt vielmehr einzig und allein Gott – und zwar durch das Christusgeschehen (3,13–17) und durch das mit ihm verbundene Wirken des Heiligen Geistes (3,5–8), der

---

[352] BECKER, Beobachtungen 79 Anm. 21 nennt die folgenden Texte: Joh 6,37.39.44.65; 8,43f.47; 10,3f.26f.; 12,39f.; 17,2.6.9.12.24; 18,37.
[353] Ebd. 79. 81 Anm. 26.

den Glauben an Jesus schenkt[354]. Dem Evangelisten ist sodann auch darin zu-
zustimmen, daß der Unglaube Jesus gegenüber als *Sünde* und damit als vor
Gott zu verantwortende *Schuld* anzusehen ist, obwohl dem mit der Offenba-
rung Gottes in Jesus Christus konfrontierten Menschen von sich und seinen
Möglichkeiten her der Glaube gar nicht offensteht. Der Schuldcharakter der
Sünde gründet nämlich nicht etwa darin, daß der Mensch die ihm vermeintlich
von Gott verliehene Willensfreiheit mißbrauchte, sondern in dem *objektiven*
Widerspruch, der die Situation des Sünders vor Gott kennzeichnet und der gerade in dem prinzipiellen Nein zu seiner Offenbarung in Christus sichtbar wird.
An dieser Stelle ist ausdrücklich darauf aufmerksam zu machen, daß Paulus in
dieser theologisch gewichtigen Sachfrage ganz ähnlich wie der vierte Evangelist
denkt. In der Adam-Christus-Antithese (Röm 5,12–21)[355] bestimmt der Apostel
die Sündenverfallenheit als das unentrinnbare Schicksal eines jeden im Schatten Adams lebenden Menschen, und zugleich begreift er das Sündigen als ein
vor Gott Schuldig-Werden und Schuldig-Sein. Folglich ist auch nach Paulus
der Schuldcharakter der Sünde nicht dadurch bedingt, daß „dem Menschen ein
freier Wille gegeben wäre und ihm das *posse non peccare* offenstände"[356]; die
Sünde ist vielmehr deshalb Schuld, „weil sie ihrem *Wesen* nach und also *objek-
tiv* ἀσέβεια (Röm 1,18) und ἔχθρα εἰς θεόν (8,7) ist – das fundamentale Nein,
mit dem der Mensch seinem Schöpfer Ehre und Dank, Gehorsam und Dienst
verweigert (1,21) und so die Daseinsbestimmung, von Gott her und für Gott zu
leben, verfehlt"[357]. Die genannten, in der Tat überaus steilen Bestimmungen
der johanneischen und der paulinischen Hamartiologie sind in der Sache nichts
anderes als die theologisch notwendige Konsequenz aus der Erkenntnis von
Person und Werk Jesu Christi, tritt doch im Lichte des Gekreuzigten die abgrundtiefe und ausweglose Verlorenheit des Menschen vor Gott in letzter, un-
übersehbarer Schärfe zutage.

Während der johanneische Prädestinationsgedanke als solcher eine notwendige Implikation der Christologie und der darin begründeten Soteriologie des
vierten Evangeliums darstellt, erheben sich gegenüber der konkreten Gestalt
dieses Gedankens doch ernste theologische Bedenken. Es ist ja ein zweifellos
nicht unproblematischer Sachverhalt, wenn die negative Seite des Prädestinationsgedankens vor allem in Verwerfungsaussagen zum Ausdruck kommt, die
dezidiert dem zeitgenössischen Judentum bzw. der Synagoge gelten[358]. Das

---

[354] Vgl. Hofius, Wiedergeburt 74. 79 f.
[355] Zu Röm 5,12–21 s. im einzelnen Hofius, Adam-Christus-Antithese 165–206.
[356] Ebd. 186.
[357] Ebd. 186. Hofius verweist ebd. 186 Anm. 132 als Sachparallele auf Ps 51,3–8; auch
dort findet sich die Einsicht, „daß der Mensch von Mutterleib, d.h. von allem Anfang an in
einem Sündenverhängnis steht und die Sünde gleichwohl *seine* Sünde und also Schuld vor
Gott ist".
[358] So vor allem 8,43–47; 10,26; 12,37–40.

Problem liegt dabei keineswegs in der Christozentrik der johanneischen Theologie, die mit dem exklusiven „solus Christus" die Möglichkeit, das Heil unabhängig vom Glauben an Jesus – etwa durch Toraobservanz – zu erlangen, prinzipiell negiert, wohl aber darin, daß der Evangelist weite Teile des Judentums als von vornherein vom ewigen Heil ausgeschlossen bezeichnet und damit gewissermaßen für sich selbst das *letzte* Wort über das den Glauben an Jesus verweigernde Israel in Anspruch nimmt. Diese konkrete Ausprägung des Prädestinatianismus kann keineswegs theologisch kohärent aus dem Christusgeschehen selbst abgeleitet werden. Man wird vielmehr fragen dürfen, ob das im Blick auf Israel gefällte Verwerfungsurteil nicht in Wahrheit den zwar naheliegenden, gleichwohl jedoch höchst fragwürdigen Versuch darstellt, durch den Rekurs auf die göttliche Prädestination sowohl die Ablehnung des irdischen Jesus und der nachösterlichen Christusverkündigung durch das zeitgenössische Judentum wie auch den damit verbundenen Konflikt zwischen Synagoge und johanneischer Gemeinde auf ihren letzten Grund zurückzuführen und so theologisch zu verarbeiten. Diese Anfrage erhält zusätzliches Gewicht, wenn man bedenkt, daß Paulus sich in dem Abschnitt Röm 11,25–32[359] im Blick auf die Israelfrage entschieden anders als der vierte Evangelist äußert und daß er sich dabei ausdrücklich auf ein ihm von Gott geoffenbartes μυστήριον beruft, das gerade auch für ihn selbst „Anlaß zu einer grundstürzenden Revision seines eigenen Urteils" geworden ist[360]. Denn mit dem dort Gesagten korrigiert der Apostel seine Feststellung von 1Thess 2,16b: ἔφθασεν δὲ ἐπ' αὐτοὺς ἡ ὀργὴ εἰς τέλος[361] – eine Feststellung, die darin mit den johanneischen Aussagen sachlich übereinstimmt, daß auch sie das die Evangeliumsverkündigung zurückweisende Israel unwiderruflich auf seinen Unglauben festgelegt und deshalb endgültig dem Zorngericht Gottes verfallen sieht. Das in den Versen Röm 11,25b–27 von Paulus mitgeteilte „Mysterium" besagt demgegenüber, daß „ganz Israel" bei der Parusie durch Christus selbst gerettet werden wird – und zwar dadurch, daß es aus dem Munde des wiederkommenden Gottessohnes das Evangelium als das heilvolle und den Glauben wirkende Wort seiner Selbsterschließung vernehmen wird. Dem Zeugnis des Paulus zufolge spricht also der gekreuzigte und auferstandene Kyrios selbst und er allein das *letzte* Wort über Israel.

f) Exegese von V. 24b

V. 24b bietet die antithetisch gestaltete Aussage: καὶ εἰς κρίσιν οὐκ ἔρχεται, ἀλλὰ μεταβέβηκεν ἐκ τοῦ θανάτου εἰς τὴν ζωήν. Sie führt weiter, was in V. 24a mit den Worten ἔχει ζωὴν αἰώνιον gesagt wird. Diese Worte, deren

[359] S. dazu des näheren HOFIUS, Das Evangelium und Israel 188–198. 200–202.
[360] Ebd. 189.
[361] HOFIUS, ebd. 189 übersetzt diesen Vers mit den Worten: „Das Zorngericht wird jetzt endgültig über sie hereinbrechen"; die philologische Begründung hierfür findet sich ebd. 189 Anm. 53.

Interpretation zunächst noch zurückgestellt wurde[362], erklären, daß der Mensch das ewige Leben im Glauben an den Sohn bereits *gegenwärtig* in letztgültiger Weise besitzt. Sie bringen damit den Basissatz der johanneischen Gegenwartseschatologie zur Sprache, der seinem sachlichen Gewicht entsprechend im vierten Evangelium an nicht wenigen Stellen erscheint[363]. Die sich hieran unmittelbar anschließende Antithese V. 24b erläutert nun in einer negativen und in einer positiven Näherbestimmung, was das heißt, daß dem Glaubenden das ewige Leben schon jetzt definitiv und unwiderruflich zu eigen ist.

Die *negative* Näherbestimmung umfaßt den Satz καὶ εἰς κρίσιν οὐκ ἔρχεται (V. 24bα). Im Blick auf seinen Wortlaut ist die folgende philologische Feststellung zu treffen: Die Wendung εἰς κρίσιν ἔρχεσθαι kann grundsätzlich zweierlei heißen: entweder „sich einer Gerichtsverhandlung stellen" / „sich einer gerichtlichen Entscheidung unterwerfen"[364], oder aber „in das Strafgericht geraten" / „dem Strafgericht verfallen"[365]. Daß die Worte an dieser Stelle den letztgenannten Sinn haben, folgt bereits aus unseren grundsätzlichen Überlegungen zum johanneischen κρίσις-Begriff[366]. Diese haben ergeben, daß der Evangelist das vom Sohn vollzogene „Gerichts"-Handeln strikt negativ faßt und unter der κρίσις dezidiert das Straf- und Verdammungsgericht versteht, das den Sünder mit eschatologisch-forensischer Kraft auf immer in der Sphäre der Finsternis festhält. Für die Übersetzung „in das Strafgericht geraten" / „dem Strafgericht verfallen" spricht sodann auch die Antithese V. 24b selbst. Da der negativen Formulierung εἰς κρίσιν οὐκ ἔρχεται die positive Wendung μεταβέβηκεν ἐκ τοῦ θανάτου εἰς τὴν ζωήν korrespondiert, kann εἰς κρίσιν ἔρχεσθαι nur meinen: „dem Straf- und Verdammungsgericht verfallen und damit dem Sein in der Sphäre des Todes auf ewig preisgegeben werden". Die dem Glaubenden geltende Zusage εἰς κρίσιν οὐκ ἔρχεται bildet folglich eine genaue Parallele zu den in 3,18a erscheinenden Worten ὁ πιστεύων εἰς αὐτὸν οὐ κρίνεται[367], und sie entspricht in der Sache dem Finalsatz ἵνα πᾶς ὁ πιστεύων εἰς αὐτὸν μὴ

---

[362] S.o. S. 124.

[363] Zu nennen sind hier neben V. 24a die folgenden Verse: 3,15f.36a; 5,40; 6,40.47.53f.; 20,31 (vgl. 1Joh 5,12f.).

[364] So Demosthenes, Or XII 11.16 (Brief des Philipp). Auf diese Belege verweist BAUER 85, der den Satz καὶ εἰς κρίσιν οὐκ ἔρχεται Joh 5,24bα entsprechend mit den Worten „und braucht sich keiner Gerichtsentscheidung zu unterwerfen" wiedergibt (ebd. 84). Vgl. ferner BULTMANN 193 Anm. 3, der z.St. bemerkt: „Εἰς κρίσιν οὐκ ἔρχεται = ‚er braucht sich dem Gericht nicht zu stellen'."

[365] So Anthologia Graeca XI 280: Βέλτερον Ἡγέμονος λῃστοκτόνου ἐς κρίσιν ἐλθεῖν ἢ τοῦ χειρουργοῦ Γενναδίου παλάμας („Besser, dem Strafgericht des Räubertöters Hegemon verfallen, als in die Hände des Chirurgen Gennadios [geraten]"); den Beleg verdanke ich WETTSTEIN, Novum Testamentum Graecum I 873 z.St.

[366] S.o. S. 47f.

[367] So mit Recht BULTMANN 193 Anm. 3 (bei allerdings unzutreffender Interpretation der beiden Sätze).

ἀπόληται aus 3,16b[368]. Mit ihr wird ausgesagt, daß derjenige, der das Wort Jesu im Glauben vernimmt, weder in der *Gegenwart* noch auch in der *Zukunft* dem Todesgericht anheimfällt, von diesem eschatologischen Unheilsgeschehen mithin *überhaupt nicht* betroffen ist und auch nicht betroffen werden wird[369]. Von daher ist einigen anderslautenden Deutungsvorschlägen, die in der Forschung im Blick auf die Worte εἰς κρίσιν οὐκ ἔρχεται vertreten werden, zu widersprechen:

1. Die von R. Bultmann vorgetragene Interpretation, dergemäß „die Situation der Begegnung des *Wortes*" als solche „die Situation des Gerichtes" ist[370], verfehlt den Sinn dieser Zusage aus drei Gründen[371]: Bultmann bestimmt erstens den Ausdruck κρίσις an dieser wie auch an anderen Stellen des vierten Evangeliums fälschlich als „Scheidung"[372], er gelangt von daher zweitens zu dem unzutreffenden Urteil, daß das „richterliche" Wirken des Sohnes *allen* Menschen gelte, und er deutet den Vers 24 dementsprechend drittens faktisch so, als lautete dieser: „Amen, Amen, ich sage euch: Wer mein Wort hört und dem glaubt, der mich gesandt hat, hat ewiges Leben und *hat das [zwischen Glaubenden und Nicht-Glaubenden scheidende] Gericht hinter sich*, weil er bereits *durch das [die Scheidung vollziehende] Gericht hindurch* aus dem Tod ins Leben hinübergeschritten ist." Ganz ähnlich wie Bultmann versteht J. Becker den Vers, wenn er ihn folgendermaßen paraphrasiert: „Wer sein Wort hört und zum Glauben kommt, hat im Akt der Botschaftsannahme sein individuelles

---

[368] Das zeigt die folgende Gegenüberstellung, die die zwischen den beiden Versen zu verzeichnende chiastische Entsprechung sichtbar zu machen sucht:

| 5,24a.bα | 3,16b |
|---|---|
| ὁ τὸν λόγον μου ἀκούων καὶ πιστεύων τῷ πέμψαντί με | ἵνα πᾶς ὁ πιστεύων εἰς αὐτὸν |
| A: ἔχει ζωὴν αἰώνιον | B: μὴ ἀπόληται |
| B: καὶ εἰς κρίσιν οὐκ ἔρχεται. | A: ἀλλ' ἔχῃ ζωὴν αἰώνιον. |

[369] Vgl. SCHNACKENBURG II 137, der z.St. treffend bemerkt: Der Glaubende „wird dem Gericht nicht unterworfen, nämlich dem ihn verdammenden, sein Todesgeschick besiegelnden Gericht … Unter dem Gericht stehen heißt vom Leben ausgeschlossen sein, Auferstehen aber, dem Gericht entrinnen."

[370] BULTMANN 193.

[371] Vgl. die Darlegungen o. S. 48–51 und S. 60–62.

[372] So erklärt BULTMANN 193: „Jeder, der das Wort Jesu hört – wann und wo es sei – steht in der Entscheidung über Tod und Leben. Und die durch das Wort an den Hörer gerichtete Frage des Glaubens ist es also, an der sich das Gericht – die Scheidung von 3,18–21 – vollzieht." Vgl. ebd. 193 Anm. 2: „Die Welt ist gerichtet, sofern und soweit das Wort gesprochen ist und demzufolge sich die Menschen in Gläubige und Ungläubige scheiden." Ähnlich wie Bultmann urteilt bereits KEIL 227, wenn er z.St. ausführt: „κρίσις ist … nicht ein verurteilendes Gericht …, sondern das Gericht, das über Tod und Leben entscheidet; doch nicht die Verdammnis, sondern das Gericht der Scheidung, welches mit der Verkündigung des Evangeliums anhebt, zur Entscheidung für oder wider Christum treibt und den, welcher das Wort im Glauben aufnimmt, aus dem Tode ins Leben versezt, den Widerstrebenden aber vom ewigen Leben ausschließt."

Endgericht erlebt … Er hat schon jetzt ewiges Leben und braucht kein(en) Gericht(stod) mehr zu erwarten."[373] Auch hier wird der Aussage ihre theologische Spitze dadurch genommen, daß stillschweigend so ausgelegt wird, als hieße es in V. 24: „Wer mein Wort hört und dem glaubt, der mich gesandt hat, hat ewiges Leben und kommt nicht *mehr* ins Gericht." Der Vers will jedoch keineswegs besagen, daß der Glaubende das sich in der Begegnung mit dem Offenbarungswort Jesu gegenwärtig ereignende und Scheidung bewirkende Gericht bereits endgültig *hinter* sich gelassen habe, so daß dieses nun für ihn *abgetan* sei[374]. Er bringt vielmehr – wie noch einmal zu betonen ist – zum Ausdruck, daß derjenige, der im Zum-Glauben-Kommen definitiv aus der Sphäre des Todes in die Sphäre des Lebens hinübergeschritten ist, mit dem das Sein im Tode verewigenden Straf- und Verdammungsgericht *nichts*, aber auch *gar nichts* zu tun hat.

2. Am Text selbst geht auch jene Deutung vorbei, die den Worten εἰς κρίσιν οὐκ ἔρχεται entnimmt, daß der zum Glauben gekommene Mensch nicht in das *zukünftige* Gericht, das über die ewige Heilsteilhabe entscheidet, gelangen wird, – daß er sich also, wie A. Wikenhauser erklärt, „nicht mehr in der Situation dessen befindet, der vor das Gericht des Jüngsten Tages gestellt wird"[375]. In diesem Sinne interpretiert etwa auch B. Weiß, wenn er zu V. 24 bemerkt: „Da der Inhalt des Wortes Jesu nichts anderes ist, als dass in ihm die volle Offenbarung Gottes erschienen sei, so hat der, welcher im Glauben an seinen Absender dies Wort als wahr annimmt …, bereits die volle Seligkeit des jenseitigen ewigen Lebens … Dann aber kann er überhaupt nicht mehr in ein Gericht kommen, das erst über sein definitives Schicksal entscheiden müsste (vgl. 3,18: οὐ κρίνεται), weil er das höchste Heil bereits thatsächlich erlangt hat, sofern er aus dem Tode … ins Leben übergegangen ist und bleibt."[376] Unter ausdrücklicher Bezugnahme auf Weiß schreibt F. Godet[377]: „Ein über das ewige Leben entscheidendes Gericht … ist hinsichtlich des Menschen, der thatsächlich das Heil erlangt hat, nicht mehr möglich. Durch das innerlich aufgenommene Wort Jesu unterzieht sich der Gläubige auf Erden dem sittlichen Gericht, welchem die Ungläubigen am jüngsten Tage unterworfen sein werden. Die Offenbarung der verborgenen Dinge (1. Kor. 4,5) geht vor dem verborgenen Richterstuhl seines Gewissens vor sich, wo nach einander alles das verdammt wird, was für

---

[373] BECKER I 289.
[374] So jedoch auch BLANK I/b 33 (vgl. DERS., Krisis 131. 133f.): „In dieser Gemeinschaft mit dem Offenbarer und damit auch mit Gott hat der Glaubende das Gericht hinter sich gelassen. Für ihn ist das Gericht abgetan." Ebenso MACGREGOR 177f.: „The believer thus escapes ‚judgment' …; for through faith he has *already* been ‚judged' and acquitted … His ‚judgment' is behind him." S. ferner RIEDL, Heilswerk 220; BRANDENBURGER, Art. Gericht Gottes III: TRE 12, 482,4; BEASLEY-MURRAY 76; FREY, Eschatologie II 444 (zu 3,18).
[375] WIKENHAUSER 145. Vgl. LÜCKE II 52.
[376] WEISS 175.
[377] GODET II 231.

die andern vor dem Richterstuhl am jüngsten Gericht sein Urtheil empfängt.
Das Gericht ist demnach für ihn etwas bereits Geschehenes. Wenn also das im
Glauben aufgenommene Wort den Gläubigen vom Gericht frei macht, so geschieht es deshalb, weil das Gericht dadurch im voraus abgemacht wird." Auf
derselben Linie liegen schließlich auch die Ausführungen von Th. Zahn, der zu
der Parallele Joh 3,18a erklärt: Der Glaubende „ist im voraus dem zukünftigen
Gericht entnommen; er hat nicht in ein Gericht einzutreten, in welchem erst
über sein endgiltiges Schicksal entschieden würde (5,24)."[378] Bei der Auslegung von 5,24 formuliert Zahn im Blick auf den Satz εἰς κρίσιν οὐκ ἔρχεται
entsprechend: Der Glaubende ist „prinzipiell allem Gericht entnommen, zunächst demjenigen, welches der Nichtglaubende an sich selbst vollzieht (3,18).
Aber auch das zukünftige Gericht, dem alle Sterbenden entgegengehen (V. 29)
hat für ihn ebenso wie das leibliche Sterben (8,51; 11,25) diejenige Bedeutung
verloren, welche es für die nicht oder noch nicht durch das Wort Jesu zum
Glauben Gelangten hat. Jesus erweist sich also schon in der Gegenwart durch
sein Wort an denen, die es glaubend aufnehmen, als der Lebendigmacher und
Retter vor dem Gericht."[379] Dieser zweite Deutungsvorschlag scheitert jedoch
schon daran, daß der Terminus ἡ κρίσις in 5,24 – wie auch an den anderen
Stellen, in denen er im theologisch profilierten und spezifisch johanneischen
Sinne gebraucht ist[380] – streng und ausschließlich das *gegenwärtig* durch den
Sohn geschehende Verdammungsgericht meint und keineswegs ein sich aller-
erst am Ende der Zeiten ereignendes göttliches Gerichtshandeln bezeichnet[381].

3. Aus demselben Grunde ist ein dritter Interpretationsvorschlag als unhaltbar zu beurteilen, der der zuletzt genannten Deutung sachlich nahesteht, sich
aber noch weiter vom Wortlaut des Textes selbst entfernt. Unter der κρίσις
wird auch hier das zukünftige, über Heil und Unheil entscheidende Endgericht
verstanden. Dieser Konzeption zufolge sind allerdings auch die *Glaubenden*
von dem endzeitlichen Gerichtsgeschehen betroffen, weshalb die Zusage εἰς
κρίσιν οὐκ ἔρχεται dann nichts anders besagen kann, als daß für den Glaubenden das zukünftige Gericht „schon jetzt so entschieden" ist, „daß er keinen
Schuldspruch im Endgericht zu befürchten braucht"[382].

---

[378] ZAHN 209.

[379] Ebd. 300. – Zahn gründet sich bei seiner Interpretation auf die vom johanneischen
Sprachgebrauch her keineswegs überzeugende philologische Auskunft (ebd. 300 Anm. 54):
„Das artikellose κρίσιν (er kommt nicht in ein Gericht = in kein Gericht) soll alles umfassen,
was als ein das Leben bedrohendes Gericht gedacht werden mag."

[380] So in 3,19; 5,22.27.30; 12,31; 16,8.11.

[381] Diese Behauptung läßt sich, wie ausdrücklich angemerkt sei, weder mit dem Hinweis
auf die Aussage καὶ ἐκπορεύσονται ... οἱ δὲ τὰ φαῦλα πράξαντες εἰς ἀνάστασιν κρίσεως
5,29 noch auch mit dem Verweis auf den Satz ὁ λόγος ὃν ἐλάλησα ἐκεῖνος κρινεῖ αὐτὸν ἐν
τῇ ἐσχάτῃ ἡμέρᾳ 12,48c entkräften. Zu 5,29 s. die eingehende Erörterung u. S. 188–225,
bes. S. 224f., zu 12,48c s. die Bemerkungen u. S. 195 Anm. 115 und S. 225.

[382] So SCHICK 59. Im gleichen Sinne urteilt WILCKENS 118: Der Glaubende „wird als
solcher im Endgericht nicht zu den Verurteilten gehören". Vgl. BARRETT 276: Der hier aus-

4. Kritik ist schließlich auch gegenüber der von A. Stimpfle vertretenen Deutung anzumelden. Er führt zu dem Satz εἰς κρίσιν οὐκ ἔρχεται aus: „Neben ‚Gericht' meint κρίσις ‚Scheidung' und bedeutet damit – d.h. als Scheidung vom Offenbarer – ‚Verdammung', ‚Vernichtung', ‚Tod'. Lautet die adversative Hinzufügung: Er ist aus dem Tod ins Leben hinübergestiegen, dann ist damit der Gegensatz artikuliert zu: Er kommt nicht in den Tod."[383] Bei dieser Interpretation ist zwar zutreffend erkannt, daß der Ausdruck κρίσις streng negativ qualifiziert ist; das entscheidende Problem besteht aber in der *Identifikation* der in V. 24 nebeneinander erscheinenden Begriffe κρίσις und θάνατος, die dann zu der philologisch problematischen Wiedergabe „er kommt nicht in den Tod" führt[384]. Dieser Deutung steht entgegen, daß der Evangelist selbst theologisch sehr wohl zwischen beiden Begriffen unterscheidet: Während das Sein des Menschen in der Sphäre des Todes als Folge der Sünde verstanden ist und dem Offenbarungsgeschehen selbst sachlich *vorausliegt*, mithin keineswegs erst „das Ergebnis der Ablehnung der Offenbarung" bildet[385], vollzieht die κρίσις die *Verewigung* des dem Tode Verfallenseins und macht so den der Offenbarung vorgängigen Todeszustand definitiv.

Die Worte ὁ τὸν λόγον μου ἀκούων καὶ πιστεύων τῷ πέμψαντί με ἔχει ζωὴν αἰώνιον (V. 24a) werden nicht nur durch die soeben bedachte negative Feststellung καὶ εἰς κρίσιν οὐκ ἔρχεται (V. 24bα), sondern auch durch eine zweite, *positiv* formulierte Näherbestimmung weitergeführt und erläutert: ἀλλὰ μεταβέβηκεν ἐκ τοῦ θανάτου εἰς τὴν ζωήν (V. 24bβ). Die Perfektform μεταβέβηκεν bringt dabei, wie in Erinnerung zu rufen ist[386], zum Ausdruck, daß sich überall dort, wo ein Mensch das Offenbarungswort Jesu im Glauben vernimmt, die Metabasis aus dem Tod ins Leben *endgültig* und *unwiderruflich* ereignet hat[387]. Die beiden in einem absoluten Gegensatz zueinander stehenden Größen „Tod" und „Leben" sind hier gewissermaßen als Sphären bzw. Räume vorgestellt, denen der Mensch mit seiner gesamten Existenz zugehört und die „jeweils nach ihrer Weise das menschliche Dasein in seiner Ganzheit bestim-

---

gesprochene „Gedanke ist der paulinischen Rechtfertigungslehre eng verwandt, nach welcher der Glaubende in der Tat in das Gericht kommt, dieses Gericht aber als Freigesprochener verläßt"; ähnlich FREY, Eschatologie II 509, der ebd. 509 Anm. 222 zustimmend auf Barretts Auslegung hinweist. – An dieser Stelle sei noch bemerkt, daß der Satz εἰς κρίσιν οὐκ ἔρχεται *keine* Sachparallele zu Röm 8,1 bildet (so aber z.B. BROWN I 215; LINDARS 224), setzt doch die Aussage des Paulus οὐδὲν ἄρα νῦν κατάκριμα τοῖς ἐν Χριστῷ Ἰησοῦ gerade voraus, daß auch die, die in Christus sind, *zuvor* unter dem Verdammungsurteil gestanden haben, das die Tora rechtmäßig über den Sünder ausspricht.

[383] STIMPFLE, Blinde sehen 78.
[384] Ebd. 78. 80.
[385] So jedoch STIMPFLE, ebd. 79.
[386] S.o. S. 137f.
[387] Vgl. 1Joh 3,14a, wo der Verfasser des 1. Johannesbriefes als gemeinsames Glaubenswissen formuliert: μεταβεβήκαμεν ἐκ τοῦ θανάτου εἰς τὴν ζωήν.

men"[388]. Im Blick auf das Antonym „Leben" – „Tod" ist außerdem zu bedenken, daß beide Begriffe im vierten Evangelium streng theologisch, genauer: *christologisch* geprägt sind: „Leben ist die Teilhabe an der in Christus erschlossenen göttlichen Lebenswirklichkeit, Tod ist der Ausschluß, das Getrenntsein von dieser Lebenssphäre."[389] Der Tod als das Ausgeschlossensein aus der Gottes- und Christusgemeinschaft ist demzufolge etwas qualitativ anderes und unvergleichlich Ernsteres als das biologische Erlöschen, – er ist „der ewige, metaphysische Tod"[390]; und umgekehrt bedeutet der Überschritt aus der Sphäre des Todes in die Sphäre des ewigen Lebens, daß die dadurch heraufgeführte Heilsteilhabe des Glaubenden auch durch das Widerfahrnis seines leiblichen Todes nicht mehr in Frage gestellt oder gar aufgehoben werden kann[391]. Von diesem streng christologischen Bezug beider Begriffe her ergibt sich, daß unter der ζωή keineswegs, wie R. Bultmann meint, einfach das zu verstehen ist, was der Mensch immer schon „in all seinen Wünschen und Hoffnungen dunkel, irregeleitet und mißverstehend ersehnt: jene Eigentlichkeit der Existenz, die in der Erleuchtung des definitiven Sichverstehens geschenkt wird"[392]. Entsprechend wird auch der johanneische Begriff des „Todes" im entscheidenden verfehlt, wenn Bultmann ihn in existential-philosophischer Terminologie als „uneigentliches Leben" bezeichnet[393]. Die Problematik der von Bultmann vertretenen Deutung liegt vor allem in einem Zweifachen: Zum einen ist die These, der Mensch sehne sich – wenn auch „dunkel, irregeleitet und mißverstehend" – immer schon nach der ζωή und so im Grunde nach Gott selbst[394], damit unvereinbar, daß der Evangelist die Möglichkeit einer unter Absehung von der Offenbarung Gottes in Jesus Christus zu gewinnenden Gotteserkenntnis radikal negiert[395], – eine Negation, die in der Erkenntnis begründet ist, daß aufgrund der Sünde eine abgrundtiefe Diastase zwischen Gott und der Menschenwelt besteht. Zum andern werden die beiden von Bultmann vorgeschlagenen Definitionen – „Leben" = „Eigentlichkeit der Existenz, die in der Erleuchtung des definitiven Sichverstehens geschenkt wird", „Tod" = „uneigentliches Leben" – einem weiteren, für das johanneische Denken ebenfalls konstitutiven Sachverhalt nicht gerecht: Die Selbsterkenntnis des glaubenden Menschen ist mit der Christus- und Gotteserkenntnis zwar unauflöslich verbunden, von ihr jedoch zugleich insofern streng unterschieden, als die Erkenntnis von Vater und Sohn der Selbsterkenntnis des Menschen sachlich *vorausliegt* und sie al-

---

[388] BLANK, Krisis 132.
[389] BLANK, Gegenwartseschatologie 238.
[390] MUSSNER, ZΩH 60.
[391] Vgl. nur 6,50f.; 8,51f.; 11,25b–26a.
[392] BULTMANN 194.
[393] Ebd. 195 mit Anm. 1.
[394] Vgl. dazu vor allem Bultmanns Ausführungen zu Joh 1,4b (ebd. 22–26).
[395] S. die Überlegungen o. S. 97–99 und S. 111–113.

lererst *ermöglicht*. R. Schnackenburg bemerkt deshalb mit Recht: „Christus verheißt dem Glaubenden nicht ‚jene Eigentlichkeit der Existenz, die in der Erleuchtung des definitiven Sichverstehens geschenkt wird' ..., sondern die Teilhabe am Leben *Gottes*, die ihm der aus dem Vater lebende Sohn vermittelt. Dieses Leben ist nicht zuerst eine dem Menschen (wenn auch aus der Offenbarung Christi) zukommende Erhellung seiner Existenz, sondern ein Geschenk aus der Lebensfülle Gottes, und *darum* kennt es keinen Tod ... Erst zusätzlich, wenn der Mensch dies im Glauben begreift, erwächst ihm daraus auch ein tieferes Verständnis seiner Existenz."[396]

## 2. Joh 5,25

Auf die Aussage von V. 24 folgt mit V. 25 der zweite der beiden – jeweils durch ἀμὴν ἀμὴν λέγω ὑμῖν feierlich eingeleiteten – Sätze streng präsentischer Eschatologie:

ἀμὴν ἀμὴν λέγω ὑμῖν ὅτι
ἔρχεται ὥρα καὶ νῦν ἐστιν
ὅτε οἱ νεκροὶ ἀκούσουσιν τῆς φωνῆς τοῦ υἱοῦ τοῦ θεοῦ
καὶ οἱ ἀκούσαντες ζήσουσιν.

Dieser Satz führt über die in V. 24 getroffene Feststellung inhaltlich insofern nicht unwesentlich hinaus, als mit ihm nunmehr der in V. 24 zwar implizierte, jedoch noch nicht ausdrücklich formulierte Gedanke, daß sich die eschatologische Totenauferweckung keineswegs erst in ferner Zukunft am Jüngsten Tag, sondern bereits gegenwärtig in der Begegnung mit dem Worte Jesu ereignet, expressis verbis zur Sprache kommt: ἔρχεται ὥρα καὶ *νῦν ἐστιν*. Der Vers 24 erfährt in V. 25 sodann auch dadurch eine weitere Präzisierung, daß hier „das Wort Jesu" (ὁ λόγος μου) des näheren als „die Stimme des Sohnes Gottes" (ἡ φωνὴ τοῦ υἱοῦ τοῦ θεοῦ) gekennzeichnet wird, die schon jetzt die endzeitliche Totenauferweckung in letztgültiger Weise bewirkt: οἱ νεκροὶ ἀκούσουσιν τῆς φωνῆς τοῦ υἱοῦ τοῦ θεοῦ καὶ οἱ ἀκούσαντες ζήσουσιν. Hält man sich die beiden genannten Tatbestände vor Augen, so wird deutlich, daß der Vers 25 die Aussage von V. 24 nicht nur *unterstreicht, entfaltet* und *erläutert*[397], sondern zugleich auch *begründet*: Weil die eschatologische Totenauferweckung nicht erst in der Zukunft, sondern bereits in der Gegenwart durch die Stimme des Sohnes Gottes erfolgt (V. 25), darum besitzt derjenige, der sein Wort im Glauben vernimmt, schon jetzt das ewige Leben und verfällt nicht dem Straf- und Verdammungsgericht, sondern ist definitiv und irreversibel aus der Sphäre des Todes in die Sphäre des Lebens hinübergeschritten (V. 24)[398].

---

[396] Schnackenburg II 140.
[397] In diesem Sinne etwa Holtzmann 94; Schick 60; Schnackenburg II 140; Barrett 277.
[398] Es ist folglich keineswegs so, daß V. 25 gegenüber V. 24 „nichts Neues" sagt (gegen

## a) Die Wendung ἔρχεται ὥρα καὶ νῦν ἐστιν

Für die Interpretation des Verses 25 ist die präzise philologische und inhaltliche Bestimmung der spezifisch johanneischen und noch einmal in 4,23 erscheinenden Wendung ἔρχεται ὥρα καὶ νῦν ἐστιν von hohem Gewicht.

Was zunächst den *philologischen* Befund anlangt, so ist die Wendung am besten mit den Worten „es kommt die Stunde, *ja* sie ist jetzt schon da" wiederzugeben[399]. Die Konjunktion καί ist hier im affirmativen bzw. emphatischen Sinne gebraucht; sie hat also *steigernde* Bedeutung und führt eine sachliche Näherbestimmung des Vorhergehenden ein, durch die der tatsächliche Sachverhalt allererst in letzter Deutlichkeit benannt wird[400]. In dem zweigliedrigen Ausdruck liegt der Ton dementsprechend auf dem *letzten* Glied, d.h. auf den Worten νῦν ἐστιν. Die Wendung ἔρχεται ὥρα καὶ νῦν ἐστιν ist mithin weder „in temporaler Hinsicht eine contradictio in adiecto"[401] noch „temporallogisch gesehen kontradiktorisch"[402]; sie ist rhetorisch auch nicht als ein Antitheton zu bestimmen, und zwar weder i.S. eines Oxymoron[403] noch i.S. einer bestimmten Form der „Wortgruppen-Antithese"[404].

Die gleiche Verwendung von καί wie in 4,23 / 5,25 begegnet im Johannesevangelium noch an anderen Stellen, die ausdrücklich angeführt sein sollen.

---

STIMPFLE, Blinde sehen 81). Der zwischen beiden Versen bestehende Sachzusammenhang wird auch von BERNARD I 242 unzutreffend bestimmt, wenn er in V. 25 eine aus V. 24 resultierende *Folgerung* erblickt.

[399] So MENGE, Das Neue Testament 147 (Joh 4,23). 149 (Joh 5,25); ähnlich BDR § 442 Anm. 23 zu Joh 5,25: es kommt die Stunde „und ist *sogar* jetzt schon da". Hervorhebungen jeweils von mir.

[400] Das καί ist hingegen keineswegs *epexegetisch* verwendet, weshalb die Übersetzung von καὶ νῦν ἐστιν mit „d.h. sie ist jetzt" (so STIMPFLE, Blinde sehen 74) nicht korrekt ist.

[401] So aber FREY, Eschatologie II 116 (= WUNT 110, S. 144) im Anschluß an ZAHN 248 (zu 4,23).

[402] So wiederum FREY, Eschatologie II 116 (= WUNT 110, S. 145).

[403] Gegen BARRETT 255 (zu 4,23).

[404] So jedoch FREY, Eschatologie II 116 (= WUNT 110, S. 145), der sich dabei zu Unrecht auf LAUSBERG, Elemente der literarischen Rhetorik § 386 beruft. Ein Antitheton liegt dagegen vor in Apk 2,2 (τοὺς λέγοντας ἑαυτοὺς ἀποστόλους καὶ οὐκ εἰσίν = „die sich selbst für Apostel ausgeben, *aber* es nicht sind"); 3,9 (τῶν λεγόντων ἑαυτοὺς Ἰουδαίους εἶναι, καὶ οὐκ εἰσίν = „von denen, die sich selbst für Juden ausgeben, *aber* es nicht sind"). Der an beiden Stellen begegnende Satz καὶ οὐκ εἰσίν ist ebensowenig eine Parenthese wie das καὶ ἐσμέν in 1Joh 3,1 (gegen FREY, ebd. 116 Anm. 50 [= WUNT 110, S. 144 Anm. 52]). Die vorgetragenen philologischen Erwägungen und die sogleich noch zu nennenden sprachlichen Parallelen im Johannesevangelium (16,32a einerseits und 10,10b; 13,32b; 14,12 andererseits) zeigen, daß die von FREY, ebd. 117 (= WUNT 110, S. 145) vorgeschlagene Paraphrase der Wendung ἔρχεται ὥρα καὶ νῦν ἐστιν mit: „Die Stunde *kommt*, und sie *ist jetzt* – sie *ist jetzt* und ist zugleich diejenige, die *kommt*" schon vom johanneischen Sprachgebrauch her als unhaltbar beurteilt werden muß. Sie führt zudem auch sachlich in die Irre, weil sie die beiden Aussagen ἔρχεται ὥρα und καὶ νῦν ἐστιν *gleich* gewichtet und damit verstellt, daß der Akzent auf den Worten καὶ νῦν ἐστιν liegt.

Die engste sprachliche Parallele findet sich in 16,32a, wo Jesus kurz vor seiner Passion zu den Jüngern sagt:

ἰδοὺ ἔρχεται ὥρα καὶ ἐλήλυθεν
ἵνα σκορπισθῆτε ἕκαστος εἰς τὰ ἴδια
κἀμὲ μόνον ἀφῆτε.

„Siehe, es kommt die Stunde, *ja* sie ist schon gekommen,
daß ihr euch zerstreut, ein jeder in das Seinige,
und ihr mich allein laßt."

Daneben sind noch drei weitere Texte aus dem vierten Evangelium zu nennen:

10,10b: ἐγὼ ἦλθον ἵνα ζωὴν ἔχωσιν
καὶ περισσὸν ἔχωσιν.

„Ich bin gekommen, damit sie [sc. die Schafe] das Leben haben,
*ja* [das Leben] im Überfluß haben."

13,32b: καὶ ὁ θεὸς δοξάσει αὐτὸν ἐν αὐτῷ,
καὶ εὐθὺς δοξάσει αὐτόν.

„So wird Gott auch ihn [sc. den Menschensohn] in sich selbst verherrlichen,
*ja* alsbald wird er ihn verherrlichen."

14,12: ὁ πιστεύων εἰς ἐμὲ τὰ ἔργα ἃ ἐγὼ ποιῶ κἀκεῖνος ποιήσει
καὶ μείζονα τούτων ποιήσει,
ὅτι ἐγὼ πρὸς τὸν πατέρα πορεύομαι.

„Wer an mich glaubt, der wird die Werke, die ich tue, auch tun,
*ja* er wird noch größere als diese tun,
denn ich gehe zum Vater."[405]

Aus dem sprachlich-philologischen Befund ergibt sich in *sachlich-inhalt-licher* Hinsicht das Folgende: Die Wendung ἔρχεται ὥρα καὶ νῦν ἐστιν 4,23 / 5,25 spricht nicht etwa von zwei voneinander zu unterscheidenden Zeitpunkten, von denen der eine in der Zukunft, der andere in der Gegenwart liegt[406]; sie redet vielmehr von *ein und demselben* Zeitraum, der bereits *gegenwärtig* Wirklichkeit ist. Es geht somit in dem gesamten Vers 5,25 *ausschließlich* um die *„schon jetzt"* geschehende geistliche Totenauferweckung, die sich in der Begegnung mit der Selbstverkündigung Jesu ereignet und mit den μείζονα τούτων

---

[405] Vgl. zu dem an den aufgeführten Stellen vorliegenden Gebrauch von καί vor allem den von Bauer 70 (zu 4,23) angegebenen Text Polybios IV 40,10: ἔσται δὲ καὶ περὶ τὸν Πόντον παραπλήσιον, καὶ γίνεται νῦν (,,so [sc. wie mit der bereits verschlammten Maeotis] wird es auch mit dem Pontos gehen, *ja* es geschieht schon jetzt"). S. außerdem auch die folgenden beiden bei Kühner / Gerth, Syntax II 246 mitgeteilten Belege aus der klassischen Gräzität: Platon, Ap 23a: ἡ ἀνθρωπίνη σοφία ὀλίγου τινὸς ἀξία ἐστὶ καὶ οὐδενός (,,Die menschliche Weisheit bedeutet wenig, *ja* nichts"); Theaet 173e: ἡ δὲ διάνοια, ταῦτα πάντα ἡγησαμένη σμικρὰ καὶ οὐδέν ... (,,die Seele aber, die dies alles für gering, *ja* für nichts erachtet, ...").

[406] So aber z.B. Stählin, Eschatologie 236ff.; Schneider 131; Beasley-Murray 76; Wilckens 119; Schnelle 108.

ἔργα als dem Vollzug des ζωοποιεῖν identisch ist. Dieses präsentische Geschehen wird dabei aus zwei verschiedenen Perspektiven in den Blick genommen:
Weil die geistliche Totenauferweckung sich erst in *nachösterlicher* Zeit durch
das Wirken des Erhöhten vollzieht und also von der *vorösterlichen* Erzählebene des Evangeliums her gesehen noch in der *Zukunft* liegt, – darum heißt es
zunächst: ἔρχεται ὥρα⁴⁰⁷; weil das vierte Evangelium aus *nachösterlicher* Perspektive geschrieben und der Vollzug der eschatologischen Totenauferweckung
für die johanneische Gemeinde bereits *Gegenwart* ist, – darum heißt es zugleich und ganz betont: καὶ νῦν ἐστιν⁴⁰⁸. Die Wendung setzt den für die johanneische Theologie grundlegenden Gedanken voraus, daß es *vor* Ostern prinzipiell kein qualifiziertes „Hören" des Wortes Jesu (V. 24) und damit auch keine
geistliche Totenauferweckung (V. 25) gibt und geben kann, weil allererst der
Auferstandene – in der Einheit mit dem Vater – den Heiligen Geist spendet, der
dann die Erkenntnis seines göttlichen Persongeheimnisses bewirkt und so den
Glauben an ihn schenkt⁴⁰⁹. Dementsprechend ereignet sich das glaubende „Hören" des „Wortes" Jesu (V. 24) bzw. „der Stimme des Sohnes Gottes" (V. 25)
ausschließlich in der Begegnung mit der *nachösterlichen* Christusverkündigung der Gemeinde, in der der Auferstandene selbst durch den Mund seiner
Zeugen das Wort ergreift⁴¹⁰. Den gleichen Sinn hat die Wendung ἔρχεται ὥρα

---

⁴⁰⁷ Mit diesen Worten wird der Sache nach das Futur δείξει von V. 20b wieder aufgenommen, mit dem der Evangelist ausdrücklich anzeigt, daß es sich bei den μείζονα τούτων ἔργα
exklusiv um das *nach Ostern* anhebende lebendigmachende Wirken des vom Vater verherrlichten Sohnes handelt; s.o. S. 38f.

⁴⁰⁸ Ebenso urteilt HAENCHEN 280 (z.St.): „Besonders wichtig ist hier in Jesu Rede die
Unterscheidung und zugleich Ineinssetzung von Gegenwart und Zukunft: ,Die Stunde kommt
und ist jetzt.' Vom Standpunkt des irdischen Jesus aus gesehen lag ,die Stunde' noch in der
Zukunft des Ostermorgens. Vom Standpunkt des Evangelisten aus aber ist sie Gegenwart
geworden, wenn auch nicht für jedermann." Vgl. DERS., „Der Vater, der mich gesandt hat"
74f.; ferner RIEDL, Heilswerk 21. 221.

⁴⁰⁹ S. vor allem 7,39; 14,16–21.26; 15,26f.; 16,7–11.12–15; 20,21–23. Zu diesem Gedanken s. des näheren KAMMLER, Jesus Christus und der Geistparaklet, bes. 106ff. 110f.
126f. 137ff. Mit Recht erklärt wiederum HAENCHEN, „Der Vater, der mich gesandt hat"
73f.: „Eigentlich hat der in Wort und Tat den Vater offenbarende Jesus in seinem irdischen
Wirken überhaupt keinen rechten Glauben gefunden … Warum sind auch die Jünger noch
nicht zum wahren Glauben durchgestoßen? Johannes hat es 7,39 deutlich ausgesprochen
(vgl. auch 16,7): ,Es gab nämlich noch keinen Geist, weil Jesus noch nicht erhöht war.' Erst
wenn Jesus von ihnen gegangen ist, wird er ihnen den heiligen Geist senden: ,An jenem
Tage werdet ihr mich nichts fragen' (16,23). Erst als der Auferstandene den Jüngern seinen
Atem einhaucht – so wie einst Gott dem Adam bei der Schöpfung – erst da bekommen sie
den heiligen Geist und sind damit fähig zum wahren Glauben (20,22) … Erst damit tritt die
Stunde ein, da die Jünger Jesus wirklich hören und wirklich erkennen … Erst der Auferstandene oder der Geist oder der Paraklet … überwindet jene Schranke, die dem irdischen Wirken Jesu gesetzt war." Vgl. DERS., Das Johannesevangelium und sein Kommentar 227f.
Ferner sei auf GODET II 232 hingewiesen, der im Blick auf die Worte ἔρχεται ὥρα 5,25
treffend bemerkt: „Jesus sagt: *Die Stunde kommt*; er meint die Sendung des heiligen Geistes
(7,37–39)."

⁴¹⁰ Vgl. SCHULZ 90 (z.St.): „Das Ergehen des Wortes des Gottessohnes ist gleichzusetzen

καὶ νῦν ἐστιν in 4,23[411]. Wenn Jesus der Samaritanerin verheißt: ἔρχεται ὥρα καὶ νῦν ἐστιν, ὅτε οἱ ἀληθινοὶ προσκυνηταὶ προσκυνήσουσιν τῷ πατρὶ ἐν πνεύματι καὶ ἀληθείᾳ, so spricht er auch hier von einem Geschehen, das von der *vorösterlichen* Perspektive her gesehen zwar noch *aussteht* – deshalb: ἔρχεται ὥρα –, von der Situation der *nachösterlichen* Gemeinde her betrachtet jedoch schon *gegenwärtige* Wirklichkeit ist – deshalb: καὶ νῦν ἐστιν[412]. Die von Gott geforderte und ihm allein angemessene Anbetung ἐν πνεύματι καὶ ἀληθείᾳ ereignet sich *allererst* nach Ostern, *dann* aber auch *wirklich*, – überall dort nämlich, wo der Heilige Geist die Person und das Werk Jesu Christi Glauben wirkend erschließt.

Die vorgetragene Interpretation der Wendung ἔρχεται ὥρα καὶ νῦν ἐστιν 4,23 / 5,25 wird durch die Beobachtung untermauert, daß der Evangelist in 4,21 / 16,25 mit den Worten ἔρχεται ὥρα ebenfalls – aus der vorösterlichen Perspektive in die Zukunft blickend – streng und ausschließlich auf die durch das Kommen des Geistparakleten qualifizierte *nachösterliche* Zeit abhebt. Die an die Samaritanerin gerichtete Verheißung Jesu: ἔρχεται ὥρα ὅτε οὔτε ἐν τῷ ὄρει τούτῳ οὔτε ἐν Ἱεροσολύμοις προσκυνήσετε τῷ πατρί (4,21) erfüllt sich mit und seit Ostern, ist doch die qualitative Differenz, die zwischen dem Kult der Samaritaner und der Gottesverehrung der Synagoge *ante Christum natum* besteht[413], allererst mit dem Geschehen von Kreuz und Auferstehung und mit der – darauf zeitlich folgenden und darin sachlich begründeten – Sendung des Geistes definitiv aufgehoben. Ganz entsprechend ist im Blick auf die Aussage von 16,25 zu urteilen. Wenn Jesus dort zu seinen Jüngern sagt: ταῦτα ἐν παροιμίαις λελάληκα ὑμῖν· ἔρχεται ὥρα ὅτε οὐκέτι ἐν παροιμίαις λαλήσω ὑμῖν, ἀλλὰ παρρησίᾳ περὶ τοῦ πατρὸς ἀπαγγελῶ ὑμῖν, so hat er auch hier jene Zeit vor Augen, die im Zeichen der Wirksamkeit des Geistparakleten steht. Während von der Verkündigung des *irdischen* Jesus gilt, daß sie für die Jünger ἐν παροιμίαις – d.h. „in Rätselreden" – ergeht, gilt hinsichtlich der Selbstmitteilung des *erhöhten* Christus, daß sie sich παρρησίᾳ – d.h. „in Offenheit" – vollziehen wird. Die nachösterliche Zeit hat darin ihre einzigartige Signatur, daß nunmehr das gleichermaßen grundsätzliche wie abgrundtiefe Unverständnis der Jünger gegenüber dem Offenbarungswort Jesu durch das Handeln des Geistes überwunden wird, so daß diese aus Nicht-Verstehenden zu Verstehen-

---

mit der Stunde der gegenwärtigen Totenauferstehung. Und diese Stimme ist nichts anderes als die in der Gegenwart der Gemeinde erschallende Predigt."

[411]  Vgl. HAENCHEN 244 (z.St.).

[412]  Der Sachgehalt der Worte ἔρχεται ὥρα wird in problematischer Weise bestimmt, wenn BULTMANN 139f. Anm. 7 zu 4,23 erklärt: „Wenn neben dem Gegenwärtigsein der ὥρα wie 5,25 auch ihr Kommen betont ist, so eben deshalb, um die gegenwärtige Stunde als die eschatologische zu charakterisieren. Denn ihr ‚Kommen' ist, auch wenn sie gegenwärtig ist, nie vorbei."

[413]  Vgl. 4,22: ὑμεῖς προσκυνεῖτε ὃ οὐκ οἴδατε· ἡμεῖς προσκυνοῦμεν ὃ οἴδαμεν, ὅτι ἡ σωτηρία ἐκ τῶν Ἰουδαίων ἐστίν.

den bzw. aus Nicht-Glaubenden zu Glaubenden werden und so das Wunder der
eschatologischen Neugeburt an sich erfahren.

Wie die Analyse der Texte 4,23 / 5,25 (ἔρχεται ὥρα καὶ νῦν ἐστιν κτλ.) und
4,21 / 16,25 (ἔρχεται ὥρα κτλ.) gezeigt hat, bezieht sich der Ausdruck ἔρχεται
ὥρα an diesen Stellen jeweils dezidiert auf die durch das Wirken des Geistparakleten bestimmte *nachösterliche* Zeit. Von daher muß als ausgeschlossen
gelten, daß der Evangelist in 5,25 mit jenem Ausdruck auf ein Geschehen verweist, das auch in der Zeit *nach* Ostern noch aussteht und – im Sinne einer
streng futurischen Eschatologie – erst für die Stunde der endzeitlichen Heilsvollendung erwartet werden kann. Unzutreffend ist deshalb eine Auslegung
von 5,25, die dem καὶ νῦν ἐστιν *präsentisch-eschatologische* Bedeutung zu-
mißt, das ἔρχεται ὥρα dagegen in *futurisch-eschatologischem* Sinne deutet.
Ein besonders profiliertes Beispiel für eine solche Fehldeutung stellt die von
J. Schneider vertretene Auslegung des Verses dar[414]. Nach seinem Urteil bekommt der Vers 25, den er als „hintergründig und doppelsinnig" bezeichnet,
durch die Wendung ἔρχεται ὥρα καὶ νῦν ἐστιν „etwas eigenartig Schweben-
des". Der Vers soll eine „dialektische Aussage" bieten, die einerseits „ganz im
Sinne der traditionellen Eschatologie" verstanden werden kann, andererseits
jedoch auch auf „das bereits Gegenwart gewordene Eschaton" bezogen sein
will. Die „paradox erscheinende" Wendung ἔρχεται ὥρα καὶ νῦν ἐστιν erfährt
dementsprechend die folgende Deutung: „Der Evangelist will sagen: Die eschatologische Stunde ist da, und doch wird ihr Kommen erwartet … Das Gegenwärtigsein der ‚Stunde' schließt ihr Kommen nicht aus."[415] Wie J. Schneider,
so ist auch G.R. Beasley-Murray zu widersprechen, der ebenfalls in V. 25 eine
sowohl präsentisch-eschatologische wie futurisch-eschatologische Aussage erblickt, wenn er erklärt: „The ‚hour' that is coming is that of the eschatological
future, to which the resurrection of the dead belongs; but it has already entered
the present, since the Christ who raises the dead is here."[416] – Noch weiter als

---

[414] Schneider 131 (dort die folgenden Zitate).

[415] Dieses Urteil führt Schneider ebd. dann zu der m.E. exegetisch schwerlich haltbaren
Folgerung, „daß der Evangelist die traditionelle Eschatologie nicht aufgegeben hat".

[416] Beasley-Murray 76. Die von J. Schneider und G.R. Beasley-Murray vertretene
Deutung findet sich auch bei Stählin, Eschatologie 236ff.: G. Stählin rechnet die Wendung
ἔρχεται ὥρα καὶ νῦν ἐστιν zu der „Gruppe eigentümlich zwiespältiger Aussagen", weil hier
„gleichsam in einem Atemzug zwei sich scheinbar ausschließende Behauptungen aufgestellt
werden, nämlich so, daß ein und dasselbe Ereignis zugleich als gegenwärtig und als zukünftig bezeichnet wird" (236). Die Wendung besagt demzufolge: „Die entscheidende Stunde, in
der das Ende eintritt, in der Christus alles zur Vollendung bringt, in der die Entscheidung
über jeden Einzelnen fällt, diese entscheidende Stunde ist Gegenwart und Zukunft zugleich"
(ebd.). Ebenso deutet Cullmann, Heil als Geschichte 266: „So wie die Worte Kap. 4,23
über den wahren Gottesdienst: ‚Die Stunde kommt und ist jetzt da' *zugleich* die Zeit, wo der
Inkarnierte zugegen ist, *und* die Zeit der Gemeinde im Auge haben, so meinen die ähnlich
lautenden, auf Gericht und Auferstehung bezüglichen Worte [sc. 5,25] *zugleich* die Gegenwart *und* die Zukunft, auch die über die Zeit der Gemeinde hinausgehende endzeitliche

jene Deutung, für die exemplarisch J. Schneider und G.R. Beasley-Murray genannt wurden, entfernt sich von der Aussageintention des Verses 25 selbst eine Interpretation, die ihn streng *futurisch-eschatologisch* faßt und ihn damit als eine genaue Parallele zu den – ebenfalls als Zeugnis futurischer Eschatologie verstandenen – Versen 28.29 begreift. In diesem Sinne deutet etwa Th. Zahn, der zu V. 25 bemerkt: „Sehen wir von dem zu ἔρχεται ὥρα hinzutretenden καὶ νῦν ἐστιν ... vorläufig ab, was um so berechtigter ist, als es in der Wiederholung des Satzes V. 28 nicht wiederkehrt, so kündigt Jesus eine kommende Stunde, einen bestimmten zukünftigen Zeitpunkt an, in welchem die Toten die Stimme des Sohnes Gottes hören, und die, welche ... gehört haben, zum Leben gelangen werden."[417] Zahn bezieht V. 25 mithin auf die *leibliche* Totenauferweckung am Jüngsten Tage, und er erklärt dann weiter: „Wenn nun Jesus von der kommenden Stunde, in welcher dies an den Toten geschehen wird, zwischensätzlich bemerkt, sie sei auch bereits Gegenwart, so hebt das ebensowenig wie 4,23 den Charakter des Satzes als einer endgeschichtlichen Weissagung auf, zumal derselbe ohne solche Zwischenbemerkung, aber auch ohne wesentliche Änderung in der Sache V. 28f. als eine auf die Endzeit abzielende Weissagung wiederholt wird."[418] Die angeführten Sätze zeigen beispielhaft, daß eine konsequent futurisch-eschatologische Deutung des Verses dem sachlichen Gewicht, das den Worten καὶ νῦν ἐστιν zweifellos zukommt, nicht gerecht zu werden vermag. So weist das καὶ νῦν ἐστιν nach Zahn lediglich auf den Umstand hin, daß es „in der Gegenwart doch schon Vorspiele und Anfänge von dem geben" muß, „was am Ende der Tage in umfassender Weise geschehen wird"[419], – „Taten", „welche nicht im unsichtbaren Bereich des geistigen, sondern im sichtbaren Bereich des leiblichen Lebens sich vollziehen"[420]. Zahn gelangt von daher zu dem Urteil: „Die Auferweckung des Lazarus, welcher die Erzählungen und Aussprüche Mt 9,18–26; 11,5; Lc 7,11–17 als gleichartig zur

---

Zukunft." Vgl. ferner KEIL 228: „Wir müssen ... auch V. 25 von dem lebenschaffenden Wirken Christi verstehen, wie dasselbe sich sowol in der Erweckung der geistlich Todten als in der Auferweckung der Verstorbenen kundgibt." Hingewiesen sei sodann auf BLAUERT, Die Bedeutung der Zeit 71. 73f.; RICCA, Eschatologie 128f.; WILKENS, Zeichen und Werke 164f.; SCHNELLE, Antidoketische Christologie 69; DERS., Das Evangelium nach Johannes 108f.; WILCKENS 119; RIDDERBOS 197–199. – Auch FREY, Eschatologie II 512f. erblickt in den Worten ἔρχεται ὥρα καὶ νῦν ἐστιν 5,25 eine „paradoxe Wendung" (512), die besagt: „Die Stunde, die schon jetzt ist, bleibt zugleich die Kommende" (ebd.). Die Differenz zu dem zuvor skizzierten Deutungsmuster besteht jedoch darin, daß Frey den Satz ἔρχεται ὥρα *nicht* auf die „endzeitliche Totenerweckung" bezieht (513), sondern auf jenen „über die reine Gegenwart der Abfassung des Evangeliums" hinausreichenden *innergeschichtlichen* Zeitraum, in welchem „das Werk des 4. Evangeliums verlesen wird und die Stimme des Gottessohnes erklingt und er zum Leben erweckt, welche er will" (512).

[417] ZAHN 301.
[418] Ebd. 302. Vgl. Zahns Exegese von 4,23 ebd. 248.
[419] Ebd. 302.
[420] Ebd. 302f.

Seite stehen, ist ein wirkliches Vorspiel und Beispiel der endgeschichtlichen Totenerweckung. Daher war das καὶ νῦν ἐστιν von V. 25 am Platz."[421] Weil eine streng futurisch-eschatologische Auslegung des Verses an dem καὶ νῦν ἐστιν scheitert, muß J. Wellhausen diese Worte kurzer Hand als eine Glosse ansehen: „In 5,25–29 ist nicht mehr [sc. wie in 5,21–24] von dem geistigen und schon gegenwärtigen Lebendigmachen bloß der Auserwählten die Rede, sondern von dem leiblichen Auferwecken aller Toten durch den Menschensohn bei dem jüngsten Gericht. Καὶ νῦν ἐστιν 5,25 ändert daran nichts; es ist ein schwacher Harmonisierungsversuch und wird mit Recht … gestrichen."[422]

Deutungen wie die skizzierten arbeiten sämtlich gegen den klaren Wortlaut des Textes; gleiches gilt für weitere Auslegungsversuche, die ebenfalls eine sachliche Differenz zwischen V. 24 und V. 25 behaupten, hier jedoch nicht im einzelnen referiert werden müssen[423]. Dagegen ist zu den Wendungen ἔρχεται ὥρα καὶ νῦν ἐστιν (4,23 / 5,25) bzw. ἔρχεται ὥρα (4,21 / 16,25) noch eine letzte Überlegung anzufügen. Neben den Aussagen von 4,23 / 5,25 bzw. 4,21 / 16,25 findet sich im vierten Evangelium ganz betont und theologisch profiliert die Rede von der „Stunde" des Kreuzestodes Jesu[424] bzw. von dem νῦν seiner Passion[425]. Angesichts dessen wird man fragen dürfen, ob zwischen den beiden Aussagereihen ein innerer Sachzusammenhang besteht. Eine eindeutige Antwort ist hier nach meinem Urteil nicht möglich. Sollte ein Sachzusammenhang gegeben sein, so wird man ihn darin zu erkennen haben, daß in der „Stunde" bzw. dem „Jetzt" des Todes und der Auferstehung Jesu jene „Stunde" bzw. jenes „Jetzt" *begründet* ist, auf das die Wendungen ἔρχεται ὥρα καὶ νῦν ἐστιν bzw. ἔρχεται ὥρα hinweisen und das mit dem Kommen des Geistparakleten anhebt und in der nachösterlichen Christusverkündigung der Gemeinde immer neu Ereignis wird.

---

[421] Ebd. 303. – Ganz ähnlich wie Zahn deutet bereits HENGSTENBERG I 315–319: Während sich V. 24 auf „die lebenspendende Thätigkeit Christi in dem Diesseits" beziehe, verweise V. 25 auf „die Spendung des Lebens am jüngsten Tage" (315) bzw. wie V. 28.29 auf „die leibliche Auferstehung" (317). Hengstenberg kann diese Deutung nur deshalb vertreten, weil er das καὶ νῦν ἐστιν – in exegetisch unzulässiger Weise – zu einer bloßen „Nebenbestimmung" macht (318). Inhaltlich hebt das καὶ νῦν ἐστιν nach seinem Urteil „speciell" auf „die Todtenerweckungen Christi" ab, „in welchen die Kraft, welche dereinst die Todten ins Leben rufen wird, präludirte", es gilt jedoch zugleich grundsätzlich „von allen großen zukünftigen Entwickelungen des Reiches Gottes bis ans Ende der Tage, in Bezug auf Alles, was Christus bis zur schließlichen Vollendung seines Reiches thun wird" (ebd.).

[422] WELLHAUSEN 26. Das bei Wellhausen erkennbare Interesse, die Aussage von V. 25 an die streng futurisch-eschatologisch verstandenen Verse 28.29 anzugleichen, dürfte bereits bei den Textzeugen ℵ* a b; Tert zu der Auslassung von καὶ νῦν ἐστιν geführt haben.

[423] S. etwa BENGEL, Gnomon 347; SCHLATTER 150f.; DERS., Erläuterungen I 95; ODEBERG 209ff.; vgl. ferner das Referat sowie die begründete Kritik bei GODET II 232.

[424] S. 2,4; 7,30; 8,20; 12,23.27; 13,1; 17,1; vgl. auch 7,6.

[425] S. 12,27.31; 13,31; 16,5; 17,5.13.

## b) Einzelexegese

Im Vorigen konnte aufgezeigt werden, daß die Worte ἔρχεται ὥρα καὶ νῦν ἐστιν eine streng *präsentisch-eschatologische* Bedeutung haben und der Vers 25 mithin insgesamt allein von der *gegenwärtig* geschehenden Totenauferwekkung handelt. Diese grundlegende Einsicht ist jetzt noch durch die für das Verständnis des Verses ebenfalls wesentliche Feststellung zu ergänzen, daß das Verbum ἀκούειν hier *äquivok* verwendet ist: Während das Wort in V. 25a (οἱ νεκροὶ ἀκούσουσιν τῆς φωνῆς τοῦ υἱοῦ τοῦ θεοῦ) – wie in der Parallele V. 28 (πάντες οἱ ἐν τοῖς μνημείοις ἀκούσουσιν τῆς φωνῆς αὐτοῦ) – ein bloß *äußerliches* Hören der Stimme des Sohnes Gottes bezeichnet, hat es in V. 25b (οἱ ἀκούσαντες ζήσουσιν) – wie schon in V. 24 (ὁ τὸν λόγον μου ἀκούων) – *qualitativen* Sinn und meint dementsprechend das *glaubende* Vernehmen seiner Stimme[426]. Aus dieser Erkenntnis ergibt sich zwingend, daß die beiden Wendungen οἱ νεκροί bzw. οἱ ἀκούσαντες in V. 25 keineswegs von der gleichen Größe sprechen. Unter den νεκροί sind in ganz umfassender Weise *alle* Menschen zu verstehen, die ausnahmslos in ihrem Sein von der Sünde gezeichnet sind, der Sphäre des Todes zugehören und so vor Gott als *geistlich* Tote dastehen[427]; dabei hat der Evangelist faktisch die Gesamtheit derjenigen vor Augen, die mit der nachösterlichen Christusverkündigung, in welcher der gekreuzigte und auferstandene Gottessohn selbst seine Stimme erhebt, konfrontiert werden. Demgegenüber bezieht sich der Ausdruck οἱ ἀκούσαντες in exkludierender Weise einzig und allein auf jene Menschen, bei denen diese Christusverkündigung nicht nur äußerlich vernommen wird, sondern auch – und zwar aufgrund göttlicher Erwählung – im *glaubenden* „Hören" ihr Echo findet. Der Prädestinationsgedanke, der bereits der Aussage von V. 24 zugrunde liegt[428], ist somit auch in V. 25 vorausgesetzt: Die ἀκούσαντες sind mit den *Erwählten* identisch, d.h. mit denen, die der Sohn durch die schöpferische Macht seiner „Stimme" aus dem Tode ins Leben rufen und so lebendigmachen „will"

---

[426] S.o. S. 124f. Ebenso urteilen u.a. HOLTZMANN 94; WEISS 176; BAUER 85; BULTMANN 195; GNILKA, Theologie des Hörens 77; BLANK, Krisis 142f.; SCHNACKENBURG II 141; KNÖPPLER, Die theologia crucis 109; FREY, Eschatologie II 514 Anm. 245. – Ein analoges Phänomen begegnet in dem „Ich bin"-Wort 11,25b–26a: ἐγώ εἰμι ἡ ἀνάστασις καὶ ἡ ζωή· ὁ πιστεύων εἰς ἐμὲ κἂν ἀποθάνῃ ζήσεται, καὶ πᾶς ὁ ζῶν καὶ πιστεύων εἰς ἐμὲ οὐ μὴ ἀποθάνῃ εἰς τὸν αἰῶνα. Hier bezieht sich das Verb ἀποθνήσκειν beim ersten Vorkommen auf den *irdisch-leiblichen*, beim zweiten Vorkommen jedoch auf den *ewigen* Tod; der Gegenbegriff ζῆν bezeichnet umgekehrt zunächst das *ewige* und dann das *irdisch-zeitliche* Leben. Zu 11,25b–26a s. des näheren u. S. 201–205.
[427] In diesem Sinne u.a. auch LÜCKE II 57; WEISS 176; BERNARD I 242f.; WIKENHAUSER 145; BLANK I/b 35; KNÖPPLER, Die theologia crucis 109; FREY, Eschatologie II 513. – Zu νεκροί als Bezeichnung der *geistlich* Toten vgl. Mt 8,22 par Lk 9,60; Röm 6,13; Eph 2,1.5; 5,14; Kol 2,13; ferner Lk 15,24.32.
[428] S.o. S. 128–139.

(V. 21)[429]. Sie sind mithin nur eine *Teilmenge* aus den νεκροί. Diesen Sachverhalt bringt H.J. Holtzmann präzise zur Sprache, wenn er erklärt: „Das artiku-
lirte ἀκούσαντες beschränkt die Zahl derjenigen, welche wahrhaft, d.h. zu ihrem Heile hören, auf einen Theil der νεκροί. Alle Todten ‚hören‘, einige aber
‚geben der Stimme auch Gehör‘."[430] Daß in V. 25 zwischen den beiden Ausdrücken οἱ νεκροί und οἱ ἀκούσαντες streng zu unterscheiden ist, wird durch
drei weitere Beobachtungen bestätigt: 1. Die Parallele zu den Worten οἱ νεκροὶ
ἀκούσουσιν τῆς φωνῆς τοῦ υἱοῦ τοῦ θεοῦ lautet in V. 28: πάντες οἱ ἐν τοῖς
μνημείοις ἀκούσουσιν τῆς φωνῆς αὐτοῦ. Dem οἱ νεκροί entspricht also das
eindeutig *universal* gemeinte πάντες οἱ ἐν τοῖς μνημείοις. – 2. Bereits die Aussage von V. 24 impliziert den Gedanken, daß prinzipiell *alle* Menschen von
sich und ihren Möglichkeiten her der Sphäre des Todes angehören und also
νεκροί sind, weshalb die im Zum-Glauben-Kommen erfolgende Metabasis ἐκ
τοῦ θανάτου εἰς τὴν ζωήν eine geistliche Totenauferweckung darstellt[431]. –
3. Der dem Partizip ἀκούσαντες voranstehende Artikel hebt deutlich „aus ‚den
Toten‘ insgesamt die Gruppe der gläubig Hörenden heraus"[432]. Ginge es dagegen
in V. 25a und in V. 25b um ein und dieselbe Personengruppe, so wäre der Artikel
vor ἀκούσαντες – ja im Grunde sogar der ganze Ausdruck οἱ ἀκούσαντες –
entbehrlich[433].

Am Ende der Auslegung von V. 25 soll nun noch eigens hervorgehoben werden, wie unerhört die für das gesamte johanneische Denken signifikante Aussage dieses Verses in eschatologischer wie auch in christologischer Hinsicht
ist. Das wird deutlich, wenn man sie auf dem Hintergrund der Tradition bedenkt.
Was zunächst den *eschatologischen* Aspekt anlangt, so ist zu konstatieren, daß
der Evangelist hier – wie auch an weiteren Stellen seines Evangeliums[434] – wohlüberlegt traditionelle futurisch-eschatologische bzw. apokalyptische Sprachmuster und Vorstellungsinhalte aufnimmt, um gerade auf diese Weise beson-

---

[429] Vgl. dazu vor allem die Verse 10,16.27; 18,37, in denen jeweils – wie in 5,25 – die
Wendung ἀκούειν τῆς φωνῆς μου erscheint und sich vom Kontext her eindeutig ergibt, daß
sich das „Hören" einzig auf der Seite der Erwählten ereignet. Zu 10,16.27 s.o. S. 133f., zu
18,37 s.o. S. 134f. Daß der Ausdruck οἱ ἀκούσαντες prädestinatianisch gemeint ist, betonen
mit Recht: STIMPFLE, Blinde sehen 83f. (problematisch ist allerdings die Annahme, in diesem Sachverhalt zeige sich „gnostisch dualistisches Denken" [84]); FREY, Eschatologie II
514f. Anm. 245; vgl. ferner CALVIN 96f.; BARTH 281.

[430] HOLTZMANN 94. Im gleichen Sinne BAUER 85: „In V. 25 werden durch οἱ ἀκούσαντες
aus der Gesamtzahl der νεκροί, die alle die Stimme des Gottessohnes hören, einzelne her-
ausgehoben, die auch ‚auf sie hören‘; nur von ihnen gilt das ζήσουσιν."

[431] S.o. S. 138f.

[432] SCHNACKENBURG II 141 Anm. 1. Treffend bemerkt GODET II 232: „Das Geschlechts-
wort οἱ vor ἀκούσαντες ... teilt deutlich die geistlich Toten in zwei Klassen, die, welche die
Stimme hören, ohne sie zu hören ..., und die, welche sie vernehmen *und Ohren haben, um
sie zu hören*, d.h. sie innerlich hören." Vgl. ferner LUTHARDT I 454; WEISS 176.

[433] Die Auslassung des Artikels bei den Textzeugen 𝔓⁶⁶ ℵ* führt gerade zu einer Nivellie-
rung der zwischen beiden Ausdrücken bestehenden sachlichen Differenz.

[434] Exemplarisch genannt seien die Verse 3,36; 12,32; 14,2f.18–20; 16,23–26.

ders pointiert seine streng *präsentisch* geformte Eschatologie zur Sprache zu bringen[435]. „In kühner Usurpation apokalyptischer Sprache"[436] erklärt er, daß die eschatologische Totenauferweckung – entgegen der Heilserwartung früh-jüdischer wie urchristlicher Apokalyptik – keineswegs noch aussteht und erst bei der zukünftigen Heilsvollendung geschehen wird, sondern daß sie sich bereits gegenwärtig unter der Christusverkündigung der nachösterlichen Ge-meinde vollzieht. Die Stunde der Totenauferweckung bricht nicht erst in der Zukunft an, sondern sie ist bereits Gegenwart, – *darin* liegt die theologische Spitze dieses Satzes. Ganz entsprechend wird in V. 24 – wiederum im funda-mentalen Widerspruch zu den apokalyptischen Gerichtsvorstellungen frühjüdi-scher wie urchristlicher Provenienz – gesagt, daß sich das den Nicht-Erwählten geltende und widerfahrende Straf- und Verdammungsgericht nicht erst am Jüng-sten Tag, sondern *hic et nunc* in der Begegnung mit der Christusverkündigung ereignet. Der Gedanke eines zukünftigen, über Glaubende wie Nicht-Glauben-de urteilenden Gerichtes hat innerhalb der johanneischen Eschatologie ebenso-wenig Raum wie die Erwartung der endzeitlichen Parusie des Gottessohnes. Von daher wird man urteilen müssen, daß die beiden in V. 24.25 greifbaren gegenwartseschatologischen Aussagen eine bewußte, durchaus auch polemisch gemeinte Korrektur apokalyptischer Eschatologie bieten[437], durch welche die Erwartung eines apokalyptischen Dramas am Ende der Zeiten entschlossen negiert wird[438]. Hinsichtlich des *christologischen* Aspekts ist sodann zu beto-nen, daß der johanneische Jesus sich hier – in konsequenter Fortführung der Vater-Sohn-Aussage von V. 21 – wiederum eine Prärogative zuschreibt, die nach alttestamentlicher wie frühjüdischer Tradition einzig und allein *Gott selbst* zukommt: die Fähigkeit, Menschen durch die schöpferische Macht seiner „Stimme" aus der Sphäre des Todes in die Sphäre des Lebens zu versetzen[439]. Der damit erhobene Anspruch setzt sachlich notwendig voraus, daß Jesus selbst ursprunghaft auf die Seite Gottes, des Vaters, gehört und mithin selbst *göttli-chen* Wesens ist. Eben diese Voraussetzung bringt der Evangelist dann im un-mittelbaren Anschluß an V. 24.25 in Gestalt einer christologischen Seinsaus-sage, mit welcher der zweite Argumentationsschritt (V. 26–29) eröffnet wird, expressis verbis zum Ausdruck: ὥσπερ γὰρ ὁ πατὴρ ἔχει ζωὴν ἐν ἑαυτῷ, οὕτως καὶ τῷ υἱῷ ἔδωκεν ζωὴν ἔχειν ἐν ἑαυτῷ (V. 26).

---

[435] Vgl. KAMMLER, Jesus Christus und der Geistparaklet 102–106. 142–145.
[436] So treffend KLEIN, Art. Eschatologie IV: TRE 10, 288,44.
[437] So z.B. auch BULTMANN 193; SCHULZ 89.
[438] Vgl. BECKER I 289.
[439] Zu dem Motiv der Totenauferweckung durch den *Ruf* Gottes vgl. Hi 14,14f. LXX; Ez 37,3–10; Röm 4,17; JosAs 8,9; ConstAp VII 39,3. Vgl. ferner den bei BILLERBECK IV/1 606 zitierten rabbinischen Text bKet 8b, wo Gott als der prädiziert wird, „der die Toten lebendig macht durch sein Wort". Ein Rekurs auf gnostische bzw. mandäische Texte ist angesichts dieser Belege nicht erforderlich; u.a. gegen BULTMANN 194f. Anm. 5; SCHNAK-KENBURG II 141; STIMPFLE, Blinde sehen 83f.

## 3. Übersetzung von Joh 5,24.25

Im Anschluß an die Exegese können die beiden Verse nun noch einmal im griechischen Wortlaut und außerdem in der bislang aus sachlichen Gründen zurückgestellten Übersetzung dargeboten werden:

24    ἀμὴν ἀμὴν λέγω ὑμῖν ὅτι
       ὁ τὸν λόγον μου ἀκούων καὶ πιστεύων τῷ πέμψαντί με
       ἔχει ζωὴν αἰώνιον
       καὶ εἰς κρίσιν οὐκ ἔρχεται,
       ἀλλὰ μεταβέβηκεν ἐκ τοῦ θανάτου εἰς τὴν ζωήν.

25    ἀμὴν ἀμὴν λέγω ὑμῖν ὅτι
       ἔρχεται ὥρα καὶ νῦν ἐστιν
       ὅτε οἱ νεκροὶ ἀκούσουσιν τῆς φωνῆς τοῦ υἱοῦ τοῦ θεοῦ
       καὶ οἱ ἀκούσαντες ζήσουσιν.

24    „Amen, Amen, ich sage euch:
       Wer mein Wort [im Glauben] hört und eben damit dem glaubt,
                        der mich gesandt hat,
       der hat das ewige Leben,
       und er verfällt nicht dem Strafgericht,
       sondern er ist [definitiv] aus dem Tode ins Leben hinübergeschritten.

25    Amen, Amen ich sage euch:
       Es kommt die Stunde, ja sie ist jetzt schon da,
       in der[440] die Toten die Stimme des Sohnes Gottes hören werden,
       und die, die [im Glauben] gehört haben, werden leben."

---

[440] Die Zeitpartikel ὅτε steht hier wie in 4,21.23; 9,4; 16,25 „als *Ersatz für ein Relativ-pron[omen]* nach einem Subst[antiv] der Zeit" (BAUER / ALAND, WbNT 1191 s.v. 2); also: ὅτε V. 25 = ἐν ᾗ V. 28.

# V. Joh 5,26–29

Die sich an den Abschnitt V. 21–25 unmittelbar anschließenden Verse 26–29 bilden den zweiten Argumentationsschritt, mit dem die Aussage von V. 20b (καὶ μείζονα τούτων δείξει αὐτῷ ἔργα, ἵνα ὑμεῖς θαυμάζητε) entfaltet und begründet wird[1]. Dieser zweite Argumentationsschritt läßt sich des näheren in die beiden Unterabschnitte V. 26.27 und V. 28.29 untergliedern, die nun je für sich in den Blick genommen werden sollen.

## A. Joh 5,26.27

Der zweite Argumentationsschritt wird mit den folgenden Worten eröffnet:

26  ὥσπερ γὰρ ὁ πατὴρ ἔχει ζωὴν ἐν ἑαυτῷ,
     οὕτως καὶ τῷ υἱῷ ἔδωκεν ζωὴν ἔχειν ἐν ἑαυτῷ.

27  καὶ ἐξουσίαν ἔδωκεν αὐτῷ κρίσιν ποιεῖν,
     ὅτι υἱὸς ἀνθρώπου ἐστίν.

26  „Denn wie der Vater [das] Leben in sich selber hat,
     so hat er auch dem Sohn verliehen, [das] Leben in sich selber zu haben.

27  Und er hat ihm auch die Macht gegeben, das Strafgericht zu vollziehen,
     weil er der Menschensohn ist."[2]

---

[1] S.o. S. 12f. Wie in V. 21, so hat die Konjunktion γὰρ auch in V. 26 eine zugleich *explikative* wie *kausale* Nuance.

[2] Zur Übersetzung: 1. Das καί am Anfang von V. 27a hat weiterführende Funktion (= „und auch"). 2. Der Hoheitstitel ὁ υἱὸς τοῦ ἀνθρώπου ist in V. 27b deshalb indeterminiert verwendet (υἱὸς ἀνθρώπου), weil das Prädikatsnomen hier nicht auf die Kopula ἐστίν folgt, sondern ihr voransteht; s. dazu vor allem COLWELL, A definite Rule 12–21; ferner BDR § 273 mit Anm. 2; ZERWICK, Biblical Greek § 175. Dasselbe sprachliche Phänomen findet sich im vierten Evangelium noch an weiteren Stellen; s. etwa 1,49 (σὺ εἶ ὁ υἱὸς τοῦ θεοῦ, σὺ βασιλεὺς εἶ τοῦ Ἰσραήλ); 9,5 (ὅταν ἐν τῷ κόσμῳ ὦ, φῶς εἰμι τοῦ κόσμου [vgl. mit 8,12!]); 10,36 (υἱὸς τοῦ θεοῦ εἰμι); 19,21 (μὴ γράφε· ὁ βασιλεὺς τῶν Ἰουδαίων, ἀλλ᾽ ὅτι ἐκεῖνος εἶπεν· βασιλεύς εἰμι τῶν Ἰουδαίων). Aus demselben Grunde fehlt, wie ausdrücklich angemerkt sei, der Artikel in den christologisch gewichtigen Aussagen Mt 14,33 (οἱ δὲ ἐν τῷ πλοίῳ προσεκύνησαν αὐτῷ λέγοντες· ἀληθῶς θεοῦ υἱὸς εἶ); Mk 15,39 (ἀληθῶς οὗτος ὁ ἄνθρωπος υἱὸς θεοῦ ἦν); s. ferner Mt 4,3.6; 27,40.43.54; Lk 4,3.9. – Die folgenden Übersetzungen von Joh 5,27b sind dementsprechend als unzutreffend zu beurteilen (Hervorhebungen jeweils von mir): „weil er *Menschensohn* ist" (so z.B. WEIZSÄCKER, Das Neue Testament 161; HEITMÜLLER 91; BAUER 86; TILLMANN 129; SCHICK 60; SCHULZ 86) / „weil er

Bevor wir uns der Einzelexegese beider Verse zuwenden, seien einige grundsätzliche Bemerkungen vorausgeschickt:

1. Während die Verse 24.25 in pointierter Weise die streng präsentische
*Eschatologie* des vierten Evangeliums zur Sprache bringen, rückt in V. 26.27
wieder die bereits in V. 19–23 thematische Vater-Sohn-Relation und also die
*Christologie* in das Zentrum der auf den Vorwurf der Usurpation göttlicher
Macht und gottgleicher Würde antwortenden Rede Jesu.

2. Die Verse 26.27 weisen sehr enge Bezüge zu den Versen 21.22 auf, die
jetzt in Erinnerung zu rufen sind: Wie der erste Argumentationsschritt (V. 21–
25) in V. 21 mit einer durch ὥσπερ / οὕτως καί strukturierten Vater-Sohn-
Aussage einsetzt, die Jesus als den *Lebensgeber* prädiziert und damit sein heil-
volles Wirken beschreibt, so hebt auch der zweite Argumentationsschritt
(V. 26–29) in V. 26 mit einer durch ὥσπερ / οὕτως καί strukturierten Vater-
Sohn-Aussage an, die den Sohn als den *Lebensträger* bezeichnet; und wie in
V. 22 die mit der Sendung Jesu notwendig verbundene unheilvolle Seite seines
Wirkens – das ihm vom Vater übertragene *„richterliche"* Handeln – angespro-
chen wird, so auch in V. 27.

3. Die christologischen Aussagen V. 26.27 wiederholen jedoch nicht einfach
bloß mit anderen Worten das, was in V. 21.22 zu lesen ist, sondern sie führen
über das dort Gesagte nicht unwesentlich hinaus. So wird V. 21 durch V. 26
*begründet* und auf diese Weise vertieft: Weil der Sohn das göttliche Leben in
der gleichen Weise wie der Vater besitzt (V. 26), kann er tun, was ausschließlich Gott selbst zu tun vermag: die geistlich Toten lebendig machen (V. 21).
Entsprechendes gilt für das sachliche Verhältnis zwischen V. 22 und V. 27: Der
Kausalsatz ὅτι υἱὸς ἀνθρώπου ἐστίν V. 27b benennt den *Realgrund* für die in
V. 22 und V. 27a mit unterschiedlichen Wendungen beschriebene „Richter"-
Funktion des Sohnes: Der Vater hat dem Sohn deshalb das göttliche Hoheits-
recht verliehen, das Straf- und Verdammungsgericht zu vollziehen (V. 22 /
V. 27a), weil dieser selbst der gottgleiche „Menschensohn" ist (V. 27b). Ein
Weiteres kommt hinzu: In V. 22 erscheint der „Gerichts"-Gedanke lediglich in
Gestalt einer *Parenthese*, die den prädestinatianischen Relativsatz οὓς θέλει
aus V. 21 erläutert und begründet[3]; der „Gerichts"-Gedanke kommt also gewissermaßen *en passant* in den Blick. Anders in V. 27: Hier findet sich der
„Gerichts"-Gedanke in einem Satz, der der Vater-Sohn-Aussage von V. 26 syntaktisch *beigeordnet* ist; der „Gerichts"-Gedanke hat folglich innerhalb des
zweiten Argumentationsschrittes ein *eigenständiges* Gewicht. Dem korrespondiert der Tatbestand, daß der negativ qualifizierte „Gerichts"-Gedanke in den

---

*ein Menschensohn* ist" (so z.B. SCHLATTER, Erläuterungen I 95; DERS., Das Neue Testament
215; MENGE, Das Neue Testament 149) / „weil er *Sohn eines Menschen* ist" (so WEISS 177) /
„weil er *Mensch(enkind)* ist" (so BÜCHSEL 75).
[3] S.o. S. 70–74.

eschatologischen Aussagen des ersten Argumentationsschrittes V. 24.25 nur
*indirekt* Erwähnung findet, sprechen doch die Worte καὶ εἰς κρίσιν οὐκ ἔρχεται
(V. 24bα) vom Strafgericht ausschließlich als einer die Glaubenden *nicht* betreffenden Größe. Im Unterschied dazu ist der „Gerichts"-Gedanke in den
eschatologischen Aussagen des zweiten Argumentationsschrittes ganz *direkt*
thematisch: καὶ ἐκπορεύσονται ... οἱ δὲ τὰ φαῦλα πράξαντες εἰς ἀνάστασιν
κρίσεως (V. 29).

4. Die Aussage von V. 27a (καὶ ἐξουσίαν ἔδωκεν αὐτῷ κρίσιν ποιεῖν) ist
dem Satz V. 26b (οὕτως καὶ τῷ υἱῷ ἔδωκεν ζωὴν ἔχειν ἐν ἑαυτῷ) zwar *syntaktisch* beigeordnet, sie steht mit ihm jedoch keineswegs zugleich auch in
*inhaltlicher* Hinsicht auf einer Stufe. Im Gegenteil: Während V. 26b eine *we-
senschristologische* Aussage macht, die die ursprunghafte Zugehörigkeit des
präexistenten Sohnes zum Vater und damit sein göttliches Persongeheimnis
zum Ausdruck bringt, formuliert V. 27a eine davon kategorial unterschiedene
und sachlich untergeordnete *funktionschristologische* Aussage, die das „richterliche" Wirken des Sohnes zum Inhalt hat.

## 1. Joh 5,26

a) Exegese

Wie in V. 21 (ὁ πατὴρ ἐγείρει τοὺς νεκροὺς καὶ ζῳοποιεῖ), so formuliert Jesus
auch in V. 26 mit dem im engeren Sinne des Wortes *theologischen* Satz ὁ πατὴρ
ἔχει ζωὴν ἐν ἑαυτῷ zunächst einen Gedanken, der in der alttestamentlich-frühjüdischen Rede von Gott fest verwurzelt und demzufolge zwischen Jesus und
seinen jüdischen Gegnern bzw. zwischen der johanneischen Gemeinde und der
Synagoge auch nicht strittig ist: Die ζωή eignet dem allein wahren und „lebendigen" Gott in einzigartiger, weil *ursprünglicher* und darum *unverlierbarer*
Weise[4]; sie gehört zu „seinem innersten Wesen, zu seiner Natur"[5]. Der Vater ist
mithin als ὁ ζῶν πατήρ (6,57) in seiner Person selbst der „Urquell des Lebens"[6]. Im Blick auf die Wendung ἔχειν ζωὴν ἐν ἑαυτῷ erklärt J. Blank treffend: „,Leben in sich selbst haben' bezeichnet ... die Art und Weise, wie Gott
das Leben hat, nämlich nicht als äußerlichen, möglicherweise verlierbaren Besitz, sondern als innerliche Eigenschaft seines göttlichen Wesens. Gott ,hat'
nicht nur das Leben, sondern ,Leben' in reiner, vollkommener Fülle, ohne jeden Schatten des Todes, ist das Sein Gottes selbst."[7] Theologisch unerhört und

---

[4]  Die Prädikation Gottes als des „Lebendigen" findet sich recht häufig sowohl im Alten
Testament (vgl. z.B. Dtn 5,26; 1Sam 17,26.36; Jer 10,10; 23,36; Hos 2,1; Ps 42,3; 84,3) wie
auch im Neuen Testament (vgl. Mt 16,16; 26,63; Apg 14,15; Röm 9,26; 2Kor 3,3; 1Thess
1,9; 1Tim 3,15; 4,10; Hebr 3,12; 9,14; 10,31; 12,22; Apk 10,6).

[5]  Mussner, ZΩH 71 (im Original gesperrt).

[6]  Schick 60. Vgl. Ps 35,10a LXX: ὅτι παρὰ σοὶ πηγὴ ζωῆς.

[7]  Blank I/b 36; vgl. ders., Krisis 158.

deshalb zwischen johanneischer Gemeinde und jüdischer Synagoge zutiefst umstritten ist jedoch – analog zu V. 21b (οὕτως καὶ ὁ υἱὸς οὓς θέλει ζῳοποιεῖ) – der auf die Gottesaussage V. 26a unmittelbar folgende und mit ihr unlöslich verbundene *christologische* Satz V. 26b: οὕτως καὶ τῷ υἱῷ ἔδωκεν ζωὴν ἔχειν ἐν ἑαυτῷ. Mit ihm beansprucht Jesus den wesenhaften, einzig und allein Gott selbst zukommenden Lebensbesitz für *seine* Person: „Er hat" – so K. Barth mit Recht – „als Sohn des Vaters wie dieser ‚Leben in sich selber', also unabgeleitetes ursprüngliches Leben, Leben, das keiner Begründung bedürftig und also auch keinem Mangel, keinem Bedürfen ausgesetzt ist, Leben, dem keine Möglichkeit des Todes gegenübersteht."[8] Eignet dem Sohn die göttliche ζωή in derselben Weise wie dem Vater, so setzt das notwendig seine „volle Gottheit"[9] bzw. seine „Wesensgleichheit"[10] mit dem Vater voraus[11]. Die Aussage von V. 26 ist mithin zu den „testimonia divinitatis filii" des vierten Evangeliums zu rechnen[12]. Als solche deckt sie „den christologischen Grund der Lebensmitteilung" auf[13]: Weil Jesus „selber wesenhaft göttlicher Lebensträger ist, darum kann er auch eschatologischer Lebensspender sein"[14].

Der auf den christologischen Personaspekt abhebende V. 26 hat dabei im Kontext des näheren eine *doppelte* Begründungsfunktion. Der Vers fundiert zum einen die beiden unmittelbar voranstehenden gegenwartseschatologischen Aussagen V. 24 und V. 25[15]: Derjenige, der das Wort Jesu bzw. die Stimme des Sohnes Gottes im Glauben vernimmt, hat deshalb bereits jetzt das ewige Leben empfangen und damit die eschatologische Totenauferweckung an sich erfahren, weil der, der hier seine schöpferische Stimme erhebt, selbst der Träger des göttlichen Lebens ist. In diesem Begründungszusammenhang zeigt sich in exemplarischer Weise der für die johanneische Theologie insgesamt konstitutive Sachverhalt, daß die Christologie das *Fundament* der Gegenwartseschatologie bildet und also die Eschatologie von der Christologie her verstanden werden

---

[8] BARTH 284. Im gleichen Sinne urteilt AUGUSTIN, Traktat XXII 10 im Blick auf V. 26: Der Sohn lebt „non participatione …, sed incommutabiliter". Ebenso BONAVENTURA 311 Nr. 50: Dem Sohn eignet das Leben „per essentiam, non per participationem". Vgl. schließlich THOMAS VON AQUIN, Nr. 782: „Illud ergo in semetipso vitam habet, quod habet vitam essentialem non participatam, idest quod ipsum est vita."

[9] HENGSTENBERG I 319.

[10] BELSER 179.

[11] Vgl. FREY, Eschatologie II 501.

[12] So mit Recht MELANCHTHON 125, der ebd. z.St. bemerkt: „Et est emphasis in hoc dicto, vitam habere in sese, id est, alio modo, quam creaturae, angeli et homines. Habet enim Deus vitam in sese, videlicet aeternam, et quae nullo modo extingui potest, imo sic, ut aliis etiam impertiat, Angelus et homo non potest rei mortuae vitam impertire."

[13] BLANK, Krisis 158.

[14] BLANK, Gegenwartseschatologie 225. Ähnlich SCHULZ 90: „Der Sohn hat göttliche, schöpferische Lebenskraft, weil er göttlichen Wesens ist."

[15] Ebenso BULTMANN 195; WIKENHAUSER 145; BECKER I 285. 289. – LUTHARDT I 455; GODET II 232; SCHNACKENBURG II 142; THEOBALD, Fleischwerdung 304; CARSON 256f. erblicken dagegen in V. 26 lediglich die Begründung für V. 25.

muß[16]. Die christologische Wesensaussage V. 26 benennt zum andern den Realgrund für die Vater-Sohn-Aussage von V. 21[17]: Weil der Sohn der göttlichen
Lebensfülle ebenso teilhaftig ist wie der Vater und also selbst die Quelle des
ewigen Lebens ist, darum kann er wie der Vater Menschen lebendig machen;
das heilvolle göttliche *Handeln* des Sohnes ist in seinem gottgleichen *Sein* begründet.

Der in V. 26 ausgesprochene und für das gesamte johanneische Christuszeugnis zentrale Gedanke, daß der Sohn in ursprünglicher und unverlierbarer
Weise selbst Träger des Lebens ist, findet sich innerhalb des Corpus Johanneum noch an weiteren Stellen. Zunächst ist hier auf die zum Prolog 1,1–18
gehörende Aussage von 1,4 hinzuweisen, die den präexistenten Logos als das
„Lebensprinzip der Schöpfung"[18] bzw. als den „,Inbegriff' des Lebens"[19] kennzeichnet und dabei unter der ζωή „das kreatürliche Leben, das – als gottgege-
benes – ,heilvolles' Leben ist", versteht[20]: Ἐν αὐτῷ ζωὴ ἦν, καὶ ἡ ζωὴ ἦν τὸ
φῶς τῶν ἀνθρώπων („In ihm [sc. dem Logos] war Leben, und das Leben war
das Licht der Menschen"). Daneben sind die beiden „Ich bin"-Worte 11,25b–
26a und 14,6 zu nennen, in denen der spezifisch johanneische, d.h. soteriologisch gefüllte Begriff des *ewigen* Lebens begegnet und Jesus sich nicht allein
als den Träger dieser ζωή, sondern als das Leben selbst prädiziert:

11,25b–26a:   ἐγώ εἰμι ἡ ἀνάστασις καὶ ἡ ζωή·
               ὁ πιστεύων εἰς ἐμὲ κἂν ἀποθάνῃ ζήσεται,
               καὶ πᾶς ὁ ζῶν καὶ πιστεύων εἰς ἐμὲ οὐ μὴ ἀποθάνῃ εἰς τὸν αἰῶνα[21].

14,6:           ἐγώ εἰμι ἡ ὁδὸς καὶ ἡ ἀλήθεια καὶ ἡ ζωή·
               οὐδεὶς ἔρχεται πρὸς τὸν πατέρα εἰ μὴ δι' ἐμοῦ.

Aus dem vierten Evangelium sind sodann noch die Verse 6,57 und 14,19 ausdrücklich anzuführen:

6,57:           καθὼς ἀπέστειλέν με ὁ ζῶν πατὴρ κἀγὼ ζῶ διὰ τὸν πατέρα,
               καὶ ὁ τρώγων με κἀκεῖνος ζήσει δι' ἐμέ[22].

---

[16] In diesem Sinne urteilen z.B. auch Mussner, ΖΩΗ 147; Blank, Krisis 12. 38. 346;
ders., Gegenwartseschatologie 219; Käsemann, Jesu letzter Wille 42; Schmidt, Das Ende
der Zeit 286. 287ff. (bes. 290. 292. 294). 298ff. u.ö.; Frey, Eschatologie II 468. 528. 587
u.ö.; Schnelle 106f.; Stuhlmacher, Biblische Theologie des Neuen Testaments II 247.

[17] Ebenso Bauer 85f.; Schick 60; Hammes, Der Ruf ins Leben 204f.

[18] Gese, Der Johannesprolog 163.

[19] Hofius, Logos-Hymnus 17.

[20] Ebd.

[21] Zu 11,25b–26a s.u. S. 201–205.

[22] In *sprachlicher* Hinsicht ist zu 6,57 das Folgende anzumerken: Die zweimal begegnende Präposition διά c. acc. ist nach Bauer / Aland, WbNT 363 s.v. διά IV.B.II.4 hier und
auch in Röm 8,20 (διὰ τὸν ὑποτάξαντα) „statt διά c. gen. zur Angabe d. wirksamen Ursache"
gebraucht; ebenso urteilen u.a. Bultmann 176 Anm. 7; Schnackenburg II 95 Anm. 3; vgl.
auch Zerwick, Analysis philologica 223 (zu Joh 6,57). Man wird jedoch fragen dürfen, ob
diese Auskunft wirklich zutreffend ist. Näher liegt es, διά c. acc. in seiner gewöhnlichen

14,19:      ἔτι μικρὸν καὶ ὁ κόσμος με οὐκέτι θεωρεῖ,
             ὑμεῖς δὲ θεωρεῖτέ με,
             ὅτι ἐγὼ ζῶ καὶ ὑμεῖς ζήσετε[23].

Schließlich seien auch noch zwei christologisch gewichtige Sätze aus dem 1. Johannesbrief zitiert, die eine – den gesamten Brief umgreifende und so auf die Christologie als das theologische Zentrum des Schreibens verweisende – Inklusion bilden und analog zu Joh 11,25b–26a bzw. 14,6 Jesu Person ebenfalls als das ewige Leben prädizieren:

1Joh 1,2:     ἡ ζωὴ ἐφανερώθη,
            καὶ ἑωράκαμεν καὶ μαρτυροῦμεν καὶ ἀπαγγέλλομεν ὑμῖν
                               τὴν ζωὴν τὴν αἰώνιον
            ἥτις ἦν πρὸς τὸν πατέρα καὶ ἐφανερώθη ἡμῖν.

1Joh 5,20b:   οὗτός [sc. Ἰησοῦς Χριστός] ἐστιν ὁ ἀληθινὸς θεὸς
                             καὶ ζωὴ αἰώνιος[24].

Schaut man die angeführten christologischen „Lebens"-Aussagen zusammen, so zeigt sich ein Doppeltes: Jesus ist einerseits aufgrund der Selbstmitteilung des Vaters von Ewigkeit her *in sich selbst* Ursprung und Quelle des Lebens, ja das Leben in Person; und er ist andererseits aufgrund seiner Selbsthingabe am Kreuz und seiner Auferstehung von den Toten in alle Ewigkeit das ewige Leben *für die zum Heil Erwählten*. Eine Zusammenschau der zitierten Texte läßt über diesen streng christologischen Sachverhalt hinaus zugleich auch den absoluten Unterschied hervortreten, der im Blick auf die Teilhabe an der ζωή zwischen *Jesus* als dem einen und einzigen „Sohn Gottes" und den *Seinen* als den „Kindern Gottes" besteht und der mit der Differenz von Schöpfer und Geschöpf bzw. von Erlöser und Erlösten identisch ist: Während Jesus – wie wir sahen – des Lebens von Ewigkeit her und also *ursprung- und wesenhaft* teilhaftig ist, eignet den Seinen das Leben einzig aufgrund des Heilshandelns des

---

Bedeutung zu fassen: „Wie mich der lebendige Vater gesandt hat und ich *des Vaters wegen* [= aufgrund der permanenten Lebensmitteilung des Vaters] lebe, so wird auch der, der mich ißt, *um meinetwillen* [= aufgrund meiner das ewige Leben eröffnenden Selbsthingabe] leben." – In *inhaltlicher* Hinsicht ist darauf hinzuweisen, daß zwischen der Vater-Sohn-Aussage 6,57a (καθὼς ἀπέστειλέν με ὁ ζῶν πατὴρ κἀγὼ ζῶ διὰ τὸν πατέρα) und der Vater-Sohn-Aussage von 5,26 enge sachliche Entsprechungen bestehen: So korrespondieren einander nicht nur die Gottesprädikation ὁ ζῶν πατήρ 6,57aα und die Gottesaussage ὁ πατὴρ ἔχει ζωὴν ἐν ἑαυτῷ 5,26a, sondern auch die beiden christologischen Aussagen κἀγὼ ζῶ διὰ τὸν πατέρα 6,57aβ und καὶ τῷ υἱῷ ἔδωκεν ζωὴν ἔχειν ἐν ἑαυτῷ 5,26b. Ein Weiteres kommt hinzu: Wie die Vater-Sohn-Aussage 5,26 den Realgrund für die christologisch-soteriologischen bzw. eschatologischen Aussagen von 5,21 bzw. 5,24.25 benennt, so begründet auch die Vater-Sohn-Aussage 6,57a die soteriologische Aussage von 6,57b (καὶ ὁ τρώγων με κἀκεῖνος ζήσει δι' ἐμέ): Weil der „lebendige" Vater als die Fülle und Quelle des Lebens dem in die Welt gesandten Sohn an seiner göttlichen Lebensfülle uneingeschränkt Anteil gibt, ist der, der an den Sohn glaubt, im Glauben des ewigen Lebens teilhaftig.

[23] Zu 14,19 s. des näheren KAMMLER, Jesus Christus und der Geistparaklet 106–108.

[24] Zu 1Joh 5,20b s.o. S. 78f.

Sohnes und somit *gnadenhaft*; und während Jesus die ζωή *unmittelbar vom Vater* empfängt, besitzen die Seinen das göttliche Leben ausschließlich *durch den Sohn vermittelt*. Mit anderen Worten: Während der Vater bzw. der Sohn die ζωή „in sich selber" (ἐν ἑαυτῷ [5,26]) hat, besitzen die Glaubenden das Leben nicht anders als „in dem Sohn" (ἐν αὐτῷ [3,15[25]]) bzw. ἐν τῷ ὀνόματι αὐτοῦ [20,31])[26]. Deshalb gilt in soteriologischer Hinsicht, was der Verfasser des 1. Johannesbriefes in einer strikten Antithese so formuliert: ὁ ἔχων τὸν υἱὸν ἔχει τὴν ζωήν· ὁ μὴ ἔχων τὸν υἱὸν τοῦ θεοῦ τὴν ζωὴν οὐκ ἔχει (1Joh 5,12; vgl. Joh 3,36). Für die Glaubenden gibt es die *Gabe* des ewigen Lebens also immer nur in der im Glauben realisierten heilvollen Beziehung zu Jesus Christus als dem *Geber* der ζωή, niemals jedoch unabhängig von ihr. „Der Geber selbst ist der sachliche Grund der Gabe. *Er ist in Einem derjenige, welcher gibt, und das, was er gibt.*"[27] In diesem christologischen Bezug zeigt sich exemplarisch der für die johanneische Theologie insgesamt konstitutive Sachverhalt, daß die Christologie den Grund für die Soteriologie bildet bzw. die Person des Erlösers das Werk der Erlösung begründet und trägt[28].

b) Das Problem des Aorists ἔδωκεν

In einem letzten Schritt unserer Überlegungen ist der Blick noch auf ein besonderes Interpretationsproblem zu richten, vor das die Vater-Sohn-Aussage 5,26 den Ausleger stellt. Der durch ὥσπερ / οὕτως καί strukturierte zweigliedrige Satz V. 21 (ὥσπερ γὰρ ὁ πατὴρ ἐγείρει τοὺς νεκροὺς καὶ ζῳοποιεῖ, οὕτως καὶ ὁ υἱὸς οὓς θέλει ζῳοποιεῖ) schreibt – wie schon V. 17b (ὁ πατήρ μου ἕως

---

[25] Zu Joh 3,15 s.o. S. 104 Anm. 139.
[26] Ebenso BULTMANN 195. Bultmann bemerkt ebd. 195 Anm. 2 treffend: „Die ζωή des Glaubenden [ist] im Grunde ‚seine' [sc. Jesu] ζωή, von der der Glaubende lebt." Die zwischen Jesus und den Seinen bestehende Differenz hat bereits AUGUSTIN, Traktat XXII 9 bei seiner Auslegung von 5,26 in aller Klarheit herausgearbeitet: „Sicut habet [sc. Pater], sic dedit habere [sc. Filio]. Ubi habet? in semetipso. Ubi dedit habere? in semetipso. Paulus ubi habet? non in semetipso, sed in Christo. Tu fidelis ubi habes? non in semetipso, sed in Christo … Particeps factus vitae, non eras quod accepisti, et eras qui acciperes; Filius autem Dei non quasi primo fuit sine vita, et accepit vitam. Si enim sic illam acciperet, non eam haberet in semetipso. Quid est enim *in semetipso*? ut ipsa vita ipse esset." Vgl. ferner THOMAS VON AQUIN, Nr. 782. – Diese unaufhebbare Differenz soll selbstverständlich in gar keiner Weise relativiert werden, wenn der johanneische Jesus in 6,53 feierlich erklärt: ἀμὴν ἀμὴν λέγω ὑμῖν, ἐὰν μὴ φάγητε τὴν σάρκα τοῦ υἱοῦ τοῦ ἀνθρώπου καὶ πίητε αὐτοῦ τὸ αἷμα, οὐκ ἔχετε ζωὴν ἐν ἑαυτοῖς. Denn die hier erscheinende Wendung ἔχειν ζωὴν ἐν ἑαυτοῖς spricht nicht etwa davon, daß die Glaubenden das Leben in demselben ursprünglichen Kraft und Fülle wie der Sohn „in sich selber" haben, sondern einzig davon, daß es die bleibende Teilhabe am ewigen Leben ausschließlich in der heilvollen Relation zu Jesus bzw. in der Gemeinschaft mit ihm als dem „Menschensohn" gibt und geben kann. Die Worte ἔχειν ζωὴν ἐν ἑαυτοῖς 6,53 bzw. ἔχειν ζωὴν ἐν ἑαυτῷ / ζωὴν ἔχειν ἐν ἑαυτῷ 5,26 sind mithin *äquivok* verwendet; über ihre Semantik entscheidet jeweils einzig und allein der Kontext.
[27] BLANK, Krisis 155.
[28] Vgl. KAMMLER, Jesus Christus und der Geistparaklet 108 mit Anm. 91.

ἄρτι ἐργάζεται κἀγὼ ἐργάζομαι) – dem Vater und dem Sohn die gleichen Handlungsvollzüge zu; dabei erscheint in dem ersten Teilsatz der Vater, im zweiten Teilsatz der Sohn als Subjekt. Demgegenüber bringt die ebenfalls durch ὥσπερ / οὕτως καί strukturierte Vater-Sohn-Aussage von V. 26 bei aller zwischen den beiden Satzgliedern bestehenden Entsprechung zugleich eine nicht zu übersehende *Differenz* zum Ausdruck, die schon sprachlich dadurch markiert wird, daß – anders als in V. 21 – *auch* in dem zweiten Satzglied der *Vater* Subjekt ist: Die den Vater betreffende Aussage V. 26a erklärt, daß dieser das Leben *ganz unmittelbar* „in sich selber" hat, die den Sohn betreffende Aussage V. 26b hingegen, daß der Vater dem Sohn den wesenhaften Lebensbesitz *„gegeben"* bzw. *„verliehen"* (ἔδωκεν), der Sohn also das Leben *vom Vater her empfangen* hat.

Fragen wir nach dem theologischen Sinn der beschriebenen Asymmetrie, so ist zunächst in Erinnerung zu rufen, was bereits an anderer Stelle dargelegt wurde[29]: Der Aorist ἔδωκεν 5,26b begegnet – wie die Aoriste ἔδωκεν bzw. ἔδωκας in 5,27; 13,3; 17,2a.6.8 und die ihnen gleichbedeutenden Perfektformen δέδωκεν[30] bzw. δέδωκας[31] – in einem Zusammenhang, in dem von der Gabe des Vaters an den Sohn die Rede ist, und er hebt – nicht anders als an jenen Stellen auch – dezidiert auf *die* Relation ab, die zwischen dem Vater und dem *präexistenten* Sohn besteht[32]. Es ist hier mithin jenes Verhältnis vorausgesetzt und im Blick, „das zwischen dem Logos und Gott schon ‚im Anfang' bestand (1,1–3)"[33]. Die Aussageintention von 5,26b wird deshalb verfehlt, wenn man diesen Satz so deutet, als handle er von einer dem *Inkarnierten* widerfahrenen Lebensmitteilung[34]. Ebenso unhaltbar ist die Auskunft, der Aorist ἔδωκεν ver-

---

[29] S.o. S. 92f.

[30] S. 3,35; 5,22.36; 6,39; 10,29; 12,49; 18,11.

[31] S. 17,2b.4.7.9.11f.22.24; 18,9.

[32] Mit Recht bemerkt THEOBALD, Fleischwerdung 304 zu 5,26b: „Es handelt sich um eine joh[anneische] Spitzenaussage, die … den *präexistenten* Sohn in seiner Zuordnung zum Vater im Blick hat." Vgl. WESTCOTT 87: „The tense (*gave*) carries us back beyond time."

[33] SCHNACKENBURG II 142. Vgl. CARSON 257, der z.St. erklärt: „The Prologue has already asserted of the pre-incarnate Word, ‚In him was life' (1:4). The impartation of life-in-himself to the Son must be an act belonging to eternity, of a piece with the eternal Father / Son relationship between the Word and God, a relationship that existed ‚in the beginning' (1:1). That is why the Son himself can be proclaimed as ‚the eternal life, which was with the Father and has appeared to us' (1Jn. 1:2)."

[34] So – bei unterschiedlicher Akzentuierung im einzelnen – z.B. CALVIN 97; THOLUCK 169; LUTHARDT I 456; SCHANZ 247; MACGREGOR 179; BERNARD I 243; SCHICK 60. Unhaltbar ist auch die von THEOBALD, Gott, Logos und Pneuma 67 vertretene Sicht: Theobald bezieht 5,26b – in stillschweigender Revision seines früheren, oben Anm. 32 zitierten exegetisch korrekten Urteils – unter Berufung auf HAENCHEN 168 (zu 1,33) auf die *„Geistbegabung"* *Jesu bei seiner Taufe.* Als gänzlich abwegig ist der Deutungsvorschlag von ZAHN 306 zu beurteilen: Zahn entnimmt 5,26b allen Ernstes einen Hinweis auf die *jungfräuliche Zeugung Jesu*, wobei ihn seine ebenfalls höchst problematische Exegese von 1,13 leitet (s. ebd. 78f.).

weise hier auf „die Stunde der *Verherrlichung* des Sohnes, des fleischgewordenen Wortes durch den Vater" und also – dogmatisch gesprochen – auf den „status exaltationis", in dem der Sohn „mit dem Vater Herr des Lebens sein wird"[35].

Am Text selbst geht schließlich auch der von W. Bauer und J. Becker vertretene und jetzt näher in den Blick zu nehmende Deutungsvorschlag vorbei. Beide Autoren sehen in V. 26b zwar zu Recht die Relation zwischen dem Vater und dem präexistenten Sohn angesprochen, entnehmen dem Vers jedoch, daß der Vater den Präexistenten *vor seiner Sendung* und *zum Zweck der Wahrnehmung seines Offenbarungswerkes* „mit einem Fonds von Leben ausgestattet", ihn also auf diese Weise zum ζῳοποιεῖν, d.h. zur eschatologischen Lebensmitteilung, befähigt habe[36]. Von daher gelangt J. Becker dann zu dem Schluß, daß der Vater „die Exklusivstellung des Sohnes" durch die Mitteilung der ζωή „*geschaffen*" habe, so daß dieser nun „Gott gleich ist"[37]. Der skizzierte Deutungsvorschlag scheitert vor allem aus drei Gründen:

1. Das erklärte theologische Ziel der christologischen Rede 5,19ff. liegt darin, den von synagogaler Seite erhobenen Vorwurf als gegenstandslos zu erweisen, daß das Christuszeugnis der johanneischen Gemeinde in einem fundamentalen Widerspruch zu der in der Heiligen Schrift Israels bezeugten Einzigkeit Gottes steht und dementsprechend als blasphemisch zurückzuweisen ist. Würde der Evangelist nun aber in V. 26b behaupten, daß Gott den – von ihm *zuvor* wesenhaft unterschiedenen – präexistenten Sohn vor dessen Menschwerdung in eine gottgleiche Würdestellung *versetzt* und ihm damit allererst göttliches Wesen *zugeeignet* habe, so träfe der Vorwurf der Gotteslästerung die johanneische Christologie mit vollem Recht. Denn im Kontext des alttestamentlich-frühjüdischen, in aller Strenge zwischen Gott und Welt bzw. Schöpfer und Geschöpf unterscheidenden Glaubens ist der Gedanke ebenso unvorstellbar wie inakzeptabel, daß der eine und einzige, allein wahre Gott einem von ihm wesenhaft unterschiedenen Geschöpf – und sei es auch ein Himmelswesen! – eine gottgleiche Würdestellung verleiht. Das zeigt zur Genüge der in früheren Zusammenhängen schon einmal angeführte, für den alttestamentlichen wie frühjüdischen Monotheismus besonders signifikante Grundsatz Jes 42,8 LXX: ἐγὼ κύριος ὁ θεός, τοῦτό μού ἐστιν τὸ ὄνομα· τὴν δόξαν μου ἑτέρῳ οὐ δώσω[38].

2. Die von W. Bauer und J. Becker vorgeschlagene Deutung von V. 26b gerät in einen tiefen Gegensatz zu anderen christologisch gewichtigen Texten des vierten Evangeliums, von denen jetzt nur zwei eigens angeführt sein sollen:

---

[35] So BARTH 284 (Hervorhebung von mir). Vgl. BLANK I/b 36: Dem Sohn „ist ‚gegeben', wesenhaft Leben in sich zu haben, und zwar als der von den Toten Auferstandene".

[36] So BAUER 85f. Im gleichen Sinne BECKER I 289f.: Nach seinem Urteil spricht V. 26b von der „Ausstattung, die der Vater dem Sohn zur Sendung gab" (289), bzw. von „Jesu präexistente[r] Ausstattung" (290).

[37] BECKER I 289f. (Hervorhebung von mir).

[38] S. auch o. S. 111 Anm. 175.

a) Der den Prolog eröffnende und für das johanneische Christuszeugnis insgesamt grundlegende Satz über den – mit dem ewigen Gottessohn identischen – Logos lautet: Ἐν ἀρχῇ ἦν ὁ λόγος, καὶ ὁ λόγος ἦν πρὸς τὸν θεόν, καὶ θεὸς ἦν ὁ λόγος (1,1). Die erste, „zeitliche" Aussage V. 1a (ἐν ἀρχῇ ἦν ὁ λόγος) stellt zunächst „die ewige vorweltliche Existenz des Logos heraus und macht so deutlich, daß der Logos nicht zu der geschaffenen Welt gehört, – daß er nicht Geschöpf (creatura) ist"[39]; sie schreibt dem Logos die absolute, einzig und allein Gott selbst eignende Präexistenz zu[40]. Die zweite, „räumliche" Aussage V. 1b (καὶ ὁ λόγος ἦν πρὸς τὸν θεόν) spricht sodann das ewige Bei-Gott-Sein des Logos an; dabei wird sowohl die untrennbare Zusammengehörigkeit und personale Verbundenheit von Gott und Logos betont wie zugleich auch die Unterschiedenheit beider angezeigt[41]. Die dritte, den theologischen Höhepunkt bildende und durchaus ontologisch gemeinte Aussage V. 1c (καὶ θεὸς ἦν ὁ λόγος) besagt schließlich, „daß der Logos Gott – wahrer und wirklicher Gott – ist"[42], und sie erklärt, „daß das ἐν ἀρχῇ-Sein und das präexistente Bei-Gott-Sein des Logos in seinem Gott-Sein gründen"[43]. V. 1c vollzieht, indem er dem Logos „ohne Rückhalt" die θεότης zuspricht[44], die „Identifikation des Wesens zweier zu unterscheidender Personen"[45]. Der darauf unmittelbar folgende Satz:

---

[39]  HOFIUS, Logos-Hymnus 15.

[40]  Das ergibt sich zum einen aus dem das ewige Sein des Logos zur Sprache bringenden Imperfekt ἦν, zum andern aus der Zeitbestimmung ἐν ἀρχῇ, die hier – anders als in Gen 1,1 LXX (ἐν ἀρχῇ ἐποίησεν ὁ θεὸς τὸν οὐρανὸν καὶ τὴν γῆν) – nicht „das erste Glied einer Zeitreihe" bezeichnet, sondern den anfangslosen Anfang meint, der „aller Zeit und damit aller Welt" prinzipiell vorausliegt, weshalb der Logos „nicht zur Welt" gehört (BULTMANN 15).

[41]  Vgl. HOFIUS, Logos-Hymnus 15.

[42]  Ebd.

[43]  Ebd.

[44]  BARTH 25.

[45]  Ebd. 35. – Anzumerken ist, daß das Prädikatsnomen θεός hier deshalb ohne Artikel steht, weil es weder „auf Bekanntes oder Erwähntes hinweist" noch auch „das einzige oder vermeintlich einzige Wesen seiner Art" bezeichnet, sondern den abstrakten Begriff einer vom Subjekt ausgesagten „Eigenschaft" – in diesem Falle: das Gottsein des Logos – benennt (BDR § 273; mit HOFIUS, Logos-Hymnus 15). Es ist deshalb philologisch gänzlich unbegründet, wenn BECKER I 88 aus dem artikellosen Gebrauch von θεός den Schluß zieht, daß hier die „philonische Differenzierung zwischen ‚dem Gott' und dem Logos als ‚Gott'" (s. dazu SOM I 228–231) Verwendung finde, daß der Logos also nicht im eigentlichen Sinne Gott, sondern nur „göttlicher Art" sei und folglich „im Verhältnis zu dem einzigen, wahren Gott ... auf untergeordneter Stufe" stehe (Hervorhebungen von mir). Die Bezugnahme des Hymnendichters auf die philonische Unterscheidung zwischen ὁ θεός und θεός nehmen u.a. auch an: LÜCKE I 301 f.; OVERBECK, Das Johannesevangelium 372; BAUER 11; BAUER / ALAND, WbNT 725 s.v. θεός 2; HAENCHEN 116. 118; SCHNELLE, Antidoketische Christologie 234; DERS., Das Evangelium nach Johannes 31; vgl. auch ABRAMOWSKI, Der Logos in der altchristlichen Theologie 193–195. HABERMANN, Präexistenzaussagen 339 hält eine solche Bezugnahme zwar für „zweifelhaft", erblickt aber gleichwohl „das gewisse Recht von Autoren, die sich positiv auf Philo beziehen", darin, daß „ὁ θεός ... eindeutig über θεός" stehe und „der Subordinationsgedanke ... nicht gänzlich aus dem Text auszuklammern" sei. Wenn Haber-

οὗτος ἦν ἐν ἀρχῇ πρὸς τὸν θεόν (1,2) unterstreicht dann noch einmal, daß das ewige Sein des Logos „ewiges Sein in der personalen Zugehörigkeit zu Gott und in der vollkommenen Wesensidentität mit Gott" ist[46].

b) Der zweite Text, der in diesem Zusammenhang ausdrücklich bedacht sein soll, ist die – durch ἀμὴν ἀμὴν λέγω ὑμῖν feierlich eingeleitete – christologische Präexistenzaussage von 8,58: πρὶν Ἀβραὰμ γενέσθαι ἐγώ εἰμί („Ehe Abraham ins Dasein trat / geboren wurde, *bin* ich"). Auch mit diesen Worten nimmt Jesus – in inhaltlicher Korrespondenz zu den Eingangssätzen des Johannesprologs 1,1f. – die *absolute* Präexistenz und damit die *wesenhafte* Gottheit für sich in Anspruch. Das ergibt sich zwingend aus dem zeitlosen Präsens εἰμί, das in der Sache dem Imperfekt ἦν von 1,1f. entspricht und der Präexistenzaussage von 8,58 ihre letzte begriffliche Präzision und sachliche Klarheit verleiht. Hätte der Evangelist an unserer Stelle imperfektisch formuliert (πρὶν Ἀβραὰμ γενέσθαι ἐγὼ ἤμην), so wäre der Text nicht gegen das Mißverständnis geschützt, als komme Jesus lediglich eine *relative* Präexistenz zu. Durch das Präsens stellt der Evangelist jedoch dem *geschichtlichen Gewordensein* Abrahams das *ewige, anfangslose Dasein* des Gottessohnes scharf gegenüber. Die damit bezeichnete fundamentale Differenz zwischen Abraham und Jesus bringt bereits Augustin in seiner Auslegung von 8,58 („Antequam Abraham fieret, ego sum") präzise zur Sprache, wenn er erklärt: „Appende verba, et cognosce mysterium … Intellige *fieret* ad humanam facturam, *sum* vero ad divinam pertinere substantiam. *Fieret*, quia creatura est Abraham. Non dixit, Antequam Abraham esset ego eram; sed, *Antequam Abraham fieret*, qui nisi per me non fieret, *ego sum*. Neque hoc dixit, Antequam Abraham fieret, ego factus sum … Agnoscite Creatorem, discernite creaturam."[47] Knapp und pointiert formuliert auch Polykarp Leyser (1552–1610): „Quantum discrimen est inter creatorem et creaturam, tantum inter Christum et Abrahamum."[48] Daß der johanneische Jesus in 8,58 tatsächlich die *absolute* Präexistenz und mit ihr die *ewige* Gottheit für sich

mann als Begründung formuliert, daß „wir uns in Joh 1 ja in einem für die Geschichte der ersten Jahrhunderte der Kirche recht frühem [sic!] Stadium befinden", so ist das keineswegs schon ein hinreichendes Argument. Denn weder vom Wortlaut des Textes selbst noch auch von seiner Stellung im Kontext des Hymnus und der johanneischen Christologie insgesamt her läßt sich plausibel machen, daß in 1,1c von einer Subordination des Logos unter Gott die Rede ist. Von der soeben vorgetragenen Kritik sind auch die Folgerungen betroffen, die ORIGENES, Johanneskommentar II 1f. (GCS 10, 54,13–55,8) aus dem Nebeneinander von ὁ θεός und θεός zieht; zu diesen s. im einzelnen BROX, „Gott" – mit und ohne Artikel 32–39.

[46] HOFIUS, Logos-Hymnus 16.

[47] AUGUSTIN, Traktat XLIII 17 unter begründeter Aufnahme der Aussage von Joh 1,3: πάντα δι' αὐτοῦ ἐγένετο, καὶ χωρὶς αὐτοῦ ἐγένετο οὐδὲ ἕν, ὃ γέγονεν (zur Interpunktion s. HOFIUS, Logos-Hymnus 4–8). Dieser Satz, der die im Sinne der *causa efficiens* – und nicht etwa bloß im Sinne der *causa instrumentalis* – zu verstehende Schöpfungsmittlerschaft des Logos zum Ausdruck bringt, wird nicht zufällig in 1,10 wieder aufgenommen: In dem inkarnierten Gottessohn begegnet die gesamte Menschenwelt niemand anderem als ihrem *Schöpfer* und *Herrn*.

[48] Zitiert bei HENGSTENBERG II 118.

beansprucht, lehrt auch ein Vergleich von Joh 8,58 (πρὶν Ἀβραὰμ γενέσθαι ἐγὼ εἰμί) mit der Gottesaussage von Ps 89,2 LXX: πρὸ τοῦ ὄρη γενηθῆναι καὶ πλασθῆναι τὴν γῆν καὶ τὴν οἰκουμένην καὶ ἀπὸ τοῦ αἰῶνος ἕως τοῦ αἰῶνος σὺ εἶ. In diesem Psalmwort bringt das Präsens εἶ das ewige Sein des Gottes Israels zur Sprache, und der ganze Satz benennt die unendliche qualitative bzw. ontologische Differenz, die zwischen Jahwe als dem ewigen Gott und Schöpfer und der von ihm ins Dasein gerufenen Schöpfung besteht. Wie das εἶ von Ps 89,2 LXX, so ist auch das εἰμί von Joh 8,58 als ein *Praesens aeternum* zu bestimmen, und die christologische Präexistenzaussage ist von daher als ein unzweideutiges Zeugnis für die Gottheit Jesu zu beurteilen[49]. Das wird durch die im unmittelbaren Anschluß geschilderte Reaktion der jüdischen Gegner (V. 59) bestätigt: Diese wollen Jesus steinigen, weil sie in dem in V. 58 greifbaren christologischen Anspruch eine blasphemische Anmaßung *göttlichen* Seins und *gottgleicher* Würde erblicken[50].

3. Die christologische Aussage 5,26b hat eine enge sachliche Parallele in den Versen 17,22 und 17,24, und zwar in den Wendungen ἡ δόξα ἣν δέδωκάς μοι (V. 22) bzw. ἡ δόξα ἡ ἐμή, ἣν δέδωκάς μοι – ὅτι ἠγάπησάς με – πρὸ καταβολῆς κόσμου (V. 24[51]). In beiden Versen erklärt Jesus, daß der Vater ihm „vor Grundlegung der Welt" die göttliche „Herrlichkeit", d.h. die wesenhafte Gottheit, verliehen habe. Die Verse können keineswegs so verstanden werden, als habe der Vater dem präexistenten Sohn die δόξα ὡς μονογενοῦς παρὰ πατρός (1,14)[52] erst zu einem bestimmten Zeitpunkt seines vorweltlichen Daseins zugeeignet und ihn damit im nachhinein in eine gottgleiche Würdestellung *versetzt*, die er zuvor *nicht* innehatte. Das beweist zur Genüge die Aussage von 17,5, die mit 17,24 eine das Gebet Jesu umgreifende Inklusion bildet und deshalb bei der Exegese von V. 24 unbedingt beachtet sein will. Die den Worten ἡ δόξα ἡ ἐμή, ἣν δέδωκάς μοι … πρὸ καταβολῆς κόσμου (V. 24) korrespondierende Wendung lautet: ἡ δόξα ἣν[53] εἶχον πρὸ τοῦ τὸν κόσμον εἶναι παρὰ σοί (V. 5). Die Imperfektform εἶχον, die in der Sache dem ἦν von 1,1f. entspricht,

---

[49] Vgl. KEIL 344; SCHANZ 361; SCHULZ 140; SCHNACKENBURG II 300.

[50] Daß der christologischen Wesensaussage 8,58 innerhalb der johanneischen Theologie höchstes sachliches Gewicht beizumessen ist, erhellt auch daraus, daß mit ihr der Realgrund für die – nicht minder unerhörte und deshalb ebenfalls durch das feierliche ἀμὴν ἀμὴν λέγω ὑμῖν eingeleitete – soteriologische Aussage von 8,51 (ἐάν τις τὸν ἐμὸν λόγον τηρήσῃ, θάνατον οὐ μὴ θεωρήσῃ εἰς τὸν αἰῶνα) benannt wird. Treffend bemerkt BLANK, Schriftauslegung 214: „V. 51 … hängt in seiner sachlichen Gültigkeit, in seiner überzeugenden Wahrheitsstringenz an der Aussage: ‚Ehe Abraham ward, bin ich'. Diese ist der Grund für jenes; die Heilszusage ist in der Selbstaussage angelegt und gründet in ihr." Die christologische Spitzenaussage von V. 58 ist mithin gerade als eine durchaus „metaphysische", d.h. das *ewige* Sein des Gottessohnes zur Sprache bringende Bestimmung aufs engste auf die johanneische Soteriologic bezogen.

[51] Zur sprachlich-syntaktischen Analyse von 17,24 s.o. S. 37 Anm. 62.

[52] Vgl. auch 2,11; 12,41.

[53] In 17,5 selbst aufgrund von *attractio relativi*: ᾗ.

zeigt unmißverständlich an, daß der Sohn die göttliche δόξα *von Uranfang an* besitzt, daß sie ihm also keineswegs erst von einem bestimmten Augenblick seines Daseins an zukommt[54]. Daß der Präexistente diese „Herrlichkeit" *als der Sohn* permanent *vom Vater her* hat, eben das bringen die Worte ἣν δέδωκάς μοι (17,22.24) zur Sprache.

Die bisherigen Überlegungen haben zum einen gezeigt, daß der Aorist ἔδωκεν in 5,26b weder auf eine dem *Inkarnierten* noch auf eine dem *Auferstandenen* widerfahrene Lebensmitteilung rekurriert, und sie haben zum andern aufgewiesen, daß der Aorist auch nicht von einer „Ausrüstung" mit göttlicher ζωή spricht, die dem *Präexistenten* vor seiner Sendung und zum Zweck der Wahrnehmung seines Offenbarungswerkes zuteil geworden ist. Hebt der Aorist somit überhaupt nicht auf einen bestimmten Zeitpunkt bzw. auf einen einmaligen Akt ab, dann kann er sich nur auf das *ewige* Verhältnis des Vaters zum präexistenten Sohn beziehen[55]. Fragt man von daher erneut nach dem theologischen Sinn der in der Vater-Sohn-Aussage V. 26 vorliegenden Asymmetrie, so läßt sich die Antwort nunmehr unschwer ermitteln: Die Asymmetrie soll die *Unumkehrbarkeit* des zwischen dem Vater und dem Sohn bestehenden ewigen Ursprungsverhältnisses und damit die *personale Unterschiedenheit* beider zur Sprache bringen. Während der Vater *darin* der *Vater* des Sohnes ist, daß er die Fülle des Lebens von Ewigkeit her *ganz unmittelbar* „in sich selber" trägt, ist der Sohn gerade *darin* der *Sohn* des Vaters, daß er den wesenhaften Lebensbesitz *vom Vater her* empfängt. Der Vater-Sohn-Metaphorik, die in der christologischen Rede 5,19ff. beherrschend hervortritt, wohnt als solcher ein bestimmtes, unumkehrbares Gefälle inne, das in V. 26 *expressis verbis* zum Ausdruck kommt. Wird hier dementsprechend der „Vorrang" des Vaters vor dem Sohn behauptet, so soll damit gleichwohl die wesenhafte Einheit beider in gar keiner Weise problematisiert oder gar negiert werden. Jener „Vorrang" besagt vielmehr in der Sache nichts anderes, als daß – in der Begrifflichkeit der späteren Trinitätstheologie gesprochen – der Vater die πηγὴ τῆς θεότητος bzw. der *fons divinitatis* ist. Beide, der Vater wie der Sohn, haben – so R. Schnackenburg treffend – „gleicherweise ,das Leben in sich', nur daß der Vater derjenige ist, von dem die Bewegung des Lebens ursprunghaft ausgeht"[56]. Es ist deshalb nicht nur dogmatisch, sondern durchaus auch exegetisch angemessen, wenn Augustin V. 26b auf die *generatio aeterna*, d.h. auf die „ewige Zeugung" des Sohnes durch den Vater bezieht: „Ergo quod dicitur, *dedit Filio*, tale est ac si diceretur, genuit Filium: generando enim dedit."[57]

---

[54] Von den bisher erwähnten christologischen Präexistenzaussagen her ergibt sich zwingend, daß auch in 1,15.30; 6,62; 12,41 von der *absoluten* Präexistenz Christi die Rede ist.
[55] Vgl. Barrett 277: „Das Geben (ἔδωκεν) ist nicht ein zeitlicher Akt, sondern beschreibt die ewige Beziehung des Vaters und des Sohnes."
[56] Schnackenburg II 142.
[57] Augustin, Traktat XXII 10. Vgl. Traktat XIX 13: „Quid ergo ait? *Dedit Filio vitam*

Die Aussage von V. 26 behauptet, wie wir gesehen haben, keineswegs die Subordination des Sohnes unter den Vater[58], sie benennt vielmehr – unter der Voraussetzung der wesenhaften Einheit – die Unumkehrbarkeit des zwischen beiden bestehenden ewigen Ursprungsverhältnisses und damit ihre personale Differenz. Diese auf das *Wesen* von Vater und Sohn abhebende Aussage hat auf der Ebene des *Handelns* ihre Entsprechung in der Vater-Sohn-Aussage V. 19b: οὐ δύναται ὁ υἱὸς ποιεῖν ἀφ᾽ ἑαυτοῦ οὐδὲν ἐὰν μὴ τί βλέπῃ τὸν πατέρα ποιοῦντα[59]. Auch die auf den ersten Blick subordinatianisch anmutenden Worte dieses Satzes sind keineswegs subordinatianisch gemeint[60]; sie bringen nicht die schlechthinnige *Abhängigkeit* des Sohnes vom Vater, sondern seine schlecht-hinnige *Bezogenheit* auf den Vater zur Sprache, sind also ohne Frage als eine christologische Hoheitsaussage zu verstehen. Man könnte direkt sagen, daß die Wesensaussage von V. 26 den *Grund* für die das Offenbarungswerk des Sohnes betreffende Feststellung von V. 19b angibt: Weil der Sohn den wesenhaften Lebensbesitz vom Vater her empfängt, eben deshalb kann er in seinem Leben spendenden Wirken nur das tun, was er den Vater tun sieht. Fragt man, auf wel-chem Wege der vierte Evangelist die in V. 26 ausgesprochene Einsicht in das ewige, dem Offenbarungsgeschehen sachlich zugrunde liegende Verhältnis zwi-schen dem Vater und dem präexistenten Sohn gewonnen hat, so wird man urtei-len dürfen: Der Evangelist hat aus dem im Offenbarungsgeschehen wahrnehm-baren Relationsgefüge, demzufolge der Vater der *Sendende* und der Sohn der *Gesandte* ist, hinsichtlich der ewigen Vater-Sohn-Beziehung gefolgert, daß der Vater die göttliche Seins- und Lebensfülle *unmittelbar* „in sich selber" trägt, der mit ihm wesenseine Sohn hingegen diese Seins- und Lebensfülle in der *Bezogen-heit* auf den Vater und also im Modus stetigen *Empfangens* „in sich selber" hat.

---

*habere in semetipso?* Breviter dixerim, genuit Filium. Neque enim erat sine vita, et accepit vitam: sed nascendo vita est. Pater vita est non nascendo: Filius vita est nascendo. Pater de nullo patre; Filius de Deo Patre. Pater quod *est*, a nullo est: quod autem *Pater* est, propter Filium est. Filius vero et quod *Filius* est propter Patrem est; et quod *est*, a Patre est [Hervor-hebungen von mir]. Hoc ergo dixit: Vitam dedit Filio, ut haberet eam in semetipso: tamquam diceret: Pater, qui est vita in semetipso, genuit Filium qui esset vita in semetipso. Pro eo enim quod est genuit, voluit intelligi *dedit* ... Manet ergo Pater vita, manet et Filius vita; Pater vita in semetipso, non a Filio: Filius vita in semetipso, sed a Patre. A Patre genitus ut esset vita in semetipso: Pater vero non genitus vita in semetipso ... Ante omnia tempora Patri coaeternus est. Non enim unquam Pater sine Filio; aeternus autem Pater est: ergo coaeternus et Filius." Vgl. zur Sache auch Carson 257.

[58] Das ist gerade auch gegenüber der von Zahn 303–306 vertretenen, konsequent sub-ordinatianischen Auslegung des Verses 26 zu betonen. Zahn legt in V. 26b den Akzent zu Unrecht auf den Aorist ἔδωκεν und damit auf die *Differenz* zwischen Vater und Sohn (ebd. 304). In Wahrheit liegt der Ton jedoch in beiden Teilen des Verses auf der Wendung ἔχειν ζωὴν ἐν ἑαυτῷ bzw. ζωὴν ἔχειν ἐν ἑαυτῷ, genauerhin auf dem jeweils am Ende stehenden ἐν ἑαυτῷ und also gerade auf der Herausstellung des – dem Vater wie dem Sohn *gleicherma-ßen* zukommenden – wesenhaften Lebensbesitzes; so mit Recht auch Keil 228; Godet II 232; Bernard I 243; vgl. ferner Luthardt I 455; Holtzmann 94.

[59] Zur Lesung des Satzes s.o. S. 22 Anm. 2.

[60] S. den Nachweis o. S. 24–34.

## c) Fazit

Blicken wir auf die vorgetragenen Überlegungen zurück, dann läßt sich der theologische Sinn der Vater-Sohn-Aussage von V. 26 zusammenfassend so beschreiben: Indem der Evangelist einerseits vom Vater wie vom Sohn aussagt, daß sie das Leben *„in sich selber"* haben, bringt er die *wesenhafte Einheit* beider und mit ihr die wahre Gottheit des Sohnes zur Sprache; indem er andererseits erklärt, daß der Vater dem Sohn das ζωὴν ἔχειν ἐν ἑαυτῷ *„gegeben"* hat, markiert er zugleich die Unumkehrbarkeit des zwischen beiden bestehenden Ursprungsverhältnisses und damit ihre *personale Unterschiedenheit*. Genau in diesem Sinne hat schon Thomas von Aquin zu unserem Vers bemerkt: „Ostendit autem aequalitatem Filii ad Patrem, cum dicit *Sicut Pater habet vitam in semetipso*; et distinctionem, cum dicit *Dedit Filio*. Sunt enim aequales in vita Pater et Filius; sed distinguuntur, quia Pater dat, Filius accipit."[61] In dem Urteil des Aquinaten spiegelt sich wider, daß der die ewige Vater-Sohn-Relation begrifflich entfaltende Vers 26, mit dem die Aussagen von V. 21 und V. 24.25 begründet werden[62], zweifellos den christologischen Spitzensatz des Abschnitts V. 21–29 bildet. Er entspricht darin in der Sache der Vater-Sohn-Aussage von V. 20a, die mit dem Hinweis auf die ewige Liebe des Vaters zum Sohn den Grund für die in V. 19c behauptete Handlungs- und Offenbarungseinheit beider benennt[63].

## 2. Joh 5,27

Innerhalb des zweiten Argumentationsschrittes (V. 26–29) wird der mit dem christologischen Spitzensatz V. 26 begonnene Gedanke durch die Vater-Sohn-Aussage von V. 27 weitergeführt: καὶ ἐξουσίαν ἔδωκεν αὐτῷ κρίσιν ποιεῖν, ὅτι υἱὸς ἀνθρώπου ἐστίν.

Was zunächst die Worte ἐξουσίαν ἔδωκεν αὐτῷ κρίσιν ποιεῖν (V. 27a) anlangt, so wiederholen diese das in V. 22 Gesagte: Der Vater hat dem präexistenten Sohn die göttliche Machtvollkommenheit verliehen, an den Nicht-Glaubenden das Straf- und Verdammungsgericht zu vollziehen, das sich gegenwärtig in der Begegnung mit der Christusverkündigung der johanneischen Gemeinde ereignet[64]. Daß auch V. 27a die Relation zwischen dem Vater und dem *präexistenten* Sohn im Blick hat, zeigt hier – wie schon in V. 26 – der Aorist ἔδωκεν an, der in der Sache dem in der Parallele V. 22 erscheinenden Perfekt δέδωκεν

---

[61] THOMAS VON AQUIN, Nr. 782.
[62] S.o. S. 172f.
[63] S.o. S. 36–38.
[64] Vgl. SCHNACKENBURG II 143, der zu V. 27a bemerkt: Nach V. 22 und V. 24 „kann es nicht zweifelhaft sein, daß auch hier an das gegenwärtige ‚Gericht' gedacht ist, das über alle ergeht, die sich dem Ruf des Sohnes ungläubig verschließen".

entspricht[65]. Das Substantiv ἐξουσία ist im christologisch gefüllten Sinn zu hören: Es bezeichnet an dieser Stelle wie in 10,18 und 17,2 nicht eine lediglich *abgeleitete* Befugnis des Sohnes, sondern die ihm *unmittelbar* eigene Macht[66]. Die Wendung κρίσιν ποιεῖν schließlich kann zwar grundsätzlich sehr unterschiedliche Bedeutungen haben: a) „Recht schaffen"[67]; b) „Gerechtigkeit üben"[68]; c) „Gericht halten"[69]; d) „das Strafgericht vollziehen"[70]. Vom Kontext her steht jedoch außer Zweifel, daß der Wendung in unserem Vers die zuletzt genannte Bedeutung zukommt: Gemeint ist – wie an allen christologisch relevanten Stellen des vierten Evangeliums – der Vollzug des Straf- und Verdammungsgerichts[71].

Wenden wir uns dem Begründungssatz ὅτι υἱὸς ἀνθρώπου ἐστίν (V. 27b) zu, so ist hinsichtlich seines Wortlautes in Erinnerung zu rufen, daß das Prädikatsnomen hier deshalb indeterminiert verwendet ist (υἱὸς ἀνθρώπου), weil es der Kopula ἐστίν voransteht[72]. Der Ausdruck υἱὸς ἀνθρώπου entspricht somit der Sache nach dem determinierten Begriff ὁ υἱὸς τοῦ ἀνθρώπου. Ist die Indetermination einzig und allein durch die syntaktische Stellung des Prädikatsnomens und also rein *grammatisch* bedingt, dann ist schon von daher die von der überwiegenden Mehrzahl der neueren Ausleger gegebene *traditionsgeschichtliche* Auskunft als unzutreffend zurückzuweisen, dieses sprachliche Phänomen erkläre sich durch die bewußte Bezugnahme auf die in Dan 7,13 LXX erscheinende Wendung ὡς υἱὸς ἀνθρώπου[73]. Zu dem sprachlichen Ge-

---

[65] S.o. S. 92f. und S. 176f.

[66] Vgl. außerhalb des Johannesevangeliums besonders Mk 2,10 parr.

[67] So z.B. in LXX: Dtn 10,18; Sir 35,18.

[68] So z.B. Gen 18,25 LXX.

[69] So z.B. TestLev 18,2; Aristophanes, Ra 779.785 (vom Schiedsgericht); Xenophon, Hist IV 2,6.8 (vom Preisgericht).

[70] So z.B. grHen 1,9; 100,4; Jud 15; vgl. ferner die Wendung דין עשה an den bei SCHLATTER, Sprache und Heimat 91; DERS., Der Evangelist Johannes 151 aufgelisteten rabbinischen Belegstellen.

[71] S.o. S. 47f.

[72] S.o. S. 169 Anm. 2.

[73] U.a. gegen SCHULZ, Untersuchungen 111–113; DERS., Das Evangelium nach Johannes 91; HAHN, Christologische Hoheitstitel 41; BLANK, Krisis 161f.; BROWN I 215. 220; COLPE, Art. ὁ υἱὸς τοῦ ἀνθρώπου: ThWNT VIII 468,15ff. mit Anm. 437; SMALLEY, The Johannine Son of Man Sayings 292; MORRIS 320; HAMERTON-KELLY, Pre-existence 236; MOLONEY, The Johannine Son of Man 81f.; PAMMENT, The Son of Man in the Fourth Gospel 60; ASHTON, Understanding the Fourth Gospel 357. 361; HÜBNER, Biblische Theologie des Neuen Testaments III 164f.; BORCHERT 241 Anm. 37; FREY, Eschatologie II 502–505; HAMMES, Der Ruf ins Leben 215f. 242; RIDDERBOS 200f. mit Anm. 44. – Als gänzlich abwegig muß die vor allem in den älteren Arbeiten zum Johannesevangelium häufig zu lesende These bezeichnet werden, der indeterminierte Ausdruck υἱὸς ἀνθρώπου hebe ausdrücklich auf das *Menschsein* Jesu ab; so – bei recht unterschiedlicher Akzentuierung im einzelnen – u.a. HOLTZMANN 94f.; WESTCOTT 87; WEISS 177; GODET II 233f.; HEITMÜLLER 92; ZAHN 304–306; MACGREGOR 179; SCHLATTER 151f.; DERS., Erläuterungen I 95f.; TILLMANN 129; BÜCHSEL 78; SCHICK 60; SIDEBOTTOM, The Christ of the Fourth Gospel 92f.; BURKETT, The Son of Man in the Gospel of John 44f.

sichtspunkt kommt ein gewichtiger sachlicher Aspekt hinzu: Wie immer die Gestalt des ὡς υἱὸς ἀνθρώπου in Dan 7,13 LXX zu verstehen sein mag, – davon, daß ihr das *Gericht* übergeben werde, ist in Dan 7 mit keinem Wort die Rede[74]. Für eine Bezugnahme von Joh 5,27 auf Dan 7,13f. LXX spricht auch keineswegs der Sachverhalt, daß in Dan 7,14 LXX vom ὡς υἱὸς ἀνθρώπου gesagt wird: καὶ ἐδόθη αὐτῷ ἐξουσία. Denn das Wort ἐξουσία bezeichnet hier wie in Dan 4,3; 7,12.26f. LXX – jeweils dem aramäischen שָׁלְטָן (Dan 3,33; 7,12.26f.) entsprechend – die königliche „Herrschermacht" oder „Herrschaft"[75], nicht jedoch wie in Joh 5,27 die „Vollmacht" zu einem bestimmten Tun oder Verhalten[76]. Ein Blick auf Joh 1,12 und 17,2 lehrt zudem, daß die in 5,27 begegnende Wendung ἐξουσίαν διδόναι τινί zum festen johanneischen Sprachgebrauch gehört. Es kann folglich keine Rede davon sein, daß die zweigliedrige Aussage Joh 5,27 „eine Motivkompilation aus Dan 7,13 und 14"[77] oder gar „eine ‚Collage' aus den Versen Dan 7,13.14.22"[78] darstellt. Die Frage, warum in Joh 5,27 der „Menschensohn"-Titel erscheint, muß also anders als mit dem Hinweis auf Dan 7,13f. LXX – und auch anders als mit dem Rekurs auf die apokalyptische „Menschensohn"-Vorstellung der Bilderreden des äthiopischen Henochbuches[79] – beantwortet werden. Zunächst wird man mit einer Reminiszenz an jene Worte der synoptischen Tradition zu rechnen haben, die davon sprechen, daß der Menschensohn bei seiner endzeitlichen Parusie das Endgericht vollziehen wird[80]. Dabei ist allerdings zu beachten, daß der vierte Evangelist das in Joh 5,27 angesprochene „Gerichts"-Handeln des Menschensohnes im Unterschied zur synoptischen Tradition nicht als ein *zukünftiges* und *univer-*

---

[74] Vgl. HAMPEL, Menschensohn und historischer Jesus 30, der zu Dan 7 mit Recht erklärt: „Während das Gericht abgehalten wird, ist vom Menschensohn noch gar nicht die Rede. Dieser tritt nicht nur erst *nach* der Rechtsprechung auf, sondern auch erst *nach* dem Vollzug des Gerichts (V. 11b–12). Beides geschieht vollkommen ohne ihn. Dem entspricht die auffällige Passivität des Menschensohns, die keineswegs zu einem Richter paßt. Aus alledem wird deutlich, daß der Menschensohn bei Daniel ... keine Richterfunktion ausübt. Er wird nicht als Welt*richter*, sondern als Welt*herrscher* inthronisiert." Was hier im Blick auf den masoretischen Text von Dan 7 bemerkt wird, gilt in gleicher Weise auch für die Septuagintafassung. Wenn Hampel von *„dem* Menschensohn" spricht, so ist das allerdings insofern nicht unproblematisch, als der Text selbst lediglich von einer Gestalt *„wie* ein Mensch" redet.

[75] Vgl. Dan 4,3 θ' (ebenso wohl auch LXX) sowie Dan 7,14b LXX, wo im synonymen Parallelismus membrorum die Ausdrücke ἡ ἐξουσία αὐτοῦ (= שָׁלְטָנֵהּ) und ἡ βασιλεία αὐτοῦ (= מַלְכוּתֵהּ) nebeneinander erscheinen.

[76] Vgl. HOFIUS, Jesu Zuspruch der Sündenvergebung 140 Anm. 59.

[77] So SCHULZ, Untersuchungen 111.

[78] So FREY, Eschatologie II 502.

[79] Auf die Bilderreden des äthiopischen Henochbuches verweisen u.a. SCHULZ, Untersuchungen 112 mit Anm. 5; SCHNACKENBURG II 143; FREY, Eschatologie II 504f.; SCHNELLE 108. Zur traditionsgeschichtlichen Beurteilung der Bilderreden s. die Bemerkungen o. S. 91 Anm. 64.

[80] Vgl. nur Mk 8,38 parr (bes. Mt 16,27); 13,26; 14,62 par Mt 26,64; Mt 13,40–42; 19,28; 24,30f.; 25,31ff.; Lk 17,24.26ff.

*sales*, sondern als ein bereits *gegenwärtiges* und *partikulares*, weil ausschließlich den Nicht-Glaubenden widerfahrendes Geschehen begreift. Reminiszenzen an die synoptische Jesusüberlieferung dürften auch bei anderen „Menschensohn"-Worten des vierten Evangeliums vorliegen. So entspricht die johanneische Rede vom ὑψωθῆναι (3,14; 12,34; vgl. 8,28) bzw. δοξασθῆναι (12,23; 13,31) des Menschensohnes jenen synoptischen „Menschensohn"-Worten, die von seinem Leiden und Auferstehen handeln und beides auf das göttliche δεῖ zurückführen[81]. Die Rede vom καταβαίνειν des Menschensohnes (3,13) schließlich erinnert an jene „Menschensohn"-Worte der synoptischen Tradition, die als ἦλθεν-Worte gestaltet sind[82]. Was freilich den präzisen semantischen Gehalt des „Menschensohn"-Titels von Joh 5,27 betrifft, so kann dieser ausschließlich auf dem Wege einer *textimmanenten* Interpretation und also im Lichte der spezifisch *johanneischen* Rede vom „Menschensohn" ermittelt werden. Die Betrachtung der johanneischen „Menschensohn"-Worte[83] zeigt, daß der Hoheitstitel ὁ υἱὸς τοῦ ἀνθρώπου im vierten Evangelium durchweg an sachlich gewichtigem Ort Verwendung findet[84] und jeweils den himmlischen Ursprung bzw. die wesenhafte Zugehörigkeit Jesu zu Gott zum Ausdruck bringt. Der auf den christologischen Personaspekt abhebende „Menschensohn"-Titel entspricht somit in der Sache aufs genaueste dem „Sohn (Gottes)"-Titel, der ja ebenfalls die gottgleiche Würdestellung Jesu hervorhebt und also durchaus metaphysische Bedeutung hat[85]. Was beim „Sohn (Gottes)"-Titel zu beobachten ist, gilt in gleicher Weise für den „Menschensohn"-Titel: Die mit ihm verbundenen christologischen Aussagen umspannen den *gesamten* Weg Jesu – von seinem präexistenten Bei-Gott-Sein über seine Sendung in die Welt und seine Erhöhung an das Kreuz bis hin zu seiner Rückkehr zum Vater. Der „Menschensohn"-Titel ist demzufolge nach dem „Sohn (Gottes)"-Titel, in dessen Licht er verstanden sein will, der wichtigste johanneische Hoheitstitel überhaupt. Von der Bestimmung des johanneischen „Menschensohn"-Titels her läßt sich die argumentative Funktion des ὅτι-Satzes V. 27b nunmehr unschwer erfassen. Mit

---

[81] Vgl. nur Mk 8,31 parr; 9,31 parr; 10,33f. parr. In Joh 3,14 und 12,34 findet sich nicht zufällig das theologisch gewichtige δεῖ.

[82] Mk 10,45 par Mt 20,28; Lk 19,10; vgl. auch Mt 11,19.

[83] Joh 1,51; 3,13f.; 5,27; 6,27.53.62; 8,28; 9,35; 12,23.34(bis); 13,31.

[84] Vgl. besonders 1,51; 9,35; 13,31!

[85] Zum johanneischen „Sohn (Gottes)"-Titel s. die Ausführungen o. S. 30f. Daß innerhalb des vierten Evangeliums eine vollkommene sachliche Übereinstimmung zwischen dem „Menschensohn"-Titel und dem „Sohn (Gottes)"-Titel besteht, zeigt in exemplarischer Weise der chiastisch gestaltete Abschnitt Joh 3,13–17: Hier korrespondiert zum einen die auf die *Inkarnation* abhebende Rede vom καταβαίνειν des „Menschensohnes" V. 13 der Rede von der *Sendung* des „Sohnes" V. 17, zum andern die das *Kreuzesgeschehen* thematisierende Rede vom „Erhöhtwerden" des „Menschensohnes" V. 14f. der Rede von der *„Dahingabe"* (ἔδωκεν) des „eingeborenen Sohnes" V. 16. Vgl. ferner 12,23 (ἵνα δοξασθῇ ὁ υἱὸς τοῦ ἀνθρώπου) und 13,31 (νῦν ἐδοξάσθη ὁ υἱὸς τοῦ ἀνθρώπου) einerseits mit 11,4 (ἵνα δοξασθῇ ὁ υἱὸς τοῦ θεοῦ) und 17,1 (δόξασόν σου τὸν υἱόν) andererseits.

V. 27b wird der Realgrund für die in V. 27a benannte „Richter"-Funktion des Sohnes angegeben: Der Vater hat dem präexistenten Sohn deshalb das göttliche Hoheitsrecht verliehen, an den Nicht-Glaubenden das sich gegenwärtig ereignende Straf- und Verdammungsgericht zu vollstrecken, weil dieser selbst der gottgleiche „Menschensohn" ist. Das *Tun* des Sohnes gründet mithin in seinem *Sein*. Indem der Kausalsatz V. 27b auf das Persongeheimnis Jesu hinweist, korrespondiert er in der Sache der christologischen Wesensaussage von V. 26.

Die Vater-Sohn-Aussage V. 27 fügt sich – so kann jetzt formuliert werden – sowohl in den Duktus der christologischen Rede 5,19ff. wie auch in das Gesamtgefüge der johanneischen Christologie und Eschatologie nahtlos ein. Wenn nicht wenige Ausleger den Vers 27 insgesamt[86] oder doch zumindest den ὅτι-Satz V. 27b[87] als eine redaktionelle Hinzufügung ansehen, so geschieht das zu Unrecht. Derartige literarkritische Operationen gründen in dem bereits als unhaltbar aufgewiesenen Urteil, daß der „Menschensohn"-Titel an dieser Stelle im Lichte von Dan 7,13f. bzw. auf der Linie der in den Bilderreden des äthiopischen Henochbuches bezeugten „Menschensohn"-Vorstellung zu interpretieren und folglich als ein *apokalyptischer* Terminus zu begreifen sei[88]. Dieses Fehlurteil zieht dann notwendig die exegetisch nicht weniger inakzeptable These nach sich, daß in V. 27a unter der ϰϱίσις – anders als in V. 22 bzw. V. 24 und im Widerspruch zum Gesamtgefüge der johanneischen Eschatologie – das *zukünftige* und *universale* Endgericht verstanden werden müsse, das allererst über die Heilsteilhabe eines jeden Menschen entscheide[89].

---

[86] So z.B. SCHULZ 90f.; BLANK I/b 38f. (anders: DERS., Krisis 159 Anm. 121!); HAENCHEN 280f. 288ff.; GNILKA 41–43; SCHMIDT, Das Ende der Zeit 292.

[87] So z.B. SCHNACKENBURG II 146f.; THEOBALD, Fleischwerdung 387. – BULTMANN 195f. legt sich in seinem Urteil nicht fest: V. 27a ist „wahrscheinlich … ein Zusatz des Ev[an]g[e]listen [sc. zu seiner Quelle], wenn nicht gar schon des Red[aktors], der V. 28f. eingefügt hat"; V. 27 könnte insgesamt redaktionell sein, „möglich" ist aber auch, „daß der Red[aktor] nur das ἀνθϱώπου eingefügt hat, um – V. 28f. vorbereitend – die Aussage der traditionellen Eschatologie anzugleichen".

[88] So bemerkt etwa HAENCHEN 280 zu dem Ausdruck υἱὸς ἀνθϱώπου V. 27b: „Mit diesem apokalyptischen Titel wird die futurische und mythische Enderwartung wieder eingeführt. Der Menschensohn wird hier als der Weltenrichter verstanden." Ähnlich SCHULZ 90f.: „V. 27–29 bringen einen anderen christologischen Titel, den ‚Menschensohn'. Aber im bezeichnenden Unterschied zu den übrigen Menschensohn-Belegstellen im vierten Evangelium ist er hier in seinem ursprünglichen Sinn eindeutig zukünftig-apokalyptisch verstanden … V. 27 umschreibt die apokalyptische Inthronisation des Menschensohnes, während die V. 28ff. [sic!] die damit eingeleiteten Akte von Gericht und Heil verkündigen."

[89] Träfe die apokalyptische Deutung von V. 27 die Aussageintention des Verses, so wäre in der Tat das Urteil unausweichlich, daß dieser Vers in einem fundamentalen Gegensatz zur Eschatologiekonzeption des vierten Evangeliums steht und folglich literarkritisch als sekundär beurteilt werden muß. Diesen Sachverhalt nehmen jene Ausleger nicht wahr, die – wie etwa STRATHMANN 106; SCHICK 60; WILCKENS 119; RIDDERBOS 199–201; L. SCHENKE 109 – V. 27 auf das *zukünftige* Endgericht beziehen und zugleich für *genuin johanneisch* halten.

# B. Joh 5,28.29

Auf die beiden christologischen Sätze V. 26.27 folgt unmittelbar die eschatologische Aussage V. 28.29[90]:

28        μὴ θαυμάζετε τοῦτο, ὅτι
          ἔρχεται ὥρα
          ἐν ᾗ πάντες οἱ ἐν τοῖς μνημείοις ἀκούσουσιν τῆς φωνῆς αὐτοῦ
29        καὶ ἐκπορεύσονται
          οἱ τὰ ἀγαθὰ ποιήσαντες εἰς ἀνάστασιν ζωῆς,
          οἱ δὲ τὰ φαῦλα πράξαντες εἰς ἀνάστασιν κρίσεως.

Die zitierten Verse gehören zu jenen Aussagen des vierten Evangeliums, deren
sachliche und literarische Beurteilung in der Forschung überaus umstritten ist.
Sie bedürfen deshalb einer besonders eingehenden Erörterung. Diese soll mit
einem knappen Überblick über die in der neueren exegetischen Diskussion zu
verzeichnende kontroverse Beurteilung der beiden Verse einsetzen, weil die
mit dem Text gegebene Problematik so in aller Schärfe sichtbar wird.

*1. Die kontroverse Beurteilung der Verse Joh 5,28.29*
*unter der Prämisse ihres futurisch-eschatologischen Verständnisses*

Studiert man die einschlägige exegetische Literatur zu unserer Stelle[91], so zeigt
sich: Die Ausleger stimmen fast ausnahmslos in dem Urteil überein, daß die
Verse 5,28.29 – im Unterschied zu den präsentisch-eschatologischen Aussagen
von V. 24.25 – streng *futurisch-eschatologischen* Sinn haben und von der mit
der endzeitlichen Parusie des Gottessohnes einhergehenden *leiblichen* Totenauferstehung handeln. Strittig ist dabei jedoch, welche Folgerungen sich aus
dieser Feststellung ergeben. Zwei in der Forschung vorherrschende Sicht-
weisen verdienen hier besondere Beachtung.

a) Joh 5,28.29 – ein Zusatz der nachjohanneischen Redaktion

Im Raum der deutschsprachigen Johannesexegese überwiegt die Meinung, daß
die in V. 28.29 bezeugte Erwartung einer endzeitlichen Totenauferstehung in einer sachlichen Spannung bzw. sogar in einem unüberbrückbaren Gegensatz zu
dem in V. 24.25 greifbaren Gedanken einer sich bereits gegenwärtig ereignenden Totenauferweckung und damit zugleich in einem Widerspruch zu der streng
präsentisch konzipierten Eschatologie des vierten Evangeliums überhaupt steht.
Dieser Sicht zufolge können die Verse 28.29 – und entsprechend dann auch die

---

[90] Weil die Übersetzung des Textes bereits die Klärung einer ganzen Reihe strittiger Fragen voraussetzt, biete ich eine solche erst an späterer Stelle; s.u. S. 219.

[91] Zur Geschichte der Erforschung der johanneischen Eschatologie als ganzer s. die umfassende Darstellung von FREY, Eschatologie I.

ebenfalls als Zeugnisse futurischer Eschatologie gelesenen Textstellen 6,39c.
40c.44c.54b; 12,48cβ – unmöglich von der Hand des Evangelisten selbst stammen; sie müssen vielmehr auf das Konto einer nachjohanneischen Redaktion gehen[92]. Uneinigkeit herrscht bei den Vertretern dieser Position lediglich darüber, wie diese Redaktionsarbeit historisch zu verorten und sachlich zu bewerten ist. Die einen schreiben die als apokalyptisch beurteilten Zusätze einer „kirchlichen Redaktion" zu, die durch die Hinzufügung der Verse 28.29 die in V. 24.25 „radikal beseitigte populäre Eschatologie" wieder aufgerichtet und so für einen – theologisch ebenso bedenklichen wie unbefriedigenden – „Ausgleich der gefährlichen Aussagen V. 24f. mit der traditionellen Eschatologie" gesorgt habe[93].

---

[92] Dieses literarkritische Urteil findet sich z.B. in den folgenden *Kommentaren* zum Johannesevangelium: WELLHAUSEN 26. 31. 114 mit Anm. 1; BULTMANN 196f.; SCHULZ 9. 91. 223; SCHNACKENBURG II 144–149; HAENCHEN 100f. 280f. 288f. 406; BLANK I/b 37–39; GNILKA 41; BECKER I 283. 285. 291–293. Dieselbe Sicht begegnet ferner u.a. in den folgenden *Monographien, Aufsätzen und Lexikonartikeln*: WENDT, Johannesevangelium 122–126; BOUSSET, Art. Johannesevangelium: RGG[1] III 623; DERS., Kyrios Christos 177 mit Anm. 1; FAURE, Zitate 119 mit Anm. 2; BULTMANN, Die Eschatologie des Johannes-Evangeliums 135 mit Anm. 1; DERS., Art. ζάω κτλ.: ThWNT II 872,35–873,4; DERS., Theologie des Neuen Testaments 391; DERS., Art. Johannesevangelium: RGG[3] III 841; DERS., Geschichte und Eschatologie 54 Anm. 1; VON DOBSCHÜTZ, Charakter 163; HIRSCH, Studien zum vierten Evangelium 11. 57; SCHULZ, Die Stunde der Botschaft 316; BECKER, Wunder und Christologie 145 Anm. 4; DERS., Auferstehung der Toten 125. 128. 142–144; DERS., Streit der Methoden: ThR NF 51 (1986) 21; KEGEL, Auferstehung 113f.; BORNKAMM, Vorjohanneische Tradition 63f. Anm. 29; KLEIN, „Das wahre Licht scheint schon" 292f. Anm. 137. 296 Anm. 144; DERS., Art. Eschatologie IV: TRE 10, 289,59–290,8; VIELHAUER, Geschichte der urchristlichen Literatur 421. 444; RICHTER, Zur Formgeschichte 106f.; DERS., Die Fleischwerdung des Logos 172; DERS., Präsentische und futurische Eschatologie 375f.; DERS., Zum gemeindebildenden Element 409f.; LANGBRANDTNER, Weltferner Gott 12–14. 106. 114. 116; MARXSEN, Einleitung 263f.; THYEN, Literatur: ThR NF 43 (1978) 356; DERS., Art. Johannesevangelium: TRE 17, 218,27–44; HOFFMANN, Art. Auferstehung I/3: TRE 4, 459–461 (bes. 459,50–56); SCHENKE / FISCHER, Einleitung II 176; KÖSTER, Einführung in das Neue Testament 623; DERS., Art. Johannesevangelium: EKL[3] II 842; BERGMEIER, Glaube als Gabe 205. 207 mit Anm. 120; SCHOTTROFF, Art. ζῶ / ζωή: EWNT II 268; RISSI, Art. κρίνω / κρίσις: EWNT II 794; BRANDENBURGER, Gericht Gottes III: TRE 12, 481,54–482,1; ROLOFF, Neues Testament 147; HAUFE, Individuelle Eschatologie 454 Anm. 63; BROER, Auferstehung 74 Anm. 9; DERS., Einleitung I 187f.; MERKLEIN, Eschatologie im Neuen Testament 103; THEOBALD, Fleischwerdung 345f. Anm. 11. 387; WAGNER, Auferstehung 211 Anm. 76. 215; TAEGER, Johannesapokalypse 128 Anm. 34. 130f. 172. 175f.; GNILKA, Neutestamentliche Theologie 140f.; DERS., Theologie des Neuen Testaments 298f.; LOHSE, Die Entstehung des Neuen Testaments 109; WALTER, Die Botschaft vom Jüngsten Gericht 322 mit Anm. 18; BULL, Gemeinde zwischen Integration und Abgrenzung 57–61; CONZELMANN, Grundriß der Theologie des Neuen Testaments 400; CONZELMANN / LINDEMANN, Arbeitsbuch zum Neuen Testament 369; HÜBNER, Biblische Theologie des Neuen Testaments III 164 Anm. 44. 249. 251; SCHMIDT, Das Ende der Zeit 293. 313f.; DIETZFELBINGER, Der Abschied des Kommenden 104; HAMMES, Der Ruf ins Leben 216–221. 242. 321; NIEDERWIMMER, Eschatologie 293f. 298f.; NORDSIECK, Johannes 95f. 106f.

[93] BULTMANN 196; vgl. DERS., Art. ζάω κτλ.: ThWNT II 872,35–873,4; DERS., Theologie des Neuen Testaments 391; DERS., Art. Johannesevangelium: RGG[3] III 841; DERS., Geschichte und Eschatologie 54 Anm. 1.

Indem die kirchliche Redaktion „die apokalyptische Endzeiteschatologie" in
das vierte Evangelium eintrug, habe sie dieses „faktisch der bereits herrschen-
den, frühkatholisch-altkirchlichen Dogmatik der Großkirche angepaßt"[94] und
eben damit „dazu beigetragen, daß [das] Joh[annesevangelium] von der Kirche
als rechtgläubig rezipiert wurde, obwohl die präsentischen Aussagen stehen-
blieben"[95]. Dieser dezidiert kritischen Bewertung der Redaktion gegenüber erklären andere Exegeten, daß die in 5,28.29; 6,39c.40c.44c.54b; 12,48cβ vorliegenden redaktionellen Zusätze zwar durchaus in einer unübersehbaren
Spannung zur Eschatologie des vierten Evangelisten stehen, gleichwohl aber
eine sachlich gebotene Ergänzung bzw. ein theologisch gewichtiges Korrektiv
zu dem in seiner Radikalität nicht unproblematischen präsentisch-eschatologischen Denken des Evangelisten darstellen. Weil die im ursprünglichen Evangelium vorliegende „Ausschaltung des zukünftigen Elements einen Verlust der
Weltbezogenheit des Glaubens" bedeute, habe die Redaktion „auf einer weiteren Reflexionsstufe das zukünftige Element eingeholt", wobei die Formulierung
von 5,28.29 bewußt so gewählt sei, „daß sie das Gewicht der in der Gegenwart
zu fällenden Glaubensentscheidung kaum mindert"[96]. Die in den Kontext „wohl-
eingefügte"[97] Einheit 5,28.29 sei dementsprechend als der literarische Reflex
eines theologischen Denkprozesses zu begreifen, der nach dem Tod des Evangelisten innerhalb des johanneischen Gemeindeverbandes stattgefunden hat und
von dem Anliegen getragen war, sein Werk vor möglichen Mißverständnissen
zu schützen[98].

---

[94] SCHULZ 9; vgl. ebd. 223; DERS., Die Stunde der Botschaft 316.

[95] CONZELMANN, Grundriß der Theologie des Neuen Testaments 400. – Ähnlich urteilen
u.a. HIRSCH, Studien zum vierten Evangelium 57; KEGEL, Auferstehung 113–116; BORN-
KAMM, Vorjohanneische Tradition 63 f. Anm. 29; BECKER, Auferstehung der Toten 142–144;
DERS., Johannes I 283. 285. 291–293; VIELHAUER, Geschichte der urchristlichen Literatur
444; MARXSEN, Einleitung 263 f.; SCHENKE / FISCHER, Einleitung II 176; HAENCHEN 288 f.;
BRANDENBURGER, Gericht Gottes III: TRE 12, 481,54–482,1; LOHSE, Die Entstehung des
Neuen Testaments 109.

[96] GNILKA 42.

[97] Ebd. 41.

[98] Vgl. GNILKA, Neutestamentliche Theologie 141. – Um eine *positive* Würdigung der
nachjohanneischen Redaktion bemühen sich – auf freilich recht unterschiedliche Weise –
z.B. auch KLEIN, Art. Eschatologie IV: TRE 10, 290,8–13; THYEN, Literatur: ThR NF 43
(1978) 356; DERS., Art. Johannesevangelium: TRE 17, 218,29–36 (vgl. ebd. 211,7–11);
SCHNACKENBURG II 147–149; BROER, Auferstehung 74 Anm. 9. 76; MERKLEIN, Eschatologie im Neuen Testament 103 f.; HÜBNER, Biblische Theologie des Neuen Testaments III
251 f.; SCHMIDT, Das Ende der Zeit 315–321, bes. 320 f.; HAMMES, Der Ruf ins Leben 235–
239. 242–244. 321 f.; NIEDERWIMMER, Eschatologie 298–300.

b) Joh 5,28.29 – ein literarisch ursprünglicher und sachlich notwendiger Bestandteil der johanneischen Eschatologie

Im Unterschied zu der soeben skizzierten Sicht[99] betonen nicht wenige Ausleger, daß die in V. 28.29 greifbare zukunftseschatologische Aussage sehr wohl mit dem Argumentationsduktus des Abschnitts 5,19 ff. wie auch mit dem Gesamtzusammenhang der johanneischen Eschatologie vereinbar sei. Mit ihr bringe der Evangelist nämlich ein sachlich notwendiges und also unverzichtbares Moment seiner eigenen Eschatologiekonzeption zur Sprache, weshalb die Verse 28.29 – und ganz entsprechend dann auch die Textstellen 6,39c.40c. 44c.54b; 12,48cβ – keineswegs als eine redaktionelle Hinzufügung, sondern im Gegenteil als ein ursprünglicher Bestandteil des Johannesevangeliums anzusehen seien[100]. Hinsichtlich des näheren Verständnisses der Verse 28.29 las-

---

[99] Nur anmerkungsweise soll auf einen Deutungsvorschlag hingewiesen werden, der zu Recht aus der gegenwärtigen exegetischen Diskussion fast ganz verschwunden ist, weil er dem literarischen Gestaltungswillen des Evangelisten ebensowenig gerecht zu werden vermag wie seinem theologischen Reflexionsvermögen. Die futurisch-eschatologisch verstandenen Aussagen 5,28.29; 6,39c.40c.44c.54b; 12,48c stehen auch diesem Deutungsvorschlag zufolge in einer nicht unerheblichen sachlichen Spannung zu den übrigen eschatologischen Aussagen des vierten Evangeliums; diese Spannung sei nun aber nicht etwa auf literarkritischem Wege zu erklären, sondern vielmehr als „Akkomodation des Ev[an]g[e]l[i]sten an die vorgefundene konventionelle Denk- und Sprechweise" (HOLTZMANN, Neutestamentliche Theologie II 582) bzw. als „Anpassung an die volkstümliche Anschauung" (BAUER 59 [zu Joh 3,18]) zu begreifen. In diesem Sinne erklärt HEITMÜLLER 83 f.: „Wenn unser Evangelium … die Vorstellung der Auferweckung nicht ganz aufgibt, so ist das eine ganz unvermeidliche Anpassung an diese in der Gemeinde nun einmal herrschende Vorstellung. Wie sich der Verfasser das Verhältnis der ‚Auferstehung' zu dem schon vorhandenen unzerstörbaren Leben vorstellt, sehen wir nicht. Vielleicht denkt er sie als die äußere herrliche Darstellung des ‚ewigen Lebens'. Vielleicht – und das ist das Wahrscheinliche – hat er selbst sich nicht viel Gedanken darüber gemacht." Ähnliche Erwägungen finden sich bei KÄSEMANN, Jesu letzter Wille 36 f., der bemerkt: Falls die Verse 5,28.29; 6,39c.40c.44c.54b „Relikte vorjohanneischer Anschauung" sind, hätte der Evangelist „die Eierschalen der Vergangenheit nicht völlig abgestreift. Er hätte die individuelle Hoffnung zukünftiger Auferweckung festgehalten, als er die apokalyptische Erwartung des nahen Endes und einer kommenden neuen Welt fahren ließ."

[100] So urteilen z.B. die folgenden *Kommentatoren* des vierten Evangeliums: GODET II 236; BERNARD I 245; HOSKYNS 271; STRATHMANN 17 f. 106; WIKENHAUSER 145 f. 278–280; LINDARS 226 f.; MORRIS 321; SCHNEIDER 132; BARRETT 84 f. 278; BEASLEY-MURRAY 77; CARSON 258 f.; WILCKENS 8. 121; RIDDERBOS 199–201; L. SCHENKE 109 f.; SCHNELLE 25. 108–110. Dieselbe Sicht findet sich ferner u.a. in den folgenden *Monographien und Aufsätzen*: OVERBECK, Das Johannesevangelium 389. 465. 471–474 (bes. 472 f.); STÄHLIN, Eschatologie 238. 243 f. 252; GAUGLER, Das Christuszeugnis des Johannesevangeliums 58; KÜMMEL, Eschatologie 60–64; DERS., Die Theologie des Neuen Testaments 260–262. 291 f.; DERS., Einleitung 175 f.; SCHNIEWIND, Über das Johannesevangelium 199 f.; RUCKSTUHL, Einheit 159–169; SCHWEIZER, Das johanneische Zeugnis vom Herrenmahl 386 f. mit Anm. 55; DERS., Jesus Christus im vielfältigen Zeugnis des Neuen Testaments 163 mit Anm. 66; BLAUERT, Die Bedeutung der Zeit 65. 72 f.; HARTINGSVELD, Eschatologie 45–50. 200 f.; DODD, Interpretation 146–149. 364–366; ELLWEIN, Heilsgegenwart 25–28; BLANK, Krisis 172–181; DERS., Gegenwartseschatologie 239 f.; CULLMANN, Heil als Geschichte 265–267; RICCA, Eschatologie 147–149; WILKENS, Zeichen und Werke 163–165; LINDARS, Word and

sen sich zwei Deutungsweisen unterscheiden: Die eine begreift diesen Satz als
ein Zeugnis traditioneller apokalyptischer Eschatologie, die andere sieht in ihm
eine spezifisch johanneische Gestalt futurisch-eschatologischer Erwartung zum
Ausdruck gebracht. Die damit angesprochene interpretatorische Differenz soll
erst an späterer Stelle genauer in den Blick genommen werden[101]. Im jetzigen
Zusammenhang genügt eine knappe Darstellung jener Argumente, die von Vertretern *beider* Positionen zur Begründung des genuin johanneischen Charakters dieser Verse angeführt werden:

1. Wer dem Evangelisten den in 5,28.29; 6,39c.40c.44c.54b bezeugten Gedanken einer endzeitlichen leiblichen Totenauferweckung abspricht, übersieht
einen für die Christologie wie für die Soteriologie des Johannesevangeliums
gleichermaßen fundamentalen Sachverhalt: Die im Glauben geschaute göttliche Herrlichkeit des Gottessohnes ist gegenwärtig vor der Welt ebenso radikal
*verborgen* wie der Heilsbesitz der Glaubenden. Angesichts dessen ergibt sich
mit innerer theologischer Notwendigkeit die in 5,28.29 direkt ausgesprochene
und in 6,39c.40c.44c.54b sachlich vorausgesetzte Hoffnung auf die zukünftige
und sich vor aller Welt ereignende *Offenbarmachung* dessen, was gegenwärtig
zwar bereits wirklich, aber eben noch verhüllt ist[102].

2. Die Erwartung einer leiblichen Totenauferweckung steht deshalb nicht im
Widerspruch zur johanneischen Gegenwartseschatologie, weil der vierte
Evangelist darum weiß, daß das Sein der Christen gegenwärtig noch von der
Macht des *Todes* gezeichnet ist, dessen endgültige Überwindung erst in der
Zukunft erfolgen wird: „Der Tod erhebt sich auch bei Johannes als furchtbare
Schranke dieser Weltzeit … Erst in der gewissen Hoffnung auf die Auferste-
hung am Ende, die auf dem Glauben an Jesus, den Auferstandenen, unerschüt-
terlich ruht, findet die tiefe Not, daß derjenige, der im Glauben das ewige Le-
ben besitzt, doch durch das Tal des Todes hindurch muß, ihre Lösung."[103]

---

Sacrament 57 Anm. 1; MOLONEY, The Johannine Son of Man 76–80; GOPPELT, Theologie
des Neuen Testaments 640–643; ONUKI, Gemeinde und Welt 114 f.; SCHNELLE, Antidoketische Christologie 69. 71 f.; DERS., Neutestamentliche Anthropologie 157; DERS., Einleitung
517; DE JONGE, Christology and Theology 1850 f.; WEDER, Gegenwart und Gottesherrschaft
77–82; ASHTON, Understanding the Fourth Gospel 362 Anm. 69; HENGEL, Die johanneische
Frage 162. 187 Anm. 99. 188 mit Anm. 105. 211 f. mit Anm. 22; FREY, Erwägungen 385 f.;
DERS., Eschatologie II 479–481. 515–523 (bes. 522 f.). 529; KNÖPPLER, Die theologia crucis
108–110; ROLOFF, Einführung in das Neue Testament 242; STRECKER, Theologie des Neuen
Testaments 521; ΚΑΡΑΚΟΛΗΣ, Ἡ θεολογικὴ σημασία τῶν θαυμάτων 453–464, bes. 463
Anm. 93; LANDMESSER, Wahrheit als Grundbegriff 243 Anm. 347; STUHLMACHER, Biblische Theologie des Neuen Testaments II 218. 238. 248.
[101] S.u. S. 194–209.
[102] So z.B. STÄHLIN, Eschatologie 254 f.; KÜMMEL, Eschatologie 63; DERS., Die Theologie des Neuen Testaments 262; WIKENHAUSER 280; ELLWEIN, Heilsgegenwart 27 f.; BLANK,
Krisis 179 f.; DERS., Gegenwartseschatologie 240; GOPPELT, Theologie des Neuen Testaments 642 f.
[103] STÄHLIN, Eschatologie 255; vgl. BLANK, Krisis 180.

3. Der in den johanneischen Ostergeschichten zur Sprache kommende Glaube an die *leibliche* Auferstehung *Jesu* impliziert notwendig die Hoffnung auf eine *leibliche* Auferstehung der *Christen*: „Der Glaube an den leibhaftig auferstandenen Christus, an dessen Leben der Glaubende teilhat, mußte den Gedanken nahelegen, daß dieser Lebensbesitz am Glaubenden einmal so zur vollen Auswirkung kommen soll, wie es bei Christus geschehen ist, nämlich so, daß das leibliche Sein des Menschen darin einbezogen wird."[104]

4. Das in 11,38–44 in aller Drastik und Realistik geschilderte Wunder der Auferweckung des Lazarus will als „Bekräftigung der futurischen Verheißung von Joh 5,28 f."[105] bzw. als „Zeichen und Prolepse der endzeitlichen Auferweckung"[106] verstanden sein. Denn durch den „massiven Realismus der Darstellung" weist der Evangelist unübersehbar auf die in 5,28.29 bezeugte „unaufgebbare Leiblichkeit der Totenauferweckung" hin[107].

5. Innerhalb der johanneischen Eschatologie kommt der präsentischen Eschatologie zweifellos der sachliche Primat zu; gleichwohl ist auch für die Eschatologiekonzeption des vierten Evangeliums die gegenwärtig unaufhebbare Spannung von *„schon jetzt"* und *„noch nicht"* konstitutiv: „Es ist bei Johannes ähnlich wie bei Paulus: Das Heil ist gegenwärtig und doch zugleich zukünftig. Der Gläubige besitzt es schon, aber vollendet und endgültig erlangt er es bei der Parusie … So ist zwar der Gläubige nach Johannes jetzt schon vom Tode auferweckt und besitzt ewiges Leben, aber erst in der Zukunft erhält er es in Vollendung und als unverlierbaren Besitz, und vor allem wird ihm erst bei der Auferstehung der Toten der Verklärungsleib zuteil."[108]

6. Weil es im vierten Evangelium eindeutige Zeugnisse einer futurischen Eschatologie gibt, die mit hinreichenden Gründen literarkritisch nicht angefochten werden können[109], ist es methodisch höchst problematisch, die Textstellen 5,28.29; 6,39c.40c.44c.54b; 12,48cβ als Interpolationen zu bewerten[110].

7. Gegenüber der literarkritischen Annahme, die eschatologischen Zukunftsaussagen 5,28.29; 6,39c.40c.44c.54b; 12,48cβ verdankten sich den theologischen Ausgleichsbemühungen einer „kirchlichen Redaktion", ist nicht zuletzt deshalb äußerste Skepsis geboten, weil es „schlechthin unvorstellbar" ist, „daß ein Evangelium, welches die überkommene realistische Eschatologie radikal

---

[104] BLANK, Krisis 181.
[105] FREY, Eschatologie II 543.
[106] Ebd. 575.
[107] Ebd. 567. Vgl. IBUKI, Wahrheit 314 Anm. 22 („Die Handlung der Lazarusgeschichte ist das Zeichen für das in 5,28 Gesagte"); KNÖPPLER, Die theologia crucis 110 („Die Geschichte von der Auferweckung des Lazarus … erzählt, was 5,21–29 theologisch aussagt: Christus ruft die leiblich und geistlich Toten … in die ζωὴ αἰώνιος"); vgl. ferner SCHNELLE, Neutestamentliche Anthropologie 157; DERS., Einleitung 517.
[108] WIKENHAUSER 280; vgl. SCHNELLE 109 f.
[109] Genannt werden hier vor allem die Verse 14,2 f. und 17,24.
[110] So z.B. KÜMMEL, Einleitung 175 f.; STRECKER, Theologie des Neuen Testaments 521.

verneint, in den kirchlichen Gebrauch, wenn auch mit abschwächenden reali-
stischen Zusätzen, gelangen konnte, wo doch in der Kirche die Leugnung der
leiblichen Auferstehung als schlimme Irrlehre gebrandmarkt wurde (2Tim
2,18; 1Kor 15,12)"[111].

## 2. Das literarkritische Problem der Verse Joh 5,28.29
### unter der Prämisse ihres futurisch-eschatologischen Verständnisses

Die im vorigen Abschnitt dargestellten konträren Positionen haben unbescha-
det ihrer fundamentalen Differenz eine gemeinsame Basis: Sie setzen überein-
stimmend voraus, daß es sich bei den Versen 5,28.29 um Aussagen streng *futurischer* Eschatologie handelt. Nunmehr ist die Frage zu erörtern, wie die
beiden Positionen unter dieser Prämisse zu beurteilen sind. Da die zweite, die
Ursprünglichkeit dieser Verse verteidigende Sicht die Antwort auf die
Redaktions-Hypothese darstellt, dürfte es methodisch sinnvoll sein, eben diese
Sicht einer kritischen Nachprüfung zu unterziehen. Nimmt man die genannte –
später noch kritisch zu hinterfragende – Prämisse zunächst einmal als gegeben
hin, so ergibt sich notwendig die folgende Alternative: Wenn sich zeigen sollte,
daß die These der Ursprünglichkeit unhaltbar ist, dann wäre damit eo ipso der
redaktionelle Charakter der Verse 28.29 erwiesen; sollte sich hingegen nachweisen lassen, daß diese Verse einen genuinen Bestandteil des vierten Evangeliums bilden, dann wäre damit zugleich die Redaktions-Hypothese falsifiziert.

   Daß die These der Ursprünglichkeit in der Forschung des näheren in zwei
verschiedenen Gestalten vertreten wird, wurde bereits gesagt[112]. Die exegetische Überprüfung dieser These hat deshalb in zwei Schritten zu erfolgen: Zunächst ist die Deutung zu erörtern, die die Verse 28.29 als einen auf den Evangelisten selbst zurückgehenden Satz traditioneller apokalyptischer Eschatologie
versteht. Im Anschluß daran ist dann der Interpretationsvorschlag vorzustellen
und zu diskutieren, der in diesen Versen das Zeugnis einer spezifisch johanneischen Zukunftseschatologie erblickt.

a) Die Deutung von Joh 5,28.29 als eines vom vierten Evangelisten
   stammenden Satzes traditioneller apokalyptischer Eschatologie

Die Mehrzahl jener Exegeten, die in V. 28.29 einen ursprünglichen Bestandteil
des vierten Evangeliums erkennen, interpretiert diesen Satz ganz im Sinne traditioneller apokalyptischer Eschatologie[113]. Im Blick auf dieses Verständnis ist
sogleich kritisch zu bemerken: Sollten die beiden Verse tatsächlich von einer

---

[111] Wikenhauser 280.
[112] S.o. S. 191f.
[113] Exemplarisch genannt seien: Zahn 306f.; Schlatter 152f.; Wikenhauser 145f.;
Schneider 131f.; Wilckens 119–121; L. Schenke 109f.; Schnelle 108.

universalen endzeitlichen Totenauferweckung und von einem – im unmittelbaren Anschluß daran erfolgenden – allgemeinen und nach dem Kriterium des
ethischen Verhaltens urteilenden Endgericht sprechen, dann wäre die sach- und
literarkritische Feststellung unausweichlich, daß diese Verse mit dem Denken
des Evangelisten selbst unvereinbar sind und somit von fremder Hand stammen müssen. Zu diesem Urteil zwingen schon die folgenden, für die
johanneische Theologie elementaren Sachverhalte:

1. Der vierte Evangelist stellt immer wieder heraus, daß der von Gott geschenkte Glaube an Jesus Christus die einzige – und also nicht nur die notwendige, sondern zugleich auch die hinreichende – Bedingung für die ewige Heilsteilhabe des Menschen ist[114]. Es ist von daher ausgeschlossen, daß der gleiche
Autor die dazu konträre Anschauung vertreten könnte, daß das ewige menschliche Heil bzw. Unheil *allein* oder doch zumindest *auch* von den guten oder
bösen „Werken" des Menschen abhänge.

2. Unsere Überlegungen zum johanneischen „Gerichts"-Verständnis haben
ergeben, daß sich die mit der Menschwerdung des Gottessohnes notwendig
verbundene κρίσις bereits gegenwärtig mit eschatologisch-forensischer Kraft
ereignet und daß sie ausschließlich den Nicht-Glaubenden widerfährt und deshalb dezidiert negativ als Straf- und Verdammungsgericht zu verstehen ist. Diese
Bestimmungen lassen keinen Raum für die Erwartung eines zukünftigen Endgerichts, das gleichermaßen alle Menschen – Glaubende wie Nicht-Glaubende
– betrifft und überhaupt erst über die ewige Heilsteilhabe eines jeden einzelnen
entscheidet[115].

3. Die Exegese der Verse 24.25 hat gezeigt, daß der Evangelist zwar durchaus traditionelle apokalyptische Sprachmuster und Vorstellungsinhalte aufnehmen kann, diese aber zugleich dadurch radikal umformt, daß er sie zur Darstellung streng präsentisch-eschatologischer Sachverhalte verwendet. Er bringt so
auf besonders pointierte Weise zum Ausdruck, daß sich das heilvolle Geschehen
der eschatologischen Totenauferweckung ebenso wie das Unheilsgeschehen des
Straf- und Verdammungsgerichts nicht etwa erst an einem noch in der Zukunft
liegenden Jüngsten Tag, sondern bereits hier und jetzt in der Begegnung mit
der nachösterlichen Christusverkündigung vollzieht. Die ungebrochen apokalyptisch verstandenen Verse 28.29 dem Evangelisten zuzuschreiben, hieße
deshalb, „ihn seine eigenen Interpretationsvorgänge Zug um Zug wieder auflösen zu lassen"[116].

---

[114] S. nur 1,12; 3,15f.18.36; 6,35.40.47; 11,25b–26a; 12,46; 20,31.

[115] Sollte in 12,48 tatsächlich von einem *zukünftigen* „Gerichts"-Geschehen die Rede
sein, dann müssen die Worte ἐν τῇ ἐσχάτῃ ἡμέρᾳ als sekundär beurteilt werden. S. aber zu
dem damit angesprochenen Problem die Überlegungen u. S. 225.

[116] So treffend KEGEL, Auferstehung 114.

b) Die Deutung von Joh 5,28.29 als eines Zeugnisses spezifisch
   johanneischer Zukunftseschatologie

α) *Die These*

Daß bei dem skizzierten, streng apokalyptischen Verständnis der Verse 28.29
zwischen diesen Versen einerseits und den Versen 24.25 sowie den übrigen
präsentisch-eschatologischen Aussagen des vierten Evangeliums andererseits
ein unauflöslicher Widerspruch entsteht, ist auch von einigen Auslegern, die
V. 28.29 für genuin johanneisch halten, sehr wohl gesehen worden. Diese Ausleger suchen die strittigen Verse dementsprechend nicht als ein Zeugnis traditioneller apokalyptischer Eschatologie zu begreifen, sondern sie sehen mit ihnen eine – nach ihrem Urteil auch an anderen Stellen wahrnehmbare –
spezifisch *johanneische* Zukunftseschatologie zur Sprache gebracht.

Folgende Argumente, die eine mit dem johanneischen Denken konforme Deutung ermöglichen sollen, werden dabei vorgetragen: 1. Die Verse 28.29 sprechen zwar von einer allgemeinen Totenauferstehung, diese erfolgt aber „bereits in zwei getrennten ‚Klassen‘ "[117] – für die einen als ἀνάστασις ζωῆς, für
die anderen als ἀνάστασις κρίσεως. – 2. Die in V. 29 erscheinende Opposition
οἱ τὰ ἀγαθὰ ποιήσαντες / οἱ τὰ φαῦλα πράξαντες hat nicht etwa, wie es auf
den ersten Blick erscheinen mag, ethischen Sinn, sondern sie ist in Wahrheit –
ebenso wie die Gegenüberstellung von πᾶς ὁ φαῦλα πράσσων / ὁ ποιῶν τὴν
ἀλήθειαν in 3,20f. – eine Umschreibung für den Glauben bzw. Unglauben[118]. –
3. Die Entscheidung darüber, an welcher Art der zukünftigen leiblichen Auferstehung der einzelne teilhat, fällt nicht erst im Endgericht, sondern bereits in
der Gegenwart, und zwar ausschließlich aufgrund des Glaubens (= οἱ τὰ
ἀγαθὰ ποιήσαντες) bzw. des Unglaubens (= οἱ τὰ φαῦλα πράξαντες)[119].

Von diesen drei Argumenten her ergibt sich dann für die Verse 28.29 als
Gesamtaussage: Die für die Zukunft erwartete universale Totenauferweckung
bedeutet in positiver wie in negativer Hinsicht nichts anderes als die „Verewigung des bereits vor dem leiblichen Tod praktizierten Lebens"[120]; „in ihr mani-
festiert sich leiblich und endgültig die postmortale Vollendung des ‚ewigen
Lebens‘ und analog das eschatologische Todesverderben"[121]. Während den
Glaubenden „im Falle ihres Todes die ‚Auferstehung zum Leben‘ zugesagt
ist", haben „die Nicht-Glaubenden lediglich die ‚Auferstehung zum Ver-
nichtungsgericht‘, d.h. die physische Restitution zur Bestrafung, zu erwarten",
wobei „in beiden Fällen … im endzeitlichen Akt der ἀνάστασις … nur die im

[117] Frey, Eschatologie II 516; vgl. Goppelt, Theologie des Neuen Testaments 641.
[118] Vgl. Goppelt, Theologie des Neuen Testaments 642; Knöppler, Die theologia crucis
109 mit Anm. 38; ähnlich Frey, Eschatologie II 518f. 529.
[119] Vgl. Goppelt, Theologie des Neuen Testaments 641f.; Frey, Eschatologie II 518.
[120] Knöppler, Die theologia crucis 109.
[121] Frey, Eschatologie II 518; vgl. Goppelt, Theologie des Neuen Testaments 642f.

irdischen Leben gefallene Entscheidung zur leiblich-konkreten Auswirkung" kommt[122].

*β) Kritische Würdigung*

Der soeben vorgestellte Interpretationsvorschlag ist zweifellos sehr viel reflektierter als die zuerst dargestellte Position derer, die die Verse 28.29 streng apokalyptisch deuten und sie zugleich dem Evangelisten selbst zuschreiben. Gleichwohl vermag auch dieser Interpretationsvorschlag einer kritischen exegetischen Nachprüfung nicht standzuhalten. Denn gegen ihn lassen sich sowohl vom unmittelbaren Kontext der beiden Verse wie auch vom Gesamtgefüge der johanneischen Theologie her schwerwiegende Einwände geltend machen.

*αα) Die Erwartung der leiblichen Auferweckung der Ungläubigen und die johanneische Eschatologie*

Fragt man, ob die Erwartung einer leiblichen Auferweckung der *Ungläubigen* mit der johanneischen Eschatologiekonzeption vereinbar ist, so lassen sich zwei Beobachtungen nennen, die zu einer negativen Antwort führen:

1. Der grundsätzlichen christologischen Aussage von V. 21 ist zu entnehmen, daß der Sohn einzig die Erwählten (= οὓς θέλει) lebendig macht. Dem entspricht es, wenn dann in den Versen 24.25, die vom „Wie" und vom „Wann" des ζωοποιεῖν handeln, gesagt wird, daß ausschließlich jene Menschen, die aufgrund ihrer Erwählung Jesu Wort im Glauben vernehmen (ὁ τὸν λόγον μου ἀκούων V. 24 / οἱ ἀκούσαντες V. 25), „aus dem Tode ins Leben hinübergeschritten sind" (V. 24) bzw. „leben werden" (V. 25). In V. 21 wie auch in V. 24.25 ist somit einzig und allein von einer Auferstehung zum *Heil* die Rede. Wird den Versen 28.29 der Gedanke einer *allgemeinen* – wenn auch „bereits in zwei getrennten ‚Klassen'" erfolgenden[123] – endzeitlichen Totenauferstehung entnommen, so steht diese Interpretation zu dem beschriebenen Befund zumindest in einer ganz erheblichen Spannung[124].

2. Die negative Aussage Joh 3,18b besagt, daß sich das Straf- und Verdammungsgericht an den Nicht-Glaubenden bereits gegenwärtig in definitiver Weise ereignet hat: ὁ μὴ πιστεύων ἤδη κέκριται, ὅτι μὴ πεπίστευκεν εἰς τὸ ὄνομα τοῦ μονογενοῦς υἱοῦ τοῦ θεοῦ. Die in frühjüdischen Texten bezeugte eschatologische Erwartung, daß die Gottlosen einzig zum Zwecke ihrer an-

---

[122] FREY, Eschatologie II 530.

[123] Ebd. 516.

[124] Das Problem hat BULTMANN 196 Anm. 11 scharf wahrgenommen, wenn er bemerkt: „Auch daß V. 28f. eine *allgemeine* Totenauferstehung lehren, während nach V. 24f. nur die ‚Hörenden' zum Leben erweckt werden (vgl. οὓς θέλει V. 21), zeigt, daß V. 28f. nicht zum Vorhergehenden stimmen."

schließenden endgültigen Vernichtung eine leibliche Restitution erfahren[125], macht deshalb im Kontext der streng präsentisch konzipierten „Gerichts"-Theologie des vierten Evangeliums überhaupt keinen Sinn – zumal diese κρίσις als solche bereits den Charakter der *Verewigung* des Seins im Tode hat, eine solche also nicht erst in der Zukunft erfolgen muß.

### ββ) Die Erwartung der leiblichen Auferweckung der Glaubenden und die johanneische Eschatologie

Die Hoffnung auf eine endzeitliche Auferstehung der Nicht-Glaubenden steht, wie wir sahen, im Widerspruch zur johanneischen Eschatologie. Zu fragen bleibt allerdings, ob der Evangelist an dem Gedanken einer zukünftigen leiblichen Auferweckung der *Glaubenden* festhält. Daß auch diese Frage negativ zu beantworten ist, wird schon von den Versen 24.25 her nahegelegt: Wer, wie dort geschehen, die apokalyptische Vorstellung einer sich am Ende aller Tage ereignenden Totenauferweckung aufnimmt und sie zugleich in Aussagen dezidiert präsentischer Eschatologie umformt, der kann schwerlich wenige Verse später die gleiche apokalyptische Vorstellung – wenn auch in neuer Akzentsetzung – zur Darstellung streng futurisch-eschatologischer Sachverhalte verwenden. Wollte man dem Evangelisten ein solches Verfahren unterstellen, so würde man ihn auch in diesem Falle faktisch „seine eigenen Interpretationsvorgänge Zug um Zug wieder auflösen … lassen"[126].

Daß innerhalb des Gesamtgefüges der johanneischen Eschatologie für die Erwartung einer endzeitlichen leiblichen Totenauferweckung der Glaubenden kein Raum bleibt, zeigt vollends der Abschnitt 11,20–27. Dieser Textzusammenhang, der die Begegnung der Martha mit Jesus schildert, bildet nicht nur den theologischen Höhepunkt der Lazaruserzählung (10,40–11,54)[127], sondern ihm kommt zweifellos zugleich auch für die Bestimmung der johanneischen Eschatologie eine hermeneutische Schlüsselfunktion zu. Ihn haben wir deshalb jetzt genauer in den Blick zu nehmen.

### γγ) Exegese von Joh 11,20–27

Für das Verständnis des Textes 11,20–27 ist zunächst die Beobachtung wesentlich, daß wir es in den beiden christologischen Aussagen der Martha V. 21f. nicht mit Äußerungen wahren Glaubens[128], sondern ganz im Gegenteil mit Äu-

---

[125] So z.B. syrBar 49,1–51,10.
[126] KEGEL, Auferstehung 114.
[127] Vgl. BLANK, Krisis 153; SCHNACKENBURG II 412.
[128] So die überwiegende Mehrzahl der Ausleger; s. z.B. HEITMÜLLER 129; ZAHN 484f.; BERNARD II 385f.; BULTMANN 306; WIKENHAUSER 214; MORRIS 548f.; BARRETT 392; HAENCHEN 404; SCHNACKENBURG II 413; BECKER II 421; BEASLEY-MURRAY 190; CARSON 411f.; HOEGEN-ROHLS, Der nachösterliche Johannes 263f.; WILCKENS 178; SCHNELLE 189.

ßerungen des Nicht-Verstehens und damit des Unglaubens zu tun haben[129]. Martha erkennt Jesus mit der ersten – dann noch einmal in V. 32b im Munde der Maria erscheinenden – Aussage: „Herr, wärest du hier gewesen, so wäre mein Bruder nicht gestorben" (κύριε, εἰ ἦς ὧδε οὐκ ἂν ἀπέθανεν ὁ ἀδελφός μου [V. 21b]) durchaus die Macht zu, daß er Lazarus durch ein Heilungswunder vor dem Tode hätte bewahren können, und sie schreibt ihm mit der zweiten, das zuvor Gesagte noch steigernden Aussage: „Doch auch jetzt weiß ich, daß Gott dir alles geben wird, worum auch immer du Gott bittest" ([ἀλλὰ] καὶ νῦν οἶδα ὅτι ὅσα ἂν αἰτήσῃ τὸν θεὸν δώσει σοι ὁ θεός [V. 22]) sogar die Fähigkeit zu, daß er Gott durch sein vollmächtiges Bittgebet zur Auferweckung ihres Bruders bewegen könne. Beide Bestimmungen verfehlen jedoch das göttliche Persongeheimnis Jesu, weil sie eine qualitative Differenz zwischen ihm und Gott voraussetzen – man beachte das zweimalige ausdrückliche ὁ θεός im Munde der Martha V. 22! – und den ewigen Gottessohn in deutlicher Anknüpfung an die Elia / Elisa-Tradition[130] auf der Ebene des Prophetischen und damit letztlich noch des Menschlichen verorten. Daß die Aussage V. 22 christologisch zutiefst unangemessen ist, läßt schon die Darstellung des Gebetes Jesu 11,41f. erkennen[131]: Jesus spricht Gott hier – erstens – mit πάτερ an, womit er seiner einzigartigen Sohnschaft Ausdruck verleiht; er formuliert sein Gebet – zweitens – nicht als Bittgebet, sondern in dem Wissen um die ständige Erhörung durch den Vater als Dankgebet; und dieses Dankgebet wird – drittens – bereits laut, ehe das Auferweckungswunder geschieht. In allen drei Zügen zeigt sich, wie sehr das Gespräch Jesu mit seinem himmlischen Vater von jeglichem menschlichen Beten unterschieden ist, und eben darin bekundet sich seine wesenhafte Einheit mit Gott. Das von 11,41f. her unausweichliche Urteil, daß die Worte der Martha V. 21f. und besonders der οἶδα-Satz V. 22 die Wirklichkeit Jesu in gar keiner Weise erfassen, wird durch eine weitere Beobachtung bestätigt: Im Johannesevangelium begegnen auch an anderen Stellen durch οἶδα bzw. οἴδαμεν eingeleitete Sätze, die dem Persongeheimnis Jesu gänzlich unangemessen sind. Wenn etwa Nikodemus Jesus mit den Worten anredet: „Rabbi, wir wissen, daß du als Lehrer von Gott gekommen bist, denn niemand kann die Zeichen tun, die du tust, es sei denn, Gott ist mit ihm" (ῥαββί, οἴδαμεν ὅτι ἀπὸ θεοῦ ἐλήλυθας διδάσκαλος· οὐδεὶς γὰρ δύναται ταῦτα τὰ σημεῖα ποιεῖν ἃ σὺ ποιεῖς, ἐὰν μὴ ᾖ ὁ θεὸς μετ' αὐτοῦ [3,2]), so hält er sein Gegenüber für einen mit besonderer Vollmacht ausgestatteten Lehrer und Propheten, während Jesus in Wahrheit der vom Himmel gekommene Sohn und als solcher mit dem Vater ursprunghaft eins ist (3,13.16–18.31.35)[132]. Ebenso unzutreffend ist es, wenn der durch Jesus von seiner Blindheit Geheilte

---

[129] Ebenso urteilt WELCK, Erzählte Zeichen 214–217.
[130] Zur Elia / Elisa-Tradition s. die Bemerkungen o. S. 79–82.
[131] Zu 11,41f. s.o. S. 81f.
[132] Zur Exegese von 3,2 s. des näheren HOFIUS, Wiedergeburt 37f.

die ihm widerfahrene Wundertat mit Worten zu erklären sucht, die Jesus als
einen besonders frommen Gottesmann kennzeichnen: „Wir wissen, daß Gott
Sünder nicht erhört, sondern wenn jemand gottesfürchtig ist und seinen Willen
tut, den erhört er … Wenn dieser nicht von Gott [gesandt] wäre, so hätte er
nichts vollbringen können" (οἴδαμεν ὅτι ἁμαρτωλῶν ὁ θεὸς οὐκ ἀκούει, ἀλλ᾽
ἐάν τις θεοσεβὴς ᾖ καὶ τὸ θέλημα αὐτοῦ ποιῇ τούτου ἀκούει … εἰ μὴ ἦν οὗτος
παρὰ θεοῦ, οὐκ ἠδύνατο ποιεῖν οὐδέν [9,31–33]). Die wahre Erkenntnis Jesu
kommt erst da zur Sprache, wo der Geheilte aufgrund der Selbstoffenbarung
Jesu bekennt: πιστεύω [sc. εἰς τὸν υἱὸν τοῦ ἀνθρώπου], κύριε und sein Bekenntnis mit der Proskynese bekräftigt (9,35–38)[133].

Auf die Worte der Martha 11,21 f. antwortet Jesus mit der bewußt doppeldeutig formulierten Zusage: „Dein Bruder wird auferstehen" (ἀναστήσεται ὁ
ἀδελφός σου [V. 23]). Während Jesus mit dieser Verheißung auf das in Kürze
geschehende Wunder der Auferweckung des Lazarus vorausweist, bezieht Martha diese Auskunft auf die endzeitliche Totenauferstehung: „Ich weiß, daß er
auferstehen wird bei der Auferstehung am Jüngsten Tag" (οἶδα ὅτι ἀναστήσεται
ἐν τῇ ἀναστάσει ἐν τῇ ἐσχάτῃ ἡμέρᾳ [V. 24]). Daß diese Aussage der Martha
ebenfalls Ausdruck des Nicht-Verstehens bzw. des Unglaubens Jesus gegenüber
ist und auch nicht etwa im Sinne des Evangelisten eine „Teilwahrheit" zum Ausdruck bringt[134], wird wieder durch das einleitende οἶδα signalisiert. Stellte die
mit οἶδα einsetzende *christologische* Aussage von V. 22 eine Jesu Person radikal
verfehlende und also in den Gesamtzusammenhang der johanneischen Christologie schlechterdings nicht zu integrierende Bestimmung dar, so gilt ganz analog
von der wiederum mit οἶδα eingeführten *eschatologischen* Aussage V. 24, daß
sie Jesu Werk in gar keiner Weise gerecht wird und sich dementsprechend überhaupt nicht in das Koordinatensystem der johanneischen Eschatologie einzeich-
nen läßt. Dieses Urteil wird durch die in früheren Zusammenhängen unserer
Arbeit gewonnene Einsicht untermauert, daß der Evangelist in der Christologie
den sachlichen Grund für die Eschatologie erblickt und zwischen den christologischen Aussagen einerseits und den eschatologischen Aussagen andererseits
einen unauflöslichen Sachzusammenhang gegeben sieht[135]. Die in V. 21 f. zur
Sprache kommende falsche *Christologie* führt mit strenger theologischer Notwendigkeit zu einer falschen *Eschatologie*[136].

---

[133] Daß die Kategorie des „Propheten" dem Persongeheimnis Jesu in gar keiner Weise
gerecht zu werden vermag, zeigt sich nicht zuletzt auch darin, daß die Bezeichnung Jesu als
προφήτης (4,19; 9,17) bzw. als ὁ προφήτης [ὁ ἐρχόμενος εἰς τὸν κόσμον] (6,14; 7,40) im
Johannesevangelium ausschließlich im Munde derer erscheint, die sein wahres Wesen noch
nicht erkannt haben.
[134] So jedoch RICCA, Eschatologie 145; s. ferner die u. S. 204 Anm. 147 genannten Autoren.
[135] S.o. S. 172 f.
[136] Daß wir es in V. 24 mit einer Äußerung des Unglaubens zu tun haben, bestätigen die
Verse 11 f., die in ihrer Struktur V. 23 f. entsprechen: Auch hier ist die Antwort, die die Jünger in V. 12 (κύριε, εἰ κεκοίμηται σωθήσεται) auf das wiederum bewußt doppeldeutig for-

Zu dem Urteil, daß die in V. 24 ausgesprochene Erwartung einer zukünftigen
leiblichen Auferstehung der Glaubenden mit dem eschatologischen Denken
des vierten Evangelisten unvereinbar ist, nötigt schließlich – und das ist entscheidend! – das auf V. 24 unmittelbar folgende Offenbarungswort Jesu
V. 25b–26a:

25b  ἐγώ εἰμι ἡ ἀνάστασις καὶ ἡ ζωή·
 c    ὁ πιστεύων εἰς ἐμὲ κἂν ἀποθάνῃ          ζήσεται,
26a   καὶ πᾶς ὁ ζῶν καὶ πιστεύων εἰς ἐμὲ      οὐ μὴ ἀποθάνῃ εἰς τὸν αἰῶνα.

25b  „Ich bin die Auferstehung und das Leben.
 c    Der an mich Glaubende,
        mag er auch sterben,                  wird leben;
26a   und jeder, der da lebt und an mich glaubt,  wird ganz gewiß
                                                in Ewigkeit nicht sterben."[137]

Mit diesem Offenbarungswort gibt Jesus sich Martha in seiner Person und in
seinem Werk zu erkennen, und er korrigiert damit zugleich sowohl ihre christologische Aussage von V. 22 wie auch ihre eschatologische Aussage von V. 24.
Durch die sich hier ereignende Selbsterschließung Jesu gelangt Martha allererst zu jenem wahren Glauben, den sie dann in V. 27 in dem christologisch
vollgültigen Bekenntnissatz äußert: ἐγώ πεπίστευκα ὅτι σὺ εἶ ὁ χριστὸς ὁ υἱὸς
τοῦ θεοῦ ὁ εἰς τὸν κόσμον ἐρχόμενος[138].

Was zunächst die Selbstprädikation Jesu V. 25b anlangt, so bringen die Worte
ἐγώ εἰμι ἡ ἀνάστασις καὶ ἡ ζωή in Gestalt einer Identifikationsformel zum
Ausdruck, daß Jesus *selbst* und er *allein* die eschatologische Auferstehung und
das ewige Leben ist. Mit dieser Aussage wird für Jesu Person zweifellos *gott-
gleiches* Sein behauptet; denn die Prädikation als ἀνάστασις und ζωή gebührt,
wie schon M. Luther scharf bemerkt, „keinem außer dem wahrhaftigen Gott"[139].

---

mulierte Wort Jesu V. 11 (Λάζαρος ὁ φίλος ἡμῶν κεκοίμηται· ἀλλὰ πορεύομαι ἵνα
ἐξυπνίσω αὐτόν) geben, nicht lediglich ein Mißverständnis, sondern – wie der Kommentar
des Evangelisten V. 13 und das Wort Jesu V. 14f. zeigen – Ausdruck ihres ganz grundsätzlichen Nicht-Verstehens und also des Unglaubens.

[137] Wie die strukturelle Gegenüberstellung zeigt, ist die Wendung κἂν ἀποθάνῃ V. 25c
nicht etwa – wie die meisten Ausleger annehmen – mit ζήσεται, sondern mit ὁ πιστεύων εἰς
ἐμέ zu verbinden. Das ergibt sich zum einen aus der inhaltlichen Korrespondenz, die sich
zwischen dem vom irdisch-leiblichen Tod sprechenden Konzessivsatz κἂν ἀποθάνῃ V. 25c
und dem vom irdisch-zeitlichen Leben redenden Partizipialausdruck πᾶς ὁ ζῶν V. 26a wahrnehmen läßt, und zum andern aus der Beobachtung, daß der Ton sowohl in V. 25c wie in
V. 26a auf [ὁ] πιστεύων εἰς ἐμέ liegt. Sprachlich zu vergleichen sind jene Fälle im Johannesevangelium, an denen der betonte Teil des Nebensatzes *vor* die Konjunktion tritt: so in 7,27;
16,21 vor ὅταν, in 10,9 vor ἐάν, in 11,20 vor ὡς (= „als"), in 13,29 vor ἵνα; vgl. BDR
§ 475,1.a mit Anm. 1.
[138] Zur Auslegung von 11,27 s. des näheren die Bemerkungen o. S. 109f. mit Anm. 169
und Anm. 170.
[139] So in einer Predigt vom 29. März 1539 im Blick auf die Verse 11,25b–26a insgesamt;
s. die Rörer-Nachschrift in WA 47, 715,17. Die bei BULTMANN 307 mit Anm. 3 und BECKER
II 422 zu lesende Auskunft, daß die Selbstprädikation 11,25b keine ontologisch ausdeutbare

Damit ist die christologische Aussage von V. 22, die Jesus auf der Ebene des
Prophetischen verortet, in der Sache als verfehlt zurückgewiesen. Zugleich ergibt sich aber auch eine erste, in V. 25c.26a dann noch vertiefte Korrektur der
in V. 24 geäußerten eschatologischen Erwartung. Sind nämlich der Selbstprädikation V. 25b zufolge das Ereignis der Auferstehung aus dem Tode wie auch
die dadurch heraufgeführte Teilhabe am ewigen Leben in strengster Exklusivität an Jesu Person gebunden und also einzig und allein dort Wirklichkeit, wo
Jesus selbst gegenwärtig ist, so kann unter Absehung von dem christologischen
Bezug von einer Auferstehung der Toten grundsätzlich keine Rede sein.

An die Selbstprädikation V. 25b schließt sich das zweigliedrige, als synthetischer Parallelismus membrorum gestaltete Verheißungswort V. 25c.26a an[140]:
ὁ πιστεύων εἰς ἐμὲ κἂν ἀποθάνῃ ζήσεται, καὶ πᾶς ὁ ζῶν καὶ πιστεύων εἰς ἐμὲ
οὐ μὴ ἀποθάνῃ εἰς τὸν αἰῶνα. Es benennt die soteriologische Implikation, die
mit der vorangehenden christologischen Feststellung eo ipso gegeben ist: Ist
Jesus in Person „die Auferstehung und das Leben", sind also die eschatologischen Heilsgüter in ihm *real präsent*, dann hat der Glaubende in der Zugehörigkeit zu ihm notwendig an jenen Heilsgütern teil. Ihm widerfährt somit *bereits
jetzt* die auch durch den Tod nicht mehr aufzuhebende Auferstehung zum ewigen
Leben. Für das Verständnis des Verheißungswortes ist die Beobachtung grundlegend, daß die in beiden Gliedern erscheinenden Verben ἀποθνῄσκειν und
ζῆν äquivok verwendet sind: Das Wort ἀποθνῄσκειν meint in V. 25c (κἂν
ἀποθάνῃ) den *irdisch-leiblichen* Tod, in V. 26a (οὐ μὴ ἀποθάνῃ εἰς τὸν αἰῶνα)
dagegen den *ewigen* Tod; umgekehrt bezeichnet das Oppositum ζῆν zunächst in
V. 25c (ζήσεται) das *ewige* Leben und sodann in V. 26a (πᾶς ὁ ζῶν) das *irdisch-
zeitliche* Leben[141]. Der Chiasmus ἀποθνῄσκειν – ζῆν – ζῆν – ἀποθνῄσκειν besteht also nur auf der formalen Ebene, während auf der sachlichen Ebene jeweils zunächst in der Protasis der das *Irdische* und sodann in der Apodosis der
das *Ewige* betreffende Sachverhalt angesprochen wird. Von den strukturalen
Beobachtungen her läßt sich der Aussagegehalt des Doppelspruchs unschwer
ermitteln: V. 25c stellt fest, daß die dem Glaubenden geschenkte Heilsteilhabe

---

*Wesensaussage* darstelle, sondern lediglich eine die Bedeutsamkeit Jesu zur Sprache bringende *Funktionsbeschreibung* sei, vermag deshalb nicht zu überzeugen.

[140] Daß in 11,25c.26a ein *synthetischer* Parallelismus vorliegt, meinen auch – bei m.E.
allerdings unzutreffender Deutung der Gesamtaussage – DODD, Interpretation 365; BEASLEY-
MURRAY 190; FREY, Eschatologie II 571. Als *synonymen* Parallelismus bestimmen diesen
Doppelspruch dagegen u.a. BULTMANN 307; SCHNACKENBURG II 415; BECKER II 422;
KREMER, Lazarus 68.

[141] Ebenso urteilen u.a. BAUER 151; BULTMANN 307f. 308 Anm. 2; SCHNACKENBURG II
415; BECKER II 423. Für nicht überzeugend halte ich die u.a. von CALVIN 218; BERNARD II
389; SCHLATTER 253; DODD, Interpretation 148. 364; BROWN I 425. 434; BEASLEY-MURRAY
191; CARSON 413; FREY, Eschatologie II 572f. vertretene These, das Verbum ζῆν bezeichne
in V. 26a (πᾶς ὁ ζῶν) das *ewige* Leben. Diesem Deutungsvorschlag steht nicht nur die Struktur des Doppelspruchs entgegen, sondern vor allem auch das durch die Nachstellung hervor-
gehobene καὶ πιστεύων εἰς ἐμέ, das dann im Grunde überflüssig wäre.

auch durch den leiblichen Tod nicht mehr aufgehoben werden kann; V. 26a fügt hinzu, daß der Glaubende folglich niemals dem ewigen Tod verfallen wird. Das aber impliziert, daß das Sterben und also der irdisch-leibliche Tod für den Glaubenden im Grunde „wesen- und bedeutungslos" geworden sind[142]. Der Doppelspruch gibt – wie E. Haenchen treffend erklärt – „in einem nicht ganz einfachen Wortlaut dem Ausdruck, was der Tod, das Sterben des irdischen Menschen, nach der geistlichen Auferstehung im Hier und Jetzt noch besagt, nämlich: nichts"[143]. Kann demnach selbst der Tod die im Glauben konstituierte Christusgemeinschaft nicht tangieren, weil diese Gemeinschaft von ewiger, über den Tod hinausreichender Dauer ist, dann ist – so der Schluß des Evangelisten – der in V. 24 ausgesprochene Gedanke einer zukünftigen leiblichen Auferstehung der Glaubenden theologisch irrelevant[144]. Da es prinzipiell „keinen höheren Grad der Verbundenheit mit Gott als den hier und jetzt erreichbaren gibt", bedarf es einer Vollendung der im Zum-Glauben-Kommen geschehenen Auferstehung durch eine zukünftige leibliche Totenauferweckung nicht[145].

Das „Ich bin"-Wort 11,25b–26a ist damit als eine Aussage streng *präsentischer* Eschatologie erkannt, die als solche für die Erwartung einer zukünftigen leiblichen Auferstehung keinen Raum läßt. Diesem Schluß suchen allerdings einige Ausleger mit der Behauptung zu entgehen, daß das Futur ζήσεται V. 25c „auf einen Akt der postmortalen Lebensgabe, auf die Auferweckung der Glaubenden" verweise[146] und demzufolge der Satz V. 25c insgesamt als „a promise of the future resurrection of the believer through Christ the Resur-

---

[142] BECKER II 423; ebenso u.a. BULTMANN 308; BROER, Auferstehung 78f.; MERKLEIN, Eschatologie im Neuen Testament 103.

[143] HAENCHEN 406f. – Als Sachparallelen zu 11,25c.26a sind neben 5,24 vor allem 8,51 (ἀμὴν ἀμὴν λέγω ὑμῖν, ἐάν τις τὸν ἐμὸν λόγον τηρήσῃ, θάνατον οὐ μὴ θεωρήσῃ εἰς τὸν αἰῶνα) und 10,28 (κἀγὼ δίδωμι αὐτοῖς ζωὴν αἰώνιον καὶ οὐ μὴ ἀπόλωνται εἰς τὸν αἰῶνα καὶ οὐχ ἁρπάσει τις αὐτὰ ἐκ τῆς χειρός μου) zu nennen; hinzuweisen ist ferner auf 3,15f.36a; 6,47.

[144] Daß die in 11,24 artikulierte futurisch-eschatologische Auferstehungshoffnung angesichts der im Zum-Glauben-Kommen erfolgenden gegenwärtigen Auferstehung *gleichgültig* wird und die Verse 11,25b–26a mithin als eine radikale *Korrektur* jener apokalyptischen Vorstellung zu begreifen sind, betonen auch BULTMANN 307; DERS., Theologie des Neuen Testaments 391 Anm. 1; DERS., Geschichte und Eschatologie 53–55; BECKER, Abschiedsreden 222; DERS., Auferstehung der Toten 142f.; DERS., Streit der Methoden: ThR NF 51 (1986) 21; DERS., Johannes II 420f.; RICHTER, Präsentische und futurische Eschatologie 367f.; KLEIN, Art. Eschatologie IV: TRE 10, 288,32–289,3; BROER, Auferstehung 73. 74 Anm. 9. 77–80; STIMPFLE, Blinde sehen 115f. 146. Vgl. ferner BOUSSET, Kyrios Christos 177 Anm. 1; SCHOTTROFF, Heil 298; DIES., Art. ζῶ / ζωή: EWNT II 268; KEGEL, Auferstehung 109–112; KÄSEMANN, Jesu letzter Wille 37f.; VIELHAUER, Geschichte der urchristlichen Literatur 444; HOFFMANN, Art. Auferstehung I/3: TRE 4, 460,25–39; WAGNER, Auferstehung 210–212. 215; KREMER, Art. ἀνάστασις κτλ.: EWNT I 217; GNILKA 91; WELCK, Erzählte Zeichen 216f.

[145] HAENCHEN 406.

[146] FREY, Eschatologie II 577; vgl. ebd. 573.

rection" zu begreifen sei[147]. Hinter dieser exegetischen Behauptung steht das
theologische Interesse, eine Interpretation von 11,25b–26a zu gewinnen, mit
der sich die futurisch-eschatologisch verstandenen Aussagen 5,28.29; 6,39c.
40c.44c.54b inhaltlich vereinbaren lassen. Die hier vorgenommene Deutung
des Futurs ζήσεται und die mit ihr begründete Auslegung von 11,25c vermögen jedoch aus mehreren Gründen nicht zu überzeugen: 1. Das Futur von ζῆν
bezeichnet an den übrigen Stellen des Johannesevangeliums (5,25; 6,51.57 f.;
14,19) ausnahmslos die den Glaubenden bereits gegenwärtig gewährte und über
den Tod hinausreichende Teilhabe am ewigen Leben[148]. Von daher müßten schon
gewichtige Argumente geltend gemacht werden können, wollte man für 11,25c
eine davon abweichende, nämlich futurisch-eschatologische Bedeutung des
Wortes ζήσεται annehmen. Die zur Stützung der futurisch-eschatologischen
Interpretation vertretene These, das Verb sei an dieser Stelle mit „aufleben"[149]
bzw. „wieder zum Leben kommen"[150] zu übersetzen, ist jedenfalls kein hinreichendes Argument, postuliert sie doch einen Wortsinn, der sonst nirgends im
vierten Evangelium belegt ist. – 2. In den mit 11,25b–26a nach Struktur und
Aussage vergleichbaren „Ich bin"-Worten 6,35.51; 8,12; 10,9 benennen die
Verheißungen, mit denen die Selbstprädikation jeweils expliziert wird, durchgängig streng präsentisch-eschatologische Sachverhalte, die als solche zugleich
von ewiger Relevanz und Gültigkeit sind. Alles spricht dafür, daß es in 11,25b–
26a nicht anders ist. – 3. Die These, die erste Hälfte des Doppelspruchs (V. 25c)
entfalte den Begriff der ἀνάστασις und spreche – in Gestalt einer futurisch-
eschatologischen Aussage – von der leiblichen Totenauferstehung, die zweite
Hälfte (V. 26a) expliziere dagegen den Begriff der ζωή und rede – in präsentisch-eschatologischer Aussage – von dem gegenwärtigen Besitz des ewigen
Lebens[151], scheitert daran, daß die Auferstehung gerade die Bedingung und
Voraussetzung für die Teilhabe an der ζωή αἰώνιος ist. Das aber heißt: Wird
die „Lebens"-Aussage V. 26a präsentisch auf die gegenwärtige Heilsteilhabe bezogen, dann muß konsequenterweise auch die „Auferstehungs"-Aussage V. 25c
präsentisch, nämlich auf die Eröffnung dieser Heilsteilhabe gedeutet werden.

---

[147] BEASLEY-MURRAY 191. Ebenso deuten SCHLATTER 253; BERNARD II 388 f.; DODD,
Interpretation 147; BARRETT 394; CARSON 413; ΚΑΡΑΚΟΛΗΣ, Ἡ θεολογικὴ σημασία τῶν
θαυμάτων 478 f.; vgl. auch HENGEL, Die johanneische Frage 212 Anm. 22. Die These, daß
das „Ich bin"-Wort 11,25b–26a der in 11,24 geäußerten Erwartung einer endzeitlichen Auferstehung der Glaubenden keineswegs grundsätzlich entgegenstehe, sondern diese Erwartung lediglich christologisch vertiefe und begründe, findet sich u.a. auch bei BLANK, Krisis
155 f.; RICCA, Eschatologie 145 f.; THYEN, Art. Johannesevangelium: TRE 17, 218,36–38;
vgl. ferner STÄHLIN, Eschatologie 234; BROWN I 434; SCHNEIDER 214; SCHNELLE, Antidoketische Christologie 146. 151; DERS., Das Evangelium nach Johannes 190.
[148] Das muß auch FREY, Eschatologie II 577 zugestehen.
[149] So FREY, Eschatologie II 573.
[150] So DODD, Interpretation 147. 365; BARRETT 394; BROWN I 421; BEASLEY-MURRAY 190.
[151] So z.B. DODD, Interpretation 365; BROWN I 434; BEASLEY-MURRAY 190 f.; CARSON
412 f.; FREY, Eschatologie II 573.

Das Urteil, daß das „Ich bin"-Wort 11,25b–26a die in V. 24 ausgesprochene Erwartung einer endzeitlichen Auferstehung der Glaubenden definitiv ausschließt, läßt sich auch nicht mit dem oben[152] bereits notierten Argument entkräften, daß wenige Verse später in V. 38–44 die *leibliche* Auferweckung des Lazarus geschildert wird. Das Auferweckungswunder will nämlich keineswegs als „Zeichen und Prolepse der *endzeitlichen* Auferweckung"[153], sondern – im Gegenteil – als „Hinweis auf die *geistliche* Auferweckung" gelesen und verstanden sein[154]. Was das „Ich bin"-Wort in der Sprache des theologischen *Begriffs* formuliert, eben das *erzählt* die Schilderung der Auferweckung des Lazarus in überaus plastischer und anschaulicher Weise. Das Lazaruswunder weist, wie wir bereits an früherer Stelle unserer Untersuchung gesehen haben, als σημεῖον über sich selbst hinaus auf die „größeren Werke" des Sohnes, d.h. auf das ζῳοποιεῖν (5,20f.)[155], – und damit auf jene „Werke", die sich in der nachösterlichen Zeit immer und überall dort ereignen, wo geistlich Tote durch das Schöpferwort Jesu aus der Sphäre des Todes in die heilvolle Sphäre des Lebens versetzt werden[156]. Der tiefere theologische Sinn des Wunders der Auferweckung des Lazarus liegt somit nicht in dem Hinweis auf *Zukünftiges*, sondern – in genauer Entsprechung zu den übrigen im Johannesevangelium berichteten Wundern – gerade in der symbolischen Veranschaulichung der *gegenwärtig* im Glauben konstituierten und über den Tod hinaus gültigen Heilswirklichkeit. Von dieser Bestimmung des sachlichen Gehalts des Lazaruswunders her wird deutlich: Weder das streng präsentisch-eschatologische Verständnis des „Ich bin"-Wortes 11,25b–26a noch auch die darin notwendig implizierte prinzipielle Negation der futurisch-eschatologischen Auferstehungserwartung zwingen zu dem – in der Forschung freilich nicht selten gezogenen – Schluß, daß das Auferweckungswunder selbst angesichts der gegenwärtigen geistlichen Auferstehung „höchst überflüssig" sei[157] und vom Evangelisten im Grunde sogar „zu einer nachhinkenden Sinnlosigkeit" degradiert werde[158]. Die Schilderung des Wunders V. 38–44 stellt vielmehr den *erzählerischen* Höhepunkt der Lazarusgeschichte dar, der dem *theologischen* Höhepunkt V. 23–27 präzise korrespondiert.

---

[152] S. 193.
[153] So aber FREY, Eschatologie II 575 (Hervorhebung von mir). Ebenso STUHLMACHER, Biblische Theologie des Neuen Testaments II 227: Die Auferweckung des Lazarus „bietet eine Vorausdarstellung der endzeitlichen Auferweckung der Toten durch den messianischen Menschensohn" (vgl. ebd. 244. 256).
[154] So mit Recht HAENCHEN 405; vgl. ebd. 408 (Hervorhebung von mir). Ähnlich urteilt BULTMANN 307, wenn er erklärt: Die gegenwärtig im Glauben erfaßte Auferstehung „findet in der Erweckung des Lazarus nur ihr Symbol".
[155] S.o. S. 43.
[156] Vgl. 11,43f. mit 5,24f.
[157] So WELLHAUSEN 51. Ebenso BECKER II 425; vgl. ferner BROER, Auferstehung 78f.
[158] So BECKER, Wunder und Christologie 147.

c) Fazit und ergänzende Überlegungen

In den beiden vorangehenden Abschnitten wurde die Frage erörtert, ob sich die Verse 5,28.29 unter der Prämisse ihres futurisch-eschatologischen Verständnisses als ein ursprünglicher Bestandteil des Johannesevangeliums begreifen lassen. Unsere Überlegungen haben zum einen ergeben, daß das dezidiert apokalyptische Verständnis der beiden Verse mit dem Gesamtgefüge der Eschatologie des vierten Evangeliums unvereinbar ist, und sie haben zum andern deutlich gemacht, daß auch der Versuch, diese Verse als Zeugnis einer spezifisch johanneischen Zukunftseschatologie zu interpretieren, keineswegs zu überzeugen vermag. Gegen beide Deutungsvorschläge spricht – wie noch einmal betont sei – entscheidend, daß die präsentische Eschatologie des Johannesevangeliums keinen Raum für die Erwartung einer zukünftigen leiblichen Auferstehung läßt. Wer die Erwartung der endzeitlichen Totenauferstehung in 11,23–26 in ebenso betonter wie programmatischer Weise als theologisch gegenstandslos zurückweist, der kann sich nicht gleichzeitig – und sei es auch in modifizierter Gestalt – in 5,28.29 zu ihrem Fürsprecher machen[159]. Das aber heißt: Falls die Verse 5,28.29 futurisch-eschatologischen Sinn haben und von der mit der endzeitlichen Parusie des Gottessohnes einhergehenden universalen leiblichen Totenauferstehung handeln, ist das sach- und literarkritische Urteil unabweisbar, daß diese Verse in einem unauflöslichen Widerspruch zur johanneischen Eschatologiekonzeption stehen und folglich unmöglich vom Evangelisten selbst stammen können, sondern einer nachjohanneischen Redaktion zugeschrieben werden müssen. Entsprechend wären dann auch die Stellen 6,39c.40c.44c.54b; 12,48cβ zu bewerten, sofern sie als futurisch-eschatologische Aussagen zu verstehen sind.

Das soeben als Fazit formulierte Urteil wurde auf dem Wege einer streng textimmanenten Interpretation des Johannesevangeliums gewonnen. Dabei blieben die oben[160] angeführten Argumente, die zur Begründung des genuin johanneischen Charakters der Verse 5,28.29 namhaft gemacht werden, noch weitgehend unberücksichtigt. Diese Argumente können, wie abschließend aufgezeigt sein soll, unser Ergebnis nicht in Frage stellen. Bei näherem Hinsehen zeigt sich nämlich, daß sie entweder auf einer höchst problematischen Exegese des Evangeliums selbst beruhen (so die Argumente 4–6) oder darüber hinaus sogar textfremde Überlegungen darstellen, die der johanneischen Gegenwartseschatologie ihre theologische Spitze nehmen (so die Argumente 1–3 und 7; vgl. auch 5)[161].

---

[159] Vgl. KLEIN, Art. Eschatologie IV: TRE 10, 290,6 f.; ähnlich BECKER, Streit der Methoden: ThR NF 51 (1986) 21.

[160] S. 192–194.

[161] Vgl. die Bemerkungen von KEGEL, Auferstehung 114 („Jede Auslegung, die [die futurisch-eschatologisch verstandenen] V. 28 f. auf den gleichen Verfasser wie V. 21–25 zurückführt, schwächt die Aussagen in ihrer Pointiertheit ab"); VIELHAUER, Geschichte der

ad 1: Die These, daß die gegenwärtige Verborgenheit der eschatologischen Heilsgüter notwendig den Gedanken einer mit der Parusie Jesu Christi verbundenen zukünftigen und sich vor dem Forum der gesamten Menschenwelt ereignenden Offenbarmachung des gegenwärtig noch Verhüllten fordere und daß genau dieser Gedanke in 5,28.29 ausgesprochen werde, ist ein reines Postulat. Am Text des Johannesevangeliums hat diese These keinen Anhalt. Abgesehen davon, daß der Evangelist von der zukünftigen Parusie überhaupt nicht spricht[162], ist zu bedenken: Die Nicht-Glaubenden können unmöglich als das Forum gedacht sein, vor dem sich die endzeitliche Offenbarmachung der Herrlichkeit der Glaubenden vollzieht, da sie bereits definitiv dem sich gegenwärtig ereignenden Straf- und Verdammungsgericht preisgegeben sind und also ewig im Tode bleiben (3,18b; vgl. 3,36b)[163]. Was die Glaubenden selbst betrifft, so unterscheidet das vierte Evangelium weder terminologisch noch sachlich zwischen der gegenwärtigen Verborgenheit ihrer Heilsteilhabe und deren zukünftigem Offenbarwerden. Wo das Johannesevangelium in diesem Sinne verstanden wird, da trägt man faktisch aus dem 1. Johannesbrief sowohl den Gedanken der Parusie (2,28; 3,2) wie auch jene Differenzierung ein, die dort in 3,2 ausdrücklich zur Sprache kommt: νῦν τέκνα θεοῦ ἐσμεν, καὶ οὔπω ἐφανερώθη τί ἐσόμεθα. οἴδαμεν ὅτι ἐὰν φανερωθῇ, ὅμοιοι αὐτῷ ἐσόμεθα, ὅτι ὀψόμεθα αὐτὸν καθώς ἐστιν[164].

ad 2: Die Exegese von Joh 11,25b–26a hat gezeigt, daß die im Glauben konstituierte Heilsteilhabe auch durch das Widerfahrnis des Sterbens bzw. des Todes nicht mehr aufgehoben werden kann. Der Tod ist für den Glaubenden im Grunde wesen- und bedeutungslos geworden; er gilt dem vierten Evangelisten – anders als Paulus – gerade nicht mehr als „furchtbare Schranke dieser Weltzeit"[165]. Das Urteil, daß der Evangelist an der Erwartung einer leiblichen Auferstehung der Glaubenden notwendig habe festhalten müssen, läßt sich somit keineswegs mit dem Hinweis auf die die gegenwärtige Weltwirklichkeit be-

---

urchristlichen Literatur 444 („Die wohlwollenden Interpretationen, die diesen Unterschied zwischen johanneischer und traditioneller Eschatologie ausgleichen wollen, … rauben dem 4. Evangelium seinen eigentlichen Skopus"); HAINZ, Krisis 151 („Die ‚sowohl-als-auch'-Lösungen können nicht befriedigen, weil sie die ungleichen Gewichtungen, das unvermittelte Nebeneinander, die Korrekturen und Uminterpretationen harmonisierend verdecken").

[162] Vgl. KAMMLER, Jesus Christus und der Geistparaklet 102–106. Von der zukünftigen Parusie ist einzig in den – zum Nachtragskapitel gehörenden – Versen 21,22f. die Rede.

[163] Von daher erledigt sich auch die von BARRETT 278 vertretene These, daß sich die Verse 5,28.29 ausschließlich auf die *Nicht-Glaubenden* beziehen, über die im Endgericht nach dem Kriterium der Werke entschieden werde. Barrett hat allerdings zutreffend erkannt, daß ein zukünftiges Gerichtshandeln unmöglich den *Glaubenden* gelten kann.

[164] Nicht zufällig verweisen z.B. STÄHLIN, Eschatologie 255; WIKENHAUSER 280; ELLWEIN, Heilsgegenwart 28; BLANK, Krisis 179f. Anm. 175 bei ihrer Interpretation von Joh 5,28.29 ausdrücklich auf 1Joh 3,2. Keine Sachparallele zu 1Joh 3,2 bildet Joh 17,24; s. dazu sogleich unter ad 6.

[165] Gegen STÄHLIN, Eschatologie 255.

stimmende Macht des Todes begründen. Das wird durch eine weitere Beobachtung bestätigt: Der Evangelist weist seine Gemeinde angesichts der ihr widerfahrenden inneren und äußeren Bedrängnisse nicht etwa auf eine zukünftige
Erlösung hin, sondern er stellt ihr ganz betont Jesus als den vor Augen, der am
Kreuz die Welt bereits überwunden hat (16,33) und der als der Auferstandene
den Seinen im Geistparakleten bleibend nahe ist (14,16–21; 16,5–15.16–28).

ad 3: Für das Denken des Evangelisten stellt die Hoffnung auf eine leibliche
Auferstehung der Christen keineswegs ein notwendiges Implikat des in den
johanneischen Ostergeschichten bezeugten Glaubens an die leibliche Auferstehung Jesu dar. Wo in diesen Geschichten in betonter Weise von der Leiblichkeit der Auferstehung Jesu die Rede ist (20,20.25.27), da geht es einzig darum,
die Identität des Auferstandenen mit dem Gekreuzigten hervorzuheben und so
zugleich den für die Soteriologie des Evangeliums gewichtigen Sachverhalt
zur Sprache zu bringen, daß der Erhöhte für die Seinen in Ewigkeit der durch
die Wundmale Gezeichnete bleibt[166]. Der Gedanke der leiblichen Auferstehung
Jesu gehört folglich nicht in den Kontext der johanneischen *Eschatologie*, sondern er stellt ein wesentliches Element der *Kreuzestheologie* des vierten Evangeliums dar. Der damit zurückgewiesenen These gegenüber erhebt sich die
Frage, ob mit ihr nicht jener spezifisch paulinische Begründungszusammenhang, den der Apostel in 1Kor 15 ausführlich entfaltet, in das Johannesevangelium eingetragen wird.

ad 4: Das Wunder der Auferweckung des Lazarus (11,38–44) will, wie wir
bereits gesehen haben, keineswegs als ein Hinweis auf die endzeitliche leibliche Totenauferweckung begriffen sein; es ist vielmehr als eine symbolische
Veranschaulichung der gegenwärtigen geistlichen Totenauferweckung zu verstehen[167].

ad 5: Die Behauptung, daß für die Eschatologiekonzeption des Johannesevangeliums – trotz des sachlichen Vorrangs der präsentischen Eschatologie –
die Spannung von „schon jetzt" und „noch nicht" konstitutiv sei, läßt sich m.E.
aus den Texten selbst nicht belegen. Auch hier wird dem Evangelium eine Spannung unterstellt, wie sie für die Eschatologie des 1. Johannesbriefes oder des
Paulus kennzeichnend ist.

ad 6: Die These, daß die umstrittenen Textstellen 5,28.29; 6,39c.40c.44c.
54b; 12,48cβ dem Evangelisten deshalb nicht abgesprochen werden dürften,
weil es im vierten Evangelium eindeutige und literarkritisch nicht anfechtbare
Zeugnisse einer streng futurischen Eschatologie gebe, ist keineswegs zwingend. Sollten die in diesem Zusammenhang vor allem angeführten Texte 14,2f.
und 17,24 tatsächlich von Ereignissen sprechen, die von der Gegenwart der

---

[166] Vgl. KOHLER, Kreuz und Menschwerdung 166. 175f.; WENGST, Bedrängte Gemeinde
218; KNÖPPLER, Die theologia crucis 266–268.

[167] S.o. S. 205.

Glaubenden aus gesehen noch in der Zukunft liegen, so ist damit keinesfalls
schon entschieden, daß es sich dabei um die Zukunft im Sinne der traditionellen futurischen Eschatologie und also um Geschehnisse handelt, die allererst
mit der endzeitlichen Parusie Jesu Christi eintreten[168]. Es könnte in diesen Texten sehr wohl um solche Ereignisse gehen, die für die Glaubenden nicht erst am
Jüngsten Tag, sondern bereits in der Stunde ihres leiblichen Todes Wirklichkeit
werden[169]. Die Exegese der beiden genannten Texte zeigt allerdings, daß diese
nicht vom *nachösterlichen* Standpunkt der Glaubenden aus in die Zukunft
schauen, sondern von der *vorösterlichen* Erzähleben her auf die durch die
Wirksamkeit des Geistparakleten gekennzeichnete *nachösterliche* Zeit blicken.
In diesen Texten ist folglich nicht von der *postmortalen*, sondern von der durch
den Geistparakleten *gegenwärtig* eröffneten Christusgemeinschaft die Rede[170].

ad 7: Auf einer *petitio principii* beruht das Urteil, daß die Verse 5,28.29;
6,39c.40c.44c.54b; 12,48cβ einer nachjohanneischen Redaktion deshalb nicht
zugeschrieben werden könnten, weil es „schlechthin unvorstellbar" sei, „daß
ein Evangelium, welches die überkommene realistische Eschatologie radikal
verneint, in den kirchlichen Gebrauch … gelangen konnte, wo doch in der
Kirche die Leugnung der leiblichen Auferstehung als schlimme Irrlehre gebrandmarkt wurde (2Tim 2,18; 1Kor 15,12)"[171]. Dieses kanon- bzw. rezeptions-
geschichtliche Argument setzt nämlich als fraglos gegeben voraus, was allererst aufzuzeigen wäre und in der Forschung nicht zufällig lebhaft umstritten
ist: die im Grunde widerspruchslose theologische Einheit des neutestamentlichen Kanons[172].

### 3. Exegetische Erwägungen zu einem präsentisch-eschatologischen Verständnis der Verse Joh 5,28.29

Die bisher betrachteten Deutungen der Verse 5,28.29 setzen als fraglos voraus,
daß die beiden Verse streng futurisch-eschatologischen Sinn haben und von der
universalen leiblichen Totenauferstehung sprechen. Es erhebt sich nun aber die
Frage, ob diese mit großer Selbstverständlichkeit vertretene Prämisse exege-

---

[168] So urteilen etwa im Blick auf 14,2f. jedoch u.a.: OVERBECK, Das Johannesevangelium 389. 474; ZAHN 555; SCHLATTER 292f.; BERNARD II 535; STÄHLIN, Eschatologie 239–243; KÜMMEL, Eschatologie 61; STRATHMANN 206; RICCA, Eschatologie 150. 161f.; SCHNEIDER 258; SCHNELLE, Neutestamentliche Anthropologie 156f.; DERS., Abschiedsreden 66f.; DERS., Einleitung 517; DERS., Das Evangelium nach Johannes 25. 227f.; CARSON 488f.; FREY, Eschatologie II 325. 328ff.; STUHLMACHER, Biblische Theologie des Neuen Testaments II 246. 248.

[169] In diesem Sinne interpretieren 14,2f. z.B.: BULTMANN 465 mit Anm. 1; WIKENHAUSER 264; GNILKA, Theologie des Neuen Testaments 301; BLANK II 76; PORSCH 151.

[170] S. KAMMLER, Jesus Christus und der Geistparaklet 103–106 (zu 14,2f.). 104f. Anm. 78 (zu 17,24).

[171] WIKENHAUSER 280.

[172] Zur Forschungslage s. nur KÄSEMANN (Hg.), Das Neue Testament als Kanon; SCHRAGE, Die Frage nach der Mitte.

tisch wirklich zwingend und also das futurisch-eschatologische Verständnis
der beiden Verse das allein mögliche ist. Zur Beantwortung dieser Frage sollen
in einem ersten Schritt die entscheidenden Argumente überprüft werden, mit
denen das futurisch-eschatologische Verständnis begründet wird. Im Anschluß
daran soll dann in einem zweiten Schritt untersucht werden, ob sich die Verse 28.29 nicht auch als ein Zeugnis *präsentischer* Eschatologie und damit als
ein *integraler* Bestandteil des vierten Evangeliums begreifen lassen[173].

a) Überprüfung der für ein futurisch-eschatologisches Verständnis
   angeführten Argumente

Für die These, daß die Verse 28.29 mit Sicherheit von der endzeitlichen Totenauferweckung handeln und also streng futurisch-eschatologische Bedeutung
haben, führen die Ausleger vor allem zwei Argumente an[174]: 1. In der präsentisch-eschatologischen Aussage von V. 25 folgt auf die Worte ἔρχεται ὥρα
ganz unmittelbar die Wendung καὶ νῦν ἐστιν, die den Bezug auf die Gegenwart
ausdrücklich anzeigt; bezeichnenderweise erscheint eben diese Wendung in
V. 28.29 nach ἔρχεται ὥρα nicht, weshalb diese Verse futurisch-eschatologisch
verstanden werden müssen. – 2. Anstelle des in V. 25 verwendeten Begriffs οἱ
νεκροί, der dort die geistlich Toten bezeichnet, begegnet in V. 28 der Ausdruck
οἱ ἐν τοῖς μνημείοις, „der selbstverständlich im eigentlichen Sinn zu nehmen

---

[173] Die Möglichkeit, daß die Verse 5,28.29 in Wahrheit präsentisch-eschatologisch ver-
standen sein wollen und auf den Evangelisten selbst zurückgehen, ist bereits von SCHOTT-
ROFF, Heil 299 f. erwogen, nicht aber exegetisch näher begründet worden (vgl. auch SCHULZ
91. 223); später hat Schottroff diese Möglichkeit jedoch stillschweigend ausgeschlossen (s.
DIES., Art. ζῶ / ζωή: EWNT II 268). In der neueren Forschung vertritt m.W. einzig STIMPFLE,
Blinde sehen 89 ff. 93 ff. eine präsentisch-eschatologische Interpretation der Verse 5,28.29.
Stimpfles Urteil zufolge hat der Evangelist diese Verse – und entsprechend auch andere
Aussagen seines Evangeliums – absichtlich doppeldeutig und damit mißverständlich formuliert. Der Evangelist verfolge mit dieser bewußt gewählten Doppeldeutigkeit das Ziel, die
dem Kommen des Offenbarers vorgängige Scheidung zwischen Erwählten und Nicht-Erwählten dadurch zu „aktualisieren", daß die Erwählten „den durch traditionelle Diktion co-
dierten Inhalt ... decodieren" (99) und so „zum Kern der Aussage, zur Wahrheit vordringen"
(107), während den Nicht-Erwählten die „apokalyptisch-eschatologische Verkleidung" verborgen bleibt, so daß sie an der „eigentlichen Botschaft" vorbeigehen und „im Traditionellen des Jüdischen bzw. Urkirchlichen" hängen bleiben (ebd.). Diese Sicht (vgl. dazu auch
ebd. 244 f.), die den vierten Evangelisten dezidiert als Gnostiker versteht, kann hier nicht im
einzelnen diskutiert und gewürdigt werden; zur Kritik sei verwiesen auf VOLLENWEIDER,
ThLZ 116 (1991) 510–512; FREY, Eschatologie I 344–355. Die folgenden Darlegungen suchen zu zeigen, daß der Text 5,28.29 keineswegs doppeldeutig formuliert ist und daß dem
Leser – sofern er den Kontext beachtet – alle notwendigen Daten an die Hand gegeben sind,
die ihm ein angemessenes Verständnis ermöglichen.
[174] Vgl. LÜCKE II 39. 67; LUTHARDT I 459; KEIL 230; GODET II 234; WEISS 178; MAC-
GREGOR 179 f.; BAUER 86; SCHICK 60 f.; BLANK, Krisis 174 f.; BROWN I 220; LINDARS 226;
SCHNACKENBURG II 145; BARRETT 278; SCHNEIDER 131 f.; CARSON 258; KNÖPPLER, Die
theologia crucis 110; FREY, Eschatologie II 515; L. SCHENKE 109.

ist"[175] und dezidiert die leiblich Toten meint. Beide Argumente stützen sich auf zwei nicht zu bestreitende Textbefunde; zu bestreiten ist jedoch, daß die jeweiligen Schlußfolgerungen zwingend sind.

Was das erste Argument anlangt, so ist zu fragen, ob die Worte ἔρχεται ὥρα in der Aussage von V. 28.29 wirklich einen anderen Sinn haben als innerhalb der Wendung ἔρχεται ὥρα καὶ νῦν ἐστιν V. 25 und dementsprechend in V. 28.29 notwendig als Ankündigung futurisch-eschatologischer Ereignisse interpretiert werden müssen. Dazu ist zunächst darauf hinzuweisen, daß sich das Nebeneinander von ἔρχεται ὥρα und ἔρχεται ὥρα καὶ νῦν ἐστιν im Johannesevangelium noch ein weiteres Mal findet: Während Jesus in 4,21 zu der Samaritanerin sagt: ἔρχεται ὥρα ὅτε οὔτε ἐν τῷ ὄρει τούτῳ οὔτε ἐν Ἱεροσολύμοις προσκυνήσετε τῷ πατρί, kündigt er ihr wenig später in 4,23 an: ἔρχεται ὥρα καὶ νῦν ἐστιν, ὅτε οἱ ἀληθινοὶ προσκυνηταὶ προσκυνήσουσιν τῷ πατρὶ ἐν πνεύματι καὶ ἀληθείᾳ. Die beiden Verse handeln, wie wir bereits gesehen haben, keineswegs von zwei verschiedenen Zeitpunkten, sondern von *ein und demselben* Zeitraum: nämlich von der nachösterlichen Zeit, in welcher der qualitative Unterschied, der vor dem Kommen Jesu zwischen dem Kult der Samaritaner und der Gottesverehrung der Synagoge besteht, durch die dann eröffnete Anbetung des Vaters „im Geist und in der Wahrheit" definitiv aufgehoben sein wird[176]. Ob die Wendung ἔρχεται ὥρα absolut erscheint (so in 4,21) oder mit den Worten καὶ νῦν ἐστιν verbunden wird (so in 4,23), ist im Kontext von Joh 4 für ihre Semantik ohne Belang: Die Wendung weist jeweils von der vorösterlichen Erzähleben her in die unmittelbar auf Ostern folgende Zeit, wobei die Worte καὶ νῦν ἐστιν 4,23 lediglich den bereits in ἔρχεται ὥρα implizierten Gegenwartsaspekt aus nachösterlicher Perspektive unterstreichen. Die endzeitliche Zukunft ist dagegen weder in 4,21 noch auch in 4,23 im Blick. Vergleicht man 5,25 / 5,28.29 mit 4,21 / 4,23, so legt sich durchaus die Überlegung nahe, daß die Worte ἔρχεται ὥρα auch in 5,28.29 keineswegs auf futurisch-eschatologische Ereignisse, sondern – nicht anders als innerhalb der Wendung ἔρχεται ὥρα καὶ νῦν ἐστιν 5,25 – streng und ausschließlich auf die Zeit nach Ostern abheben[177]. Für diese Überlegung spricht dann auch eine weitere Beobachtung: Keine der literarkritisch unumstrittenen Stellen des vierten Evangeliums, an denen sich *bloßes* ἔρχεται ὥρα findet (außer 4,21 noch 16,2; 16,25[178]), nimmt

---

[175] GODET II 234.

[176] S.o. S. 160f.

[177] Dieser Überlegung steht, wie ausdrücklich angemerkt sei, keineswegs entgegen, daß – anders als in Joh 4 – in Joh 5 zunächst die Wendung ἔρχεται ὥρα καὶ νῦν ἐστιν (V. 25) und erst danach die Wendung ἔρχεται ὥρα (V. 28) begegnet. Denn der Bedeutungsgehalt der Worte ἔρχεται ὥρα ist durch 4,21 / 4,23 eindeutig in präsentisch-eschatologischem Sinn festgelegt, und dieser Sachverhalt will dann bei der Interpretation von 5,28.29 strikt beachtet sein.

[178] Zur Exegese von 16,25 s.o. S. 161f.

auf ein endzeitliches Geschehen Bezug; es wird vielmehr ausnahmslos auf die nachösterliche Zeit verwiesen[179].

Hinsichtlich des zweiten oben genannten Arguments ist zu bemerken, daß dieses an Plausibilität verliert, wenn man einen Text, der traditionsgeschichtlich sowohl in Joh 5,25 wie auch in 5,28.29 im Hintergrund stehen dürfte, in die Betrachtung mit einbezieht. In dem zur Jesaja-Apokalypse (Jes 24–27) gehörenden Text Jes 26,19a LXX wird in Gestalt eines dreigliedrigen Parallelismus membrorum die endzeitliche Totenauferweckung angekündigt:

> ἀναστήσονται οἱ νεκροί,
> καὶ ἐγερθήσονται οἱ ἐν τοῖς μνημείοις,
> καὶ εὐφρανθήσονται οἱ ἐν τῇ γῇ.

Die Ausdrücke οἱ νεκροί / οἱ ἐν τοῖς μνημείοις / οἱ ἐν τῇ γῇ stehen hier ohne jede erkennbare semantische Differenz nebeneinander und bezeichnen jeweils die leiblich Toten. Hält man sich vor Augen, daß die Worte οἱ νεκροί und οἱ ἐν τοῖς μνημείοις in Jes 26,19a LXX Synonyme sind und der Begriff οἱ νεκροί in der präsentisch-eschatologischen Aussage von Joh 5,25 die geistlich Toten meint, dann läßt sich keineswegs ausschließen, daß auch der Ausdruck οἱ ἐν τοῖς μνημείοις in 5,28 metaphorisch verwendet ist.

## b) Argumente für ein präsentisch-eschatologisches Verständnis

Die bisherigen Erwägungen haben gezeigt, daß die für ein futurisch-eschatologisches Verständnis der Verse 28.29 angeführten Argumente keineswegs zwingend sind. Exegetisch gewichtige Beobachtungen erlauben durchaus die Annahme, daß die Wendung ἔρχεται ὥρα hier nicht auf endzeitliche Geschehnisse, sondern auf die auf *Ostern* folgende Zeit abhebt und daß der Ausdruck οἱ ἐν τοῖς μνημείοις an dieser Stelle nicht die leiblich Toten, sondern die *geistlich* Toten bezeichnet. Das aber heißt, daß beide Formulierungen einer präsentisch-eschatologischen Deutung der Verse 28.29 grundsätzlich nicht im Wege stehen. Angesichts dessen stellt sich nun die Frage, ob diese Verse nicht in ihrer Gesamtheit sehr wohl als ein Zeugnis präsentischer Eschatologie und damit als ein literarisch ursprünglicher Bestandteil des Johannesevangeliums interpretiert werden können.

Eine positive Antwort auf diese Frage legt sich zunächst schon von der Beobachtung her nahe, daß auch die übrigen sprachlichen Elemente unserer Verse keineswegs zu einem futurisch-eschatologischen Verständnis nötigen, sondern durchaus auch unter der Prämisse, daß diese Verse präsentisch-eschatologisch

---

[179] Bedenkt man schließlich noch, daß die in 16,32 erscheinende Wendung ἔρχεται ὥρα καὶ ἐλήλυθεν auf das Passionsgeschehen rekurriert (vgl. 12,23; 17,1), so ergibt sich, daß ἔρχεται ὥρα an überhaupt keiner der literarkritisch unangefochtenen Stellen des vierten Evangeliums futurisch-eschatologisch zu interpretieren ist.

verstanden sein wollen und im Kontext des vierten Evangeliums fest verankert sind, sinnvoll erklärt werden können. Die diesbezüglichen Überlegungen versuchen die grundlegende hermeneutische Einsicht für das Verständnis der Verse 28.29 fruchtbar zu machen, daß der semantische Gehalt von Worten, sprachlichen Wendungen und Sätzen auf jeden Fall nur unter strenger Berücksichtigung des jeweiligen literarischen Kontextes ermittelt werden kann. Vier sprachliche Elemente sind jetzt zu bedenken:

1. Bei einem präsentisch-eschatologischen Verständnis müssen die in V. 28.29 erscheinenden Futurformen (ἀκούσουσιν / ἐκπορεύσονται) auf die nachösterliche Zeit bezogen werden. Ein solcher Bezug fügt sich aufs beste in den Kontext des Abschnitts 5,19b–30 ein. Denn die Futurformen, die außerhalb der beiden Verse in diesem Abschnitt begegnen (δείξει V. 20b; ἀκούσουσιν / ζήσουσιν V. 25), verweisen sämtlich exklusiv auf eben jenen Zeitraum[180]. Die Futura von V. 28.29 würden bei der Deutung auf die nachösterliche Zeit nicht anders als diejenigen von V. 25 dem Futur der Grundsatzaussage V. 20b, die in den Versen 21ff. expliziert und begründet wird, sachlich genau korrespondieren.

2. Versteht man die Verse 28.29 präsentisch-eschatologisch, dann bezeichnet die φωνή von V. 28 nicht die am Jüngsten Tag laut werdende Stimme des Menschensohnes, sondern die seit Ostern in der Verkündigung der Gemeinde ergehende Stimme des Sohnes Gottes. Der Begriff hätte dann exakt den gleichen Sinn wie in der gegenwartseschatologischen Aussage V. 25. Für diese Deutung spricht nicht zuletzt auch der folgende Sachverhalt: Das Pronomen in der Wendung τῆς φωνῆς αὐτοῦ V. 28 bezieht sich syntaktisch keineswegs auf υἱὸς ἀνθρώπου[181], da es sich bei dem indeterminierten Hoheitstitel um das Prädikatsnomen des Kausalsatzes V. 27b handelt; das Pronomen rekurriert vielmehr auf den Sohn als das logische Subjekt dieses Satzes. Die präsentischeschatologisch interpretierte Wendung τῆς φωνῆς αὐτοῦ V. 28 entspräche folglich den Worten τῆς φωνῆς τοῦ υἱοῦ τοῦ θεοῦ V. 25 auch sprachlich präzise.

3. Einem präsentisch-eschatologischen Verständnis steht auch die Opposition οἱ τὰ ἀγαθὰ ποιήσαντες / οἱ τὰ φαῦλα πράξαντες nicht entgegen. Der Vergleich mit dem ähnlich lautenden Gegensatzpaar πᾶς ὁ φαῦλα πράσσων / ὁ ποιῶν τὴν ἀλήθειαν 3,20f.[182] legt nämlich durchaus den Schluß nahe, daß die Opposition von 5,28.29 nicht etwa, wie es auf den ersten Blick erscheinen mag, ethischen Sinn hat, sondern eine Umschreibung für den Gegensatz von

---

[180] S. dazu o. S. 38f. (zu V. 20b) und S. 159–164 (zu V. 25).

[181] U.a. gegen BLANK, Krisis 175. 178; DERS., Johannes I/b 37; SCHNACKENBURG II 149; GNILKA 43; STIMPFLE, Blinde sehen 85. 87; FREY, Eschatologie II 478. 515f. 519; HEINZE, Johannesapokalypse und johanneische Schriften 264 Anm. 127.

[182] Zur Interpretation dieses Gegensatzpaares s. des näheren HOFIUS, Wiedergeburt 68–73; LANDMESSER, Wahrheit als Grundbegriff 240–245.

Glauben und Unglauben darstellt[183]. Für diese Deutung der Opposition spricht auch der Tatbestand, daß der Evangelist den Vollzug des Glaubens an anderen Stellen ganz unzweideutig mit ethischer Terminologie beschreibt: So bezeichnet er den Glauben an Jesus in 6,29 als „das von Gott geforderte Werk" (τὸ ἔργον τοῦ θεοῦ)[184] und in 7,17 als „das Tun des Willens Gottes" (ἐάν τις θέλῃ τὸ θέλημα αὐτοῦ ποιεῖν, γνώσεται περὶ τῆς διδαχῆς πότερον ἐκ τοῦ θεοῦ ἐστιν ἢ ἐγὼ ἀπ᾽ ἐμαυτοῦ λαλῶ)[185]. Interpretiert man die Opposition in dem vorgeschlagenen Sinn und die Verse 5,28.29 als ganze streng präsentisch-eschatologisch, dann ist in diesen Versen nicht von *der* Entscheidung die Rede, die am Jüngsten Tag aufgrund des jeweiligen Verhaltens getroffen wird, sondern vielmehr *davon*, daß den Glaubenden (= οἱ τὰ ἀγαθὰ ποιήσαντες) bereits gegenwärtig in der Begegnung mit dem Wort Jesu das Heil zuteil wird und den Nicht-Glaubenden (= οἱ τὰ φαῦλα πράξαντες) schon jetzt in dieser Begegnung das Unheil widerfährt. Wird die Opposition οἱ τὰ ἀγαθὰ ποιήσαντες / οἱ τὰ φαῦλα πράξαντες auf den Gegensatz von Glauben und Unglauben gedeutet, so läßt sie sich problemlos in das Gesamtgefüge der johanneischen Soteriologie integrieren, da der Glaube nach dem Zeugnis des vierten Evangeliums die einzige Bedingung für die ewige Heilsteilhabe des Menschen ist[186]. Unsere Deutung harmoniert darüber hinaus vortrefflich mit dem engeren Kontext der Verse 28.29: Sind mit οἱ τὰ ἀγαθὰ ποιήσαντες die Glaubenden gemeint, dann stellt diese Wendung die genaue formale und sachliche Parallele zu dem Ausdruck οἱ ἀκούσαντες V. 25 dar. Als solche entspricht sie sowohl der Partizipialverbindung ὁ τὸν λόγον μου ἀκούων καὶ πιστεύων τῷ πέμψαντί με (V. 24) wie auch der Feststellung, daß die Erwählten den Sohn in der gleichen Weise wie den Vater „ehren" (V. 23a). „Die das Gute tun" sind demzufolge mit denen identisch, die der Sohn lebendig machen „will" (V. 21). Umgekehrt gilt dann im Blick auf die Wendung οἱ τὰ φαῦλα πράξαντες, daß mit ihr jene Menschen bezeichnet sind, die den Sohn „nicht ehren" (V. 23b) bzw. dessen Offenbarungswort nicht im Glauben „hören" (V. 24 / V. 25), sondern ihn im Gegenteil der Usurpation göttlicher Macht und Würde bezichtigen (V. 18) und sich eben damit als nicht erwählt und unter dem Verdammungsgericht stehend erweisen.

---

[183] In diesem Sinne interpretieren – allerdings bei m.E. unzutreffender Deutung der Gesamtaussage von 5,28.29 – auch BARTH 284. 286; GOPPELT, Theologie des Neuen Testaments 642; KNÖPPLER, Die theologia crucis 109 mit Anm. 38; CARSON 258.

[184] Zur Übersetzung s. KAMMLER, Jesus Christus und der Geistparaklet 96 Anm. 39.

[185] Der Evangelist verwendet ethische Begriffe auch noch an weiteren Stellen zur Beschreibung transmoralischer Sachverhalte. In 14,15.21a etwa bezeichnet der Ausdruck αἱ ἐντολαὶ αἱ ἐμαί bzw. αἱ ἐντολαί μου nicht die ethischen Weisungen Jesu, deren Inbegriff das Gebot der Bruderliebe ist, sondern – wie die Parallelformulierungen zu V. 15 und V. 21a in V. 23b sowie in dem dazu antithetischen Satz V. 24a zeigen – die sich im Medium des Wortes ereignende Selbstoffenbarung Jesu; s. dazu des näheren KAMMLER, Jesus Christus und der Geistparaklet 95 f.

[186] S.o. S. 195.

4. Das präsentisch-eschatologische Verständnis scheitert auch nicht daran, daß die Verse 28.29 von einer „Auferstehung" der Toten sprechen und dabei zwischen einer ἀνάστασις ζωῆς und einer ἀνάστασις κρίσεως unterscheiden. Denn dieser Sachverhalt zwingt keineswegs notwendig zu dem Schluß, daß diese Verse von der am Ende der Zeit bei der Parusie erfolgenden und alle Menschen betreffenden leiblichen Totenauferweckung handeln. Die Rede von der ἀνάστασις ζωῆς und der ἀνάστασις κρίσεως läßt sich vielmehr sehr wohl auch unter der Voraussetzung angemessen interpretieren, daß die Verse 28.29 vom Evangelisten selbst stammen und streng präsentisch-eschatologischen Sinn haben. Was zunächst die Opposition ζωή / κρίσις anlangt, so ergibt sich für die beiden Begriffe vom johanneischen Sprachgebrauch her die folgende Bedeutung: Der positiv gefüllte Begriff der ζωή bezeichnet das ewige und vom Tod nicht mehr tangierbare Leben derer, die aus dem zuvor bestehenden geistlichen Tod herausgerissen und definitiv in die heilvolle Gemeinschaft mit Gott versetzt sind; umgekehrt meint der negativ qualifizierte Begriff der κρίσις das Straf- und Verdammungsgericht, das den Zustand des dem Tode Verfallenseins verewigt. Ist die Semantik der Begriffe ζωή und κρίσις geklärt, so ist sodann die Frage zu beantworten, wie bei streng textimmanenter Interpretation die beiden Genitive ζωῆς und κρίσεως grammatisch zu bestimmen sind. Hier verdient der Vers 24 besondere Beachtung: Auch dort stehen die beiden Begriffe ζωή und κρίσις in Opposition zueinander, wobei das ἐκ τοῦ θανάτου εἰς τὴν ζωὴν μεταβεβηκέναι dem εἰς κρίσιν ἔρχεσθαι gegenübergestellt wird. Nichts steht der Annahme entgegen, daß in V. 29 der Genitiv ζωῆς einem εἰς ζωήν, der Genitiv κρίσεως einem εἰς κρίσιν entspricht und beide Genitive somit jeweils als *Genitivus finalis* aufzufassen sind, so daß also von der „Auferstehung *zum Leben*" bzw. von der „Auferstehung *zum Verdammungsgericht*" die Rede ist[187]. Gibt man nun auf dem Hintergrund der soeben gewonnenen Einsichten die beiden Wendungen ἀνάστασις ζωῆς und ἀνάστασις κρίσεως frei wieder, so ist in V. 29 gesagt: Die einen werden auferstehen, um das ewige Leben zu empfangen, die anderen, um dem Straf- und Verdammungsgericht anheimzufallen, durch das ihr Sein im Tode verewigt wird. Ist mit dem Begriff der κρίσις – dem spezifisch johanneischen Sprachgebrauch entsprechend – auch in V. 29

---

[187] *Finale* Genitive nehmen in V. 29 neben BDR § 166,1; BAUER / ALAND, WbNT 120 s.v. ἀνάστασις 2.b; ZERWICK, Analysis philologica 220 (z.St.) u.a. an: KEIL 230f.; BULTMANN 196 Anm. 9; TAEGER, Johannesapokalypse 175 mit Anm. 243; STIMPFLE, Blinde sehen 89. Als *qualifizierende* Genitive bestimmen ζωῆς und κρίσεως dagegen z.B. LUTHARDT I 460; WEISS 178f.; HEITMÜLLER 91f.; HOLTZMANN 95f.; BAUER 87; DERS., WbNT 120 s.v. ἀνάστασις 2.b; RICCA, Eschatologie 149 Anm. 336. – Die Wendung ἀνάστασις ζωῆς entspricht dem Ausdruck ἀνάστασις εἰς ζωήν 2Makk 7,14 (vgl. auch ἀνίστασθαι εἰς ζωὴν αἰώνιον Dan 12,2 LXX; PsSal 3,12). Als sprachliche Parallele zu ἀνάστασις ζωῆς vgl. δικαίωσις ζωῆς „Freispruch zum Leben" Röm 5,18; zu dieser Wendung und ihrer Übersetzung s. HOFIUS, Adam-Christus-Antithese 175 mit Anm. 66. Auf 2Makk 7,14 und Röm 5,18 verweist BDR § 166,1 mit Anm. 1.

das Straf- und Verdammungsgericht gemeint, das den bereits *zuvor* gegebenen Unheilszustand definitiv macht, dann handelt es sich bei der Wendung ἀνάστασις κρίσεως um einen zutiefst paradoxen Ausdruck: Mit ihm wird in besonders pointierter Weise zur Sprache gebracht, daß die dem Tode verfallenen und der κρίσις preisgegebenen Menschen in Wahrheit überhaupt nicht auferstehen, sondern ewig im Tode bleiben[188]. Im Blick auf die Frage, ob sich die Wendungen ἀνάστασις ζωῆς und ἀνάστασις κρίσεως innerjohanneisch sinnvoll interpretieren lassen, ist schließlich noch zu bedenken, daß die Begriffe ζωή und κρίσις im vierten Evangelium jeweils eine streng präsentisch-eschatologische Bedeutung haben: Der Begriff der ζωή bezeichnet den *gegenwärtigen*, über den Tod hinaus gültigen Lebensbesitz und der Begriff der κρίσις das sich bereits *jetzt* ereignende Straf- und Verdammungsgericht. Setzt man in V. 29 für die Begriffe ζωή und κρίσις diese Bedeutung voraus, so besagt die Heilsaussage V. 29a, daß die Glaubenden (οἱ τὰ ἀγαθὰ ποιήσαντες) in der Begegnung mit der nachösterlichen Christusverkündigung des ewigen Lebens teilhaftig werden und also geistlich auferstehen; und die Unheilsaussage V. 29b bringt dann zum Ausdruck, daß die Nicht-Glaubenden (οἱ τὰ φαῦλα πράξαντες) in dieser Begegnung von dem Straf- und Verdammungsgericht getroffen und also dem Tode *nicht* entrissen werden. Bei diesem Verständnis der Wendungen ἀνάστασις ζωῆς und ἀνάστασις κρίσεως entspricht V. 29a nicht nur der präsentisch-eschatologischen Aussage von V. 24, derzufolge die Glaubenden bereits in der Gegenwart irreversibel aus der Sphäre des Todes in die Sphäre des Lebens hinübergeschritten sind (ἐκπορεύσονται οἱ τὰ ἀγαθὰ ποιήσαντες εἰς ἀνάστασιν ζωῆς V. 29a = ὁ τὸν λόγον μου ἀκούων καὶ πιστεύων τῷ πέμψαντί με ... μεταβέβηκεν ἐκ τοῦ θανάτου εἰς τὴν ζωήν V. 24), sondern darüber hinaus auch der gegenwartseschatologischen Aussage von V. 25, die davon spricht, daß diejenigen, die auf die Stimme des Sohnes Gottes hören, schon jetzt ewig leben werden (ἐκπορεύσονται οἱ τὰ ἀγαθὰ ποιήσαντες εἰς ἀνάστασιν ζωῆς V. 29a = οἱ ἀκούσαντες ζήσουσιν V. 25). Ebensogut paßt der präsentisch-eschatologisch verstandene V. 29b in den näheren Kontext: Mit ihm wird jener Gedanke explizit gemacht, der in der positiven Aussage von V. 24 (ὁ τὸν λόγον μου ἀκούων καὶ πιστεύων τῷ πέμψαντί με ... εἰς κρίσιν οὐκ ἔρχεται) lediglich impliziert ist: daß die Nicht-Glaubenden dem Straf- und Verdammungsgericht verfallen und für immer preisgegeben sind, das sich bereits in der Gegenwart in definitiver Weise ereignet. Werden die beiden Wendungen ἀνάστασις ζωῆς und ἀνάστασις κρίσεως präsentisch-eschatologisch interpretiert, dann besteht mithin eine genaue inhaltliche Korrespondenz sowohl zwischen ἀνάστασις ζωῆς und dem Ausdruck ἐκ τοῦ θανάτου εἰς τὴν ζωήν μεταβεβηκέναι V. 24 wie

---

[188] Vgl. dazu u. S. 223 die Erwägungen zu den Worten ἀναστήσονται ... εἰς ὀνειδισμόν, ... εἰς διασποράν καὶ αἰσχύνην αἰώνιον Dan 12,2 LXX bzw. ἐξεγερθήσονται ... εἰς ὀνειδισμὸν καὶ εἰς αἰσχύνην αἰώνιον Dan 12,2 θ'.

auch zwischen ἀνάστασις κρίσεως und dem Ausdruck εἰς κρίσιν ἔρχεσθαι
V. 24. Die beiden Wendungen fügen sich also, wenn sie gegenwartseschatologisch verstanden werden, sprachlich wie sachlich problemlos in den Kontext
des Johannesevangeliums ein.

Unsere bisherigen Überlegungen haben gezeigt, daß die einzelnen sprachlichen Elemente der Verse 28.29 keineswegs zu einer futurisch-eschatologischen
Deutung zwingen, sondern durchaus auch unter der Prämisse, daß diese Verse
präsentisch-eschatologisch interpretiert sein wollen und auf den Evangelisten
selbst zurückgehen, sinnvoll verstanden werden können. Nimmt man die Verse
nun unter Berücksichtigung der bisher erarbeiteten Einzelergebnisse nochmals
als ganze in den Blick, so läßt sich ihre *Gesamtaussage* folgendermaßen paraphrasieren[189]: In der nachösterlichen Zeit (= ἔρχεται ὥρα) wird die Menschenwelt, die ausnahmslos in ihrem Sein durch die Macht der Sünde gezeichnet und
als solche vor Gott tot ist (= πάντες οἱ ἐν τοῖς μνημείοις), in der Christusverkündigung der Gemeinde die Stimme des Sohnes Gottes vernehmen
(= ἀκούσουσιν τῆς φωνῆς αὐτοῦ); dabei werden die einen, die aufgrund ihrer
Erwählung zum Glauben kommen (= οἱ τὰ ἀγαθὰ ποιήσαντες), geistlich von
den Toten auferstehen (= ἐκπορεύσονται ... εἰς ἀνάστασιν ζωῆς), während
die anderen, die als Nicht-Erwählte nicht zum Glauben kommen (= οἱ τὰ φαῦλα
πράξαντες), definitiv dem Straf- und Verdammungsgericht anheimfallen und
somit ewig im Tode bleiben (= ἐκπορεύσονται ... εἰς ἀνάστασιν κρίσεως).
Werden die Verse 28.29 in diesem Sinne interpretiert, dann korrespondieren
sie, wie die folgende Gegenüberstellung erkennen läßt, formal wie inhaltlich
der präsentisch-eschatologischen Aussage von V. 25, allerdings mit dem später[190] noch zu bedenkenden Unterschied, daß die Unheilsaussage V. 29b in V. 25
keine Entsprechung hat:

| V. 25 | V. 28.29 |
|---|---|
| ἔρχεται ὥρα καὶ νῦν ἐστιν | ἔρχεται ὥρα |
| ὅτε οἱ νεκροὶ | ἐν ᾗ πάντες οἱ ἐν τοῖς μνημείοις |
| ἀκούσουσιν τῆς φωνῆς | ἀκούσουσιν τῆς φωνῆς αὐτοῦ |
| τοῦ υἱοῦ τοῦ θεοῦ | |
| καὶ | καὶ ἐκπορεύσονται |
| οἱ ἀκούσαντες | οἱ τὰ ἀγαθὰ ποιήσαντες |
| ζήσουσιν. | εἰς ἀνάστασιν ζωῆς, |
| | οἱ δὲ τὰ φαῦλα πράξαντες |
| | εἰς ἀνάστασιν κρίσεως. |

Bevor wir uns der Frage zuwenden können, welche argumentative Funktion
die Verse 28.29 bei einem streng präsentisch-eschatologischen Verständnis innerhalb des Abschnitts 5,19b–30 haben, ist zu klären, wie bei einer konsequent

---

[189] Die sogleich zu bedenkende Einführung der Verse 5,28.29 (μὴ θαυμάζετε τοῦτο, ὅτι)
bleibt bei der Paraphrase unberücksichtigt.
[190] S.u. S. 219f.

textimmanenten Interpretation die einleitenden Worte μὴ θαυμάζετε τοῦτο, ὅτι
übersetzt werden müssen. Dazu drei knappe philologische Bemerkungen: 1. Der
durch μή negierte Imperativ Präsens wahrt dem klassischen Sprachgebrauch
entsprechend[191] im Johannesevangelium an allen Stellen[192] streng den Verbal-
aspekt des Durativstammes[193]. Die Wendung μὴ θαυμάζετε heißt demzufolge:
„Wundert euch nicht länger!"[194] 2. Die Konjunktion ὅτι leitet hier nicht einen
Kausalsatz, sondern einen Behauptungssatz ein, was impliziert, daß das Demonstrativum τοῦτο kataphorisch und nicht anaphorisch verwendet ist[195]. Für
dieses Verständnis des ὅτι spricht zum einen die Parallele 3,7 (μὴ θαυμάσῃς
ὅτι εἶπόν σοι), wo für ὅτι zweifellos die Bedeutung „daß" gefordert ist; zum
andern ist der Vergleich mit 4,21 und 5,25 von Belang, weil dort das der Wendung ἔρχεται ὥρα voranstehende ὅτι jeweils eindeutig einen Behauptungssatz
einführt (πίστευέ μοι, γύναι, ὅτι ἔρχεται ὥρα ὅτε κτλ. bzw. ἀμὴν ἀμὴν λέγω
ὑμῖν ὅτι ἔρχεται ὥρα καὶ νῦν ἐστιν ὅτε κτλ.). 3. Der asyndetische Anschluß
der Worte μὴ θαυμάζετε τοῦτο ὅτι an das vorher Gesagte findet durch den
Vergleich mit 3,7 eine einleuchtende Erklärung. In 3,7 wird durch die Asyndese eine Folgerung aus V. 6 markiert: „Du darfst dich [also] durchaus nicht
darüber wundern, daß ich dir gesagt habe: Ihr müßt von neuem geboren werden!" Ganz entsprechend benennen die durch die Worte μὴ θαυμάζετε τοῦτο,
ὅτι eingeleiteten Verse 5,28.29 die Konsequenz aus dem in V. 26.27 Gesagten.
– Für die Worte μὴ θαυμάζετε τοῦτο, ὅτι ergibt sich somit, wie jetzt aufgrund
der drei philologischen Bemerkungen festgehalten werden kann, als Übersetz-
zung: „Wundert euch [also] nicht länger darüber, daß …" bzw. „Wundert euch
[also] nicht länger darüber: …" Da mit dieser Feststellung alle sprachlichen

---

[191] S. dazu KÜHNER / GERTH, Syntax I 189–192; BORNEMANN / RISCH §§ 218,3; 229.
[192] Neben 5,28 sind zu nennen: 2,16; 5,45; 6,20.43; 7,24; 10,37; 14,1.27; 19,21; 20,17.27.
[193] Vgl. ZERWICK, Biblical Greek § 246.
[194] Ebenso in 1Joh 3,13. Anderen Sinn hat der mit μή negierte Konjunktiv Aorist, der im
vierten Evangelium an zwei Stellen erscheint: in 3,7 (μὴ θαυμάσῃς = „Du darfst dich durchaus nicht wundern!"; s. BDR § 337,3 Anm. 3) und in 19,24 (μὴ σχίσωμεν αὐτόν = „Laßt uns
ihn auf gar keinen Fall zerteilen!").
[195] Ebenso urteilen u.a. BARTH 264. 284; BLAUERT, Die Bedeutung der Zeit 73 Anm. 25;
RICHTER, Präsentische und futurische Eschatologie 375; BLANK I/b 37; BECKER I 281; WE-
DER, Gegenwart und Gottesherrschaft 79–82; KNÖPPLER, Die theologia crucis 109 Anm. 35;
WILCKENS 112; L. SCHENKE 103; SCHNELLE 106; ferner z.B. die folgenden Bibelübersetzungen: ALBRECHT, Das Neue Testament 253; WILCKENS, Das Neue Testament 328; Einheitsübersetzung. – Anders dagegen u.a. BENGEL, Gnomon 347; LÜCKE II 67; GODET II 235;
HOLTZMANN 95; WEISS 178; HEITMÜLLER 91; ZAHN 306; SCHLATTER 152; DERS., Erläuterungen I 96; BAUER 86; BULTMANN 196 Anm. 9; WIKENHAUSER 143; MORRIS 321 Anm. 82;
SCHULZ 86; HAENCHEN 264; BARRETT 278; SCHNACKENBURG II 148 Anm. 1; SCHNEIDER
129; BEASLEY-MURRAY 69. 77; CARSON 258; STIMPFLE, Blinde sehen 74. 98 f.; BORCHERT
233; FREY, Eschatologie II 475. 478. 520 f.; ferner neben der Vulgata („quia") z.B. die folgenden Bibelübersetzungen: WEIZSÄCKER, Das Neue Testament 161; SCHLATTER, Das Neue
Testament 215; MENGE, Das Neue Testament 149; Zürcher Bibelübersetzung; revidierte
Luther-Bibel von 1984; revidierte Elberfelder Bibel.

Probleme des Textes erörtert sind, ist hier der Ort, die Verse 5,28.29 insgesamt in Übersetzung darzubieten:

28 „Wundert euch [also] nicht länger darüber,
    daß die Stunde kommt,
       in der alle, die in den Gräbern ruhen, seine Stimme vernehmen werden,
29     und [daraufhin][196] werden herauskommen
       die, die das Gute getan haben,
          um zum ewigen Leben aufzuerstehen,
       die aber, die das Böse getan haben,
          um zum Strafgericht aufzuerstehen[197]."

Nunmehr kann die Frage beantwortet werden, welche *argumentative Funktion* die Verse 28.29 bei einem streng präsentisch-eschatologischen Verständnis innerhalb des Abschnitts 5,19b–30 haben: Diese Verse formulieren die theologische Konsequenz, die sich in positiver wie in negativer Hinsicht aus den beiden unmittelbar voranstehenden christologischen Aussagen V. 26.27 notwendig ergibt. Diesen Aussagen zufolge ist der Sohn einerseits der göttlichen Lebensfülle ebenso wie der Vater teilhaftig und also selbst die Quelle des ewigen Lebens (V. 26) und andererseits als der Menschensohn der Träger der göttlichen Macht, das Straf- und Verdammungsgericht zu vollziehen (V. 27). Ist das aber der Fall, so gibt es keinen Grund, sich länger darüber zu verwundern, daß die einen, die in der Begegnung mit dem in der nachösterlichen Verkündigung gegenwärtigen Jesus Christus zum Glauben kommen, geistlich auferstehen (V. 29a), während die anderen, die in dieser Begegnung nicht zum Glauben kommen, definitiv der κρίσις anheimfallen und also dem Tode nicht entrissen werden (V. 29b). Die christologische „Lebens"-Aussage V. 26 benennt dabei den sachlichen Grund für die präsentisch-eschatologische „Lebens"-Aussage V. 29a, und die christologische „Gerichts"-Aussage V. 27 gibt entsprechend den sachlichen Grund für die präsentisch-eschatologische „Gerichts"-Aussage V. 29b an. Die Verse 28.29 nehmen, wenn man sie gegenwartseschatologisch deutet, das in V. 25 Gesagte ausdrücklich wieder auf[198]; sie stellen dabei allerdings keineswegs eine bloße Wiederholung der präsentisch-eschatologischen Aussage V. 25 dar, sondern gehen über das dort Gesagte insofern nicht unwesentlich hinaus, als sie den in V. 25 – wie auch in V. 24 – lediglich implizierten „Gerichts"-Aspekt in V. 29b nunmehr expressis verbis zur Sprache bringen.

---

[196] καί consecutivum (ebenso KNÖPPLER, Die theologia crucis 109 Anm. 35; FREY, Eschatologie II 474. 478).

[197] Zur Wiedergabe von εἰς ἀνάστασιν s. BAUER / ALAND, WbNT 462 s.v. εἰς 4.f.

[198] Gegen diese Annahme spricht keineswegs der Umstand, daß der Vers 25 in V. 28.29 nicht wortwörtlich wiederholt wird. Das gleiche Phänomen findet sich nämlich noch ein weiteres Mal im Johannesevangelium: Die Aussage von 3,7 (μὴ θαυμάσῃς ὅτι εἶπόν σοι· δεῖ ὑμᾶς γεννηθῆναι ἄνωθεν) bezieht sich ausdrücklich auf 3,3b (ἀμὴν ἀμὴν λέγω σοι, ἐὰν μή τις γεννηθῇ ἄνωθεν, οὐ δύναται ἰδεῖν τὴν βασιλείαν τοῦ θεοῦ) zurück, ohne daß dieser Vers wörtlich zitiert wird.

Auf diese Weise führen die Verse 28.29 zu der Aussage von V. 30 hin, die den ersten Teil der christologischen Rede abschließt und in der dann allein noch der „Gerichts"-Aspekt thematisch ist. Bedenkt man die „Gerichts"-Aussage V. 29b auf dem Hintergrund der in 5,17ff. beschriebenen Konfliktsituation, so tritt ihre polemische, dezidiert an die Adresse der jüdischen Gegner gerichtete Spitze deutlich hervor: Die Ἰουδαῖοι, die Jesus der Blasphemie bezichtigen, begreifen sich selbst als Anwälte der Ehre Gottes, und sie sind der Meinung, gerade so „das Gute zu tun" (τὰ ἀγαθὰ ποιεῖν). Der Auffassung des Evangelisten zufolge trifft jedoch das genaue Gegenteil den wirklichen Sachverhalt: Indem die Ἰουδαῖοι Jesus vorwerfen, sich in eigenmächtiger Weise eine gottgleiche Stellung und Würde anzumaßen, verweigern sie ihm – und eben damit zugleich Gott, dem Vater – die Ehre (V. 23); sie „tun" also in Wahrheit gerade „das Böse" (τὰ φαῦλα πράσσειν) und verfallen deshalb zu Recht dem Straf- und Verdammungsgericht (ἐκπορεύσονται … εἰς ἀνάστασιν κρίσεως). Wird der Vers 29b in diesem Sinne gedeutet, dann besteht zwischen der Gesamtaussage von V. 28.29 und der in V. 21ff. entfalteten und begründeten Grundsatzaussage V. 20b eine genaue sachliche Entsprechung: Die von der geistlichen Totenauferstehung handelnde „Lebens"-Aussage V. 29a korrespondiert den Worten καὶ μείζονα τούτων δείξει αὐτῷ ἔργα V. 20bα, die exklusiv das lebendigmachende Wirken des Auferstandenen im Blick haben[199]; ganz entsprechend bildet die „Gerichts"-Aussage V. 29b die Sachparallele zu dem Satz ἵνα ὑμεῖς θαυμάζητε V. 20bβ, der eine Ansage schärfsten Unheils darstellt und als solche zum Ausdruck bringt, daß der Erweis der „größeren Werke" nach Gottes eigener Absicht für die Widersacher Jesu den ausschließlich negativen Effekt haben soll, daß sie endgültig in ihrem Nein zu dem Offenbarer verharren und deshalb von seinem „richterlichen" Wirken getroffen werden[200]. Blicken wir auf die Erwägungen zur argumentativen Funktion der Verse 28.29 zurück, so kann das Urteil als wohlbegründet gelten, daß diese Verse bei einem präsentisch-eschatologischen Verständnis im Argumentationsduktus des Abschnitts 5,19b–30 einen ausgezeichneten Sinn ergeben.

Unsere Darlegungen haben mit einer Reihe gewichtiger Argumente deutlich zu machen versucht, daß die Verse 28.29 sowohl in ihren Einzelelementen wie auch in ihrer Gesamtheit sehr wohl als ein Zeugnis präsentischer Eschatologie und damit als ein literarisch ursprünglicher Bestandteil des Johannesevangeliums interpretiert werden können. Ergänzend sei noch auf eine weitere Beobachtung hingewiesen, die das präsentisch-eschatologische Verständnis der Verse zu bestätigen vermag: Zwischen 5,28.29 und den Versen 11,43f., die das Wunder der Auferweckung des Lazarus beschreiben, lassen sich enge sprachliche Berührungen wahrnehmen, die kaum auf Zufall beruhen dürften. In beiden

[199] S. dazu die Darlegungen o. S. 68–74.
[200] Zur Exegese von V. 20bβ s.o. S. 69f.

Texten wird die „Stimme" Jesu erwähnt, der die schöpferische Macht eignet,
die dem Tode Verfallenen ins Leben zu rufen (5,28 / 11,43); ferner entspricht
das Befehlswort Λάζαρε, δεῦρο ἔξω [sc. ἐκ τοῦ μνημείου²⁰¹] (11,43) und die
anschließende Feststellung ἐξῆλθεν ὁ τεθνηκώς [sc. ἐκ τοῦ μνημείου] (11,44)
der Ankündigung von 5,28.29, daß „die in den Gräbern Liegenden ... herauskommen werden" (οἱ ἐν τοῖς μνημείοις ... ἐκπορεύσονται). Der sachliche
Grund für diesen sprachlichen Befund läßt sich bei einem präsentisch-eschatologischen Verständnis der Verse 5,28.29 unschwer bestimmen. Mit den sprachlichen Berührungen wird ausdrücklich angezeigt, daß zwischen den beiden Texten ein innerer Sachzusammenhang gegeben ist: Das Lazaruswunder weist auf
seiner tieferen, theologischen Ebene über sich selbst hinaus auf das qualitativ
„größere" Geschehen der geistlichen Totenauferstehung, von der in 5,28.29
ausdrücklich die Rede ist²⁰².

Dem gerade erwähnten sachlichen Argument können noch einige Beobachtungen zur Struktur und Sprache an die Seite gestellt werden, die ebenfalls die
Annahme nahelegen, daß die Verse 28.29 nicht auf das Konto einer nachjohanneischen Redaktion gehen, sondern vom Evangelisten selbst stammen: 1. Bei
der Analyse des Abschnitts 5,19b–30, die von dem im Johannesevangelium
vorliegenden Text ausging und noch ganz von literarkritischen Erwägungen
absah, hat sich das Bild einer sehr sorgfältig komponierten Gesamtstruktur er-
geben²⁰³. Weist man die Verse 28.29 einer Redaktion zu, so wird diese Struktur
zerstört. – 2. Wie in V. 24, so erscheint auch in V. 29 der Terminus κρίσις als
Gegenbegriff zu ζωή; er hat hier dementsprechend eine streng negative Bedeutung und meint auch an dieser Stelle dezidiert das Straf- und Verdammungsgericht. Diese Verwendung des Wortes entspricht präzise dem spezifisch johanneischen Sprachgebrauch. Das ist um so auffallender, als der Verfasser des
1. Johannesbriefes, der nach meinem Urteil vom vierten Evangelisten selbst
sehr wohl zu unterscheiden ist²⁰⁴, das Wort κρίσις wieder im traditionellen Sinn
zur Bezeichnung des zukünftigen und alle Menschen betreffenden Endgerichts
verwendet²⁰⁵. – 3. Die These, daß sich die Verse 28.29 der Arbeit einer Redaktion verdanken, setzt voraus, daß diese Verse in bewußter sprachlicher Anknüpfung an die präsentisch-eschatologische Aussage von V. 25 formuliert
worden sind. Dann aber wäre – in Entsprechung zu V. 25 und 4,21.23 – auch in
V. 28 die Formulierung ἔρχεται ὥρα ὅτε zu erwarten; es heißt jedoch ἔρχεται
ὥρα ἐν ᾗ. Die Wendung ὥρα ἐν ᾗ aber begegnet im Johannesevangelium sonst
nur noch an den beiden literarkritisch unangefochtenen Stellen 4,52 (τὴν ὥραν
... ἐν ᾗ) und 4,53 ([ἐν] ἐκείνῃ τῇ ὥρᾳ ἐν ᾗ) und gehört den sprachstatistischen

---

²⁰¹ Diese Ergänzung ergibt sich aus 11,17 und 11,38.
²⁰² Zu diesem Verweisungszusammenhang s.o. S. 43 und S. 205.
²⁰³ S.o. S. 11–13.
²⁰⁴ S.o. S. 7f.
²⁰⁵ 1Joh 4,17: ἐν τῇ ἡμέρᾳ τῆς κρίσεως.

Untersuchungen von E. Ruckstuhl[206] bzw. E. Ruckstuhl / P. Dschulnigg[207] zufolge gerade zu den johanneischen Stileigentümlichkeiten[208].

Als *Ergebnis* unserer Erwägungen kann jetzt festgehalten werden, daß sich die Verse 5,28.29 durchaus präsentisch-eschatologisch interpretieren und bei dieser Interpretation als ein literarisch ursprünglicher Bestandteil des vierten Evangeliums begreifen lassen. Sollten damit der Charakter und die Aussageintention dieser Verse zutreffend erfaßt sein, so läge hier eine – im Zeichen präsentischer Eschatologie vollzogene – radikale Umformung futurisch-eschatologischer bzw. apokalyptischer Sprachformen und Vorstellungsinhalte vor. Für die Annahme einer solchen Transformation spricht, daß dieser hermeneutische Umformungsprozeß innerhalb des Abschnitts 5,19b–30 bereits zweimal zu beobachten war: zum einen in den beiden präsentisch-eschatologischen Aussagen von V. 24.25[209], zum andern in der unseren Versen unmittelbar voraufgehenden christologischen Aussage von V. 27[210]. Was nun die Verse Joh 5,28.29 betrifft, so läßt sich mit Dan 12,2 direkt ein Text aus dem Bereich der Apokalyptik anführen, der hier als Vorlage gedient haben dürfte[211]. Die folgende Gegenüberstellung sucht die engen Berührungen sichtbar zu machen, die nach Struktur und Inhalt zwischen den Versen Joh 5,28.29 und der Auferstehungsaussage von Dan 12,2 LXX bzw. Dan 12,2 θ' bestehen[212]:

---

[206] RUCKSTUHL, Einheit 161. 199.

[207] RUCKSTUHL / DSCHULNIGG, Stilkritik und Verfasserfrage 103. 165 [Gruppe B Nr. 16]. 181.

[208] Angemerkt sei, daß zwischen den Aussagen 5,20bβ (ἵνα ὑμεῖς θαυμάζητε) und 5,28a (μὴ θαυμάζετε τοῦτο, ὅτι) keineswegs eine Spannung oder gar ein logischer Widerspruch besteht, so daß die Formulierung von 5,28a gegen die Zuweisung der Verse 5,28.29 an den Evangelisten spräche. Das Verbum θαυμάζειν ist nämlich an den beiden zitierten Stellen *äquivok* verwendet: In 5,20bβ bezeichnet θαυμάζειν – wie in 7,21 (vgl. 7,15) – theologisch profiliert und in eindeutig negativem Sinne das ungläubige Sich-Verwundern (s.o. S. 70); in 5,28a erscheint das Verbum dagegen – genauso wie in 1Joh 3,13 – innerhalb der Redewendung μὴ θαυμάζετε (vgl. dazu Joh 3,7 [μὴ θαυμάσῃς] sowie die Parallelen bei SCHLATTER 90 [zu Joh 3,7]), die nicht wertenden, sondern lediglich rhetorischen Charakter hat und als solche mit Nachdruck auf einen bestimmten Sachverhalt aufmerksam macht, der sich aus dem zuvor Gesagten mit innerer Notwendigkeit ergibt.

[209] S.o. S. 124 und S. 166f.

[210] S.o. S. 185f.

[211] Daß Dan 12,2 im Hintergrund von Joh 5,28.29 steht, betonen z.B. auch BROWN I 220; FREY, Eschatologie II 516–518. Neben Dan 12,2 ist sodann auch der oben S. 212 bereits bedachte Text Jes 26,19a LXX zu nennen: ἀναστήσονται οἱ νεκροί, καὶ ἐγερθήσονται οἱ ἐν τοῖς μνημείοις, καὶ εὐφρανθήσονται οἱ ἐν τῇ γῇ.

[212] Die Gegenüberstellung bestätigt im übrigen zwei Erkenntnisse, die im Blick auf Joh 5,28.29 bereits aus dem Johannesevangelium selbst gewonnen wurden: 1. Die Genitive ζωῆς bzw. κρίσεως Joh 5,29 entsprechen den Wendungen εἰς ζωὴν αἰώνιον bzw. εἰς ὀνειδισμόν κτλ. Dan 12,2, sind also als *finale* Genitive zu bestimmen. – 2. Der Begriff κρίσις hat in Joh 5,29 den Ausdrücken ὀνειδισμός und αἰσχύνη αἰώνιος von Dan 12,2 entsprechend eine ausschließlich *negative* Bedeutung.

| Dan 12,2 LXX | Dan 12,2 θ' | Joh 5,28.29 |
|---|---|---|
| καὶ | καὶ | ἔρχεται ὥρα ἐν ᾗ |
| πολλοὶ | πολλοὶ | πάντες |
| τῶν καθευδόντων | τῶν καθευδόντων | οἱ ἐν τοῖς μνημείοις |
| ἐν τῷ πλάτει τῆς γῆς | ἐν γῆς χώματι | |
| | | ἀκούσουσιν τῆς φωνῆς |
| | | αὐτοῦ |
| ἀναστήσονται, | ἐξεγερθήσονται, | καὶ ἐκπορεύσονται |
| οἱ μὲν | οὗτοι | οἱ τὰ ἀγαθὰ ποιήσαντες |
| εἰς ζωὴν αἰώνιον, | εἰς ζωὴν αἰώνιον | εἰς ἀνάστασιν ζωῆς, |
| οἱ δὲ | καὶ οὗτοι | οἱ δὲ τὰ φαῦλα πράξαντες |
| εἰς ὀνειδισμόν, | εἰς ὀνειδισμὸν | εἰς ἀνάστασιν κρίσεως. |
| οἱ δὲ | καὶ εἰς αἰσχύνην | |
| εἰς διασπορὰν καὶ | αἰώνιον. | |
| αἰσχύνην αἰώνιον. | | |

Fassen wir die Aussage von Dan 12,2 zunächst für sich in den Blick, so ist zweierlei zu bemerken: 1. Hier ist, wie die Wendung πολλοὶ τῶν καθευδόντων ἐν τῷ πλάτει τῆς γῆς (LXX) bzw. πολλοὶ τῶν καθευδόντων ἐν γῆς χώματι (θ') eindeutig zeigt, nicht von einer universalen, sondern von einer *partikularen* Totenauferstehung die Rede, wobei der Text ausschließlich das Volk Israel vor Augen hat. Die Antithese spricht also in ihren beiden Aussagen jeweils von Menschen, die dem Gottesvolk angehören. Bei der Heilsaussage ist demnach an „die treuen Juden, das ,wahre Israel'" zu denken, bei der Unheilsaussage entsprechend an „die gottlosen Juden"[213]. 2. Dan 12,2 scheint bei denen, die von den Toten auferstehen, *zwei* Gruppen zu unterscheiden. Es darf aber bezweifelt werden, daß der Text dies tatsächlich meint. Die Unheilsaussage will schwerlich besagen, daß die Frevler von den Toten auferstehen, um anschließend sogleich wieder dem ewigen Verderben zu verfallen; sehr viel wahrscheinlicher ist es, daß die negative Aussage in bewußt paradoxer Weise zum Ausdruck bringt, daß die Gottlosen – anders als diejenigen, die für das ewige Leben bestimmt sind – gerade „nicht auferstehen, sondern dem ewigen Abscheu anheimfallen"[214]. – Setzt man nun voraus, daß die Verse Joh 5,28.29 den apokalyptischen Text Dan 12,2 bewußt aufnehmen, ihn aber zugleich präsentisch-eschatologisch uminterpretieren, so läßt sich der Umformungsprozeß folgendermaßen beschreiben: Dan 12,2 spricht von der am *Ende der Tage* innerhalb des Volkes *Israel* geschehenden *leiblichen* Totenauferstehung, wobei der Apokalyptiker das ewige Heil bzw. Unheil von der *Treue gegenüber Jahwe* abhängig macht und ankündigt, daß dann die Treuen leiblich auferstehen wer-

---

[213] STEMBERGER, Das Problem der Auferstehung 21.
[214] So die begründete Erwägung von STEMBERGER, ebd. 21f., der dazu auf entsprechende Überlegungen von B. Alfrink, G. Gaide und P. Grelot verweist (s. ebd. 21 Anm. 11).

den, während die Frevler ewig im Tode bleiben. Im Unterschied dazu geht es in
Joh 5,28.29 um die *nach Ostern* innerhalb der *gesamten* Menschenwelt (πάντες
οἱ ἐν τοῖς μνημείοις) erfolgende *geistliche* Totenauferstehung, wobei der Evangelist das ewige Heil bzw. Unheil einzig und allein an den *Glauben an Jesus*
gebunden weiß und erklärt, daß die Glaubenden bereits jetzt in der Begegnung
mit der nachösterlichen Christusverkündigung geistlich auferstehen, während
die Nicht-Glaubenden in dieser Begegnung definitiv dem Straf- und Verdammungsgericht preisgegeben und also dem Tode nicht entrissen werden.

Erblickt man in den Versen Joh 5,28.29 eine präsentisch-eschatologische
Aussage, so liegt in ihnen, wie wir gesehen haben, eine im Horizont der johanneischen Gegenwartseschatologie erfolgte radikale Umformung ursprünglich
futurisch-eschatologischer bzw. apokalyptischer Sprachformen und Vorstellungsinhalte vor. Dazu kann abschließend noch auf einen wichtigen exegetischen Sachverhalt hingewiesen werden: Wir stoßen im Johannesevangelium
auf einige literarkritisch nicht umstrittene Textkomplexe, in denen genau dieser hermeneutische Umgang des Evangelisten mit futurisch-eschatologischen
bzw. apokalyptischen Begriffen und Vorstellungen wahrzunehmen ist. Es handelt sich dabei vor allem um die folgenden Texte: 14,2f.; 14,18–24; 16,16–26;
17,24. Zu ihnen habe ich mich bereits an anderer Stelle geäußert[215]; sie müssen
deshalb hier nicht noch einmal im einzelnen ausgelegt werden.

## 4. Fazit

Schauen wir nunmehr auf unsere eingehende Erörterung der mit den Versen
5,28.29 gegebenen sachlichen und literarischen Problematik zurück, so stehen
wir vor der folgenden Alternative: Falls diese Verse *futurisch-eschatologischen*
Sinn haben und von der bei der Parusie Jesu Christi erfolgenden universalen,
leiblichen Totenauferstehung sprechen, stehen sie in einer unaufhebbaren Spannung zur Eschatologiekonzeption des Evangelisten und können demzufolge
unmöglich auf ihn selbst zurückgehen, sondern sie müssen einer nachjohanneischen Redaktion zugeschrieben werden. Sollten die beiden Verse dagegen
*präsentisch-eschatologisch* gemeint sein und von der in der Zeit nach Ostern
geschehenden partikularen, geistlichen Totenauferstehung handeln, dann fügen sie sich in das Koordinatensystem der johanneischen Eschatologie vollauf
ein und stammen demnach aus der Feder des Evangelisten. Die futurisch-eschatologische Deutung läßt sich zwar nicht grundsätzlich von der Hand weisen,
das präsentisch-eschatologische Verständnis verdient m.E. jedoch den Vorzug[216].

---

[215] KAMMLER, Jesus Christus und der Geistparaklet; s. dort zu 14,2f.: 103–106; zu
14,18–24: 102–108; zu 16,16–26: 91. 138f. 149f.; zu 17,24: 104f. Anm. 78.
[216] Meine Beurteilung der Verse 5,28.29 hat sich gegenüber der Sicht grundlegend geän-
dert, die ich in der Studie: Jesus Christus und der Geistparaklet 144f. geäußert habe. Dort

Literarkritische Operationen sind methodisch nämlich nur dann zulässig oder gar geboten, wenn ein Text innerhalb seines Kontextes nicht sinnvoll interpretiert werden kann oder wenn sprachliche bzw. sachliche Signale zu der Annahme zwingen, daß sich in einem Textzusammenhang verschiedene Autoren zu Wort melden[217]. Beides aber ist, wie unsere Darlegungen gezeigt haben, in 5,28.29 nicht der Fall. Ganz im Gegenteil: Es konnten gewichtige sprachlich-formale wie sachlich-inhaltliche Argumente angeführt werden, die nachdrücklich für eine präsentisch-eschatologische Deutung dieser Verse sprechen.

Das Urteil, daß die präsentisch-eschatologische Deutung der futurisch-eschatologischen vorzuziehen ist, läßt sich auch nicht mit dem Hinweis auf die übrigen literarkritisch umstrittenen eschatologischen Aussagen des Johannesevangeliums (6,39c.40c.44c.54b; 12,48c) entkräften. Sollten diese Aussagen streng futurisch-eschatologisch zu verstehen sein und somit ausnahmslos einer nachjohanneischen Redaktion zugewiesen werden müssen, so folgt daraus noch nicht notwendig, daß auch die Verse 5,28.29 redaktionell sind. Die für das präsentisch-eschatologische Verständnis dieser Verse vorgebrachten Argumente blieben vielmehr voll und ganz in Geltung. Man wird allerdings die Frage aufwerfen dürfen, ob nicht auch die Stellen 6,39c.40c.44c.54b; 12,48c – in genauer Analogie zu 5,28.29 – nur scheinbar futurisch-eschatologisch, in Wahrheit jedoch ebenfalls dezidiert präsentisch-eschatologisch gemeint sind. Dann wäre unter dem „Jüngsten Tag" präzise jener Tag zu verstehen, an dem der einzelne dem in der Verkündigung der nachösterlichen Gemeinde gegenwärtigen Gottessohn begegnet und in dieser Begegnung entweder geistlich von den Toten aufersteht (6,39c.40c.44c.54b) oder aber definitiv dem ewigen Verdammungsgericht anheimfällt (12,48c). Die an diesen Stellen jeweils erscheinende Wendung [ἐν] τῇ ἐσχάτῃ ἡμέρᾳ entspräche dann in der Sache exakt dem Ausdruck ἐν ἐκείνῃ τῇ ἡμέρᾳ in 14,20 und 16,23.26, den der Evangelist dort seines traditionellen apokalyptischen Charakters entkleidet und so in das Gesamtgefüge seiner eigenen, streng präsentisch-eschatologisch gestalteten Eschatologiekonzeption integriert hat[218]. Die Frage, ob die genannten Texte nicht im Grunde in diesem Sinne interpretiert sein wollen, sei hier nur eben benannt; sie muß an dieser Stelle jedoch nicht weiter thematisiert werden, da die Auslegung von 5,28.29 selbst von ihrer Beantwortung nicht unmittelbar betroffen ist.

---

habe ich 5,28.29 noch futurisch-eschatologisch gedeutet und gleichwohl dem Evangelisten selbst zugewiesen.

[217] S. dazu die grundsätzlichen Bemerkungen o. S. 4f.
[218] S. dazu KAMMLER, Jesus Christus und der Geistparaklet 106 Anm. 84.

# VI. Joh 5,30

Der Abschnitt 5,19b–30 wird durch eine Aussage abgeschlossen, die mit den beiden Eingangssätzen der Rede V. 19b eine Inklusion bildet und den Abschnitt 5,19b–30 so als eine in sich geschlossene Einheit kennzeichnet[1]:

30a   οὐ δύναμαι ἐγὼ ποιεῖν ἀπ᾽ ἐμαυτοῦ οὐδέν·
   b   καθὼς ἀκούω [sc. παρὰ τοῦ πατρὸς] κρίνω,
   c   καὶ ἡ κρίσις ἡ ἐμὴ δικαία ἐστίν,
   d   ὅτι οὐ ζητῶ τὸ θέλημα τὸ ἐμὸν
       ἀλλὰ τὸ θέλημα τοῦ πέμψαντός με.

30a   „Ich vermag von mir selbst aus nichts zu tun;
   b   [vielmehr:][2] wie ich es [vom Vater][3] höre, so vollziehe ich das Strafgericht[4],
   c   und dieses von *mir* ausgeübte Strafgericht[5] ist gerecht,
   d   denn ich suche [dabei] nicht [allein] *meinen* Willen[6],
       sondern den Willen dessen, der mich gesandt hat.“

Diese Aussage führt den „Gerichts“-Gedanken von V. 29b weiter und bringt nochmals ausdrücklich die – auch bereits in den Versen 22, 24 und 27 benannte – unheilvolle Schattenseite zur Sprache, die mit dem Erweis der ausschließlich positiv qualifizierten μείζονα τούτων ἔργα V. 20b notwendig verbunden ist. Was die genauere gedankliche Struktur des Verses 30 anlangt, so setzt er in V. 30a mit einer ganz grundsätzlichen Aussage über das Handeln des Sohnes ein, wobei in der 1. Person Singular wortwörtlich wiederholt wird, was in V. 19bα in der 3. Person Singular gesagt war: Der Sohn kann prinzipiell nichts

---

[1] S.o. S. 11.

[2] Die Asyndese hat hier adversativen Sinn.

[3] Diese Ergänzung ergibt sich aus der Entsprechung zwischen V. 30b und V. 19bβ.

[4] Die Worte κρίνειν / ἡ κρίσις haben in V. 30b.c – nicht anders als in den Versen 22, 24, 27 und 29 – die streng negative Bedeutung „das Strafgericht vollziehen“ / „das Strafgericht“. Unzutreffend ist die Wiedergabe mit „urteilen“ / „das Urteil“ (gegen WELLHAUSEN 108; SCHLATTER 153; DERS., Erläuterungen I 96; BULTMANN 197 mit Anm. 3; L. SCHENKE 104. 110), nicht präzise genug die in den Kommentaren und Bibelübersetzungen übliche Wiedergabe mit „richten“ / „das Gericht“.

[5] Zu ἡ κρίσις ἡ ἐμή und zu dem sogleich folgenden τὸ θέλημα τὸ ἐμόν s. das o. S. 54 Anm. 129 Gesagte. An unserer Stelle nimmt ἡ κρίσις ἡ ἐμή das voranstehende κρίνω betont wieder auf, weshalb ich den anaphorisch gebrauchten Artikel mit dem Demonstrativum wiedergebe.

[6] Zur Einfügung des „dabei“ vgl. die Exegese von V. 30d, zu derjenigen des „allein“ s.o. S. 90f.

„von sich aus", d.h. eigenmächtig bzw. unabhängig vom Vater, tun. Dieser Grundsatz, der für jegliches Tun des Sohnes unbedingte Gültigkeit hat, wird dann in V. 30b speziell auf sein „richterliches" Wirken angewendet: Der Sohn vollzieht das κρίνειν in genauer Entsprechung zu bzw. im vollkommenen Gehorsam gegenüber dem Auftrag, den er vom Vater empfangen hat. Darauf folgt in V. 30c eine nähere Kennzeichnung des vom Sohn ausgeübten Strafgerichts, die sodann in V. 30d durch einen antithetisch strukturierten Kausalsatz begründet wird: Die κρίσις des Sohnes ist deshalb „gerecht", weil er bei ihrem Vollzug in strenger Willenseinheit mit dem Vater handelt[7].

Wenden wir uns den einzelnen Aussagen des Verses zu, so ist zunächst im Blick auf V. 30a (οὐ δύναμαι ἐγὼ ποιεῖν ἀπ᾽ ἐμαυτοῦ οὐδέν) zu bemerken, daß Jesus mit diesem Satz noch einmal ausdrücklich auf den in V. 18 von synagogaler Seite gegen seine Person erhobenen Blasphemievorwurf Bezug nimmt und diesen erneut als verfehlt zurückweist. Der Vorwurf der Usurpation einer gottgleichen Stellung und Würde geht deshalb ins Leere, weil es für Jesus als den Sohn grundsätzlich kein eigenmächtiges, im Widerspruch zum Willen Gottes, seines Vaters, stehendes Handeln gibt und geben kann. Die Aussage V. 30a ist, wie nochmals nachdrücklich betont sei, ebensowenig wie die Parallelaussage V. 19bα als eine Demutsaussage zu beurteilen, sondern wir haben in ihr ganz im Gegenteil eine christologische Hoheitsaussage vor uns[8]. Der johanneische Jesus bringt mit ihr keineswegs seine schlechthinnige *Abhängigkeit* von Gott zur Sprache, wie sie für die Relation zwischen dem Menschen als dem Geschöpf Gottes und dem Schöpfer selbst kennzeichnend ist[9]; in dem Satz V. 30a findet vielmehr das schlechthinnige *Bezogensein* des Sohnes auf den Vater, das der Beziehung zwischen dem Inkarnierten und seinem himmlischen Vater ihre einzigartige Signatur verleiht, seinen sprachlichen Ausdruck. Die in V. 30b angesprochene Auftragstreue des Sohnes wie auch seine in V. 30d her-

---

[7] Der Vers 5,30b–d hat, wie die folgende Gegenüberstellung deutlich zu machen sucht, die gleiche Argumentationsstruktur wie die Verse 8,15.16:

| 5,30b–d | 8,15.16 |
|---|---|
| καθὼς ἀκούω κρίνω, | ὑμεῖς κατὰ τὴν σάρκα κρίνετε, |
| | ἐγὼ οὐ κρίνω οὐδένα. |
| καὶ ἡ κρίσις ἡ ἐμὴ δικαία ἐστίν, | καὶ ἐὰν κρίνω δὲ ἐγώ, |
| | ἡ κρίσις ἡ ἐμὴ ἀληθινή ἐστιν, |
| ὅτι οὐ ζητῶ τὸ θέλημα τὸ ἐμὸν | ὅτι μόνος οὐκ εἰμί, |
| ἀλλὰ τὸ θέλημα τοῦ πέμψαντός με. | ἀλλ᾽ ἐγὼ καὶ ὁ πέμψας με πατήρ. |

Zu beachten ist allerdings, daß κρίνειν / κρίσις in 8,15.16 – anders als in 5,30b–d – nicht mit „das Strafgericht vollziehen" / „das Strafgericht", sondern mit „urteilen" / „das Urteil" zu übersetzen ist; s. dazu wie zu den Versen 8,15.16 insgesamt die Ausführungen o. S. 51–55.

[8] S. den Nachweis o. S. 24–34.

[9] So aber z.B. Weiss 179; Godet II 236–238; Zahn 307 f.; Büchsel 78.

ausgestellte Willenseinheit mit dem Vater sind dementsprechend als in der
*wesenhaften* Einheit beider begründet zu denken und mithin als deren inner-
geschichtlicher Reflex zu begreifen[10].

Die an die christologische Grundsatzaussage V. 30a in adversativer Asyndese angeschlossenen Worte καθὼς ἀκούω κρίνω V. 30b bilden die Parallele
zu dem Adversativsatz ἐὰν μὴ τί βλέπῃ τὸν πατέρα ποιοῦντα V. 19bβ[11]. Sie
unterscheiden sich von V. 19bβ lediglich durch eine besondere Akzentsetzung:
V. 19bβ behauptet, daß sich das Tun des Sohnes in strenger Parallelität und
Konformität zu dem Tun des Vaters vollzieht, – eine Aussage, die dann in V. 19c
durch den Hinweis auf die vollkommene Einheit und Identität des Handelns
beider präzisiert wird; V. 30b setzt die grundsätzliche Bestimmung von V. 19bβ
voraus, bringt nunmehr aber auf diesem Hintergrund die Auftragstreue des Sohnes gegenüber dem Vater zur Sprache. Die Worte καθὼς ἀκούω κρίνω entsprechen nämlich den Versen 22 und 27, in denen betont wird, daß der Vater
dem Sohn das Strafgericht überantwortet hat, das dieser dann im Gehorsam
ihm gegenüber durchführt. Der Nebensatz καθὼς ἀκούω ist demzufolge nicht
mit „wie ich meinen Vater selbst das Strafgericht vollziehen höre"[12], sondern
mit „wie ich von meinem Vater höre, daß ich das Strafgericht vollziehen soll"
zu umschreiben. Der ganze Satz V. 30b unterstreicht noch einmal, daß hinter
dem von Jesus vollzogenen Strafgericht die Autorität Gottes selbst steht, daß
mithin das vom Sohn ausgesprochene Nein als solches das Nein des Vaters ist.

Im Hintergrund des auf V. 30b folgenden Satzes καὶ ἡ κρίσις ἡ ἐμὴ δικαία
ἐστίν V. 30c steht der in der Septuaginta wie im Neuen Testament bezeugte
Gedanke, daß *Gottes* Strafgericht „gerecht" ist[13]. „Gerecht" meint dabei: dem
Verhalten des sündigen Menschen Gott gegenüber „angemessen", d.h. seiner
Sünde und Gottlosigkeit „adäquat". Das göttliche Strafgericht trifft niemals
einen Unschuldigen, es ist stets verdient. Eben dieser Gedanke wird in V. 30c

---

[10] In diesem Sinne erklärt E. KÄSEMANN treffend, daß der Gehorsam des johanneischen
Jesus gegenüber dem ihn sendenden Vater „die Manifestation göttlicher Herrschaft und Herr-
lichkeit am gottentfremdeten Ort, christologisch also Bekundung der Einheit mit dem Vater"
(Jesu letzter Wille 45) bzw. „die irdische Gestalt seiner Göttlichkeit" (ebd. 45 Anm. 44) ist.
„In Summa: Jesu Herrlichkeit resultiert nicht aus seinem Gehorsam ... Der Gehorsam resultiert umgekehrt aus Jesu Herrlichkeit und ist deren Bezeugung in der Situation des irdischen
Widerspruchs" (ebd. 46). Vgl. PFLEIDERER, Zur johanneischen Christologie 246, der zu V. 30a
bemerkt: Diese Aussage „ist ein hohes (resp. schlechthinniges) Privilegium Christi ..., denn
jene Abhängigkeit ist nicht mehr menschlicher freier Gehorsam, sondern ... vollkommene
Gotteinheit". Wenn CULLMANN, Christologie des Neuen Testaments 307 (vgl. BARRETT 278)
zu unserer Stelle erklärt: „Eine *Wesenseinheit* besteht deshalb, weil eine restlose *Willenseinheit* besteht", dann wird der tatsächliche, für das gesamte johanneische Christuszeugnis
konstitutive Begründungszusammenhang auf den Kopf gestellt.

[11] Zur Abweichung von der bei NESTLE / ALAND[26.27] und im Greek New Testament[4] gebotenen Textdarbietung von V. 19bβ (dort jeweils: μή τι) s.o. S. 21 Anm. 2.

[12] In diesem Sinn z.B. LÜCKE II 49; WEISS 179; DERS., Das Neue Testament I 494.

[13] S. dazu 2Makk 9,18; 12,6; 3Makk 2,22; Dan 3,27f. LXX; Apk 16,5–7; 19,2.

in christologischer Rezeption auf das sich gegenwärtig ereignende strafrich-
terliche Handeln des *Sohnes* übertragen: Dem Strafgericht, das Jesus im Gehorsam gegenüber dem Vater vollzieht, eignet die Qualität göttlicher Gerechtigkeit. Im Kontext richtet sich diese Feststellung gezielt an die Adresse der
jüdischen Gegner, die Jesus der Usurpation göttlicher Macht und Würde bezichtigen. Jesus erklärt ihnen, daß sie der κρίσις zu Recht preisgegeben sind, –
ist doch der sich im Vorwurf der Blasphemie in letzter Schärfe äußernde Unglaube seiner Person gegenüber eo ipso das Nein zu Gott selbst (V. 23b). Indem die Ἰουδαῖοι den Offenbarungs- und Hoheitsanspruch des ewigen Gottessohnes als blasphemisch zurückweisen, bekunden sie unwissentlich, daß sie
selbst in Wahrheit „Knechte der Sünde" (8,34) sind, als solche der Sphäre des
„Todes" und der „Finsternis" angehören und somit dem Straf- und Verdammungsgericht, das diesen Unheilszustand verewigt, rechtens anheimfallen.

Der antithetisch strukturierte Begründungssatz ὅτι οὐ ζητῶ τὸ θέλημα τὸ
ἐμὸν ἀλλὰ τὸ θέλημα τοῦ πέμψαντός με V. 30d benennt abschließend den
christologischen Grund dafür, daß das den Nicht-Glaubenden geltende Strafgericht des Sohnes „gerecht" ist: Er handelt bei dem Vollzug des Strafgerichts
in strenger Willenseinheit mit dem Vater. Die Aussage von V. 30d hat ihre engste sprachliche Parallele in dem Kausalsatz 6,38, der ebenfalls betont, daß Jesu
Wille mit dem Willen Gottes, seines Vaters, vollkommen geeint ist:

> ὅτι καταβέβηκα ἀπὸ τοῦ οὐρανοῦ
> οὐχ ἵνα ποιῶ τὸ θέλημα τὸ ἐμὸν
> ἀλλὰ τὸ θέλημα τοῦ πέμψαντός με.

Zwischen den beiden Aussagen 5,30d und 6,38 besteht bei aller formalen Entsprechung gleichwohl eine nicht unerhebliche sachliche Differenz: Ist in dem
Vers 6,38 von dem „Willen" Jesu bzw. von dem „Willen" des Vaters die Rede,
so geht es dabei, wie nicht zuletzt der Kontext 6,37–40 unmißverständlich zeigt,
streng und ausschließlich um den göttlichen *Heilswillen*: Den Erwählten soll
durch die glaubende Erkenntnis Jesu Christi das ewige Leben in unverlierbarer
Weise zuteil werden. Im Unterschied dazu bezeichnen die Begriffe τὸ θέλημα
τὸ ἐμόν bzw. τὸ θέλημα τοῦ πέμψαντός με in V. 30d dezidiert den *negativ*
qualifizierten „richterlichen" Willen Jesu bzw. Gottes: Diejenigen, die Jesus
gegenüber im Unglauben verharren, sollen dem sich gegenwärtig mit eschatologisch-forensischer Kraft ereignenden Straf- und Verdammungsgericht verfallen. Während also der Vers 6,38 von dem *lebendigmachenden* Tun des Sohnes
Gottes spricht und damit das eine und einzige *Ziel* seiner Sendung thematisiert[14],
handelt die Aussage von 5,30d – nicht anders als die beiden unmittelbar voranstehenden Sätze V. 30b.c – einzig und allein von seinem „*richterlichen*" Wirken und mithin von jener unheilvollen *Folge*, die mit der ausschließlich auf

---

[14] Vgl. 3,17; 12,47.

Rettung zielenden Sendung Jesu deshalb notwendig verbunden ist, weil diese von vornherein exklusiv den Erwählten gilt. Die Rede vom θέλημα Jesu V. 30d stellt somit die negative Gegenaussage zu dem Relativsatz οὓς θέλει (V. 21) dar, der die positive Seite des johanneischen Prädestinationsgedankens zur Sprache bringt.

# Schluß

Nachdem wir den Text Joh 5,17–30 in seinen Einzelheiten bedacht und seinen Gedankengang Schritt für Schritt nachgezeichnet haben, soll abschließend dargelegt werden, welche Einsichten sich von den gewonnenen Erkenntnissen her im Blick auf die in der Forschung kontroversen Fragen der Christologie und der Eschatologie des Johannesevangeliums ergeben, die zu Beginn der Arbeit skizziert wurden.

Hinsichtlich der *Christologie* des Evangeliums sind insbesondere die folgenden Feststellungen zu treffen:

1. Für das Verhältnis zwischen Jesus und Gott ist den Ausführungen von 5,17–30 zufolge kennzeichnend, daß zwischen dem Handeln des Sohnes und dem Handeln des Vaters immer und überall eine vollkommene Einheit gegeben ist. Der Evangelist bleibt bei dieser Auskunft freilich nicht stehen, sondern er geht argumentativ noch einen entscheidenden Schritt darüber hinaus, indem er den Gedanken der Handlungs- bzw. Offenbarungseinheit ausdrücklich durch den Rekurs auf die wesenhafte Einheit von Vater und Sohn begründet. Das letztere geschieht zum einen in Gestalt der Vater-Sohn-Aussage von V. 20aα, die mit dem Verweis auf die ewige Liebe des Vaters zum Sohn den sachlichen Grund für das in V. 19c und V. 20aβ Gesagte angibt; und es geschieht zum andern in Gestalt der Vater-Sohn-Aussage von V. 26, die dem Sohn den einzig Gott selbst zukommenden ursprunghaften Lebensbesitz zuschreibt und auf diese Weise die Begründung sowohl für die christologische Aussage von V. 21 wie auch für die beiden eschatologischen Aussagen von V. 24.25 liefert.

2. Wie vor allem bei der Interpretation der Verse 19 und 30 aufgewiesen werden konnte, begegnet der Evangelist dem von synagogaler Seite gegenüber dem Christuszeugnis der johanneischen Gemeinde erhobenen Vorwurf der Gotteslästerung keineswegs mit einer subordinatianischen, d.h. die wesenhafte Unterschiedenheit des Sohnes vom Vater behauptenden Christologie. Der Blasphemievorwurf wird in unserem Text vielmehr so zurückgewiesen, daß im Gegenteil gerade die wesenhafte Einheit von Vater und Sohn herausgestellt wird: Jesus gehört als der Sohn von Ewigkeit her auf die Seite Gottes, des Vaters, so daß ihm die wahre Gottheit bereits von Uranfang an eignet; deshalb ist der Vorwurf, daß der Christusglaube dem einen und einzigen Gott einen bloßen Menschen an die Seite stelle und also auf einer blasphemischen Apotheose Jesu beruhe, von vornherein gegenstandslos. Anhand einer detaillierten

Exegese der beiden Texte 8,48–59 und 10,22–39, in denen der Blasphemievorwurf ebenfalls thematisch ist, ließe sich aufzeigen, daß der Evangelist diesen
Vorwurf auch dort mit den gleichen argumentativen Mitteln wie in 5,17–30 zu
entkräften sucht: mit dem betonten Hinweis auf die Wesenseinheit von Vater
und Sohn[1].

3. Vergleicht man die in 5,17–30 enthaltene Bestimmung der Vater-Sohn-
Relation mit der Rede von Gott, wie sie in Texten des antiken Judentums zu
verzeichnen ist, so zeigt sich bei aller Übereinstimmung zugleich eine tiefgrei-
fende sachliche Differenz: Der Evangelist teilt mit dem antiken Judentum den
aus dem Alten Testament gewonnenen monotheistischen Grundsatz, daß zwischen Schöpfer und Geschöpf bzw. Gott und Welt eine unendliche qualitative
Differenz besteht und beide Größen deshalb auf gar keinen Fall miteinander
verwechselt oder vermischt werden dürfen. Die johanneische Rede von Gott
unterscheidet sich dann allerdings im näheren Verständnis der Einzigkeit Gottes fundamental von der frühjüdischen. Für das frühjüdische Verständnis impliziert die Erkenntnis der Einzigkeit Gottes notwendig den Satz, daß Gott auch
nur als eine einzige *Person* gedacht werden kann. Von daher muß dann der
Glaube an Jesus Christus als den göttlichen Offenbarer des Vaters als Kreaturvergötterung erscheinen. Die johanneische Sicht hat demgegenüber darin ihre
besondere Signatur, daß sie – unter ausdrücklicher Wahrung der strengen Unterscheidung von Gott und Welt – in *der* Weise an der Einzigkeit Gottes festhält, daß sie Jesu Person in das Geheimnis Gottes selbst unmittelbar einzeich-
net. Sie muß deshalb beides zugleich aussagen: die *wesenhafte Einheit* von
Vater und Sohn einerseits und die *personale Unterschiedenheit* beider andererseits[2]. Von dem einen und einzigen Gott zu reden, heißt also dem Zeugnis des
vierten Evangeliums zufolge, in ein und demselben Atemzug von der Person
des Vaters *und* von der Person des Sohnes zu reden. Der Evangelist faßt das
Gottsein Gottes mithin – in dogmatischer Begrifflichkeit gesprochen – dezidiert „*binitarisch*"[3]. In der johanneischen Rede von Gott findet damit ein theologischer Reflexionsprozeß seinen begrifflichen Ausdruck, der sich im Lichte
der Erkenntnis von Person und Werk Jesu Christi mit innerer Notwendigkeit
vollzogen hat. Der Evangelist beansprucht dabei, durchaus in Kontinuität zu
dem in der alttestamentlichen Rede von Gott vorgegebenen Monotheismus zu
stehen und diesen sprachlich wie sachlich in angemessener Weise zu entfalten.

4. Der Text 5,17–30 gehört zu den klarsten und eindrücklichsten Zeugnissen
des vierten Evangeliums für die Gottheit Jesu Christi. Die Gottheit des Sohnes

---

[1] S. dazu einerseits die Präexistenzaussage 8,58 (vgl. o. S. 179f.), andererseits die Ein-
heitsformel 10,30 bzw. die Immanenzformel 10,38.

[2] S.o. S. 178f. (zu 1,1f.) und S. 181–183 (zu 5,26).

[3] Bezieht man die Parakletsprüche (14,16f.; 14,25f.; 15,26f.; 16,7–11.12–15) in die Betrachtung mit ein, so wird man sogar von einem „*trinitarischen*" Gottesverständnis sprechen dürfen.

wird dabei im einzelnen auf recht unterschiedliche Weise zur Sprache gebracht. Neben den beiden bereits angesprochenen christologischen Spitzenaussagen von V. 20aα und V. 26 sind zunächst zum einen die in unserem Textzusammenhang erscheinenden christologischen Hoheitstitel ὁ υἱός (V. 19–23.26) bzw. ὁ υἱὸς τοῦ θεοῦ (V. 25) sowie [ὁ] υἱὸς [τοῦ] ἀνθρώπου (V. 27) zu erwähnen, mit denen jeweils auf die gottgleiche Würde und Hoheit Jesu abgehoben wird, und zum andern die dem Titel „der Sohn" korrespondierende Bezeichnung Gottes als ὁ πατήρ (V. 19–23.26), durch die – wie die Wendung ὁ πατήρ μου (V. 17; vgl. V. 18) bestätigt – Gott exklusiv als der Vater Jesu Christi bestimmt wird. Zu nennen sind sodann jene Aussagen, in denen der johanneische Jesus für seine eigene Person göttliche Prärogativen beansprucht: so in V. 17 das Hoheitsrecht, ebensowenig wie Gott selbst in seinem Wirken durch das Sabbatgebot eingeschränkt zu sein, – so in V. 21 das Vermögen der geistlichen Totenauferweckung bzw. der eschatologischen Lebensmitteilung, – so endlich in V. 22 bzw. V. 27 das Privileg, das eschatologische Straf- und Verdammungsgericht zu vollziehen. Von Gewicht ist ferner der antithetisch strukturierte Vers 23, der in seiner ersten Hälfte zum Ausdruck bringt, daß dem Sohn in der gleichen Weise und Ausschließlichkeit wie dem Vater die göttliche Ehrerbietung gebührt, und der in seiner zweiten Hälfte präzisierend hinzufügt, daß der Vater überhaupt nur da als Gott „geehrt" wird, wo ein Mensch dem Sohn im Glauben und in der Anbetung die Ehre erweist. Der Gedanke der Gottheit Jesu ist darüber hinaus auch in jenen Sätzen unseres Textes impliziert, die die vollkommene und also das Maß des Prophetischen unvergleichlich übersteigende Handlungs- und Offenbarungseinheit Jesu mit Gott aussagen (V. 19f. / V. 30). Sachlich vorausgesetzt ist der Gedanke schließlich in den eschatologischen Aussagen V. 24.25 und V. 28.29, wird hier doch jeweils dem „Wort" bzw. der „Stimme" Jesu die einzig und allein dem Worte Gottes selbst innewohnende Macht zugeschrieben, Tote aus der Sphäre des Todes in die Sphäre des Lebens zu rufen und damit in die heilvolle Gemeinschaft mit Gott zu versetzen.

5. Bei der Auslegung des Abschnitts 5,17–30 wurden immer wieder auch weitere für das Verständnis der Christologie zentrale Texte des Johannesevangeliums in die Überlegungen mit einbezogen. Dabei hat sich gezeigt, daß zwischen der Bestimmung der Vater-Sohn-Relation, wie sie unserem Abschnitt zu entnehmen ist, und den übrigen christologischen Aussagen des vierten Evangeliums weder ein inhaltlicher Gegensatz noch auch nur eine sachliche Spannung besteht. Das Christuszeugnis der Verse 5,17–30 stimmt vielmehr voll und ganz mit anderen Aussagen überein, in denen ebenfalls die hohe Christologie des Evangelisten zum Ausdruck kommt. Die Verse beschreiben, wie jetzt formuliert werden kann, das Verhältnis Jesu zu Gott in einer Weise, die für das gesamte Evangelium ebenso signifikant wie grundlegend ist.

Im Blick auf die *Eschatologie* des Johannesevangeliums bleibt vor allem das Folgende festzuhalten:

1. Die den eschatologischen Aussagen unseres Abschnitts gewidmeten Darlegungen haben erkennen lassen, daß der Evangelist selbst eine streng präsentische Eschatologie vertritt und von daher traditionelle futurisch-eschatologische bzw. apokalyptische Erwartungen, wie sie im frühen Judentum und im
Urchristentum begegnen, im Horizont seiner Konzeption radikal uminterpretiert. In diesem Sinne beschreibt er die eschatologische Totenauferweckung
bzw. Lebensmitteilung nicht als ein zukünftiges, sondern als ein sich bereits
hier und jetzt in der Begegnung mit dem Worte Jesu ereignendes Geschehen
(5,24f.; 11,23–27). Ganz entsprechend faßt er die Parusie des Gottessohnes
nicht als ein einmaliges und gegenwärtig noch ausstehendes Ereignis, sondern
als ein solches, das in der Zeit nach Ostern immer und überall dort Wirklichkeit
wird, wo der Erhöhte selbst im Geistparakleten zu den Seinen kommt und sich
ihnen so Glauben weckend erschließt (14,2f.18–24; 16,16–26). Das Straf- und
Verdammungsgericht schließlich wird vom Evangelisten keineswegs als ein
allererst auf die endzeitliche Totenauferstehung folgender Akt bestimmt, sondern vielmehr als die sich schon gegenwärtig in eschatologisch-forensischer
Kraft ereignende und mit dem Unglauben notwendig einhergehende Verewigung des Seins in der Sphäre der Finsternis und des Todes begriffen (3,17–19;
vgl. 3,36b). Es kann deshalb keine Rede davon sein, daß das in anderen Schriften des Neuen Testaments zu beobachtende „dialektische" Nebeneinander von
präsentischer und futurischer Eschatologie auch für die johanneische Sicht kennzeichnend sei.

2. Aus dem soeben Gesagten ergibt sich für die Interpretation der in der
Forschung überaus kontrovers beurteilten Verse 5,28.29 die folgende Alternative: Falls diese Verse mit der überwältigenden Mehrheit der Ausleger *futurisch-eschatologisch* zu deuten sind und von der bei der endzeitlichen Parusie
Jesu Christi erfolgenden leiblichen Totenauferstehung handeln, stehen sie in
einem elementaren Widerspruch zur Eschatologie des Evangelisten, so daß sie
ohne Frage einer nachjohanneischen Redaktion zugeschrieben werden müßten. Sollten die beiden Verse dagegen *präsentisch-eschatologischen* Sinn
haben und von der in der nachösterlichen Zeit geschehenden geistlichen
Totenauferstehung sprechen, dann bilden sie einen integralen Bestandteil der
johanneischen Eschatologie, und sie können dann mit gutem Grund dem Evangelisten selbst zugewiesen werden. Für das letztere sprechen, auch wenn sich
die futurisch-eschatologische Deutung nicht grundsätzlich von der Hand weisen läßt, m.E. die besseren Argumente. Was die Auslegung der ebenfalls strittigen eschatologischen Aussagen von 6,39c.40c.44c.54b; 12,48c anlangt, so
wird man erwägen dürfen, ob nicht auch diese Verse – in genauer Analogie zu
5,28.29 – nur scheinbar futurisch-eschatologisch, in Wahrheit jedoch ebenfalls
präsentisch-eschatologisch zu interpretieren sind und dementsprechend nicht
als redaktionell, sondern durchaus als genuin johanneisch angesehen werden
können.

3. Hinsichtlich der Frage nach dem Begründungsverhältnis von Christologie und Eschatologie hat die Exegese von 5,17–30 exemplarisch deutlich machen können, was für das Evangelium insgesamt gilt: Die christologischen Aussagen bilden in sachlicher wie in argumentativer Hinsicht die Grundlage für die eschatologischen Aussagen. Das aber heißt: Der mit der johanneischen Gegenwartseschatologie erhobene Wahrheitsanspruch steht und fällt mit der Wahrheit der christologischen Fundamentalbestimmung, daß Jesus als der Sohn seinem Wesen und Ursprung nach auf die Seite Gottes, seines Vaters, gehört und also selbst wahrer Gott ist. Die in 5,17–30 enthaltenen Aussagen über die wesenhafte Einheit von Vater und Sohn benennen mithin das theologisch-ontologische Fundament der johanneischen Eschatologie, deren Sätze ohne diese Grundlage nicht mehr als bloße Behauptungen blieben.

# Literaturverzeichnis

## I. Quellen

### 1. Bibelausgaben

Biblia Hebraica Stuttgartensia, ed. K. ELLIGER / W. RUDOLPH, Stuttgart ²1984.

Septuaginta. Vetus Testamentum Graecum. Auctoritate Academiae Scientiarum Gottingensis editum, Göttingen 1931ff.

Septuaginta. Id est Vetus Testamentum graece iuxta LXX interpretes, ed. A. RAHLFS, 2 Bde., Stuttgart 1935.

The Septuagint Version: Greek and English, ed. L.C.L. BRENTON, Grand Rapids, Michigan 1970 = ¹³1981.

Novum Testamentum Graece, cum apparatu critico curavit EB. NESTLE, novis curis elaboraverunt ERW. NESTLE et K. ALAND, Stuttgart ²⁵1963.

Novum Testamentum Graece, post EB. NESTLE et ERW. NESTLE communiter edd. K. ALAND / M. BLACK / C.M. MARTINI / B.M. METZGER / A. WIKGREN, Stuttgart ²⁶1979.

Novum Testamentum Graece, post EB. NESTLE et ERW. NESTLE editione vicesima septima revisa communiter edd. B. et K. ALAND / J. KARAVIDOPOULOS / C.M. MARTINI / B.M. METZGER, Stuttgart ²⁷1993.

The Greek New Testament, ed. by B. ALAND / K. ALAND / J. KARAVIDOPOULOS / C.M. MARTINI / B.M. METZGER, Stuttgart ⁴1993.

Synopsis Quattuor Evangeliorum. Locis parallelis evangeliorum apocryphorum et patrum adhibitis ed. K. ALAND, Stuttgart ¹³1985.

Biblia Sacra iuxta vulgatam versionem. Recensuit et brevi apparatu instruxit R. WEBER. Editio tertia emendata quam paravit B. FISCHER cum sociis H.I. FREDE / I. GRIBOMONT / H.F.D. SPARKS / W. THIELE, Stuttgart ³1983.

Novum Testamentum Latine. Novam Vulgatam Bibliorum Sacrorum Editionem secuti edd. K. ALAND et B. ALAND, Stuttgart ³1989.

The Bible in Aramaic, ed. by A. SPERBER, I: The Pentateuch according to Targum Onkelos, Leiden 1959.

The Targum Onqelos to Exodus. Translated, with Apparatus and Notes by B. GROSSFELD, The Aramaic Bible 7, Edinburgh 1988.

Neophyti 1. Targum Palestinense. MS de la Biblioteca Vaticana, ed. A.D. MACHO, II: Éxodo, Madrid – Barcelona 1970.

Targum Pseudo-Jonathan of the Pentateuch: Text and Concordance, ed. E.G. CLARKE, Hoboken, New Jersey 1984.

Targum Neofiti 1: Exodus. Translated, with Introduction and Apparatus by M. McNAMARA and Notes by R. HAYWARD / Targum Pseudo-Jonathan: Exodus. Translated, with Notes by M. MAHER, The Aramaic Bible 2, Edinburgh 1994.

The Fragment-Targums of the Pentateuch, ed. M.L. KLEIN, I: Text, Indices and Introductory Essays, AnBib 76, Rom 1980.

The Fragment-Targums of the Pentateuch, ed. M.L. KLEIN, II: Translation, AnBib 76, Rom 1980.

The Targum of Isaiah, ed. with a Translation by J.F. STENNING, Oxford 1949 = 1953.

The Isaiah Targum. Introduction, Translation, Apparatus and Notes, by B.D. CHILTON, The Aramaic Bible 11, Edinburgh 1987.

Die Bibel nach der Übersetzung Martin Luthers. Mit Apokryphen. Bibeltext in der revidierten Fassung von 1984, Stuttgart 1985.

Die Heilige Schrift des Alten und Neuen Testaments, Zürich 1955 = 1966.

Die Bibel. Altes und Neues Testament. Einheitsübersetzung, Freiburg – Basel – Wien bzw. Stuttgart 1980.

Die Bibel. Aus dem Grundtext übersetzt. Revidierte Elberfelder Bibel, Wuppertal – Zürich 1986.

ALBRECHT, L., Das Neue Testament in die Sprache der Gegenwart übersetzt und kurz erläutert, Stuttgart ⁸1957.

MENGE, H., Das Neue Testament, Stuttgart ¹¹1949.

SCHLATTER, A., Das Neue Testament, Stuttgart 1931.

WEIZSÄCKER, C., Das Neue Testament, Tübingen ¹¹1927.

WILCKENS, U., Das Neue Testament übersetzt und kommentiert, Zürich – Einsiedeln – Köln bzw. Gütersloh ⁵1977.

## *2. Jüdische Texte*

### a) Apokryphen, Pseudepigraphen und Verwandtes

BECKER, J., Die Testamente der zwölf Patriarchen, JSHRZ III/1, Gütersloh ²1980.

BLACK, M., Apocalypsis Henochi Graece, in: PsVTGr III, Leiden 1970, 1–44.

–, The Book of Enoch or I Enoch. A New English Edition with Commentary and Textual Notes, SVTP 7, Leiden 1985.

BROCK, S.P. / PICARD, J.-C., Testamentum Iobi. Apocalypsis Baruchi Graece, PVTG 2, Leiden 1967.

BURCHARD, CHR., Ein vorläufiger griechischer Text von Joseph und Aseneth, DBAT 14 (1979) 2–53.

–, Joseph und Aseneth, JSHRZ II/4, Gütersloh 1983.

CHARLES, R.H., The Apocrypha and Pseudepigrapha of the Old Testament in English, 2 Bde., Oxford 1913 = 1963 bzw. 1963/64.

CHARLESWORTH, J.H., The Old Testament Pseudepigrapha, Garden City, New York I 1983, II 1985.

DENIS, A.-M., Concordance grecque des Pseudépigraphes d'Ancien Testament. Concordance, Corpus des textes, Indices, Louvain-la-Neuve 1987.

DIETZFELBINGER, CHR., Pseudo-Philo: Antiquitates Biblicae (Liber Antiquitatum Biblicarum), JSHRZ II/2, Gütersloh 1979.

GEFFCKEN, J., Die Oracula Sibyllina, GCS 8, Leipzig 1902 = 1967.

GEORGI, D., Weisheit Salomos, JSHRZ III/4, Gütersloh 1980.

HABICHT, CHR., 2. Makkabäerbuch, JSHRZ I/3, Gütersloh 1976.

HARRINGTON, D.J. / CAZEAUX, J., Pseudo-Philon. Les Antiquités Bibliques, 2 Bde., SC 229/230, Paris 1976.

HOLM-NIELSEN, S., Die Psalmen Salomos, JSHRZ IV/2, Gütersloh 1977.

KAUTZSCH, E., Die Apokryphen und Pseudepigraphen des Alten Testaments, 2 Bde., Tübingen 1900 (Nachdruck: Darmstadt 1994).

KLAUCK, H.-J., 4. Makkabäerbuch, JSHRZ III/6, Gütersloh 1989.

KLIJN, A.F.J., Der lateinische Text der Apokalypse des Esra, TU 131, Berlin 1983.

–, Die syrische Baruch-Apokalypse, JSHRZ V/2, Gütersloh 1976, 103–191.

KNIBB, M.A., The Ethiopic Book of Enoch. A New Edition in the Light of the Aramaic Dead Sea Fragments II: Introduction, Translation and Commentary, Oxford 1978.

PELLETIER, A., Lettre d'Aristée à Philocrate, SC 89, Paris 1962.

RIESSLER, P., Altjüdisches Schrifttum außerhalb der Bibel, Freiburg – Heidelberg 1928.

SAUER, G., Jesus Sirach (Ben Sira), JSHRZ III/5, Gütersloh 1981.

SCHALLER, B., Das Testament Hiobs, JSHRZ III/3, Gütersloh 1979.

SCHERMANN, TH., Prophetarum vitae fabulosae, Leipzig 1907.

SCHRAGE, W., Die Elia-Apokalypse, JSHRZ V/3, Gütersloh 1980.

SCHREINER, J., Das 4. Buch Esra, JSHRZ V/4, Gütersloh 1981.

SCHUNCK, K.-D., 1. Makkabäerbuch, JSHRZ I/4, Gütersloh 1980.

SCHWEMER, A.M., Vitae Prophetarum, JSHRZ I/7, Gütersloh 1997.

UHLIG, S., Das Äthiopische Henochbuch, JSHRZ V/6, Gütersloh 1984.

b) Qumrantexte

LOHSE, E., Die Texte aus Qumran. Hebräisch und deutsch, Darmstadt $^4$1986.

MAIER, J., Die Qumran-Essener: Die Texte vom Toten Meer, München – Basel I 1995, II 1995, III 1996.

PUECH, E., Une apocalypse messianique (4Q 521), RdQ 15/60 (1992) 475–522.

WISE, M. / ABEGG, M. / COOK, E., Die Schriftrollen von Qumran. Übersetzung und Kommentar (hg. von A. LÄPPLE), Augsburg 1997.

c) Philo und Josephus

Philonis Alexandrini Opera quae supersunt, ed. L. COHN / P. WENDLAND u.a., 7 Bde., Berlin 1896ff. = 1962/63.

Philo von Alexandria. Die Werke in deutscher Übersetzung, hg. von L. COHN / I. HEINEMANN / M. ADLER / W. THEILER, Berlin I–VI $^2$1962, VII 1964.

Flavii Iosephi Opera, ed. B. NIESE, 7 Bde., Berlin 1887–1895.

Flavius Josephus, De bello Judaico. Der Jüdische Krieg. Zweisprachige Ausgabe, hg. von O. MICHEL / O. BAUERNFEIND, Darmstadt I 1959, II,1 1963, II,2 1969, III 1969.

Josephus. With an English Translation by H.ST.J. THACKERAY / R. MARCUS / A. WIKGREN / L.H. FELDMAN, 9 Bde., LCL, London – Cambridge, Massachusetts 1926–1965.

d) Rabbinische Literatur

Mischnajot. Die sechs Ordnungen der Mischna. Hebräischer Text mit Punktation, deutscher Übersetzung und Erklärung, hg. von D. HOFFMANN u.a., 6 Bde., Berlin bzw. Wiesbaden 1887ff. (Nachdruck: Basel $^3$1968).

The Mishnah, translated by H. DANBY, Oxford 1933 = 1958.

Der Babylonische Talmud, neu übertragen durch L. GOLDSCHMIDT, 12 Bde., Berlin $^2$1964–1967.

Mechilta d'Rabbi Ismael, ed. H.S. HOROVITZ / I.A. RABIN, Jerusalem $^2$1960.

Mechiltha. Ein tannaitischer Midrasch zu Exodus. Erstmalig ins Deutsche übersetzt und erläutert von J. WINTER / A. WÜNSCHE, Leipzig 1909 (Nachdruck: Hildesheim – Zürich – New York 1990).

Sifra on Leviticus, by L. FINKELSTEIN, II: Text of Sifra according to Vatican Manuscript Assemani 66, New York 1983.

Sifra. Halachischer Midrasch zu Leviticus, übersetzt von J. WINTER, SGFWJ 42, Breslau 1938.

Siphre ad Numeros adjecto Siphre zutta, ed. H.S. HOROVITZ, Corpus Tannaiticum III/3.1, Leipzig 1917.

Der tannaitische Midrasch Sifre zu Numeri, übersetzt und erklärt von K.G. KUHN, RT II/3, Stuttgart 1959.

Siphre ad Deuteronomium, ed. L. FINKELSTEIN, Corpus Tannaiticum III/3.2, Berlin 1939 (Nachdruck: New York 1969).

Sifre. A Tannaitic Commentary on the Book of Deuteronomy, translated by R. HAMMER, YJS 24, New Haven – London 1986.

Pirkê de Rabbi Eliezer, translated by G. FRIEDLANDER, London 1916 (Nachdruck: New York 1970).

e) Gebete

FIEBIG, P., Berachoth. Der Mischnatractat „Segenssprüche". Mit einem Anhang, bietend: eine Reihe alter und wichtiger jüdischer Gebete, Ausgewählte Mischnatractate in deutscher Übersetzung 3, Tübingen 1906.

STAERK, W., Altjüdische liturgische Gebete, KlT 58, Berlin ²1930.

## 3. Christliche Texte

BOXLER, F., Die sogenannten Apostolischen Constitutionen u. Canonen, aus dem Urtext übersetzt, BKV, Kempten 1874.

FISCHER, J.A., Die Apostolischen Väter, SUC I, Darmstadt ⁹1986.

FUNK, F.X., Didascalia et Constitutiones Apostolorum, 2 Bde., Paderborn 1905.

GOODSPEED, E.J., Die ältesten Apologeten, Göttingen 1914 = 1984.

LINDEMANN, A. / PAULSEN, H., Die Apostolischen Väter. Griechisch-deutsche Parallelausgabe auf der Grundlage der Ausgaben von F.X. FUNK, K. BIHLMEYER und M. WHITTAKER, mit Übersetzungen von M. DIBELIUS und D.-A. KOCH, Tübingen 1992.

REHM, B. / IRMSCHER, J. / PASCHKE, F., Die Pseudoklementinen I: Homilien, GCS 42/2, Berlin 1969.

SCHNEEMELCHER, W., Neutestamentliche Apokryphen in deutscher Übersetzung, Tübingen I ⁶1990, II ⁵1989.

WENGST, K., Didache (Apostellehre). Barnabasbrief. Zweiter Klemensbrief. Schrift an Diognet, SUC II, Darmstadt 1984.

EUSEBIUS, Kirchengeschichte, hg. von E. SCHWARTZ, Kleine Ausgabe, Berlin ⁵1955.

–, Kirchengeschichte, hg. von H. KRAFT (Übersetzung von PH. HAEUSER / H.A. GÄRTNER), München ³1989.

ORIGENES, Gegen Celsus, in: Origenes Werke I.II, hg. von P. KOETSCHAU, GCS 2 und 3, Leipzig 1899.

–, Des Origenes acht Bücher gegen Celsus, übersetzt von P. KOETSCHAU, BKV 52/53, Kempten – München 1926/27.

## 4. Pagane antike Texte

Anthologia Graeca. Buch IX–XI. Griechisch-Deutsch, ed. H. BECKBY, TuscBü, München 1958.

Aristophanis Comoediae II, recognoverunt F.W. HALL / W.M. GELDART, SCBO, Oxford ²1907 = 1970.

Antike Komödien: Aristophanes, hg. von H.-J. NEWIGER, Darmstadt 1974.

Demosthenis Orationes I, recognovit S.H. BUTCHER, SCBO, Oxford 1903 = 1949.

Platonis Opera, recognovit I. BURNET, 5 Bde., SCBO, Oxford 1900–1907.

Platon, Werke in acht Bänden. Griechisch und deutsch, hg. von G. EIGLER, Sonderausgabe Darmstadt 1990.

Plinius der Jüngere, Briefe. Lateinisch und deutsch, hg. von H. KASTEN, TuscBü, Düsseldorf – Zürich 1995.

Polybius, The Histories II. With an English Translation by W.R. PATON, LCL 137, Cambridge, Massachusetts – London 1922 = 1979.

Polybios, Geschichte I, eingeleitet und übertragen von H. DREXLER, BAW.GR, Zürich – Stuttgart 1961.

Sophokles, Tragödien und Fragmente, Griechisch und deutsch, hg. und übersetzt von W. WILLIGE / K. BAYER, TuscBü, München 1966.

Xenophon, Hellenika. Griechisch-deutsch, ed. G. STRASBURGER, TuscBü, München 1970.

# II. Hilfsmittel

## 1. Wörterbücher

BAUER, W., Griechisch-deutsches Wörterbuch zu den Schriften des Neuen Testaments und der übrigen urchristlichen Literatur, Berlin – New York ⁵1971 [zitiert: BAUER, WbNT].

BAUER, W., Griechisch-deutsches Wörterbuch zu den Schriften des Neuen Testaments und der frühchristlichen Literatur, hg. von K. ALAND und B. ALAND, Berlin – New York ⁶1988 [zitiert: BAUER / ALAND, WbNT].

DALMAN, G.H., Aramäisch-neuhebräisches Handwörterbuch zu Targum, Talmud und Midrasch, Göttingen 1938 (Nachdruck: Hildesheim 1967).

GESENIUS, W. / BUHL, F., Hebräisches und Aramäisches Handwörterbuch über das Alte Testament, Leipzig ¹⁷1915 (Nachdruck: Berlin – Göttingen – Heidelberg 1962).

LAMPE, G.W.H., A Patristic Greek Lexicon, Oxford 1961.

LIDDELL, H.G. / SCOTT, R., A Greek-English Lexicon. With a revised Supplementum 1996, revised and augmented by H.S. JONES with the Assistance of R. MCKENZIE and with the Cooperation of many Scholars, Oxford 1996.

LUST, J. / EYNIKEL, E. / HAUSPIE, K., A Greek - English Lexicon of the Septuagint, Stuttgart I 1992, II 1996.

MOULTON, J.H. / MILLIGAN, G., The Vocabulary of the Greek Testament illustrated from the Papyri and other non-literary Sources, London 1930.

PASSOW, F., Handwörterbuch der Griechischen Sprache. Neu bearbeitet und zeitgemäß umgestaltet von V.CHR.F. ROST und F. PALM, 4 Bde., Leipzig ⁵1841–1857 (Nachdruck: Darmstadt 1983).

242 *Literaturverzeichnis*

REHKOPF, F., Septuaginta-Vokabular, Göttingen 1989.
SCHIRILITZ, S.CH. / EGER, TH., Griechisch-deutsches Wörterbuch zum Neuen Testamente, Gießen [6]1908.

## 2. Konkordanzen

BRUDER, C.H., Concordantiae omnium vocum Novi Testamenti Graeci, Leipzig [4]1888 (Nachdruck: Athen 1978 = [3]1993).
CHARLESWORTH, J.H., Graphic Concordance to the Dead Sea Scrolls, Tübingen bzw. Louisville 1991.
DENIS, A.-M., Concordance grecque des Pseudépigraphes d'Ancien Testament. Concordance, Corpus des textes, Indices, Louvain-la-Neuve 1987.
HATCH, E. / REDPATH, H.A., A Concordance to the Septuagint and the other Greek Versions of the Old Testament, Oxford I 1897, II 1897, III 1906.
Konkordanz zum Novum Testamentum Graece von Nestle-Aland, 26. Auflage und zum Greek New Testament, 3rd Edition, hg. vom Institut für Neutestamentliche Textforschung und vom Rechenzentrum der Universität Münster unter besonderer Mitwirkung von H. BACHMANN und W.A. SLABY, Berlin – New York 1987.
KRAFT, H., Clavis Patrum Apostolicorum, Darmstadt 1963.
KUHN, K.G. (Hg.), Konkordanz zu den Qumrantexten, Göttingen 1960.
MANDELKERN, S., Veteris Testamenti Concordantiae Hebraicae atque Chaldaicae, 2 Bde., 1937 (Nachdruck: Graz 1975).
MOULTON, W.F. / GEDEN, A.S., A Concordance to the Greek Testament, Edinburgh [4]1963.
Vollständige Konkordanz zum griechischen Neuen Testament, unter Zugrundelegung aller modernen kritischen Textausgaben und des Textus receptus, in Verbindung mit H. RIESENFELD / H.-H. ROSENBAUM / CHR. HANNICK / B. BONSACK neu zusammengestellt unter der Leitung von K. ALAND, ANTT 4, Berlin – New York I/1–2 1983, II: Spezialübersichten 1978.
Zürcher Bibel-Konkordanz, bearbeitet von K. HUBER und H.H. SCHMID, Zürich I 1969, II 1971, III 1979.

## 3. Grammatiken

ABBOTT, E.A., Johannine Grammar, London 1906.
BEYER, K., Semitische Syntax im Neuen Testament I: Satzlehre Teil 1, StUNT 1, Göttingen [2]1968.
BLASS, F. / DEBRUNNER, A. / REHKOPF, F., Grammatik des neutestamentlichen Griechisch, Göttingen [16]1964 [zitiert: BDR].
BORNEMANN, E. / RISCH, E., Griechische Grammatik, Frankfurt a.M. [2]1978.
DENNISTON, J.D., The Greek Particles, Oxford [2]1954 = 1981.
HOFFMANN, E.G. / SIEBENTHAL, H. VON, Griechische Grammatik zum Neuen Testament, Riehen [2]1990.
KÜHNER, R. / GERTH, B., Ausführliche Grammatik der griechischen Sprache. Zweiter Teil: Satzlehre, Hannover – Leipzig II/1 [3]1898, II/2 [3]1904 (Nachdruck: Hannover 1992).
RADERMACHER, L., Neutestamentliche Grammatik. Das Griechisch des Neuen Testaments im Zusammenhang mit der Volkssprache, HNT 1, Tübingen [2]1925.

STEYER, G., Handbuch für das Studium des neutestamentlichen Griechisch, Berlin I
⁶1963, II ⁴1984.

WINER, G.B., Grammatik des neutestamentlichen Sprachidioms, Leipzig ⁷1867.

ZERWICK, M., Biblical Greek. Illustrated by Examples. English Edition adapted from
the fourth Latin Edition by J. SMITH, SPIB 114, Rom 1963 = ⁵1990.

## 4. Sonstiges

BELLE, G. VAN, Johannine Bibliography 1966–1985. A Cumulative Bibliography on
the Fourth Gospel, BEThL 82, Leuven 1988.

BUCHWALD, W. / HOHLWEG, A. / PRINZ, O., Tusculum-Lexikon griechischer und latei-
nischer Autoren des Altertums und des Mittelalters, München – Zürich ³1982.

BÜHLMANN, W. / SCHERER, K., Sprachliche Stilfiguren der Bibel, Gießen ⁹1994.

BULLINGER, E.W., Figures of Speech Used in the Bible, London 1898 (Nachdruck:
Grand Rapids, Michigan 1968 = ⁹1982).

HULTGREN, A.J., New Testament Christology. A Critical Assessment and Annotated
Bibliography, BIRS 12, New York – Westport, Connecticut – London 1988.

LAUSBERG, H., Handbuch der literarischen Rhetorik. Eine Grundlegung der Literatur-
wissenschaft, 2 Bde., München ²1973.

–, Elemente der literarischen Rhetorik, München ⁸1984.

MALATESTA, E., St. John's Gospel 1920–1965. A Cumulative and Classified Bibliography of Books and Periodical Literature on The Fourth Gospel, AnBib 32, Rom
1967.

METZGER, B.M., A Textual Commentary on the Greek New Testament, Stuttgart ²1994.

MILLS, W.E., The Gospel of John, Bibliographies of Biblical Research, New Testament
Series, Vol. IV, Lewiston – Queenston – Lampeter 1995.

SCHWERTNER, S.M., IATG². Internationales Abkürzungsverzeichnis für Theologie und
Grenzgebiete, Berlin – New York ²1992.

WAGNER, G., An Exegetical Bibliography of the New Testament III: John and 1, 2, 3
John, Macon, Georgia 1987.

ZERWICK, M., Analysis philologica Novi Testamenti Graeci, SPIB 107, Rom ⁴1984.

# III. Kommentare

Die Kommentare zum Johannesevangelium werden in der Regel nur mit dem Namen
des Verfassers und bei mehrbändigen Werken außerdem mit der Bandzahl angeführt.

## 1. Kommentare zum Neuen Testament bzw. zu den Evangelien insgesamt

BENGEL, J.A., Gnomon Novi Testamenti. Editio octava stereotypa ed. P. STEUDEL,
Stuttgart 1891.

BILLERBECK, P., Kommentar zum Neuen Testament aus Talmud und Midrasch, München I ⁹1986, II ⁹1989, III ⁸1985, IV/1 ⁸1986, IV/2 ⁸1986, V ⁶1986.

SCHLATTER, A., Erläuterungen zum Neuen Testament I: Die Evangelien und die Apostelgeschichte, Stuttgart ⁵1936.

WEISS, B., Das Neue Testament I: Die vier Evangelien, Leipzig ²1905.

WETTSTEIN, J.J., Novum Testamentum Graecum I, Amsterdam 1751 (Nachdruck: Graz
1962).

244    *Literaturverzeichnis*

## 2. Kommentare zum Johannesevangelium

AUGUSTIN, A., In Joannis Evangelium Tractatus CXXIV, 2 Bde., Sanctorum Patrum Opuscula Selecta (hg. von H. HURTER), Paris – London 1884.

–, Vorträge ueber das Evangelium des Hl. Johannes (übersetzt von TH. SPECHT), BKV 4–6, Kempten – München I. II 1913, III 1914.

BARRETT, CH.K., Das Evangelium nach Johannes (übersetzt von H. BALD), KEK.S, Göttingen 1990.

BARTH, K., Erklärung des Johannes-Evangeliums (Kapitel 1–8), Vorlesung Münster Wintersemester 1925/26, wiederholt in Bonn, Sommersemester 1933 (hg. von W. FÜRST), in: Karl Barth Gesamtausgabe, II. Akademische Werke 1925/1926, Zürich 1976.

BAUER, W., Das Johannesevangelium, HNT 6, Tübingen ³1933.

BEASLEY-MURRAY, G.R., John, WBC 36, Waco, Texas 1987.

BECKER, J., Das Evangelium nach Johannes, ÖTK 4/1–2, Gütersloh – Würzburg ³1991.

BELSER, J.E., Das Evangelium des heiligen Johannes, Freiburg i.Br. 1905.

BERNARD, J.H., A Critical and Exegetical Commentary on the Gospel according to St. John, 2 Bde., ICC, Edinburgh 1928.

BLANK, J., Das Evangelium nach Johannes, GSL.NT 4/1a.b – 4/3, Düsseldorf, 1977 – 1981.

BONAVENTURA, J., Commentarius in Evangelium S. Ioannis, Opera Omnia, Tomus VI, Florenz 1893, 237–532.

BORCHERT, G.L., John 1–11, The New American Commentary Vol. 25A, 1996.

BROWN, R.E., The Gospel according to John, AncB 29/29a, New York – London – Toronto – Sydney – Auckland I 1966, II 1970.

BÜCHSEL, F., Das Evangelium nach Johannes, NTD 4, Göttingen ⁴1946.

BULTMANN, R., Das Evangelium des Johannes, KEK 2, Göttingen ¹⁴1956.

CALVIN, J., Novum Testamentum Commentarii ed. A. THOLUCK, Vol. III: In Evangelium Ioannis, Berlin 1833.

CARSON, D.A., The Gospel according to John, Grand Rapids 1991.

CHRYSOSTOMUS, J., Homiliae in Joannem, PG 59, Paris 1862.

GNILKA, J., Johannesevangelium, NEB.NT 4, Würzburg ⁴1993.

GODET, F., Kommentar zu dem Evangelium des Johannes (deutsch bearbeitet in 4. Auflage von E. REINECK und C. SCHMID), I–II, Hannover – Berlin 1903.

HAENCHEN, E., Das Johannesevangelium. Ein Kommentar (hg. von U. BUSSE), Tübingen 1980.

HEITMÜLLER, W., Das Johannes-Evangelium, in: SNT 4, Göttingen ³1920, 9–184.

HENGSTENBERG, E.W., Das Evangelium des heiligen Johannes, Berlin I 1861, II 1863.

HIRSCH, E., Das vierte Evangelium in seiner ursprünglichen Gestalt verdeutscht und erklärt, Tübingen 1936.

HOLTZMANN, H.J., Johanneisches Evangelium, in: DERS., Evangelium, Briefe und Offenbarung des Johannes, HC 4, Freiburg i.Br. – Leipzig ²1893, 1–230.

HOSKYNS, E.C., The Fourth Gospel (hg. von F.N. DAVEY), London 1950.

KEIL, C.F., Commentar über das Evangelium des Johannes, Leipzig 1881.

KYRILL VON ALEXANDRIEN, Commentarius in Ioannis Evangelium, PG 73/74, Paris I 1864, II 1863.

LIGHTFOOT, R.H., St. John's Gospel. A Commentary (hg. von C.F. EVANS), Oxford 1956.

LINDARS, B., The Gospel of John, NCeB, London 1972.

LÜCKE, F., Commentar über das Evangelium des Johannes, Bonn I ³1840, II ³1843.

LUTHARDT, CHR.E., Das johanneische Evangelium nach seiner Eigenthümlichkeit geschildert und erklärt, Nürnberg I ²1875, II ²1876.

LUTHER, M., D. Martin Luthers Evangelien-Auslegung (hg. von E. MÜLHAUPT) IV: Das Johannes-Evangelium mit Ausnahme der Passionstexte (bearbeitet von E. ELLWEIN), Göttingen ³1977.

MACGREGOR, G.H.C., The Gospel of John, MNTC 4, London 1928.

MELANCHTHON, PH., Ennaratio in Evangelium Ioannis, ed. K.G. BRETSCHNEIDER, in: CR 15, Halle 1848, 1–440.

MORRIS, L., The Gospel according to John, NIC, Grand Rapids, Michigan 1971.

ODEBERG, H., The Fourth Gospel. Interpreted in its Relation to Contemporaneous Religious Currents in Palestine and the Hellenistic-oriental World, Uppsala 1929 (Nachdruck: Amsterdam 1974).

ORIGENES, Der Johanneskommentar, in: Origenes Werke IV, hg. von E. PREUSCHEN, GCS 10, Leipzig 1903.

PORSCH, F., Johannesevangelium, SKK.NT 4, Stuttgart 1988.

RIDDERBOS, H.N., The Gospel according to John. A Theological Commentary (translated by J. VRIEND), Grand Rapids, Michigan – Cambridge 1997.

SCHANZ, P., Commentar über das Evangelium des heiligen Johannes, Tübingen 1885.

SCHENKE, L., Johannes. Kommentar, Düsseldorf 1998.

SCHICK, E., Das Evangelium nach Johannes, EB 6, Würzburg 1956.

SCHLATTER, A., Der Evangelist Johannes. Wie er spricht, denkt und glaubt. Ein Kommentar zum vierten Evangelium, Stuttgart 1930 ⁴1975 .

SCHNACKENBURG, R., Das Johannesevangelium, HThK IV/1–4, Freiburg – Basel – Wien I ⁷1992, II ⁴1985, III ⁶1992, IV: Ergänzende Auslegungen und Exkurse ²1990.

SCHNEIDER, J., Das Evangelium nach Johannes (hg. von E. FASCHER), ThHK Sonderband, Berlin ⁴1988.

SCHNELLE, U., Das Evangelium nach Johannes, ThHK 4, Leipzig 1998.

SCHULZ, S., Das Evangelium nach Johannes, NTD 4, Göttingen ⁵⁽¹⁶⁾1987.

STRATHMANN, H., Das Evangelium nach Johannes, NTD 4, Göttingen ³⁽⁸⁾1955.

THOLUCK, A., Commentar zum Evangelium Johannis, Gotha ⁷1857.

THOMAS VON AQUIN, Super Evangelium S. Ioannis Lectura (hg. von R. CAI), Turin – Rom 1952.

TILLMANN, F., Das Johannesevangelium, HSNT 3, Bonn ⁴1931.

WEISS, B., Das Johannes-Evangelium, KEK 2, Göttingen ⁴⁽⁹⁾1902.

WELLHAUSEN, J., Das Evangelium Johannis, Berlin 1908 (Nachdruck in: DERS., Evangelienkommentare, mit einer Einleitung von M. HENGEL, Berlin – New York 1987).

WESTCOTT, B.F., The Gospel according to St. John, with Introduction and Notes by B.F. WESTCOTT and a new Introduction by A. Fox, London 1958.

WIKENHAUSER, A., Das Evangelium nach Johannes, RNT 4, Regensburg ²1957.

WILCKENS, U., Das Evangelium nach Johannes, NTD 4, Göttingen ¹⁽¹⁷⁾1998.

ZAHN, TH., Das Evangelium des Johannes, KNT 4, Leipzig – Erlangen ⁵·⁶1921 (Nachdruck: Wuppertal 1983).

## 3. Kommentare zu den Johannesbriefen

BALZ, H., Die Johannesbriefe, in: BALZ, H. / SCHRAGE, W., Die „Katholischen" Briefe, NTD 10, Göttingen ⁴⁽¹⁴⁾1993, 156–224.

BAUMGARTEN, O., Die Johannes-Briefe, in: SNT 4, Göttingen ³1920, 185–228.

BROOKE, A.E., A Critical and Exegetical Commentary on the Johannine Epistles, ICC, Edinburgh 1912.

BROWN, R.E., The Epistles of John, AncB 30, New York – London – Toronto – Sydney – Auckland 1982.

BÜCHSEL, F., Die Johannesbriefe, ThHK 17, Leipzig 1933.

BULTMANN, R., Die drei Johannesbriefe, KEK 14, Göttingen [2(8)]1969.

CALVIN, J., Novum Testamentum Commentarii ed. A. THOLUCK, Vol. VIII: Epistola ad Hebraeos. Epistulae Petri, Ioannis, Iacobi et Iudae, Berlin [4]1865.

DODD, C.H., The Johannine Epistles, MNTC, London 1946.

GAUGLER, E., Die Johannesbriefe, Auslegung neutestamentlicher Schriften 1, Zürich 1964.

HAUCK, F., Die Kirchenbriefe, NTD 10, Göttingen [7]1954, 113–161.

HIEBERT, D.E., The Epistles of John. An Expositional Commentary, Greenville, South Carolina 1991.

HOLTZMANN, H.J., Johanneische Briefe, in: DERS., Evangelium, Briefe und Offenbarung des Johannes, HC 4, Freiburg i.Br. – Leipzig [2]1893, 231–274.

JOHNSON, TH.F., 1, 2, and 3 John, New International Biblical Commentary 17, Peabody, Massachusetts 1993.

KLAUCK, H.-J., Der erste Johannesbrief, EKK 23/1, Zürich – Braunschweig – Neukirchen-Vluyn 1991.

–, Der zweite und dritte Johannesbrief, EKK 23/2, Zürich – Neukirchen-Vluyn 1992.

MARSHALL, I.H., The Epistles of John, NIC, Grand Rapids, Michigan 1978.

MICHL, J., Die katholischen Briefe, RNT 8/2, Regensburg [2]1968, 190–273.

SCHNACKENBURG, R., Die Johannesbriefe, HThK XIII/3, Freiburg – Basel – Wien [7]1984.

SCHNEIDER, J., Die katholischen Briefe, NTD 10, Göttingen [1(9)]1961, 137–198.

SCHUNACK, G., Die Briefe des Johannes, ZBK.NT 17, Zürich 1982.

SMALLEY, S.S., 1, 2, 3 John, WBC 51, Waco, Texas 1984.

STRECKER, G., Die Johannesbriefe, KEK 14, Göttingen 1989.

VOGLER, W., Die Briefe des Johannes, ThHK 17, Leipzig 1993.

VOUGA, F., Die Johannesbriefe, HNT 15/3, Tübingen 1990.

WEISS, B., Die drei Briefe des Apostels Johannes, KEK 14, Göttingen [2(6)]1899.

WENGST, K., Der erste, zweite und dritte Brief des Johannes, ÖTK 16, Gütersloh – Würzburg 1978.

WESTCOTT, B.F., The Epistles of St John, London [4]1902.

WINDISCH, H. / PREISKER, H., Die katholischen Briefe, HNT 15, Tübingen [3]1951, 106–144. 164–172.

## 4. Sonstige Kommentare

BAUER, W. / PAULSEN, H., Die Briefe des Ignatius von Antiochia und der Polykarpbrief, HNT 18, Tübingen [2]1985.

ELLIGER, K., Deuterojesaja I: Jesaja 40,1–45,7, BK XI/1, Neukirchen-Vluyn [2]1989.

SCHLATTER, A., Der Evangelist Matthäus. Seine Sprache, sein Ziel, seine Selbständigkeit. Ein Kommentar zum ersten Evangelium, Stuttgart [7]1982.

# IV. Monographien, Aufsätze und Lexikonartikel

ABRAMOWSKI, L., Der Logos in der altchristlichen Theologie, in: C. COLPE / L. HON-
NEFELDER / M. LUTZ-BACHMANN (Hg.), Spätantike und Christentum. Beiträge zur
Religions- und Geistesgeschichte der griechisch-römischen Kultur und Zivilisation
der Kaiserzeit, Berlin – New York 1992, 189–201.
APPOLD, M.L., The Oneness Motif in the Fourth Gospel. Motif Analysis and Exege-
tical Probe into the Theology of John, WUNT II/1, Tübingen 1976.
ASHTON, J., Understanding the Fourth Gospel, Oxford 1991.
AUGENSTEIN, J., Das Liebesgebot im Johannesevangelium und in den Johannesbrie-
fen, BWANT 134, Stuttgart – Berlin – Köln 1993.
BARRETT, CH. K., „The Father is greater than I" (Jo 14,28): Subordinationist Christo-
logy in the New Testament, in: J. GNILKA (Hg.), Neues Testament und Kirche.
FS R. SCHNACKENBURG, Freiburg – Basel – Wien 1974, 144–159.
BAUER, W., Johannesevangelium und Johannesbriefe, ThR 1 (1929) 135–160.
BAUR, F.CHR., Vorlesungen über neutestamentliche Theologie (hg. von F.F. BAUR),
Leipzig 1864 (Nachdruck: Darmstadt 1973).
BECKER, J., Wunder und Christologie. Zum literarkritischen und christologischen Pro-
blem der Wunder im Johannesevangelium, NTS 16 (1969/70) 130–148.
–, Die Abschiedsreden Jesu im Johannesevangelium, ZNW 61 (1970) 215–246.
–, Beobachtungen zum Dualismus im Johannesevangelium, ZNW 65 (1974) 71–87.
–, Auferstehung der Toten im Urchristentum, SBS 82, Stuttgart 1976.
–, Aus der Literatur zum Johannesevangelium (1978–1980), ThR NF 47 (1982) 279–
301. 305–347.
–, Das Johannesevangelium im Streit der Methoden (1980–1984), ThR NF 51 (1986)
1–78.
BEHM, J., Die johanneische Christologie als Abschluß der Christologie des Neuen Te-
staments, NKZ 41 (1930) 577–601.
BERGER, K., Exegese des Neuen Testaments. Neue Wege vom Text zur Auslegung,
UTB 658, Heidelberg ³1991.
BERGMEIER, R., Zum Verfasserproblem des II. und III. Johannesbriefes, ZNW 57 (1966)
93–100.
–, Glaube als Gabe nach Johannes. Religions- und theologiegeschichtliche Studien
zum prädestinatianischen Dualismus im vierten Evangelium, BWANT 112, Stutt-
gart – Berlin – Köln – Mainz 1980.
–, Beobachtungen zu 4 Q 521 f 2, II, 1–13, ZDMG 145 (1995) 38–48.
BERTRAM, G., Art. θαῦμα κτλ.: ThWNT III, 1938, 27–42.
BETZ, O., Art. φωνή: ThWNT IX, 1973, 272–294.
BETZ, O. / RIESNER, R., Jesus, Qumran und der Vatikan. Klarstellungen, Gießen –
Basel bzw. Freiburg – Basel – Wien ³1993.
BEUTLER, J., So sehr hat Gott die Welt geliebt (Joh 3,16). Zum Heilsuniversalismus im
Johannesevangelium, GuL 66 (1993) 418–428.
BEYSCHLAG, W., Neutestamentliche Theologie oder Geschichtliche Darstellung der
Lehren Jesu und des Urchristenthums nach den neutestamentlichen Quellen, Halle
a.S. I 1891, II 1892.
BIETENHARD, H., „Der Menschensohn" – ὁ υἱὸς τοῦ ἀνθρώπου. Sprachliche und reli-
gionsgeschichtliche Untersuchungen zu einem Begriff der synoptischen Evangelien.
I. Sprachlicher und religionsgeschichtlicher Teil: ANRW 25/1, 1982, 265–350.

BLANK, J., Krisis. Untersuchungen zur johanneischen Christologie und Eschatologie, Freiburg i.Br. 1964.

–, Schriftauslegung in Theorie und Praxis, BiH 5, München 1969.

–, Der Mensch vor der radikalen Alternative. Versuch zum Grundansatz der „johanneischen Anthropologie", Kairos NF 22 (1980) 146–156.

–, Die Gegenwartseschatologie des Johannesevangeliums [1964], in: DERS., Der Jesus des Evangeliums. Entwürfe zur biblischen Christologie, München 1981, 211–249.

BLAUERT, H., Die Bedeutung der Zeit in der johanneischen Theologie. Eine Untersuchung an Hand von Joh 1–17 unter besonderer Berücksichtigung des literarkritischen Problems, Dissertation (masch.), Tübingen 1953.

BÖHM, TH., Bemerkungen zu den syrischen Übersetzungen des Johannesprologs, ZNW 89 (1998) 45–65.

BORNKAMM, G., Vorjohanneische Tradition oder nachjohanneische Bearbeitung in der eucharistischen Rede Johannes 6?, in: DERS., Geschichte und Glaube. 2. Teil. Gesammelte Aufsätze IV, BEvTh 53, München 1971, 51–64.

BOUSSET, W., Art. Johannesevangelium: RGG¹ III, 1912, 608–636.

–, Kyrios Christos. Geschichte des Christusglaubens von den Anfängen des Christentums bis Irenaeus, FRLANT 21, Göttingen ²1921.

BRANDENBURGER, E., Art. Gericht Gottes III. Neues Testament: TRE 12, 1984, 469–483.

BROER, I., Auferstehung und ewiges Leben im Johannesevangelium, in: I. BROER / J. WERBICK (Hg.), „Auf Hoffnung hin sind wir erlöst" (Röm 8,24). Biblische und systematische Beiträge zum Erlösungsverständnis heute, SBS 128, Stuttgart 1987, 67–94.

–, Einleitung in das Neue Testament I: Die synoptischen Evangelien, die Apostelgeschichte und die johanneische Literatur, NEB.NT Erg.-Bd. 2/1, Würzburg 1998.

BROX, N., „Gott" – mit und ohne Artikel. Origenes über Joh 1,1, BN 66 (1993) 32–39.

BÜCHSEL, F., Art. μονογενής: ThWNT IV, 1942, 745–750.

BÜHNER, J.-A., Der Gesandte und sein Weg im 4. Evangelium. Die kultur- und religionsgeschichtlichen Grundlagen der johanneischen Sendungschristologie sowie ihre traditionsgeschichtliche Entwicklung, WUNT II/2, Tübingen 1977.

BULL, K.-M., Gemeinde zwischen Integration und Abgrenzung. Ein Beitrag zur Frage nach dem Ort der joh Gemeinde(n) in der Geschichte des Urchristentums, BET 24, Frankfurt a.M. – Bern – New York – Paris 1992.

BULTMANN, R., Die Eschatologie des Johannes-Evangeliums [1928], in: DERS., Glauben und Verstehen I, Tübingen 1933, 134–152.

–, Art. ζάω κτλ. E. Der Lebensbegriff des NT: ThWNT II, 1935, 862–874.

–, Geschichte und Eschatologie, Tübingen 1958.

–, Art. πιστεύειν κτλ. D. Die Begriffsgruppe πίστις im NT: ThWNT VI, 1959, 203–230.

–, Art. Johannesbriefe: RGG³ III, 1959, 836–839.

–, Art. Johannesevangelium: RGG³ III, 1959, 840–850.

–, Johanneische Schriften und Gnosis [1940], in: DERS., Exegetica. Aufsätze zur Erforschung des Neuen Testaments (hg. von E. DINKLER), Tübingen 1967, 230–254.

–, Theologie des Neuen Testaments (durchgesehen und ergänzt von O. MERK), Tübingen ⁹1984.

BURKETT, D., The Son of the Man in the Gospel of John, JSNT.S 56, Sheffield 1991.

COLPE, C., Art. ὁ υἱὸς τοῦ ἀνθρώπου: ThWNT VIII, 1969, 403–481.

COLWELL, E.C., A definite Rule for the Use of the Article in the Greek New Testament, JBL 52 (1933) 12–21.

CONZELMANN, H., „Was von Anfang an war" [1954], in: DERS., Theologie als Schriftauslegung. Aufsätze zum Neuen Testament, BEvTh 65, München 1974, 207–214.

–, Grundriß der Theologie des Neuen Testaments (seit der 4. Auflage bearbeitet von A. LINDEMANN), UTB 1446, Tübingen ⁵1992.

CONZELMANN, H. / LINDEMANN, A., Arbeitsbuch zum Neuen Testament, UTB 52, Tübingen ¹¹1995.

CULLMANN, O., Heil als Geschichte. Heilsgeschichtliche Existenz im Neuen Testament, Tübingen 1965.

–, Sabbat und Sonntag nach dem Johannesevangelium. ῾ΕΩΣ ᾽ΑΡΤΙ (Joh. 5,17) [1951], in: DERS., Vorträge und Aufsätze 1925–1962 (hg. von K. FRÖHLICH), Tübingen – Zürich 1966, 187–191.

–, Die Christologie des Neuen Testaments, Tübingen ⁵1975.

DAHMS, J.V., The Johannine Use of Monogenes Reconsidered, NTS 29 (1983) 222–232.

DALMAN, G., Die Worte Jesu mit Berücksichtigung des nachkanonischen jüdischen Schrifttums und der aramäischen Sprache I, Leipzig ²1930 (Nachdruck: Darmstadt 1965).

DELLING, G., Wort und Werk Jesu im Johannes-Evangelium, Berlin 1966.

DETTWILER, A., Die Gegenwart des Erhöhten. Eine exegetische Studie zu den johanneischen Abschiedsreden (Joh 13,31–16,33) unter besonderer Berücksichtigung ihres Relecture-Charakters, FRLANT 169, Göttingen 1995.

DIBELIUS, M., Joh 15,13. Eine Studie zum Traditionsproblem des Johannes-Evangeliums [1927], in: DERS., Botschaft und Geschichte. Gesammelte Aufsätze I: Zur Evangelienforschung (hg. von G. BORNKAMM in Verb. mit H. KRAFT), Tübingen 1953, 204–220.

DIETZFELBINGER, CHR., Die größeren Werke (Joh 14. 12f.), NTS 35 (1989) 27–47.

–, Der Abschied des Kommenden. Eine Auslegung der johanneischen Abschiedsreden, WUNT 95, Tübingen 1997.

DOBSCHÜTZ, E. VON, Zum Charakter des 4. Evangeliums, ZNW 28 (1929) 161–177.

DODD, C.H., The Interpretation of the Fourth Gospel, Cambridge 1963.

–, A Hidden Parable in the Fourth Gospel [1962], in: DERS., More New Testament Studies, Grand Rapids, Michigan 1968, 30–40.

DUNN, J.D.G., Let John be John. A Gospel for Its Time, in: P. STUHLMACHER (Hg.), Das Evangelium und die Evangelien. Vorträge vom Tübinger Symposium 1982, WUNT 28, Tübingen 1983, 309–339.

EISENMAN, R. / WISE, M., Jesus und die Urchristen. Die Qumran-Rollen entschlüsselt, München 1993.

ELLWEIN, E., Heilsgegenwart und Heilszukunft im Neuen Testament. Zur Auslegung von Johannes 5,17–29, TEH.NF 114, München 1964, 7–28.

FAURE, A., Die alttestamentlichen Zitate im 4. Evangelium und die Quellenscheidungshypothese, ZNW 21 (1922) 99–121.

FENNEMA, D.A., John 1.18: „God the only Son", NTS 31 (1985) 124–135.

FITZMYER, J.A., Art. μονογενής: EWNT II, ²1992, 1081–1083.

FREY, J., Erwägungen zum Verhältnis der Johannesapokalypse zu den übrigen Schriften des Corpus Johanneum, in: M. HENGEL, Die johanneische Frage. Ein Lösungsversuch, WUNT 67, Tübingen 1993, 326–429.

–, Die johanneische Eschatologie I: Ihre Probleme im Spiegel der Forschung seit Reimarus, WUNT 96, Tübingen 1997.

–, Die johanneische Eschatologie II: Zeitverständnis und Eschatologie in den johanneischen Texten, Habilitationsschrift (masch.), Tübingen 1997 [Teilveröffentlichung: Die johanneische Eschatologie II: Das johanneische Zeitverständnis, WUNT 110, Tübingen 1998].

–, Rezension: G. Röhser, Prädestination und Verstockung, ThLZ 122 (1997) 147–149.

GAECHTER, P., Zur Form von Joh 5,19–30, in: J. BLINZLER / O. KUSS / F. MUSSNER (Hg.), Neutestamentliche Aufsätze. FS J. SCHMID, Regensburg 1963, 65–68.

GARCIA MARTINEZ, F., Messianische Erwartungen in Qumran, in: Der Messias, JBTh 8 (1993) 171–208.

GAUGLER, E., Das Christuszeugnis des Johannesevangeliums, in: Jesus Christus im Zeugnis der Heiligen Schrift und der Kirche, BhEvTh 2, München ²1936, 34–67.

GESE, H., Der Johannesprolog, in: DERS., Zur biblischen Theologie. Alttestamentliche Vorträge, Tübingen ³1989, 152–201.

–, Die Weisheit, der Menschensohn und die Ursprünge der Christologie als konsequente Entfaltung der biblischen Theologie [1979], in: DERS., Alttestamentliche Studien, Tübingen 1991, 218–248.

GNILKA, J., Zur Theologie des Hörens nach den Aussagen des Neuen Testaments, BuL 2 (1961) 71–81.

–, Neutestamentliche Theologie. Ein Überblick, NEB.NT Erg.-Bd. 1, Würzburg 1989.

–, Theologie des Neuen Testaments, HThK.S 5, Freiburg – Basel – Wien 1994.

GOPPELT, L., Theologie des Neuen Testaments (hg. von J. ROLOFF), UTB 850, Göttingen ³1985.

GRÄSSER, E., Die antijüdische Polemik im Johannesevangelium [1964], in: DERS., Der Alte Bund im Neuen. Exegetische Studien zur Israelfrage im Neuen Testament, WUNT 35, Tübingen 1985, 135–153.

–, Die Juden als Teufelssöhne in Joh 8,37–47 [1967], in: DERS., Der Alte Bund im Neuen. Exegetische Studien zur Israelfrage im Neuen Testament, WUNT 35, Tübingen 1985, 154–167.

GRUNDMANN, W., Art. μέγας: ThWNT IV, 1942, 535–547.

–, Sohn Gottes. Ein Diskussionsbeitrag, ZNW 47 (1956) 113–133.

–, Matth. XI. 27 und die johanneischen „Der Vater – der Sohn" - Stellen, NTS 12 (1965/66) 42–49.

–, Der Zeuge der Wahrheit. Grundzüge der Christologie des Johannesevangeliums (hg. von W. WIEFEL), Berlin 1985.

HABERMANN, J., Präexistenzaussagen im Neuen Testament, EHS.T 362, Frankfurt a.M. – Bern – New York – Paris 1990.

HAENCHEN, E., Aus der Literatur zum Johannesevangelium. 1929–1956, ThR NF 23 (1955) 295–335.

–, „Der Vater, der mich gesandt hat" [1962], in: DERS., Gott und Mensch. Gesammelte Aufsätze, Tübingen 1965, 68–77.

–, Johanneische Probleme, in: DERS., Gott und Mensch. Gesammelte Aufsätze, Tübingen 1965, 78–113.

–, Das Johannesevangelium und sein Kommentar, in: DERS., Die Bibel und wir. Gesammelte Aufsätze II, Tübingen 1968, 208–234.

–, Neuere Literatur zu den Johannesbriefen, in: DERS., Die Bibel und wir. Gesammelte Aufsätze II, Tübingen 1968, 235–311.

–, Vom Wandel des Jesusbildes in der frühen Gemeinde, in: O. BÖCHER / K. HAACKER (Hg.), Verborum Veritas. FS G. STÄHLIN, Wuppertal 1970, 3–14.

HAHN, F., Christologische Hoheitstitel. Ihre Geschichte im frühen Christentum, FRLANT 83, Göttingen ²1964.

–, „Die Juden" im Johannesevangelium, in: P.-G. MÜLLER / W. STENGER (Hg.), Kontinuität und Einheit. FS F. MUSSNER, Freiburg – Basel – Wien 1981, 430–438.

–, Das Glaubensverständnis im Johannesevangelium, in: E. GRÄSSER / O. MERK (Hg.), Glaube und Eschatologie. FS W.G. KÜMMEL, Tübingen 1985, 51–69.

HAINZ, J., „Zur Krisis kam ich in die Welt" (Joh 9,39). Zur Eschatologie im Johannesevangelium, in: H.-J. KLAUCK (Hg.), Weltgericht und Weltvollendung. Zukunftsbilder im Neuen Testament, QD 150, Freiburg – Basel – Wien 1994, 149–163.

HAMERTON-KELLY, R.G., Pre-existence, Wisdom, and the Son of Man. A Study of the Idea of Pre-existence in the New Testament, MSSNTS 21, Cambridge 1973.

HAMMES, A., Der Ruf ins Leben. Eine theologisch-hermeneutische Untersuchung zur Eschatologie des Johannesevangeliums mit einem Ausblick auf ihre Wirkungsgeschichte, BBB 112, Bodenheim 1997.

HAMPEL, V., Menschensohn und historischer Jesus. Ein Rätselwort als Schlüssel zum messianischen Selbstverständnis Jesu, Neukirchen-Vluyn 1990.

HARNACK, A., Ueber das Verhältnis des Prologs des vierten Evangeliums zum ganzen Werk, ZThK 2 (1892) 189–231.

HARRIS, M.J., Jesus as God. The New Testament Use of Theos in Reference to Jesus, Grand Rapids, Michigan 1992.

HARTINGSVELD, L. VAN, Die Eschatologie des Johannesevangeliums. Eine Auseinandersetzung mit Rudolf Bultmann, Assen 1962.

HAUFE, G., Individuelle Eschatologie des Neuen Testaments, ZThK 83 (1986) 436–463.

HEILIGENTHAL, R., Werke als Zeichen. Untersuchungen zur Bedeutung der menschlichen Taten im Frühjudentum, Neuen Testament und Frühchristentum, WUNT II/9, Tübingen 1983.

HEINZE, A., Johannesapokalypse und johanneische Schriften. Forschungs- und traditionsgeschichtliche Untersuchungen, BWANT 142, Stuttgart – Berlin – Köln 1998.

HENGEL, M., Die johanneische Frage. Ein Lösungsversuch, WUNT 67, Tübingen 1993.

HIRSCH, E., Studien zum vierten Evangelium. Text – Literarkritik – Entstehungsgeschichte, BHTh 11, Tübingen 1936.

HOEGEN-ROHLS, CHR., Der nachösterliche Johannes. Die Abschiedsreden als hermeneutischer Schlüssel zum vierten Evangelium, WUNT II/84, Tübingen 1996.

HOFFMANN, P., Art. Auferstehung I/3. Neues Testament: TRE 4, 1979, 450–467.

HOFIUS, O., Das Evangelium und Israel. Erwägungen zu Röm 9–11 [1986], in: DERS., Paulusstudien, WUNT 51, Tübingen 1989, 175–202.

–, Der Christushymnus Philipper 2,6–11. Untersuchungen zu Gestalt und Aussage eines urchristlichen Psalms, WUNT 17, Tübingen ²1991.

–, Art. βλασφημία κτλ.: EWNT I, ²1992, 527–532.

–, Ist Jesus der Messias? Thesen, in: Der Messias, JBTh 8 (1993) 103–129.

–, Jesu Zuspruch der Sündenvergebung. Exegetische Erwägungen zu Mk 2,5b, in: Sünde und Gericht, JBTh 9 (1994) 125–143.

–, Struktur und Gedankengang des Logos-Hymnus in Joh 1,1–18 [1987], in: DERS. / H.-CHR. KAMMLER, Johannesstudien. Untersuchungen zur Theologie des vierten Evangeliums, WUNT 88, Tübingen 1996, 1–23.

–, „Der in des Vaters Schoß ist" Joh 1,18 [1989], in: DERS. / H.-CHR. KAMMLER, Johannesstudien. Untersuchungen zur Theologie des vierten Evangeliums, WUNT 88, Tübingen 1996, 24–32.

–, Das Wunder der Wiedergeburt. Jesu Gespräch mit Nikodemus Joh 3,1–21, in: DERS. / H.-CHR. KAMMLER, Johannesstudien. Untersuchungen zur Theologie des vierten Evangeliums, WUNT 88, Tübingen 1996, 33–80.

–, Erwählung und Bewahrung. Zur Auslegung von Joh 6,37 [1977], in: DERS. / H.-CHR. KAMMLER, Johannesstudien. Untersuchungen zur Theologie des vierten Evangeliums, WUNT 88, Tübingen 1996, 81–86.

–, Die Adam-Christus-Antithese und das Gesetz. Erwägungen zu Röm 5,12–21, in: J.D.G. DUNN (Hg.), Paul and the Mosaic Law. The Third Durham-Tübingen Research Symposium on Earliest Christianity and Judaism (Durham, September, 1994), WUNT 89, Tübingen 1996, 165–206.

HOLTZMANN, H.J., Lehrbuch der neutestamentlichen Theologie I–II (hg. von A. JÜLICHER und W. BAUER), SThL, Tübingen ²1911.

HORST, F., Art. Gericht Gottes II. Im AT und Judentum: RGG³ II, 1958, 1417–1419.

HORST, J., Proskynein. Zur Anbetung im Urchristentum nach ihrer religionsgeschichtlichen Eigenart, NTF 3/2, Gütersloh 1932.

HÜBNER, H., Biblische Theologie des Neuen Testaments III: Hebräerbrief, Evangelien und Offenbarung; Epilegomena, Göttingen 1995.

IBUKI, Y., Die Wahrheit im Johannesevangelium, BBB 39, Bonn 1972.

JEREMIAS, J., Kennzeichen der ipsissima vox Jesu [1954], in: DERS., Abba. Studien zur neutestamentlichen Theologie und Zeitgeschichte, Göttingen 1966, 145–152.

–, Der Prolog des Johannesevangeliums (Johannes 1,1–18), CwH 88, Stuttgart 1967.

–, Neutestamentliche Theologie I: Die Verkündigung Jesu, Gütersloh ⁴1988.

JONGE, M. DE / WOUDE, A.S. VAN DER, 11Q Melchizedek and the New Testament, NTS 12 (1965/66) 301–326.

JONGE, M. DE, Christology and Theology in the Context of Early Christian Eschatology Particularly in the Fourth Gospel, in: F. VAN SEGBROECK / C.M. TUCKETT / G. VAN BELLE / J. VERHEYDEN (Hg.), The Four Gospels 1992. FS F. NEIRYNCK, BEThL 100, Vol. III, Leuven 1992, 1835–1853.

JÜLICHER, A., Einleitung in das Neue Testament, GThW III.1, Tübingen ⁵·⁶1906.

KÄSEMANN, E. (Hg.), Das Neue Testament als Kanon. Dokumentation und kritische Analyse zur gegenwärtigen Diskussion, Göttingen 1970.

KÄSEMANN, E., Jesu letzter Wille nach Johannes 17, Tübingen ⁴1980.

KAMMLER, H.-CHR., Jesus Christus und der Geistparaklet. Eine Studie zur johanneischen Verhältnisbestimmung von Pneumatologie und Christologie, in: O. HOFIUS / H.-CHR. KAMMLER, Johannesstudien. Untersuchungen zur Theologie des vierten Evangeliums, WUNT 88, Tübingen 1996, 87–190.

–, Die „Zeichen" des Auferstandenen. Überlegungen zur Exegese von Joh 20,30+31, in: O. HOFIUS / H.-CHR. KAMMLER, Johannesstudien. Untersuchungen zur Theologie des vierten Evangeliums, WUNT 88, Tübingen 1996, 191–211.

ΚΑΡΑΚΟΛΗΣ, Χ.Κ., Ἡ θεολογικὴ σημασία τῶν θαυμάτων στὸ κατὰ ᾽Ιωάννην εὐαγγέλιο, Thessaloniki 1997.

KARRER, M., Jesus Christus im Neuen Testament, GNT 11, Göttingen 1998.

KATZ, P., Rezension: F. Blass, Grammatik des neutestamentlichen Griechisch: ThLZ 82 (1957) 110–115.

KEGEL, G., Auferstehung Jesu – Auferstehung der Toten. Eine traditionsgeschichtliche Untersuchung zum Neuen Testament, Gütersloh 1970.

KLAUCK, H.-J., Die Johannesbriefe, EdF 276, Darmstadt ²1995.

KLEIN, G., „Das wahre Licht scheint schon". Beobachtungen zur Zeit- und Geschichtserfahrung einer urchristlichen Schule, ZThK 68 (1971) 261–326.

–, Art. Eschatologie IV. Neues Testament, TRE 10, 1982, 270–299.

KNÖPPLER, TH., Die theologia crucis des Johannesevangeliums. Das Verständnis des

Todes Jesu im Rahmen der johanneischen Inkarnations- und Erhöhungschristologie, WMANT 69, Neukirchen-Vluyn 1994.

KÖSTER, H., Einführung in das Neue Testament im Rahmen der Religionsgeschichte und Kulturgeschichte der hellenistischen und römischen Zeit, Berlin – New York 1980.

–, Art. Johannesevangelium: EKL³ II, 1989, 840–843.

KOHLER, H., Kreuz und Menschwerdung im Johannesevangelium. Ein exegetisch-hermeneutischer Versuch zur johanneischen Kreuzestheologie, AThANT 72, Zürich 1987.

KREMER, J., Lazarus. Die Geschichte einer Auferstehung. Text, Wirkungsgeschichte und Botschaft von Joh 11,1–46, Stuttgart 1985.

–, Art. ἀνάστασις κτλ.: EWNT I, ²1992, 210–221.

KÜMMEL, W.G., Die Eschatologie der Evangelien. Ihre Geschichte und ihr Sinn [1936], in: DERS., Heilsgeschehen und Geschichte. Gesammelte Aufsätze 1933–1964 (hg. von E. GRÄSSER, O. MERK und A. FRITZ), MThSt 3, Marburg 1965, 48–66.

–, Einleitung in das Neue Testament, Heidelberg ²¹1983.

–, Die Theologie des Neuen Testaments nach seinen Hauptzeugen. Jesus – Paulus – Johannes, GNT 3, Göttingen ⁵1987.

KUHL, J., Die Sendung Jesu und der Kirche nach dem Johannesevangelium, SIM 11, St. Augustin 1967.

LABAHN, M., Eine Spurensuche anhand von Joh 5.1–18. Bemerkungen zu Wachstum und Wandel der Heilung eines Lahmen, NTS 44 (1998) 159–179.

–, Jesus als Lebensspender. Untersuchungen zu einer Geschichte der johanneischen Tradition anhand ihrer Wundergeschichten, BZNW 98, Berlin – New York 1999.

LANDMESSER, CHR., Wahrheit als Grundbegriff neutestamentlicher Wissenschaft, WUNT 113, Tübingen 1999.

LANGBRANDTNER, W., Weltferner Gott oder Gott der Liebe. Der Ketzerstreit in der johanneischen Kirche. Eine exegetisch-religionsgeschichtliche Untersuchung mit Berücksichtigung der koptisch-gnostischen Texte aus Nag-Hammadi, BET 6, Frankfurt a.M. – Bern – Las Vegas 1977.

LINDARS, B., Word and Sacrament in the Fourth Gospel [1976], in: DERS., Essays in John (hg. von C.M. TUCKETT), SNTA 17, Leuven 1992, 51–65.

LOADER, W.R.G., The Christology of the Fourth Gospel. Structure and Issues, BET 23, Frankfurt a.M. – Berlin – Bern – New York – Paris – Wien ²1992.

LOHFINK, G., Gab es im Gottesdienst der neutestamentlichen Gemeinden eine Anbetung Christi?, BZ NF 18 (1974) 161–179.

LOHSE, E., Grundriß der neutestamentlichen Theologie, ThW 5, Stuttgart – Berlin – Köln – Mainz ³1984.

–, Die Entstehung des Neuen Testaments, ThW 4, Stuttgart – Berlin – Köln ⁵1991.

LUTHER, M., Wochenpredigten über Joh. 16–20 [1528/9], in: D. Martin Luthers Werke. Kritische Gesamtausgabe (Weimarer Ausgabe) 28. Band, Weimar 1903, 31–500.

–, Predigt am Tage vor Palmarum [am 29. März 1539], in: D. Martin Luthers Werke. Kritische Gesamtausgabe (Weimarer Ausgabe) 47. Band, Weimar 1912, 712–715.

MARXSEN, W., Einleitung in das Neue Testament. Eine Einführung in ihre Probleme, Gütersloh ⁴1978.

MASTIN, B.A., A Neglected Feature of the Christology of the Fourth Gospel, NTS 22 (1975) 32–51.

MATSUNAGA, K., The „Theos" Christology as the Ultimate Confession of the Fourth Gospel, AJBI 7 (1981) 124–145.

MAURER, CHR., Steckt hinter Joh. 5,17 ein Übersetzungsfehler?, WuD NF 5 (1957) 130–140.

MERKLEIN, H., Eschatologie im Neuen Testament [1987], in: DERS., Studien zu Jesus und Paulus II, WUNT 105, Tübingen 1998, 82–113.

MICHEL, O., Art. ὁ υἱὸς τοῦ θεοῦ: TBLNT II, ³⁽⁶⁾1983, 1166–1175.

–, Art. ὁ πατήρ: EWNT III, ²1992, 125–135.

MIRANDA, J.P., Die Sendung Jesu im vierten Evangelium. Religions- und theologie-geschichtliche Untersuchungen zu den Sendungsformeln, SBS 87, Stuttgart 1977.

MOLONEY, F.J., The Johannine Son of Man, BSRel 14, Rom 1976.

MOODY, D., God's only Son: The Translation of John 3,16 in the Revised Standard Version, JBL 72 (1953) 212–219.

MÜLLER, U.B., Die Geschichte der Christologie in der johanneischen Gemeinde, SBS 77, Stuttgart 1975.

–, Zur Eigentümlichkeit des Johannesevangeliums. Das Problem des Todes Jesu, ZNW 88 (1997) 24–55.

MUSSNER, F., ΖΩΗ. Die Anschauung vom „Leben" im vierten Evangelium unter Be-rücksichtigung der Johannesbriefe. Ein Beitrag zur biblischen Theologie, MThS 5, München 1952.

–, Traktat über die Juden, München ²1988.

NIEBUHR, K.-W., Die Werke des eschatologischen Freudenboten (4Q521 und die Jesus-überlieferung), in: C.M. TUCKETT (Hg.), The Scriptures in the Gospels, BEThL 131, Leuven 1997, 637–646.

NIEDERWIMMER, K., Zur Eschatologie im Corpus Johanneum [1997], in: DERS., Quae-stiones theologicae. Gesammelte Aufsätze (hg. von W. PRATSCHER und M. ÖHLER), BZNW 90, Berlin – New York 1998, 290–300.

NORDSIECK, R., Johannes. Zur Frage nach Verfasser und Entstehung des vierten Evan-geliums. Ein neuer Versuch, Neukirchen-Vluyn 1998.

OBERMANN, A., Die christologische Erfüllung der Schrift im Johannesevangelium. Eine Untersuchung zur johanneischen Hermeneutik anhand der Schriftzitate, WUNT II/83, Tübingen 1996.

ONUKI, T., Gemeinde und Welt im Johannesevangelium. Ein Beitrag zur Frage nach der theologischen und pragmatischen Funktion des johanneischen „Dualismus", WMANT 56, Neukirchen-Vluyn 1984.

OVERBECK, F., Das Johannesevangelium. Studien zur Kritik seiner Erforschung (hg. von C.A. BERNOULLI), Tübingen 1911.

PAMMENT, M., The Son of Man in the Fourth Gospel, JThS 36 (1985) 56–66.

PENDRICK, G., ΜΟΝΟΓΕΝΗΣ, NTS 41 (1995) 587–600.

PFLEIDERER, O., Zur johanneischen Christologie. Mit Rücksicht auf W. Beyschlag's „Christologie des Neuen Testaments", ZWTh 9 (1866) 241–266.

PORSCH, F., „Ihr habt den Teufel zum Vater" (Joh 8,44). Antijudaismus im Johannes-evangelium?, BiKi 44 (1989) 50–57.

PUECH, E., Une apocalypse messianique (4Q 521), RdQ 15/60 (1992) 475–522.

RENGSTORF, K.H., Art. ἀποστέλλω κτλ.: ThWNT I, 1933, 397–448.

RICCA, P., Die Eschatologie des vierten Evangeliums, Zürich – Frankfurt a.M. 1966.

RICHTER, G., Zur Formgeschichte und literarischen Einheit von Joh 6,31–58 [1969], in: DERS., Studien zum Johannesevangelium (hg. von J. HAINZ), BU 13, Regensburg 1977, 88–119.

–, Die Fleischwerdung des Logos im Johannesevangelium [1971/72], in: DERS., Studien zum Johannesevangelium (hg. von J. HAINZ), BU 13, Regensburg 1977, 149–198.

–, Der Vater und Gott Jesu und seiner Brüder in Joh 20,17. Ein Beitrag zur Christologie im Johannesevangelium [1973], in: DERS., Studien zum Johannesevangelium (hg. von J. HAINZ), BU 13, Regensburg 1977, 266–280.

–, Zur sogenannten Semeia-Quelle des Johannesevangeliums [1974], in: DERS., Studien zum Johannesevangelium (hg. von J. HAINZ), BU 13, Regensburg 1977, 281–287.

–, Zur Frage von Tradition und Redaktion in Joh 1,19–34, in: DERS., Studien zum Johannesevangelium (hg. von J. HAINZ), BU 13, Regensburg 1977, 288–314.

–, Präsentische und futurische Eschatologie im 4. Evangelium [1975], in: DERS., Studien zum Johannesevangelium (hg. von J. HAINZ), BU 13, Regensburg 1977, 346–382.

–, Zum gemeindebildenden Element in den johanneischen Schriften [1976], in: DERS., Studien zum Johannesevangelium (hg. von J. HAINZ), BU 13, Regensburg 1977, 383–414.

RIEDL, J., Das Heilswerk Jesu nach Johannes, FThSt 93, Freiburg – Basel – Wien 1973.

RISSI, M., Art. κρίνω / κρίσις: EWNT II, ²1992, 787–794.

RÖHSER, G., Prädestination und Verstockung. Untersuchungen zur frühjüdischen, paulinischen und johanneischen Theologie, TANZ 14, Tübingen – Basel 1994.

ROLOFF, J., Neues Testament, Neukirchener Arbeitsbücher, Neukirchen-Vluyn ⁴1985.

–, Die Kirche im Neuen Testament, GNT 10, Göttingen 1993.

–, Einführung in das Neue Testament, Universal-Bibliothek 9413 [Reclam], Stuttgart 1995.

RUCKSTUHL, E., Die literarische Einheit des Johannesevangeliums. Der gegenwärtige Stand der einschlägigen Forschungen, SF NF 3, Freiburg i.d. Schweiz 1951.

RUCKSTUHL, E. / DSCHULNIGG, P., Stilkritik und Verfasserfrage im Johannesevangelium. Die johanneischen Sprachmerkmale auf dem Hintergrund des Neuen Testaments und des zeitgenössischen hellenistischen Schrifttums, NTOA 17, Freiburg i.d. Schweiz – Göttingen 1991.

SACCHI, P., Art. Henochgestalt / Henochliteratur: TRE 15, 1986, 42–54.

SCHÄFER, P., Die sogenannte Synode von Jabne. Zur Trennung von Juden und Christen im ersten / zweiten Jh. n. Chr., in: DERS., Studien zur Geschichte und Theologie des rabbinischen Judentums, AGJU 15, Leiden 1978, 45–64.

SCHENKE, H.-M. / FISCHER, K.M., Einleitung in die Schriften des Neuen Testaments II: Die Evangelien und die anderen neutestamentlichen Schriften, Gütersloh 1979.

SCHLATTER, A., Die Sprache und Heimat des vierten Evangelisten [1902], in: K.H. RENGSTORF (Hg.), Johannes und sein Evangelium, WdF 82, Darmstadt 1973, 28–201.

SCHLIER, H., Religionsgeschichtliche Untersuchungen zu den Ignatiusbriefen, BZNW 8, Gießen 1929.

SCHMIDT, TH., Das Ende der Zeit. Mythos und Metaphorik als Fundamente einer Hermeneutik biblischer Eschatologie, BBB 109, Bodenheim 1996.

SCHMITHALS, W., Johannesevangelium und Johannesbriefe. Forschungsgeschichte und Analyse, BZNW 64, Berlin – New York 1992.

SCHNACKENBURG, R., Christologie des Neuen Testaments, in: MySal III/1, 1970, 227–388.

–, „Der Vater, der mich gesandt hat". Zur Johanneischen Christologie, in: C. BREYTENBACH / H. PAULSEN (Hg.), Anfänge der Christologie. FS F. HAHN, Göttingen 1991, 275–291.

SCHNEIDER, J., Art. τιμή, τιμάω: ThWNT VIII, 1969, 170–182.

SCHNELLE, U., Antidoketische Christologie im Johannesevangelium. Eine Untersuchung zur Stellung des vierten Evangeliums in der johanneischen Schule, FRLANT 144, Göttingen 1987.

–, Die Abschiedsreden im Johannesevangelium, ZNW 80 (1989) 64–79.

–, Neutestamentliche Anthropologie. Jesus – Paulus – Johannes, BThSt 18, Neukirchen-Vluyn 1991.

–, Einleitung in das Neue Testament, UTB 1830, Göttingen ³1999.

SCHNIEWIND, J., Über das Johannesevangelium [1939], in: H.-J. KRAUS, Julius Schniewind. Charisma der Theologie, Neukirchen-Vluyn 1965, 188–211.

SCHOTTROFF, L., Heil als innerweltliche Entweltlichung. Der gnostische Hintergrund der johanneischen Vorstellung vom Zeitpunkt der Erlösung, NT 11 (1969) 294–317.

–, Der Glaubende und die feindliche Welt. Beobachtungen zum gnostischen Dualismus und seiner Bedeutung für Paulus und das Johannesevangelium, WMANT 37, Neukirchen-Vluyn 1970.

–, Art. ζῶ / ζωή: EWNT II, ²1992, 261–271.

SCHRAGE, W., Art. ἀποσυνάγωγος: ThWNT VII, 1964, 845–850.

–, Die Frage nach der Mitte und dem Kanon im Kanon des Neuen Testaments in der neueren Diskussion, in: J. FRIEDRICH / W. PÖHLMANN / P. STUHLMACHER (Hg.), Rechtfertigung. FS E. KÄSEMANN, Tübingen – Göttingen 1976, 415–442.

SCHRENK, G., Art. πατήρ C. Der Vaterbegriff im Spätjudentum / D. Vater im Neuen Testament: ThWNT V, 1954, 974–1016.

SCHULZ, S., Untersuchungen zur Menschensohn-Christologie im Johannesevangelium. Zugleich ein Beitrag zur Methodengeschichte der Auslegung des 4. Evangeliums, Göttingen 1957.

–, Die Stunde der Botschaft. Einführung in die Theologie der vier Evangelisten, Hamburg 1967.

SCHWEIZER, E., Das johanneische Zeugnis vom Herrenmahl [1952], in: DERS., Neotestamentica. Deutsche und englische Aufsätze 1951–1963, Zürich – Stuttgart 1963, 371–396.

–, Jesus Christus im vielfältigen Zeugnis des Neuen Testaments, GTBS 126, München – Hamburg 1968.

–, Art. Jesus Christus I. Neues Testament: TRE 16, 1987, 671–726.

SEVENSTER, G., Art. Christologie I. Christologie des Urchristentums: RGG³ I, 1957, 1745–1762.

SIDEBOTTOM, E.M., The Christ of the Fourth Gospel in the Light of First-Century Thought, London 1961.

SMALLEY, S.S., The Johannine Son of Man Sayings, NTS 15 (1968/69) 278–301.

STÄHLIN, G., Zum Problem der johanneischen Eschatologie, ZNW 33 (1934) 225–259.

STEGEMANN, H., Die Essener, Qumran, Johannes der Täufer und Jesus. Ein Sachbuch, Herder Spektrum 4128, Freiburg – Basel – Wien ²1993.

STEMBERGER, G., Die sogenannte „Synode von Jabne“ und das frühe Christentum, Kairos NF 19 (1977) 14–21.

–, Das Problem der Auferstehung im Alten Testament [1972], in: DERS., Studien zum rabbinischen Judentum, SBAB 10, Stuttgart 1990, 19–45.

–, Einleitung in Talmud und Midrasch, München ¹⁽⁸⁾1992.

STIMPFLE, A., Blinde sehen. Die Eschatologie im traditionsgeschichtlichen Prozeß des Johannesevangeliums, BZNW 57, Berlin – New York 1990.

STRECKER, G., Theologie des Neuen Testaments (hg. von F.W. HORN), Berlin – New York 1996.

STUHLMACHER, P., Der messianische Gottesknecht, in: Der Messias, JBTh 8 (1993) 131–154.

–, Wie treibt man biblische Theologie?, BThSt 24, Neukirchen-Vluyn 1995.

–, Biblische Theologie des Neuen Testaments II: Von der Paulusschule bis zur Johannesoffenbarung. Der Kanon und seine Auslegung, Göttingen 1999.

SYNOFZIK, E., Art. κρίμα κτλ.: TBLNT I, 1997, 743–753.

TAEGER, J.-W., Johannesapokalypse und johanneischer Kreis. Versuch einer traditionsgeschichtlichen Ortsbestimmung am Paradigma der Lebenswasser-Thematik, BZNW 51, Berlin – New York 1989.

THEOBALD, M., Im Anfang war das Wort. Textlinguistische Studie zum Johannesprolog, SBS 106, Stuttgart 1983.

–, Die Fleischwerdung des Logos. Studien zum Verhältnis des Johannesprologs zum Corpus des Evangeliums und zu 1Joh, NTA NF 20, Münster 1988.

–, Gott, Logos und Pneuma. „Trinitarische" Rede von Gott im Johannesevangelium, in: H.-J. KLAUCK (Hg.), Monotheismus und Christologie. Zur Gottesfrage im hellenistischen Judentum und im Urchristentum, QD 138, Freiburg – Basel – Wien 1992, 41–87.

–, Schriftzitate im „Lebensbrot"-Dialog Jesu (Joh 6). Ein Paradigma für den Schriftgebrauch des vierten Evangelisten, in: C.M. TUCKETT (Hg.), The Scriptures in the Gospels, BEThL 131, Leuven 1997, 327–366.

THÜSING, W., Die Erhöhung und Verherrlichung Jesu im Johannesevangelium, NTA XXI.1/2, Münster ²1970.

THYEN, H., Aus der Literatur zum Johannesevangelium: ThR NF 39 (1974) 1–69. 222–252. 289–330; ThR NF 42 (1977) 211–270; ThR NF 43 (1978) 328–359; ThR NF 44 (1979) 97–134.

–, Art. Johannesevangelium: TRE 17, 1988, 200–225.

–, Johannes 10 im Kontext des vierten Evangeliums, in: J. BEUTLER / R.F. FORTNA (Hg.), The Shepherd Discourse of John 10 and its Context. Studies by members of the Johannine Writings Seminar, MSSNTS 67, Cambridge 1991, 116–134. 163–168.

TOLMIE, D.F., The Characterization of God in the Fourth Gospel, JSNT 69 (1998) 57–75.

VERMES, G., Qumran Forum Miscellanea I, JJS 43 (1992) 299–305.

VIELHAUER, PH., Geschichte der urchristlichen Literatur. Einleitung in das Neue Testament, die Apokryphen und die Apostolischen Väter, Berlin – New York ²1978.

VOLLENWEIDER, S., Rezension: A. Stimpfle, Blinde sehen, ThLZ 116 (1991) 510–512.

VOLZ, P., Die Eschatologie der jüdischen Gemeinde im neutestamentlichen Zeitalter. Nach den Quellen der rabbinischen, apokalyptischen und apokryphen Literatur, Tübingen 1934 (Nachdruck: Hildesheim 1966).

WAGNER, J., Auferstehung und Leben. Joh 11,1–12,19 als Spiegel johanneischer Redaktions- und Theologiegeschichte, BU 19, Regensburg 1988.

WALTER, N., Die Botschaft vom Jüngsten Gericht im Neuen Testament [1991], in: DERS., Praeparatio Evangelica. Studien zur Umwelt, Exegese und Hermeneutik des Neuen Testaments (hg. von W. KRAUS und F. WILK), WUNT 98, Tübingen 1997, 311–340.

WEDER, H., Gegenwart und Gottesherrschaft. Überlegungen zum Zeitverständnis bei Jesus und im frühen Christentum, BThSt 20, Neukirchen-Vluyn 1993.

WELCK, CHR., Erzählte Zeichen. Die Wundergeschichten des Johannesevangeliums literarisch untersucht. Mit einem Ausblick auf Joh 21, WUNT II/69, Tübingen 1994.

WENDT, H.H., Das Johannesevangelium. Eine Untersuchung seiner Entstehung und seines geschichtlichen Wertes, Göttingen 1900.

WENGST, K., Bedrängte Gemeinde und verherrlichter Christus. Ein Versuch über das Johannesevangelium, München ³1992.

WHITTAKER, J., A Hellenistic Context for John 10,29, VigChr 24 (1970) 241–260.

WIKENHAUSER, A. / SCHMID, J., Einleitung in das Neue Testament, Freiburg – Basel – Wien ⁶1973.

WILKENS, W., Zeichen und Werke. Ein Beitrag zur Theologie des 4. Evangeliums in Erzählungs- und Redestoff, AThANT 55, Zürich 1969.

WISE, M.O. / TABOR, J.D., The Messiah at Qumran, BArR 18/6 (1992) 60–65.

WOUDE, A.S. VAN DER, Art. χρίω κτλ. C. IV. Qumran: ThWNT IX, 1973, 508–511.

WREDE, W., Charakter und Tendenz des Johannesevangeliums, Tübingen – Leipzig 1903.

ZIMMERMANN, H., Das absolute Ἐγώ εἰμι als die neutestamentliche Offenbarungsformel, BZ NF 4 (1960) 54–69. 266–276.

ZIMMERMANN, J., Messianische Texte aus Qumran. Königliche, priesterliche und prophetische Messiasvorstellungen in den Schriftfunden von Qumran, WUNT II/104, Tübingen 1998.

# Stellenregister

Die kursiv gesetzten Seitenzahlen weisen auf eine genauere Exegese des Textes
bzw. auf wichtige Überlegungen zu seinem Verständnis hin.

## Altes Testament

### Schriften des masoretischen Kanons

*Genesis*

| | |
|---|---|
| 1,1 LXX | 178 |
| 2,2 f. | 14 |
| 15,6 | 104 |
| 15,6 LXX | 104 |
| 18,25 LXX | 184 |
| 28,12 f. | 42 |
| 32,31 | 112 |
| 46,29 | 14 |

*Exodus*

| | |
|---|---|
| 14,31b | 104 f. |
| 14,31b LXX | 104 |
| 16,4 | 112 |
| 16,14 f. | 112 |
| 19,9 | 104 |
| 19,9 LXX | 104 |
| 19,9b | 105 |
| 19,9b LXX | 105 |
| 20,11 | 14 |
| 24,10 f. | 112 |
| 24,10 | 111 |
| 31,17 | 14 |
| 33,20 | 111 |

*Leviticus*

| | |
|---|---|
| 24,10–16 | 17 |
| 24,16 | 17 |

*Numeri*

| | |
|---|---|
| 12,8 | 112 |
| 14,11 | 104 |
| 14,11 LXX | 104 |
| 15,30 f. | 17 |
| 20,12 | 104 |

*Deuteronomium*

| | |
|---|---|
| 1,32 | 104 |
| 1,32 LXX | 104 |
| 4,12 | 112 |
| 4,33 | 112 |
| 5,3 LXX | 91 |
| 5,4 | 112 |
| 5,24 | 112 |
| 5,26 | 171 |
| 6,13 LXX | 96 |
| 10,18 LXX | 184 |
| 10,20 LXX | 96 |
| 21,22 f. | 17 |
| 32,39 | 76 |
| 32,39 LXX | 56 |
| 34,10 | 112 |

*1. Samuel*

| | |
|---|---|
| 2,6 | 76 |
| 17,26 | 171 |
| 17,36 | 171 |
| 27,12 | 104 |

*1. Regnorum (LXX)*

| | |
|---|---|
| 27,12 | 104 |

*1. Könige*

| | |
|---|---|
| 17,17–24 | 79–82 |
| 17,20 f. | 80 f. |
| 17,22 | 80 |

*3. Regnorum (LXX)*

| | |
|---|---|
| 18,24 | 97 |

*2. Könige*

| | |
|---|---|
| 4,18–37 | 79 |

| | |
|---|---|
| 4,32–37 | *79–82* |
| 4,33 | 80 |
| 5,7 | 76 |
| 17,14 | 104 |

**4. Regnorum (LXX)**

| | |
|---|---|
| 5,11 | 97 |

*Jesaja*

| | |
|---|---|
| 6,1 | 111 |
| 6,5 | 111 |
| 6,10 | 29, 135 |
| 24–27 | 212 |
| 26,19 | 88 |
| 26,19a LXX | *212*, 222 |
| 29,18f. | 88 |
| 35,5f. | 88 |
| 41,4 | 56 |
| 41,4 LXX | 56 |
| 42,8 LXX | 94, 177 |
| 42,9 | 87 |
| 43,1 | 129 |
| 43,10 LXX | 56 |
| 43,25 LXX | 56 |
| 45,19c | 87 |
| 46,4 LXX | 56 |
| 48,6b | 87 |
| 48,12 LXX | 56 |
| 51,12 LXX | 56 |
| 52,5 LXX | 70 |
| 52,6f. LXX | 87 |
| 52,6 LXX | 56 |
| 53,1 LXX | 135 |
| 54,13a LXX | 73, 130 |
| 61,1f. | 86f. |
| 61,1 | 87f. |

*Jeremia*

| | |
|---|---|
| 2,36 LXX | 56 |
| 10,10 | 171 |
| 12,6 | 104 |
| 12,6 LXX | 104 |
| 23,36 | 171 |
| 33,9 LXX | 56 |

*Ezechiel*

| | |
|---|---|
| 37,3–10 | 167 |

*Hosea*

| | |
|---|---|
| 2,1 | 171 |

*Jona*

| | |
|---|---|
| 3,5 | 104 |

| | |
|---|---|
| 3,5 LXX | 104 |

*Micha*

| | |
|---|---|
| 7,5 | 104 |
| 7,5 LXX | 104 |

*Habakuk*

| | |
|---|---|
| 1,5 LXX | 70 |

*Psalmen (MT)*

| | |
|---|---|
| 42,3 | 171 |
| 51,3–8 | 149 |
| 72,17 | 89 |
| 78,22 | 104 |
| 78,24f. | 112 |
| 78,25 | 112 |
| 84,3 | 171 |
| 84,5 | 14 |
| 85,9 | 87 |
| 105,40 | 112 |
| 146,7c.8a.b | 87 |
| 146,7c.8a | 87 |

*Psalmen (LXX)*

| | |
|---|---|
| 34,23 | 96 |
| 35,10a | 171 |
| 43,9 | 97 |
| 47,6 | 70 |
| 77,22 | 104 |
| 89,2 | 56, *180* |

*Hiob*

| | |
|---|---|
| 4,18 | 104 |
| 4,18 LXX | 104 |
| 7,18 LXX | 52 |
| 14,14f. LXX | 167 |
| 15,15 | 104 |
| 15,15 LXX | 104 |
| 39,12 | 104 |
| 39,12 LXX | 104 |

*Proverbia*

| | |
|---|---|
| 26,25 | 104 |

*Ruth*

| | |
|---|---|
| 1,14 | 14 |

*Daniel*

| | |
|---|---|
| 3,27f. LXX | 228 |
| 3,33 | 185 |
| 4,3 LXX | 185 |
| 4,3 θ' | 185 |
| 7 | 185 |

### Zusätzliche Schriften der Septuaginta

### Neues Testament

| | |
|---|---|
| 16,31 | 105 |
| 16,32 | 115, 212 |
| 16,32a | 158, *159* |
| 16,33 | 101, 208 |
| 17 | 2, 82, 147 |
| 17,1f. | 20 |
| 17,1 | 30, 164, 186, 212 |
| 17,1b–3 | 12 |
| 17,2 | 65, 73, 77, 81, 148, 184f. |
| 17,2a | 93, 176 |
| 17,2b | 93, 176 |
| 17,2bα | 131 |
| 17,3 | *49*, 99, 101, 104–106 |
| 17,4ff. | 12 |
| 17,4 | 93, 176 |
| 17,5 | 37, 57, 93, 103, 116, 164, *180f.* |
| 17,6 | 65, 73, 81, 93, 125, 142, 148, 176 |
| 17,7 | 37, 93, 176 |
| 17,8 | 93, 105, 109, 125, 127, 176 |
| 17,9 | 65, 73, 81, 93, 148, 176 |
| 17,11f. | 65, 93, 176 |
| 17,11 | 115, 119 |
| 17,12 | 21, 137, 148 |
| 17,13 | 164 |
| 17,14 | 127 |
| 17,19 | 73 |
| 17,20f. | 105 |
| 17,20 | 104, 109 |
| 17,21–23 | 115 |
| 17,21f. | 119 |
| 17,21 | 66, 73, 109, 120 |
| 17,22 | 57, 93, 176, *180f.* |
| 17,23 | 37, 66 |
| 17,24 | 29, *37*, 57, 65, 73, *82*, 93, 103, 116, 148, 176, *180f.*, 193, 207, *208f.*, 224 |
| 17,25 | 106 |
| 17,26 | 37, 39 |
| 18,9 | 73, 81, 93, 176 |
| 18,11 | 93, 176 |
| 18,18 | 37 |
| 18,23 | 29 |
| 18,31 | *51*, 60 |
| 18,33–38a | 134 |
| 18,36 | 54 |
| 18,37 | 73, 129, 131, 135, 148, 166 |
| 18,37b | 124, 134 |

| | |
|---|---|
| 18,37c | *134f.* |
| 18,38a | 135 |
| 18,38b | 29 |
| 19,4 | 29 |
| 19,6 | 29 |
| 19,7 | 7, 19, 30 |
| 19,21 | 169, 218 |
| 19,24 | 218 |
| 19,26 | 37 |
| 19,31 | 73 |
| 19,35 | 105 |
| 19,42 | 37, 73 |
| 20,2 | 37 |
| 20,8 | 105 |
| 20,9 | 148 |
| 20,16 | 129 |
| 20,17 | 19, 218 |
| 20,17b | *16* |
| 20,20 | 35, 208 |
| 20,21–23 | 160 |
| 20,22 | 160 |
| 20,25 | 105, 208 |
| 20,27 | 208, 218 |
| 20,28 | 79, 94, 96, 103, 110, 116 |
| 20,29 | 105, 109 |
| 20,31 | 30, 95, 105, 109f., 124, 151, 175, 195 |
| 21 | 5 |
| 21,7 | 37, 73 |
| 21,8 | 73 |
| 21,13 | 22 |
| 21,15–17 | 37 |
| 21,18 | 31 |
| 21,20 | 37 |
| 21,22f. | 207 |

*Apostelgeschichte*

| | |
|---|---|
| 2,33 | 27 |
| 4,12 | 71 |
| 4,34 | 71 |
| 5,4c | 91 |
| 5,31 | 27 |
| 9,36–42 | *82f.* |
| 9,40 | 83 |
| 10,42 | 92 |
| 14,15 | 171 |
| 17,31 | 92 |
| 26,8 | 76 |

*Römer*

| | |
|---|---|
| 1,18 | 149 |
| 1,21 | 149 |
| 4,17 | 76, 167 |

Qidduschin
49a 111 .

Sanhedrin
98b 89

*Midraschim*
Sifra zu Leviticus
zu 24,11 ff. 17

Sifre zu Numeri
112 zu 15,30 17

Sifre zu Deuteronomium
221 zu 21,22 17
221 zu 21,22 f. 17

*Andere Haggadawerke*
Pirqê de Rabbi Eliezer
32 89

## Targumim

*Targum Neofiti*
Exodus
14,31b 105
19,9b 105

*Fragmententargum*
Exodus
14,31b (J) 105
14,31b (P) 105
19,9b (V) 105

*Targum Pseudo-Jonathan*
Exodus
14,31b 105
19,9b 105

*Targum Onqelos*
Exodus
14,31b 105
19,9b 105

*Targum Jonathan zu den Propheten*
Jesaja
6,1 111
6,5 111

## Frühchristliche Schriften und Kirchenväter

*Athenagoras*
Supplicatio pro Christianis
9,2 22

*Augustinus*
In Joannis Evangelium Tractatus
XVII 16 34
XIX 6 94, 98
XIX 13 181
XX 9 23
XXI 3 16
XXI 10 80
XXI 17 115
XXII 9 175
XXII 10 172, 181
XLIII 17 179

*Constitutiones Apostolorum*
VII 39,3 167

*Eusebius von Cäsarea*
Historia Ecclesiastica
V 28,5 97

*Ignatius*
Epheser
4,1 97
Römer
5,2 *53f.*

*Johannes Chrysostomus*
Homiliae in Joannem
XXXVIII 4 28

# Autorenregister

Karrer, M. 113
Katz, P. 56
Kegel, G. 189f., 195, 198, 203, 206
Keil, C.F. 15, 23, 36, 44, 46, 124, 127,
    152, 163, 180, 182, 210, 215
Klauck, H.-J. 7f., 78f.
Klein, G. 167, 189f., 203, 206
Knöppler, Th. 11f., 44, 165, 192f., 196,
    208, 210, 214, 218f.
Köster, H. 189
Kohler, H. 4, 208
Kremer, J. 110, 202f.
Kühner, R. 159, 218
Kümmel, W.G. 5, 7f., 142, 191–193, 209
Kuhl, J. 118

Labahn, M. 9
Landmesser, Chr. 192, 213
Langbrandtner, W. 1, 189
Lausberg, H. 158
Leyser, P. 179
Liddell, H.G. 56, 114
Lightfoot, R.H. 34
Lindars, B. 11, 15, 23, 92, 155, 191, 210
Lindemann, A. 189
Loader, W.R.G. 34, 113
Lohfink, G. 97
Lohse, E. 141, 189f.
Lücke, F. 44, 123f., 153, 165, 178, 210,
    218, 228
Luthardt, Chr.E. 46, 123, 166, 172, 176,
    182, 210, 215
Luther, M. 65, 77f., 201

Macgregor, G.H.C. 23, 34, 153, 176, 184,
    210
Maier, J. 83–86, 88
Marshall, I.H. 78
Marxsen, W. 189f.
Mastin, B.A. 113
Matsunaga, K. 113
Maurer, Chr. 14
Melanchthon, Ph. 15, 172
Menge, H. 21, 39, 51, 58, 158, 170, 218
Merklein, H. 189f., 203
Metzger, B.M. 113
Michel, O. 38, 82
Michl, J. 78
Milligan, G. 22, 114
Miranda, J.P. 17f., 20, 24, 31, 102, 104,
    115, 120f.
Moloney, F.J. 11, 184, 192
Moody, D. 114

Morris, L. 34, 70, 115, 134, 184, 191, 198,
    218
Moulton, J.H. 22, 114
Müller, U.B. 1, 20
Mußner, F. 9, 156, 171, 173

Niebuhr, K.-W. 85, 88
Niederwimmer, K. 189f.
Nordsieck, R. 189

Obermann, A. 11f.
Odeberg, H. 14, 72, 164
Onuki, T. 6, 192
Overbeck, F. 7, 178, 191, 209

Pamment, M. 184
Paulsen, H. 53
Pendrick, G. 114
Pfleiderer, O. 81f., 228
Porsch, F. 9, 209
Preisker, H. 78
Puech, E. 83, 86

Rahlfs, A. 56
Rehkopf, F. 21, 52, 54, 57, 158, 169, 178,
    201, 215, 218
Rengstorf, K.H. 116
Ricca, P. 14, 163, 191, 200, 204, 209, 215
Richter, G. 1, 189, 203, 218
Ridderbos, H.N. 23, 33, 44, 163, 184, 187,
    191
Riedl, J. 2, 14, 23, 38, 134, 137, 142, 153,
    160
Riesner, R. 83, 86–88
Risch, E. 54, 218
Rissi, M. 189
Röhser, G. 143–145
Roloff, J. 9, 50, 189, 192
Ruckstuhl, E. 7f., 191, 222

Sacchi, P. 91
Schäfer, P. 6
Schanz, P. 33, 47, 95, 176, 180
Schenke, H.-M. 189f.
Schenke, L. 11, 21, 187, 191, 194, 210,
    218, 226
Schick, E. 15, 23, 34, 44, 46, 48, 58, 92,
    125, 133, 154, 157, 169, 171, 173, 176,
    184, 187, 210
Schlatter, A. 15, 21, 24, 31, 44, 92, 113,
    164, 170, 184, 194, 202, 204, 209, 218,
    222, 226
Schmid, J. 7

# Sachregister

- an Jesus Christus 1f., 6f., 29, 50, 95f.,
  98f., 101–111, 123–127, 160, 174f.,
  195, 224, 229, 231f.
  - als einzige Bedingung für die Heils-
    teilhabe 195, 214, 224
  - als Gabe Gottes 50, 60–62, 128–139,
    145, 148f., 195
  - als Glaube an Gott 90f., 98f.,
    102–104, 106
  - erst nachösterlich möglich 160–162
- fides ex auditu 129
- fides quae creditur / fides qua
  creditur 108–111
- s.a. Hören
Glaubensgegenstand 103, 104, 106f.
Gnosis 121, 140f., 146, 166f.
Gott
- einzig im Sohn offenbar 111–113, 126
- Gottsein / Wesen 103, 171, 180, 232
- Inbegriff des Lebens 171, 176, 181–183
- Richter 58, 71, 89–92, 228f.
- Totenauferwecker und Lebensgeber 76,
  80, 83–89, 91, 167
- „Vater" Jesu Christi im exklusiven Sinne
  15–17, 23, 30, 233
- s.a. Prärogative Gottes
- s.a. Relation
Gottesdienst, urchristlicher 95–97, 103
Gotteserkenntnis
- Jesu 106, 113
- der Jünger 106
  - als Bedingung menschlicher Selbst-
    erkenntnis 156f.
  - als Christuserkenntnis 98f., 106, 112
  - einzig im Glauben an den Sohn
    97–99, 106, 111–113, 126, 156
  - s.a. Christuserkenntnis
  - s.a. Glaube
Gottesgemeinschaft 29, 79, 103, 112f.,
  128, 138, 148, 156, 215, 233
- s.a. Christusgemeinschaft
Gotteslästerung
- s. Blasphemie
Gottesverhältnis
- Jesu 15f., 106, 113
- der Jünger 15f., 106

Hamartiologie
- s. Johannesevangelium
- s. Sünde
Heil 29, 40, 47, 50, 63–67, 87, 110, 112,
  122, 128–131, 144, 150, 153f., 174,
  193, 197, 214f., 223f., 233

- als Sphäre 40
Heilsgewißheit 136–138
Heilshandeln / Heilstat 16, 72, 86, 88,
  174f.
Heilsteilhabe 29, 50, 67, 93, 110, 124,
  128, 131, 133, 135, 137, 153, 156, 187,
  202f., 204, 207, 214
- gegenwärtige 124, 128, 156, 202f.,
  204, 207
Heilsverschlossenheit 135
Heilsvollendung 124, 162, 167
Heilswille Gottes 63, 65–67, 229
Hendiadyoin 57
Henochbuch, äthiopisches 91
- „Bilderreden" 91, 185, 187
Hermeneutik 3–6
- s.a. Interpretation
- s.a. Kontextprinzip
Hören, gläubiges 124f., 127–139, 160,
  165f.
- Hören-Können / Nicht-Hören-Können
  129, 132f., 134
- Hören-Wollen / Nicht-Hören-Wollen
  132, 134
Hoheitsrechte, göttliche
- s. Prärogative Gottes
Hypotaxe
- s. Parataxe

Immanenzformeln 25f., 115f., 120f., 232
Inkarnation
- s. Jesus Christus
Inklusion 11, 37, 79, 174, 180, 226
Interpretation
- existentiale 33, 36, 140f., 156f.
- textimmanente 5f., 186, 206, 215, 217f.
Israel 150, 223

Jesus, irdischer 31f.
- göttliches Hoheitsbewußtsein 32
Jesus Christus
(im Zeugnis des Johannesevangeliums)
- Anbetung 95–97, 233
- Auferstehung 148, 161, 164, 174, 193,
  208
- Einheit mit Gott
  - Handlungseinheit 3f., 12, 15–17,
    18f., 22–24, 25f., 33f., 35–38, 73,
    80, 89f., 102, 118, 160, 183, 228,
    231, 233
  - Offenbarungseinheit 1, 3f., 25f., 30,
    33, 115, 183, 231, 233
  - Seinseinheit / Wesenseinheit 1, 3f.,

# Register griechischer Begriffe und Wendungen

ἵνα 35, 69f., 93
Ἰουδαῖοι 9

καί
– adversativ 49, 100
– affirmativ / emphatisch 158f.
– epexegetisch 125, 158
– konsekutiv 35, 37, 219
– steigernd 82
– weiterführend 169
– καὶ ... δέ 54
– καὶ ἐὰν ... δέ / κἂν ... δέ 53f.
κόσμος 9, 66
κρίνειν / κρίσις 44–74, 89–93, 101, 137,
   151–155, 170f., 183–187, 195, 197f.,
   215–217, 219–222, 226–230
– κρίσιν ποιεῖν 184
– εἰς κρίσιν (οὐκ) ἔρχεσθαι 61, 137,
   151–155

λόγος
– ὁ λόγος μου 127f.

μᾶλλον ... ἤ ... 49
μαρτυρεῖν / μαρτυρία 10f., 54f., 59f.,
   126f.
μείζων 41–43
μνημεῖον
– οἱ ἐν τοῖς μνημείοις 210–212, 217
μονογενής 114
– μονογενὴς θεός 113–115
– μονογενὴς υἱός 16, 103

νεκροί 138f., 165f., 212

ὁμοίως 22
ὄνομα
– ἐν τῷ ὀνόματί μου 97
οὐ ... ἀλλά ... 90f., 102f.

πᾶς
– πᾶς ὁ + Partizip 73, 130f.
– πᾶν ὃ δέδωκέν μοι u.ä. 73, 130f.
– πάντες 73, 93, 130f.
πατήρ
– ὁ πατήρ 23, 181–183, 233

– ὁ πατήρ μου 15f., 30, 233
– s.a. υἱός
πέμπειν 115–122
– ὁ πατὴρ ὁ πέμψας με u.ä. 115–122
– s.a. ἀποστέλλειν
πιστεύειν 101–111
– πιστεύειν εἰς / πιστεύειν ὅτι 109–111
– πιστεύειν εἴς τινα / πιστεύειν τινί 104,
   125
ποιεῖν
– ποιεῖν τὰ ἀγαθά 196, 213f., 216f., 220
– ποιεῖν τὴν ἀλήθειαν 144, 213f.
πολλοί 132
πράσσειν
– πράσσειν τὰ φαῦλα 144, 196, 213f.,
   216f., 220
προσκυνεῖν 95f.
προφήτης 199f.

σάρξ
– σάρξ / πνεῦμα 50
σημεῖον / σημεῖα 40–44, 69, 81f., 129f.,
   205, 220f.
σῴζειν 53, 62–64, 67f.

τέκνα
– [τὰ] τέκνα [τοῦ] θεοῦ 16, 174f.
τιμᾶν 94–97

υἱός
– ὁ υἱός 15, 23, 30f., 181–183, 186,
   233
– ὁ υἱὸς τοῦ ἀνθρώπου 170, 184–187,
   233
   – υἱὸς ἀνθρώπου 169f., 184f.
– ὁ υἱὸς τοῦ θεοῦ 15, 30f., 95, 110, 174f.,
   186, 233
– s.a. μονογενής
– s.a. πατήρ
ὑψοῦν / ὑψοῦσθαι 27, 186

φιλεῖν 36–38

ὥρα 164
– s.a. ἔρχεσθαι

# Wissenschaftliche Untersuchungen zum Neuen Testament

*Alphabetische Übersicht der ersten und zweiten Reihe*

*Ådna, Jostein:* Jesu Stellung zum Tempel. 2000. *Band II/119.*

*Anderson, Paul N.:* The Christology of the Fourth Gospel. 1996. *Band II/78.*

*Appold, Mark L.:* The Oneness Motif in the Fourth Gospel. 1976. *Band II/1.*

*Arnold, Clinton E.:* The Colossian Syncretism. 1995. *Band II/77.*

*Avemarie, Friedrich* und *Hermann Lichtenberger* (Hrsg.): Bund und Tora. 1996. *Band 92.*

*Bachmann, Michael:* Sünder oder Übertreter. 1992. *Band 59.*

*Baker, William R.:* Personal Speech-Ethics in the Epistle of James. 1995. *Band II/68.*

*Balla, Peter:* Challenges to New Testament Theology. 1997. *Band II/95.*

*Bammel, Ernst:* Judaica. Band I 1986. *Band 37* – Band II 1997. *Band 91.*

*Bash, Anthony:* Ambassadors for Christ. 1997. *Band II/92.*

*Bauernfeind, Otto:* Kommentar und Studien zur Apostelgeschichte. 1980. *Band 22.*

*Bayer, Hans Friedrich:* Jesus' Predictions of Vindication and Resurrection. 1986. *Band II/20.*

*Bell, Richard H.:* Provoked to Jealousy. 1994. *Band II/63.*

– No One Seeks for God. 1998. *Band 106.*

*Bergman, Jan:* siehe *Kieffer, René*

*Bergmeier, Roland:* Das Gesetz im Römerbrief und andere Studien zum Neuen Testament. 2000. *Band 121.*

*Betz, Otto:* Jesus, der Messias Israels. 1987. *Band 42.*

– Jesus, der Herr der Kirche. 1990. *Band 52.*

*Beyschlag, Karlmann:* Simon Magus und die christliche Gnosis. 1974. *Band 16.*

*Bittner, Wolfgang J.:* Jesu Zeichen im Johannesevangelium. 1987. *Band II/26.*

*Bjerkelund, Carl J.:* Tauta Egeneto. 1987. *Band 40.*

*Blackburn, Barry Lee:* Theios Aner and the Markan Miracle Traditions. 1991. *Band II/40.*

*Bock, Darrell L.:* Blasphemy and Exaltation in Judaism and the Final Examination of Jesus. 1998. *Band II/106.*

*Bockmuehl, Markus N.A.:* Revelation and Mystery in Ancient Judaism and Pauline Christianity. 1990. *Band II/36.*

*Böhlig, Alexander:* Gnosis und Synkretismus. Teil 1 1989. *Band 47* – Teil 2 1989. *Band 48.*

*Böhm, Martina:* Samarien und die Samaritai bei Lukas. 1999. *Band II/111.*

*Böttrich, Christfried:* Weltweisheit – Menschheitsethik – Urkult. 1992. *Band II/50.*

*Bolyki, János:* Jesu Tischgemeinschaften. 1997. *Band II/96.*

*Büchli, Jörg:* Der Poimandres – ein paganisiertes Evangelium. 1987. *Band II/27.*

*Bühner, Jan A.:* Der Gesandte und sein Weg im 4. Evangelium. 1977. *Band II/2.*

*Burchard, Christoph:* Untersuchungen zu Joseph und Aseneth. 1965. *Band 8.*

– Studien zur Theologie, Sprache und Umwelt des Neuen Testaments. Hrsg. von D. Sänger. 1998. *Band 107.*

*Byrskog, Samuel:* Story as History – History as Story. 2000. *Band 123.*

*Cancik, Hubert* (Hrsg.): Markus-Philologie. 1984. *Band 33.*

*Capes, David B.:* Old Testament Yaweh Texts in Paul's Christology. 1992. *Band II/47.*

*Caragounis, Chrys C.:* The Son of Man. 1986. *Band 38.*

– siehe *Fridrichsen, Anton.*

*Carleton Paget, James:* The Epistle of Barnabas. 1994. *Band II/64.*

*Ciampa, Roy E.:* The Presence and Function of Scripture in Galatians 1 and 2. 1998. *Band II/102.*

*Crump, David:* Jesus the Intercessor. 1992. *Band II/49.*

*Deines, Roland:* Jüdische Steingefäße und pharisäische Frömmigkeit. 1993. *Band II/52.*

– Die Pharisäer. 1997. *Band 101.*

*Dietzfelbinger, Christian:* Der Abschied des Kommenden. 1997. *Band 95.*

*Dobbeler, Axel von:* Glaube als Teilhabe. 1987. *Band II/22.*

*Du Toit, David S.:* Theios Anthropos. 1997. *Band II/91*

*Dunn, James D.G.* (Hrsg.): Jews and Christians. 1992. *Band 66.*
– Paul and the Mosaic Law. 1996. *Band 89.*

*Ebertz, Michael N.:* Das Charisma des Gekreuzigten. 1987. *Band 45.*

*Eckstein, Hans-Joachim:* Der Begriff Syneidesis bei Paulus. 1983. *Band II/10.*
– Verheißung und Gesetz. 1996. *Band 86.*

*Ego, Beate:* Im Himmel wie auf Erden. 1989. *Band II/34*

*Ego, Beate* und *Lange, Armin* sowie *Pilhofer, Peter (Hrsg.):* Gemeinde ohne Tempel – Community without Temple. 1999. *Band 118.*

*Eisen, Ute E.:* siehe *Paulsen, Henning.*

*Ellis, E. Earle:* Prophecy and Hermeneutic in Early Christianity. 1978. *Band 18.*
– The Old Testament in Early Christianity. 1991. *Band 54.*

*Ennulat, Andreas:* Die ‚Minor Agreements‘. 1994. *Band II/62.*

*Ensor, Peter W.:* Jesus and His ‘Works’. 1996. *Band II/85.*

*Eskola, Timo:* Theodicy and Predestination in Pauline Soteriology. 1998. *Band II/100.*

*Feldmeier, Reinhard:* Die Krisis des Gottessohnes. 1987. *Band II/21.*
– Die Christen als Fremde. 1992. *Band 64.*

*Feldmeier, Reinhard* und *Ulrich Heckel* (Hrsg.): Die Heiden. 1994. *Band 70.*

*Fletcher-Louis, Crispin H.T.:* Luke-Acts: Angels, Christology and Soteriology. 1997. *Band II/94.*

*Förster, Niclas:* Marcus Magus. 1999. *Band 114.*

*Forbes, Christopher Brian:* Prophecy and Inspired Speech in Early Christianity and its Hellenistic Environment. 1995. *Band II/75.*

*Fornberg, Tord:* siehe *Fridrichsen, Anton.*

*Fossum, Jarl E.:* The Name of God and the Angel of the Lord. 1985. *Band 36.*

*Frenschkowski, Marco:* Offenbarung und Epiphanie. Band 1 1995. *Band II/79* – Band 2 1997. *Band II/80.*

*Frey, Jörg:* Eugen Drewermann und die biblische Exegese. 1995. *Band II/71.*
– Die johanneische Eschatologie. Band I. 1997. *Band 96.* – Band II. 1998. *Band 110.* – Band III. 2000. *Band 117.*

*Freyne, Sean:* Galilee and Gospel. 2000. *Band 125.*

*Fridrichsen, Anton:* Exegetical Writings. Hrsg. von C.C. Caragounis und T. Fornberg. 1994. *Band 76.*

*Garlington, Don B.:* ‚The Obedience of Faith‘. 1991. *Band II/38.*
– Faith, Obedience, and Perseverance. 1994. *Band 79.*

*Garnet, Paul:* Salvation and Atonement in the Qumran Scrolls. 1977. *Band II/3.*

*Gese, Michael:* Das Vermächtnis des Apostels. 1997. *Band II/99.*

*Gräßer, Erich:* Der Alte Bund im Neuen. 1985. *Band 35.*

*Green, Joel B.:* The Death of Jesus. 1988. *Band II/33.*

*Gundry Volf, Judith M.:* Paul and Perseverance. 1990. *Band II/37.*

*Hafemann, Scott J.:* Suffering and the Spirit. 1986. *Band II/19.*
– Paul, Moses, and the History of Israel. 1995. *Band 81.*

*Hannah, Darrel D.:* Michael and Christ. 1999. *Band II/109.*

*Hartman, Lars:* Text-Centered New Testament Studies. Hrsg. von D. Hellholm. 1997. *Band 102.*

*Heckel, Theo K.:* Der Innere Mensch. 1993. *Band II/53.*
– Vom Evangelium des Markus zum viergestaltigen Evangelium. 1999. *Band 120.*

*Heckel, Ulrich:* Kraft in Schwachheit. 1993. *Band II/56.*
– siehe *Feldmeier, Reinhard.*
– siehe *Hengel, Martin.*

*Heiligenthal, Roman:* Werke als Zeichen. 1983. *Band II/9.*

*Hellholm, D.:* siehe *Hartman, Lars.*

*Hemer, Colin J.:* The Book of Acts in the Setting of Hellenistic History. 1989. *Band 49.*

*Hengel, Martin:* Judentum und Hellenismus. 1969, ³1988. *Band 10.*
– Die johanneische Frage. 1993. *Band 67.*
– Judaica et Hellenistica. Band 1. 1996. *Band 90.* – Band 2. 1999. *Band 109.*

*Hengel, Martin* und *Ulrich Heckel* (Hrsg.): Paulus und das antike Judentum. 1991. *Band 58.*

*Hengel, Martin* und *Hermut Löhr* (Hrsg.): Schriftauslegung im antiken Judentum und im Urchristentum. 1994. *Band 73.*

*Hengel, Martin* und *Anna Maria Schwemer:* Paulus zwischen Damaskus und Antiochien. 1998. *Band 108.*
*Hengel, Martin* und *Anna Maria Schwemer* (Hrsg.): Königsherrschaft Gottes und himmlischer Kult. 1991. *Band 55.*
– Die Septuaginta. 1994. *Band 72.*
*Herrenbrück, Fritz:* Jesus und die Zöllner. 1990. *Band II/41.*
*Herzer, Jens:* Paulus oder Petrus? 1998. *Band 103.*
*Hoegen-Rohls, Christina:* Der nachösterliche Johannes. 1996. *Band II/84.*
*Hofius, Otfried:* Katapausis. 1970. *Band 11.*
– Der Vorhang vor dem Thron Gottes. 1972. *Band 14.*
– Der Christushymnus Philipper 2,6-11. 1976, ²1991. *Band 17.*
– Paulusstudien. 1989, ²1994. *Band 51.*
*Hofius, Otfried* und *Hans-Christian Kammler:* Johannesstudien. 1996. *Band 88.*
*Holtz, Traugott:* Geschichte und Theologie des Urchristentums. 1991. *Band 57.*
*Hommel, Hildebrecht:* Sebasmata. Band 1 1983. *Band 31* – Band 2 1984. *Band 32.*
*Hvalvik, Reidar:* The Struggle for Scripture and Covenant. 1996. *Band II/82.*
*Kähler, Christoph:* Jesu Gleichnisse als Poesie und Therapie. 1995. *Band 78.*
*Kamlah, Ehrhard:* Die Form der katalogischen Paränese im Neuen Testament. 1964. *Band 7.*
*Kammler, Hans-Christian:* Christologie und Eschatologie. 2000. *Band 126.*
– siehe *Hofius, Otfried.*
*Kelhoffer, James A.:* Miracle and Mission. 1999. *Band II/112.*
*Kieffer, René* und *Jan Bergman (Hrsg.):* La Main de Dieu / Die Hand Gottes. 1997. *Band 94.*
*Kim, Seyoon:* The Origin of Paul's Gospel. 1981, ²1984. *Band II/4.*
– „The ‚Son of Man'" as the Son of God. 1983. *Band 30.*
*Kleinknecht, Karl Th.:* Der leidende Gerechtfertigte. 1984, ²1988. *Band II/13.*
*Klinghardt, Matthias:* Gesetz und Volk Gottes. 1988. *Band II/32.*
*Köhler, Wolf-Dietrich:* Rezeption des Matthäusevangeliums in der Zeit vor Irenäus. 1987. *Band II/24.*

*Korn, Manfred:* Die Geschichte Jesu in veränderter Zeit. 1993. *Band II/51.*
*Koskenniemi, Erkki:* Apollonios von Tyana in der neutestamentlichen Exegese. 1994. *Band II/61.*
*Kraus, Wolfgang:* Das Volk Gottes. 1996. *Band 85.*
– siehe *Walter, Nikolaus.*
*Kuhn, Karl G.:* Achtzehngebet und Vaterunser und der Reim. 1950. *Band 1.*
*Laansma, Jon:* I Will Give You Rest. 1997. *Band II/98.*
*Labahn, Michael:* Offenbarung in Zeichen und Wort. 2000. *Band II/117.*
*Lange, Armin:* siehe *Ego, Beate.*
*Lampe, Peter:* Die stadtrömischen Christen in den ersten beiden Jahrhunderten. 1987, ²1989. *Band II/18.*
*Landmesser, Christof:* Wahrheit als Grundbegriff neutestamentlicher Wissenschaft. 1999. *Band 113.*
*Lau, Andrew:* Manifest in Flesh. 1996. *Band II/86.*
*Lichtenberger, Hermann:* siehe *Avemarie, Friedrich.*
*Lieu, Samuel N.C.:* Manichaeism in the Later Roman Empire and Medieval China. ²1992. *Band 63.*
*Loader, William R.G.:* Jesus' Attitude Towards the Law. 1997. *Band II/97.*
*Löhr, Gebhard:* Verherrlichung Gottes durch Philosophie. 1997. *Band 97.*
*Löhr, Hermut:* siehe *Hengel, Martin.*
*Löhr, Winrich Alfried:* Basilides und seine Schule. 1995. *Band 83.*
*Luomanen, Petri:* Entering the Kingdom of Heaven. 1998. *Band II/101.*
*Maier, Gerhard:* Mensch und freier Wille. 1971. *Band 12.*
– Die Johannesoffenbarung und die Kirche. 1981. *Band 25.*
*Markschies, Christoph:* Valentinus Gnosticus? 1992. *Band 65.*
*Marshall, Peter:* Enmity in Corinth: Social Conventions in Paul's Relations with the Corinthians. 1987. *Band II/23.*
*McDonough, Sean M.:* YHWH at Patmos: Rev. 1:4 in its Hellenistic and Early Jewish Setting. 1999. *Band II/107.*
*Meade, David G.:* Pseudonymity and Canon. 1986. *Band 39.*
*Meadors, Edward P.:* Jesus the Messianic Herald of Salvation. 1995. *Band II/72.*

*Meißner, Stefan:* Die Heimholung des Ketzers. 1996. *Band II/87.*

*Mell, Ulrich:* Die „anderen" Winzer. 1994. *Band 77.*

*Mengel, Berthold:* Studien zum Philipperbrief. 1982. *Band II/8.*

*Merkel, Helmut:* Die Widersprüche zwischen den Evangelien. 1971. *Band 13.*

*Merklein, Helmut:* Studien zu Jesus und Paulus. Band 1 1987. *Band 43.* – Band 2 1998. *Band 105.*

*Metzler, Karin:* Der griechische Begriff des Verzeihens. 1991. *Band II/44.*

*Metzner, Rainer:* Die Rezeption des Matthäusevangeliums im 1. Petrusbrief. 1995. *Band II/74.*
– Das Verständnis der Sünde im Johannesevangelium. 2000. *Band 122.*

*Mittmann-Richert, Ulrike:* Magnifikat und Benediktus. *1996. Band II/90.*

*Mußner, Franz:* Jesus von Nazareth im Umfeld Israels und der Urkirche. Hrsg. von M. Theobald. 1998. *Band 111.*

*Niebuhr, Karl-Wilhelm:* Gesetz und Paränese. 1987. *Band II/28.*
– Heidenapostel aus Israel. 1992. *Band 62.*

*Nissen, Andreas:* Gott und der Nächste im antiken Judentum. 1974. *Band 15.*

*Noack, Christian:* Gottesbewußtsein. 2000. *Band II/116.*

*Noormann, Rolf:* Irenäus als Paulusinterpret. 1994. *Band II/66.*

*Obermann, Andreas:* Die christologische Erfüllung der Schrift im Johannesevangelium. 1996. *Band II/83.*

*Okure, Teresa:* The Johannine Approach to Mission. 1988. *Band II/31.*

*Oropeza, Brisio J.:* Paul and Apostasy. 2000. *Band II/115.*

*Ostmeyer, Karl-Heinrich:* Taufe und Typos. 2000. *Band II/118.*

*Paulsen, Henning:* Studien zur Literatur und Geschichte des frühen Christentums. Hrsg. von Ute E. Eisen. 1997. *Band 99.*

*Park, Eung Chun:* The Mission Discourse in Matthew's Interpretation. 1995. *Band II/81.*

*Philonenko, Marc* (Hrsg.): Le Trône de Dieu. 1993. *Band 69.*

*Pilhofer, Peter:* Presbyteron Kreitton. 1990. *Band II/39.*
– Philippi. Band 1 1995. *Band 87.*

– siehe *Ego, Beate.*

*Pöhlmann, Wolfgang:* Der Verlorene Sohn und das Haus. 1993. *Band 68.*

*Pokorný, Petr* und *Josef B. Soucek:* Bibelauslegung als Theologie. 1997. *Band 100.*

*Porter, Stanley E.:* The Paul of Acts. 1999. *Band 115.*

*Prieur, Alexander:* Die Verkündigung der Gottesherrschaft. 1996. *Band II/89.*

*Probst, Hermann:* Paulus und der Brief. 1991. *Band II/45.*

*Räisänen, Heikki:* Paul and the Law. 1983, ²1987. *Band 29.*

*Rehkopf, Friedrich:* Die lukanische Sonderquelle. 1959. *Band 5.*

*Rein, Matthias:* Die Heilung des Blindgeborenen (Joh 9). 1995. *Band II/73.*

*Reinmuth, Eckart:* Pseudo-Philo und Lukas. 1994. *Band 74.*

*Reiser, Marius:* Syntax und Stil des Markusevangeliums. 1984. *Band II/11.*

*Richards, E. Randolph:* The Secretary in the Letters of Paul. 1991. *Band II/42.*

*Riesner, Rainer:* Jesus als Lehrer. 1981, ³1988. *Band II/7.*
– Die Frühzeit des Apostels Paulus. 1994. *Band 71.*

*Rissi, Mathias:* Die Theologie des Hebräerbriefs. 1987. *Band 41.*

*Röhser, Günter:* Metaphorik und Personifikation der Sünde. 1987. *Band II/25.*

*Rose, Christian:* Die Wolke der Zeugen. 1994. *Band II/60.*

*Rüger, Hans Peter:* Die Weisheitsschrift aus der Kairoer Geniza. 1991. *Band 53.*

*Sänger, Dieter:* Antikes Judentum und die Mysterien. 1980. *Band II/5.*
– Die Verkündigung des Gekreuzigten und Israel. 1994. *Band 75.*
– siehe *Burchard, Christoph*

*Salzmann, Jorg Christian:* Lehren und Ermahnen. 1994. *Band II/59.*

*Sandnes, Karl Olav:* Paul – One of the Prophets? 1991. *Band II/43.*

*Sato, Migaku:* Q und Prophetie. 1988. *Band II/29.*

*Schaper, Joachim:* Eschatology in the Greek Psalter. 1995. *Band II/76.*

*Schimanowski, Gottfried:* Weisheit und Messias. 1985. *Band II/17.*

*Schlichting, Günter:* Ein jüdisches Leben Jesu. 1982. *Band 24.*

*Schnabel, Eckhard J.:* Law and Wisdom from Ben Sira to Paul. 1985. *Band II/16.*

*Schutter, William L.:* Hermeneutic and Composition in I Peter. 1989. *Band II/30.*

*Schwartz, Daniel R.:* Studies in the Jewish Background of Christianity. 1992. *Band 60.*

*Schwemer, Anna Maria:* siehe *Hengel, Martin*

*Scott, James M.:* Adoption as Sons of God. 1992. *Band II/48.*

– Paul and the Nations. 1995. *Band 84.*

*Siegert, Folker:* Drei hellenistisch-jüdische Predigten. Teil I 1980. *Band 20* – Teil II 1992. *Band 61.*

– Nag-Hammadi-Register. 1982. *Band 26.*

– Argumentation bei Paulus. 1985. *Band 34.*

– Philon von Alexandrien. 1988. *Band 46.*

*Simon, Marcel:* Le christianisme antique et son contexte religieux I/II. 1981. *Band 23.*

*Snodgrass, Klyne:* The Parable of the Wicked Tenants. 1983. *Band 27.*

*Söding, Thomas:* Das Wort vom Kreuz. 1997. *Band 93.*

– siehe *Thüsing, Wilhelm.*

*Sommer, Urs:* Die Passionsgeschichte des Markusevangeliums. 1993. *Band II/58.*

*Soucek, Josef B.:* siehe *Pokorný, Petr.*

*Spangenberg, Volker:* Herrlichkeit des Neuen Bundes. 1993. *Band II/55.*

*Spanje, T.E. van:* Inconsistency in Paul?. 1999. *Band II/110.*

*Speyer, Wolfgang:* Frühes Christentum im antiken Strahlungsfeld. Band I: 1989. *Band 50.* – Band II: 1999. *Band 116.*

*Stadelmann, Helge:* Ben Sira als Schriftgelehrter. 1980. *Band II/6.*

*Stenschke, Christoph W.:* Luke's Portrait of Gentiles Prior to Their Coming to Faith. *Band II/108.*

*Stettler, Hanna:* Die Christologie der Pastoralbriefe. 1998. *Band II/105.*

*Strobel, August:* Die Stunde der Wahrheit. 1980. *Band 21.*

*Stroumsa, Guy G.:* Barbarian Philosophy. 1999. *Band 112.*

*Stuckenbruck, Loren T.:* Angel Veneration and Christology. 1995. *Band II/70.*

*Stuhlmacher, Peter* (Hrsg.): Das Evangelium und die Evangelien. 1983. *Band 28.*

*Sung, Chong-Hyon:* Vergebung der Sünden. 1993. *Band II/57.*

*Tajra, Harry W.:* The Trial of St. Paul. 1989. *Band II/35.*

– The Martyrdom of St.Paul. 1994. *Band II/67.*

*Theißen, Gerd:* Studien zur Soziologie des Urchristentums. 1979, ³1989. *Band 19.*

*Theobald, Michael:* siehe *Mußner, Franz.*

*Thornton, Claus-Jürgen:* Der Zeuge des Zeugen. 1991. *Band 56.*

*Thüsing, Wilhelm:* Studien zur neutestamentlichen Theologie. Hrsg. von Thomas Söding. 1995. *Band 82.*

*Thurén, Lauri:* Derhethorizing Paul. 2000. *Band 124.*

*Treloar, Geoffrey R.:* Lightfoot the Historian. 1998. *Band II/103.*

*Tsuji, Manabu:* Glaube zwischen Vollkommenheit und Verweltlichung. 1997. *Band II/93*

*Twelftree, Graham H.:* Jesus the Exorcist. 1993. *Band II/54.*

*Visotzky, Burton L.:* Fathers of the World. 1995. *Band 80.*

*Wagener, Ulrike:* Die Ordnung des „Hauses Gottes". 1994. *Band II/65.*

*Walter, Nikolaus:* Praeparatio Evangelica. Hrsg. von Wolfgang Kraus und Florian Wilk. 1997. *Band 98.*

*Wander, Bernd:* Gottesfürchtige und Sympathisanten. 1998. *Band 104.*

*Watts, Rikki:* Isaiah's New Exodus and Mark. 1997. *Band II/88.*

*Wedderburn, A.J.M.:* Baptism and Resurrection. 1987. *Band 44.*

*Wegner, Uwe:* Der Hauptmann von Kafarnaum. 1985. *Band II/14.*

*Welck, Christian:* Erzählte ‚Zeichen'. 1994. *Band II/69.*

*Wilk, Florian:* siehe *Walter, Nikolaus.*

*Williams, Catrin H.:* I am He. 2000. *Band II/113.*

*Wilson, Walter T.:* Love without Pretense. 1991. *Band II/46.*

*Zimmermann, Alfred E.:* Die urchristlichen Lehrer. 1984, ²1988. *Band II/12.*

*Zimmermann, Johannes:* Messianische Texte aus Qumran. 1998. *Band II/104.*

*Einen Gesamtkatalog erhalten Sie gern vom Mohr Siebeck Verlag, Postfach 2040, D–72010 Tübingen. Neueste Informationen im Internet unter http://www.mohr.de*